TÜRKİYE'NİN KÜRESEL FİNANS KRİZİNE TEPKİSİNİN YAPISI VE ÖZELLİKLERİ

Ulusal Ekonomi Politik Analiz

Bookarion

TÜRKİYE'NİN KÜRESEL FİNANS KRİZİNE TEPKİSİNİN YAPISI VE ÖZELLİKLERİ
ULUSAL EKONOMİ POLİTİK ANALİZ

Nazım EKREN

ISBN: 978-625-97040-7-4
e-ISBN: 978-625-97040-8-1

1. Baskı, Eylül 2025
2. Baskı, Kasım 2025

DOI: 10.64734/bookarion.2025.9786259704081

Editör
Tuğba ATAMTÜRK

Yayın Koordinatörü
Dr. Dilek KURBAN

Akademik Danışman
Doç. Dr. Elvan ATAMTÜRK

Katkı Verenler
Dr. Öğr. Üyesi Mefule FINDIKÇI ERDOĞAN
Dr. Hüseyin KARAGÖZ

Kapak & Sayfa Tasarımı
Bookarion Görsel Sanatlar

Kapak Görseli
Freepik

Bookarion

Seyrantepe Mah. Gökdeniz Sok. No:15/3
34413 – Kâğıthane – İstanbul – Türkiye
www.bookarion.com info@bookarion.com

bookarion bookarion bookarion bookarion bookarion
bookarion bookarion bookarion bookarion bookarionP

Bookarion® *ve* **Bookarion Scholar®**, *Smart and Start Akıllı Finansal Çözümler Yönetim Danışmanlığı ve Yayıncılık A.Ş. yayın markalarıdır...*

2. BASKI

TÜRKİYE'NİN KÜRESEL FİNANS KRİZİNE TEPKİSİNİN YAPISI VE ÖZELLİKLERİ

Ulusal Ekonomi Politik Analiz

Prof. Dr. Nazım EKREN
İstanbul Ticaret Üniversitesi

Bookarion

ÖN SÖZ

Küresel finans krizi olarak adlandırılan, esas itibarıyla ABD'de finans sektöründe ve konut piyasasında ortaya çıkan gelişmeler, bulaşma sürecinin yön ve şekline bağlı olarak ülkeleri farklı şekillerde etkilemiştir. Küresel ve ulusal ekonomilerin etkilenme dönemlerinin ve süreçlerinin farklı özellikleri bulunmaktadır. Türkiye açısından, söz konusu krizin yansımaları 2007 yılının ikinci yarısından itibaren etkisini ciddi şekilde göstermeye başlamış ve alınan tedbir ve düzenlemelerle 2009 yılının ilk çeyreğinden sonra da krizin etkileri yönetilebilir bir patikaya sokulmuştur.

Bireylerin, kuruluşların ve devletlerin zor dönem olarak tanımlanacak zaman dilimleri bulunmaktadır. Zor dönem, kendine has tanımı olmasa da genel çerçeve olarak alışılmış devam edegelen istikrarlı ve iyi kabul edilen durumun değiştiği süreçler olarak tanımlanabilir.

2007 yılının ikinci yarısı ile 2009 yılının ilk çeyreği arasında geçen süre, ulusal ve küresel ekonomi açısından zor dönem olarak tanımlanabilir. Ulusal ekonomiler için bu küresel zor döneme içsel dinamiklerin etkisiyle ulusal zor dönem de eklenmiştir. Birçok konjonktürel ve yapısal kırılganlık bu zor dönemde üst üste gelmiş, negatif etkileri olağan dönemlere göre daha ağır olmuş ve sürdürülebilirlik olasılıkları önemli ölçüde düşmüştür. Bu dönem,

Türkiye ekonomisinde de bazı kırılganlıkların ortaya çıkmaya başladığı dönemle örtüşmüştür.

Zor dönemlerin belirgin özelliklerinden birisi belirsizliklerin yüksek olmasıdır. Böyle ortamlarda geleceğe ilişkin beklenti ve öngörüler de zorlaşmaktadır. Korku ve kuşkulu davranışların, karar ve uygulamaları etkileme gücü de artmaktadır. Böyle süreçlerde, önem kazanması gereken diyalog ve işbirliği ortamı, ekonomi politik yapının özelliklerine bağlı olarak daha da zarar görebilmektedir. Ekonomik kredibilite ile demokratik kredibilite arasındaki ilişkiler bu nedenle özel önem kazanmaktadır. Zor dönemde, ilişkiler ve iletişim sisteminin kalitesi, yönetişim yeteneği ve dolayısıyla kurumsal ve bireysel karşılıklı güven kritik rol ve fonksiyon görmektedir.

Zor dönem analizi, ekonomi politik çerçevede farklı içeriğe de sahip bulunmaktadır. Temel ekonomik göstergelere yansıyan, ekonomik birimlerin algılama ve beklentisinin de bu yönde oluştuğu dönem, açık ve gerçek bir zor dönemdir. Öte yandan, göstergeler, algılama ve beklentiler bir zor döneme işaret etmese de mevcut durum ve muhtemel gelecek üstü örtülü ve gerçek bir zor dönemi ima ediyor olabilir. Bu bir anlamda, açığa çıkmamış ve sendrom üreten sürece vurgu yapmaktadır. Ekonomi yönetimlerinin kalitesi ve belki de en zor görevi, ilki kadar ikinciyi algılamak, kırılganlıkları ihmal etmeden sürdürülebilirliğini makul alternatif maliyetlerle etkin şekilde yönetmektir. Bu dönemlerde, aynı anda farklı sorunlarla karşı karşıya bulunan ekonomik yapı ve ilişkiler sistemi için hem tedavi edici hem koruyucu odaklı (hem acil soruna müdahaleyi içeren hem de ihmal edilmemesi gereken sorunlara etkin yaklaşımlar getiren) bilgi birikimi ve tecrübeye önem veren bakış tarzı son derece önemlidir.

Zor dönemlerdeki ekonomi yönetimi ve koordinasyonun esas itibarıyla iki ana görevi bulunmaktadır. İlki, içinde bulunan dönemin konjonktürel etkilerinin maliyetini en aza indirecek tedbirleri ve kararları almaktır. Bu bir anlamda, konjonktürel sorunların yapısal sorunlar hâline gelmesini engellemeye vurgu yapmaktadır. İkincisi ise, zor dönem sona erdiğinde veya kriz sönümlendiğinde yeni paradigmaların oluşacağı ortama güçlü şekilde hazırlanmayı ima etmektedir. Bu esas itibarıyla, kuralların, dengelerin ve ilişkilerin yenileneceği ortama mukayeseli rekabet avantajı ile girmek için gerekli kurumsal ve stratejik adımların atılmasını gerekli kılmaktadır. Bütün bunlar tüm paydaşlarla yoğun işbirliğinin önemine işaret etmektedir.

Ekonomik ve finansal mimari ve tasarımlara yönelik akademik ve uygulama çalışmaları kriz sürecinde başlamış, kriz sonrası dönemde de devam etmektedir. Kamu sektörünün, özel kesimin ve finansal kuruluşların, piyasaların davranışlarına bağlı farklı sorunlarının olması; ulusal politikaların dışsallık üretmesi, ülkelerin farklı hız ve içerikte büyümesi; ekonomik yapı ve ilişkiler sistemlerinin farklılaşması, ulusal ve bölgesel ekonomi politik görünümlerin değişmesi, gelecek görünümünü çok değişkenli hâle getirmektedir. Bu büyük finansal ve ekonomik şoku ve sonrasını birlikte algılama biçimi ve çözüm üretme kapasitesi, bu soruna yol açan hataları tekrarlamamayı sağlamada önemli işlev görmektedir. Böyle durumlarda, iktisadın her alanının önemi daha da artsa da kurumsal iktisat ve siyasal iktisat nispeten daha ön plana çıkmaktadır.

Kitabın hazırlanmasında aşağıda belirtilen görev, yetki ve sorumluluklarım sürecinde derlenen ve değerlendirilen veri ve bilgi kaynakları kullanılmıştır:

- 2002 yılında finans merkezlerinde (Londra, Washington, New York vb.) bir ekiple gerçekleştirilen "roadshow"lardaki görüşmeler, derlenen veri ve bilgiler,
- 2006-2007 yıllarında 11 yükselen piyasa ekonomisine (Çin, Güney Kore, Hindistan, Güney Afrika, Meksika, Brezilya, Şili, Rusya, Çek Cumhuriyeti, Polonya, İrlanda) bir ekiple gerçekleştirilen araştırma ve çalışma ziyaretlerindeki görüşmeler, derlenen veri ve bilgiler,
- AK Parti'de Ekonomik İşlerden Sorumlu Genel Başkan Yardımcılığı (2003-2007) ve 60. Cumhuriyet Hükûmetinde (2007-2009) Ekonomik Koordinasyondan sorumlu Başbakan Yardımcılığı görevlerim nedeniyle katıldığım kamu ve özel, ulusal ve uluslararası düzeydeki toplantılardaki görüşmeler, derlenen veri ve bilgiler,
- Bilgi birikimi ve tecrübelerinden istifade etmeme müsaade eden bakanlar, milletvekilleri, bürokratlar, akademisyenler, meslektaşlarım, ulusal ve küresel kamu ve özel sektördeki üst düzey yöneticiler, araştırmacılar, danışmanlarım, dostlarım ve arkadaşlarım,
- Konuyla ilgili ulusal ve küresel literatürden derlenen veri ve bilgiler,

Şüphesiz bu çalışma, bu kaynakların yapılabildiği ölçüde bir bileşkesidir ve bunların algılanma biçiminin, değerlendirme şeklinin bir sonucudur. Elbette, ulaşılan kaynak yapısı ve yorum tarzı değiştiğinde, çalışmanın da yaklaşımı değişecektir. Bu süreçte önemli tecrübeler edindim. Katkı sağlayan kişilere ve kurumlara müteşekkirim.

Milletvekilliği dönemim (2002-2011) boyunca, AK Parti'de ve Hükûmet'te üst düzey görev tevdi ederek bilgi birikimi ve tecrübemi paylaşmama ve aktarmama, ihtiyaç duyduğum veri ve bilgilere ulaşmama, farklı ve yeni yaklaşımları ve düşünceleri öğrenmeme imkân sağlayan, nazik üslubu ile ilgi ve desteğini sunan, Genel Başkanımız, Başbakanımız, Cumhurbaşkanımız Sayın Recep Tayyip Erdoğan'a teşekkürlerimi arz ederim.

Çalışmanın daha sonraki baskılarında eksikliklerinin giderilmesi, okuyucuların eleştirileri ve katkıları çerçevesinde olacaktır. Bu fırsatı sunmayı esirgememelerini temenni ediyorum.

Gerekli veri ve bilgileri derleyerek, ilk okumayı ve editörlüğü yaparak görüş ve önerilerini sunan değerli meslektaşlarım Dr. Öğr. Üyesi Mefule Fındıkçı Erdoğan'a ve Dr. Hüseyin Karagöz'e teşekkür ediyorum.

Nazım Ekren

Eylül 2025

KISALTMALAR

AB : Avrupa Birliği

ABD : Amerika Birleşik Devletleri

CDS : Credit Default Swap (Kredi Risk Primi)

ECB : AB Merkez Bankası (European Central Bank)

FDF : Faiz Dışı Fazla

FED : Federal Reserve System (ABD Merkez Bankası)

GATT : General Agreement on Tariffs and Trade (Gümrük Tarifeleri ve Ticaret Genel Anlaşması)

GSYH : Gayri Safi Yurtiçi Hasıla

IMF : International Money Fund (Uluslararası para Fonu)

KBS : Kamu Borç Stoku

KEP : Katılım Öncesi Ekonomik Program

LIBOR : London Interbank Offered Rate (Londra Bankalararası Teklif Oranı)

OECD : Ekonomik Kalkınma ve İşbirliği Örgütü

OIS : Overnight Index Swap (Gecelik Faiz Oranı Takası)

TÜFE : Tüketici Fiyat Endeksi

WB : World Bank (Dünya Bankası)

WTO : Dünya Ticaret Örgütü (World Trade Organisation)

İÇİNDEKİLER

BÖLÜM II

GİRİŞ

Ulusal ekonomi, ülkede icra edilen ekonomik işlerin, işlemlerin ve faaliyetlerin, ürünler ve hizmetler, ekonomik birimler, sektörler, bölgeler, ulus vb. alanlarda geçmişinin, mevcut durumunun ve geleceğinin analiz edildiği bilimsel ve akademik yaklaşımla ilgilidir. Analiz sürecinde, pozitif ve normatif ekonomi prensipleri, kurumsal ekonomi önermeleri, ekonomi politik ilişkiler de dikkate alınmaktadır. Çalışmada, ulusal ekonomi, makroekonomik veri ve bilgiler ile göstergeler çerçevesinde tanımlanmakta ve ele alınmaktadır. Diğer bir ifadeyle, ulusal ekonomi, makroekonomik yapı ve ilişkiler sistemine dayandırılmakta ve değerlendirmeler bu çerçevede yapılmaktadır.

Makroekonomik yapı ve ilişkiler sistemine ilişkin olarak oluşturduğumuz modelde dört bileşen tanımlanmıştır: reel, finans, kamu ve dış ekonomik sektörler. Her sektörün arz ve talep dinamikleri makroekonomik performans göstergelerini belirlemektedir. Söz konusu göstergeler arasındaki ilişkiler ve nispi dengeler, ekonomik görünüm konusunda önemli ipuçları sunmaktadır. Ekonomik faaliyetlerin kümülatif sonucu büyüme oranı ile ifade edilmektedir. Söz konusu göstergeler makroekonomik performansın ve ekonomik istikrarın ölçümünde kullanılmaktadır. Ekonomi politikalarının sistemi etkileme yön ve şekli de bu kapsamda değerlendirilmektedir.

Makroekonomik performans göstergeleri, kamu ve özel sektörün karar ve uygulamalarına bağlı olarak oluşmaktadır. Paydaşların kurumsallaşma kalitesi yanında ekonomik politik ilişkilerin yetkinliği de kritik rol ve fonksiyon görmektedir. Bu nedenle, makroekonomik yönetim ve koordinasyon sistemi veya mekanizması, içinde bulunulan makroekonomik konjonktürün etkisini önemli ölçüde değiştirebilmektedir.

Kitap üç ana bölümden oluşmaktadır. Alt bölümlerde yer alan EK'lerde de bu bölümlerle ilgili özel konulara yer verilmiştir.

İlk bölüm, 2002-2006 dönemini kapsamaktadır. Bu çerçevede, küresel ekonomide ve Türkiye ekonomisinde finans krizi öncesi makroekonomik görünüm performans göstergelerine göre değerlendirilmiştir. Ülkelerin yıllık bazda performans göstergeleri tablolar yardımıyla sunulmuştur. Genel olarak olumlu geçtiği kabul edilen bu dönemde krizin ilk sinyalleri ve muhtemel kırılganlık alanları, söz konusu göstergelerde açık ve/veya örtülü şekilde görülebilmektedir. Bu çerçevede yükselen piyasa ekonomilerine özel ağırlık verilmiştir.

İkinci bölüm, küresel finans krizinin etkisini gösterdiği 2007-2009 dönemini kapsamaktadır. Çalışmada özel ağırlık verilen konulardan ilki, ülkelerin küresel finans krizine yönelik uyguladıkları tepki modelleridir. Krizin ülkeleri etkileme biçimi farklı olduğundan, politika ve stratejileri de farklı olmuştur. Gelişmiş ülkede başlayan finans krizi, bulaşma sürecine bağlı olarak diğer gelişmiş ve yükselen piyasaları bankacılık krizi, kamu borç krizi, reel sektör ve ticaret krizleri şeklinde etkilemiştir.

2007 yılının ikinci yarısı ile 2009 yılının ilk çeyreği, küresel ve ulusal ölçeklerde yaşanan olaylar ve gelişmeler nedeniyle, büyük ölçüde stresli ve sıra dışı bir olayın yaşandığı süreç olarak ifade edilmektedir. Böyle dönemlerde, karar ve uygulamaların kalitesi ve etkisi, birlikte çalışılan ekibin yetkinliğine, oluşturulması gereken ortak paydanın kalitesine, karşılıklı güven ve şeffaflığa bağlı bulunmaktadır. Zor dönemlerin en önemli aktifi, güçlü yönetişim ve koordinasyondur. Bu dönemde yayınlan Orta Vadeli Program (2009-2011) bu yaklaşımı yansıtan mesajlar içermektedir. Ayrıca, Program, kriz sonrası dönemde izlenmesi gereken yol haritasının özelliklerini de işaret etmektedir.

Krizin, doğuş, ilerleme, form değiştirme ve sönümlenme süreçlerinde izlediği standart patikası bulunmaktadır. Finansal sistemde dengesizlikler zaman içinde reel ekonomiye zarar vermektedir. Toksik kredilerin artışı, aktif fiyatlarının düşüşü, istihdamın azalması, ücretlerin düşüşü ile sıkıntılı toparlanma ve canlanma aşaması gündeme gelmektedir. Krizin oluşumunda ortaya çıkan egzojen şoklar, yanlış ekonomi politikaları ve uygulamaları, irrasyonellik, kredilendirme sürecinde düzenleme ve denetim başarısızlığı, kurgusu hatalı devlet yardımları ve devlet müdahalesi, gelir ve servetin, ekonomik imkân ve kaynakların dengesiz dağılımı gibi faktörler kriz sürecinin anatomisini şekillendirmektedir.

Amerika Birleşik Devletleri ve gelişmiş ekonomiler orijinli kriz, küresel ve ulusal literatürde, 1930 ve 1980-1982 krizleriyle karşılaştırılmaktadır. Öte yandan, 1990'lı yıllarda Japonya'da yaşanan kriz süreciyle de benzerliklerinin bulunduğu ifade edilmektedir. Bu tip analizlerde kritik konu, resesyonun hangi kriterlere göre tanımlanacağıdır. 1930'da işsizlik, 1980-82'de de GSYH'deki daralma ön plana çıkmıştır. Krizlerin mukayeseli analizlerinde makroekonomik yapı ve ilişkiler sisteminin benzerlikleri dikkate alınmaktadır. Öte yandan, yanlış bir terminolojik yaklaşım olsa da bu küresel krizin karşılaştırıldığı 1930 krizinin ortak yönü, her ikisinde de imkân ve kaynakların üstünde gelir elde etme ve harcama yapma alışkanlığının, aşırılığın ön plana çıkmasıdır. Kimilerinde hisse senedi alımına yönelik kredilerde belirlenen kural ve prensipleri zorlayan irrasyonellik ve aşırılıklar söz konusu iken, kimilerinde ise mortgage kredilendirme sürecinde benzer davranışlar ön plana çıkmaktadır.

Krizin doğduğu ve geliştiği ABD'nin finans sektörünün dinamiği ve ekonomi politiği özel bir yapıya sahiptir. 21. yüzyılın ideal sistemi olarak takdim edilen "küresel finansal süpermarket" konsepti, ABD'de 1999 yılında finansal hizmetler modernizasyon yasası ile oluşturulmuştur. Deregulation (düzenleme serbestleşmesi) yaklaşımı, büyük finansal kurumların ve hedge fonların finans sektöründe etkin olmalarına yol açmıştır. Finansallaşma, küresel finans krizinin göz ardı edilen bir başka boyutunu yansıtmaktadır.

2008 finansal krizinin, gelişmiş ekonomilerin makroekonomik sistemlerinin ürettiği olağan finansal konjonktür olgusunun sonucu olup olmadığı, ekonomik birimlerin kendi menfaatine odaklı davranışlarından kaynaklanıp kaynaklanmadığı ve/veya bu krizin doğduğu ülkelerin hazine ve merkez bankalarının karar ve uygulamalarının alternatif maliyeti olup olmadığı konuları uzun süre tartışılmaya devam edecektir. Küresel ekonomi ve finans tarihinin yakın geçmişe ait gelişmeleri hatırlandığında, özellikle ABD'de bugünkü büyük krizin öncü sarsıntıları olarak kabul edilebilecek bir dizi irili-ufaklı türbülansların yaşandığı görülecektir. Bu kriz, "yanlış algılanmış, algılatılmış ekonomik refah" sürecinin kırılganlıklarını da yansıtmaktadır. Pür liberal ve neoliberal politikalar, eşitsizlik ve sosyal stres olarak iki önemli yan etki üretmektedir. Diğer bir ifadeyle, piyasaların işlev ve fonksiyonlarına ilişkin pozitif ve normatif içerikli akademik ve politik değerlendirmeler, krizin finansal piyasalarla sınırlı olmadığına, sistemin bütünüyle ilgili sorunlara atıfta bulunmaktadır. Makroekonomi ve finansal ekonomide tartışılan yeni mimari arayışları, hem teori/felsefe hem de uygulama anlamında yeni bir yaklaşım tarzının gerekli olduğunu ima etmektedir.

2008 krizi aynı zamanda birçok alanda oluşan senkronize kriz özelliği de kazanmıştır. Finansal akımlar yanında mal ve hizmet akımlarının şekillendirdiği küreselleşme olgusu, krizin farklı ülkelere, coğrafyalara, sektörlere yayılmasına, derinliğinin artmasına neden olmaktadır. Küresel ve ulusal veri ve bilgilerin, göstergelerin yansıttığı gerçek sinyaller, "resesyon"un ekonomik yapı ve ilişkiler sisteminin coğrafi ve mekânsal dağılımını yeniden şekillendirme sürecinde olduğunu ortaya koymaktadır. Ekosistemler mantığı, ulusal ve küresel bazda ekonomi ve ekonomi dışı yeniden yapılanma sürecinin ilk aşamalarında bulunulduğuna vurgu yapmaktadır. Kamu otoritelerinin ekonomiye müdahaleleri ve devlet yardımları uygulamalarının sona erdirilememesi, bu değişim ve dönüşümün kolay olmayacağına işaret etmektedir. Yeni yapılanma sürecinde etkilenmenin yön ve şekli, farklı ekonomi patikalarına sahip farklı bölgelerde ve ülkelerde farklı biçimlerde ortaya çıkacaktır. 2007-2009 döneminde Türkiye, krize tepki modelinin önemli bir kısmını IMF'siz (Stand-by'sız) süreçte uygulamıştır. Söz konusu dönemde kurumsallaşmış ve yasal çerçevesi oluşturulmuş makroekonomik yönetim ve koordinasyon sistemi kurulmuştur.

Üçüncü bölüm 2010-2011 dönemini kapsamaktadır. Bu dönem, kriz sonrası ilk dönem olarak değerlendirilmektedir. Bütün ülkelerde, etkilerinin nasıl azaltılabileceği, yeni sürecin nasıl yapılandırılabileceği ve sistemin tasarımının nasıl yapılabileceği, gündemlerin ilk maddeleri arasında yer almaktadır. Bu dönemin gözden kaçırılmaması gereken önemli bir özelliği de devasa boyutlarda uygulanan teşvik ve destek paketleridir. Söz konusu uygulamaların devam etmesi, nedenleri ve sonuçları açısından farklı yönleriyle tartışılması gereken ciddi bir ekonomi politik husustur. Kriz sonrası bu dönemde, uluslararası ve ulusal makroekonomik görünümü yansıtan performans göstergeleri karmaşık sinyaller vermiştir. Bu dönemde de farklı kırılganlıkların ortadan kalkmadığı, göstergelerde açık ve/veya örtülü şekilde görülebilmektedir.

Yükselen piyasa ekonomilerinde, ekonomik yapı ve ilişkiler sistemi kendine has bazı özelliklere sahip bulunmaktadır. Ekonomi-politik çerçevenin karakteri, bu sistemin oluşması ve şekillenmesinde etkili olmaktadır. Piyasa düzeltmesi ve piyasa dalgalanması farkı ile klasik ekonomik konjonktür dalgası ve uygulanan politikaların sonucu oluşan istikrarsızlık dalgası farkı, bu nedenle özel önem taşımaktadır. Bu nedenle, söz konusu ülkeler grubunda ekonomi yönetimi ve koordinasyon hem normal hem de zor dönemlerde hassas rol ve fonksiyona sahip olagelmiştir.

Ekonominin yönetimi ve koordinasyonu her zaman tüm ekonomik birimler düzeyinde önemli olmuştur. Bireyler, kuruluşlar, devletler ve uluslararası ilişkilerde bu konu daha çok kriz ve istikrarsızlık süreçlerinde ön plana çıkmıştır. Son dönemde ulusal ve küresel ölçekte yeniden ele alınmaya, teori ve uygulama modeli ve performansı tartışılmaya başlanmıştır.

Çalışmada kullanılan dil ve yaklaşım hibrit özellik taşımaktadır. Akademik veri ve bilgiler yanında, tecrübelerden ve gözlemlerden oluşan değerlendirmeler birlikte kullanılmıştır. Ayrıca, söz konusu dönemlerde aldığım notlar ve yaptığım yorumlar da kişisel düşüncelerim olarak çalışmada ifade edilmiştir. 2011 eğitim-öğretim döneminden beri lisansüstü programda verdiğim "Küresel

Finans Krizinin Ekonomi Politiği" dersinin notları da kitabın ilgili bölümünün önemli kaynağını oluşturmaktadır. Dipnotlar yerine çalışmanın sonuna geniş bir kaynak listesi de eklenmiştir.

Ekonomik ve finansal göstergelerdeki değişimin yönü, şekli ve boyutu, tarihsel trendlerinden olumsuz özellikteki sapma düzeyine bağlı olarak, kriz ve/veya istikrarsızlık olarak adlandırılmaktadır. Kısa vadede piyasa göstergelerinin (faiz oranı, döviz kuru ve borsa gibi) ve küresel sermayenin hareketi, yatırımcıların tercih ve öncelikleri, ekonomi politikalarının içeriği, piyasaların davranış biçimleri teknik çerçevede küresel krizleri/dengesizlikleri şekillendirmektedir. Kurumsal yönetişim ile gözetim ve denetim aksaklıkları, finansal sistemde kırılganlıklara neden olmakta ve finansal sistemin kalitesini etkilemektedir. Küresel finans krizinin, ekonomik ve finansal neden ve sonuçlarının ötesinde etkilerinin ortaya çıkmış olması da belirleyici fonksiyon gören bir dizi farklı boyutların, karar süreçlerinin bulunduğunu göstermektedir. Krizin doğuşu ve gelişmesinde, karar alıcıların ve uygulayıcıların yaklaşımları kadar, ekonomik birimlerin tercih ve öncelikleri de etkili rol oynamaktadır. Göstergeler davranışları, davranışlar da göstergeleri şekillendirmektedir. Küresel kriz sürecinde, piyasa, coğrafi alan, işlem ve faaliyet bazında farklı istikrarsızlıklar da gündeme gelmektedir.

Krizin finans sektörü orijinli olması, gelişmiş ülkelerdeki bankacılık sektörünün yapısı ve özelliklerinin değerlendirilmesini gerekli kılmaktadır. Bankacılık ve finans sektörünün düzenleme biçimi, faaliyetleri, küresel krizin anatomisi açısından kritik önem kazanmaktadır. İlk olarak, krize yönelik tedbirler bağlamında bir dizi farklı tercih ve öncelikler ön plana çıkmıştır. Öte yandan, krizin gelişmiş ülkelerle ilgili olmasına bağlı olarak, uluslararası müdahale paketlerinin içeriği de bu yaklaşıma paralel özellik kazanmıştır. Yükselen piyasalar ve gelişmekte olan ekonomiler ise bu iki boyut arasında farklı bileşimleri olan paketleri uygulamaya koymuşlardır.

2007 yılında ABD'de finansal piyasa odaklı olarak başlayan, daha sonra reel sektöre yansıyan ve birçok ülkede etkili olan küresel krizin farklı boyutları bulunmaktadır. Krizi hazırlayan koşullar, doğuşu, gelişimi ve etkileri bir dizi karar, uygulama ve davranış biçimleri ile yakın ilişki içindedir. Diğer bir ifadeyle, küresel krizin neden ve sonuçlarının çok değişkenli ve bileşenli olması, ekonomi politik bakış açısını gerekli kılmaktadır. Krizin akademik ve entelektüel açıdan analizi kadar, piyasa tepkilerinin değerlendirilmesi de özel önem taşımaktadır. Yeni nesil kurumsallaşma tartışmaları da geleceğin kurgusuna ışık tutmaktadır.

Küresel finans krizinin derinliğinden, yaygınlığından, kriz sonrası canlanma sürecinin yavaş olmasından kaynaklanan sinyaller farklı açılardan yorumlanmaktadır. Bunlar, geleneksel veya normal patikadan ayrılıp ayrılınmadığı, yapısal veya konjonktürel durumun söz konusu olup olmadığı, temel prensiplerin değişip değişmediği, küresel ekonomik ve politik değişim ve dönüşümün başlayıp başlamadığı gibi konularla ilgilidir. G20'nin ve bununla ilişkili olarak gündeme gelen küresel platformların önem kazanarak yeni rol ve fonksiyonlar üstlenmesi, farklı trendlere işaret etmektedir. İşletme modelleri, iş yapma biçimleri farklılaşmış, kamu ile birlikte özel kesimin karar alma ve uygulama süreçleri yeniden yapılanma sürecine girmiştir.

Yeni krizlerden kaçınabilmek ve refahın büyük ölçüde dengeli, adil paylaşıldığı ekonomik ve finansal ortama temel olacak yeni yaklaşımlar ve sistemler oluşturmak özel önem taşımaktadır. Bu ise detaylı analiz ve çalışmaların yapılmasını gerekli kılmaktadır.

Kaliteli farklılık üretme ile işlevsel kurumsallaşma arasında sürdürülebilir dengenin kurulması, bu çerçevede ön plana çıkmaktadır.

Kriz sonrası dönemde, gelecek senaryolarına bağlı olarak makro ve küresel çerçevede farklı konseptler üzerinde durulmaya başlanmıştır. Küresel ekonomik ve finansal sistemin yeniden yapılanması, yönetişimin ön plana çıkması, yeni nesil büyüme modellerinin kurgulanması, vergi ve harcama politikalarının dizaynı, küresel toplantı ve konferansların ilk gündem maddeleri arasında yer almıştır.

Küresel finans krizinin eko-sistemi, kendine has özelliklerinden dolayı farklı perspektifle ele alınmasını gerekli kılmaktadır. İlki, kriz öncesi dönem krizi hazırlayan koşulların oluştuğu sürece işaret etmektedir. İkincisi, kriz süreci krizin anatomisinin yapısı ve özelliklerini gösteren sürece vurgu yapmaktadır. Üçüncüsü ise, kriz sonrası dönem yeni normal olarak tanımlanan ortamın ve görünümün özelliklerini ima etmektedir.

BÖLÜM I

KRİZ ÖNCESİ DÖNEM: 2002-2006

> *İstikrar, kriz öncesi büyülü konsept olarak ekonomik yapı ve ilişkiler sisteminin her alanını etkilemekteydi...*

A. ULUSLARARASI MAKROEKONOMİK GÖRÜNÜM

Küresel ölçekte karar alma ve uygulama süreçlerinde, ülke grupları, kamu otoriteleri, piyasalar ve küresel organizasyonlar önemli rol ve fonksiyonlar icra etmektedir. Sistemin her bileşeninin yapısı ve özellikleri, mevcut durum ve muhtemel gelecek konusunda etkili olmaktadır. Bileşenlerin kendi içlerinde ve karşılıklı ilişkileri de küresel görünümü ve gelişmeleri şekillendirmektedir. Ülke grupları, gelişmiş, yükselen ve gelişmekte olan ve diğer ekonomilerden oluşmaktadır. Hükûmetler, bürokrasi ve parlamentolar, diğer bir ifadeyle ulus devletler, siyasal yapıyı veya kamu otoritesini şekillendirmektedir.

Piyasalar, ana alt bileşenler olarak finans sektörüne, reel sektöre ve işgücü sektörüne işaret etmektedir. Uluslararası organizasyonlar, piyasaların küresel çerçevede işleyişine yönelik izleme ve yönlendirme işlevini üstlenen kuruluşlardır. Bu nedenle, küresel sistemin ana paydaşları olarak tanımlanabilecek bu bileşenlerin talep ve beklentileri ile tercih ve önceliklerinin belirlediği rekabet veya iş birliği süreçleri, küresel ekonomi politiğin ana gündemlerinden biri olagelmiştir.

Ülkelerin küresel makroekonomik sistemde farklı konumda olmaları, dolayısıyla farklı makroekonomik performans sergilemeleri, kapasitelerine ve bunları değerlendirme biçimine bağlı olagelmiştir. Bu çerçevede önem kazanan değişkenler aşağıdaki başlıklar olarak ifade edilmektedir.

- Sahip oldukları imkân ve kaynakların düzey ve kompozisyonu (örneğin işgücünün dağılımı)
- Sahip oldukları imkân ve kaynakların kalitesi (örneğin eğitim ve öğretim seviyeleri)
- GSYH'ye katkıda bulunan sektörlerde çalışma hayatının temel parametreleri
- Ekonomi politikalarının içeriği ve ekonomi yönetimlerinin yetkinliği

Ekonomik küreselleşme, esas itibarıyla uluslararası mal ve hizmet hareketleri ile sermaye akımları yönüne ve şekline işaret etmektedir. Bu süreçte, özel sektörün kapasite ve performansı yanında dış temsilciliklerin kritik fonksiyon oynadığını küresel tecrübeler ortaya koymaktadır. Ülkeler arasındaki mukayeseli rekabet avantajı ya da daha iyi makroekonomik performans şu değişkenlere bağlı trend izlemektedir:

Ekonomik ve finansal göstergelerdeki değişimin yönü, şekli ve boyutu, tarihsel trendlerinden olumsuz özellikteki sapma düzeyine bağlı olarak, kriz ve/veya istikrarsızlık olarak adlandırılmaktadır. Kısa vadede piyasa göstergelerinin (faiz oranı, döviz kuru ve borsa gibi) ve küresel sermayenin hareketi, yatırımcıların tercih ve öncelikleri, ekonomi politikalarının içeriği, piyasaların davranış biçimleri teknik çerçevede küresel krizleri/dengesizlikleri şekillendirmektedir. Kurumsal yönetişim ile gözetim ve denetim aksaklıkları, finansal sistemde kırılganlıklara neden olmakta ve finansal sistemin kalitesini etkilemektedir. Küresel finans krizinin, ekonomik ve finansal neden ve sonuçlarının ötesinde etkilerinin ortaya çıkmış olması da belirleyici fonksiyon gören bir dizi farklı boyutların, karar süreçlerinin bulunduğunu göstermektedir. Krizin doğuşu ve gelişmesinde, karar alıcıların ve uygulayıcıların yaklaşımları kadar, ekonomik birimlerin tercih ve öncelikleri de etkili rol oynamaktadır. Göstergeler davranışları, davranışlar da göstergeleri şekillendirmektedir. Küresel kriz sürecinde, piyasa, coğrafi alan, işlem ve faaliyet bazında farklı istikrarsızlıklar da gündeme gelmektedir.

Krizin finans sektörü orijinli olması, gelişmiş ülkelerdeki bankacılık sektörünün yapısı ve özelliklerinin değerlendirilmesini gerekli kılmaktadır. Bankacılık ve finans sektörünün düzenleme biçimi, faaliyetleri, küresel krizin anatomisi açısından kritik önem kazanmaktadır. İlk olarak, krize yönelik tedbirler bağlamında bir dizi farklı tercih ve öncelikler ön plana çıkmıştır. Öte yandan, krizin gelişmiş ülkelerle ilgili olmasına bağlı olarak, uluslararası müdahale paketlerinin içeriği de bu yaklaşıma paralel özellik kazanmıştır. Yükselen piyasalar ve gelişmekte olan ekonomiler ise bu iki boyut arasında farklı bileşimleri olan paketleri uygulamaya koymuşlardır.

2007 yılında ABD'de finansal piyasa odaklı olarak başlayan, daha sonra reel sektöre yansıyan ve birçok ülkede etkili olan küresel krizin farklı boyutları bulunmaktadır. Krizi hazırlayan koşullar, doğuşu, gelişimi ve etkileri bir dizi karar, uygulama ve davranış biçimleri ile yakın ilişki içindedir. Diğer bir ifadeyle, küresel krizin neden ve sonuçlarının çok değişkenli ve bileşenli olması, ekonomi politik bakış açısını gerekli kılmaktadır. Krizin akademik ve entellektüel açıdan analizi kadar, piyasa tepkilerinin değerlendirilmesi de özel önem taşımaktadır. Yeni nesil kurumsallaşma tartışmaları da geleceğin kurgusuna ışık tutmaktadır.

Küresel finans krizinin derinliğinden, yaygınlığından, kriz sonrası canlanma sürecinin yavaş olmasından kaynaklanan sinyaller farklı açılardan yorumlanmaktadır. Bunlar, geleneksel veya normal patikadan ayrılıp ayrılınmadığı, yapısal veya konjonktürel durumun söz konusu olup olmadığı, temel prensiplerin değişip değişmediği, küresel ekonomik ve politik değişim ve dönüşümün başlayıp başlamadığı gibi konularla ilgilidir. G20'nin ve bununla ilişkili olarak gündeme gelen küresel platformların önem kazanarak yeni rol ve fonksiyonlar üstlenmesi, farklı trendlere işaret etmektedir. İşletme modelleri, iş yapma biçimleri farklılaşmış, kamu ile birlikte özel kesimin karar alma ve uygulama süreçleri yeniden yapılanma sürecine girmiştir.

Yeni krizlerden kaçınabilmek ve refahın büyük ölçüde dengeli, adil paylaşıldığı ekonomik ve finansal ortama temel olacak yeni yaklaşımlar ve sistemler oluşturmak özel önem taşımaktadır. Bu ise detaylı analiz ve çalışmaların yapılmasını gerekli kılmaktadır. Kaliteli farklılık üretme ile işlevsel kurumsallaşma arasında sürdürülebilir dengenin kurulması, bu çerçevede ön plana çıkmaktadır.

Kriz sonrası dönemde, gelecek senaryolarına bağlı olarak makro ve küresel çerçevede farklı konseptler üzerinde durulmaya başlanmıştır. Küresel ekonomik ve finansal sistemin yeniden yapılanması, yönetişimin ön plana çıkması, yeni nesil büyüme modellerinin kurgulanması, vergi ve harcama politikalarının dizaynı, küresel toplantı ve konferansların ilk gündem maddeleri arasında yer almıştır.

Küresel finans krizinin eko-sistemi, kendine has özelliklerinden dolayı farklı perspektifle ele alınmasını gerekli kılmaktadır. İlki, kriz öncesi dönem krizi hazırlayan koşulların oluştuğu sürece işaret etmektedir. İkincisi, kriz süreci krizin anatomisinin yapısı ve özelliklerini gösteren sürece vurgu yapmaktadır. Üçüncüsü ise, kriz sonrası dönem yeni normal olarak tanımlanan ortamın ve görünümün özelliklerini ima etmektedir. Bu ana bölüm bu çerçevede tasarlanmıştır.

Makroekonomik Ortam	Büyüme, enflasyon ve faiz oranları, faiz dışı fazlanın ve kamu borç stokunun GSYH'ye oranları
Teknoloji Kullanımı	PC, Telefon, internet, yapay zekâ
Sosyal Göstergeler	Okullaşma oranı, hayat süresi ve demografik yapı
Ekonomik Çerçeve	Yatırım oranı/ortamı ve dışa açıklığın yön, şekil ve derecesi
Siyaset İklimi	Siyasi istikrar, hukuk kuralları ve yaptırımı

İmkân ve kaynak portföyü, doğal kaynak yapısının sunduğu altyapıdan kaynaklanabileceği gibi uzun tarihsel süreçlerde oluşturulmuş ekonomik, finansal ve beşerî sermayelerin bileşkesidir. Bu bileşenler, ekonomilere ve ülkelere, mevcut durumda ve yeni mimari oluşum sürecinde mukayeseli rekabet avantajı sağlayabilmektedir. Söz konusu portföyün bileşenleri şu başlıklar altında toplanabilir:

- Ulaşım ve iletişim ağı ve entegrasyon derecesi
- İşlenebilir ve kullanılabilir arazi stokunun kalitesi
- Askeri gücün etkinliği
- Sosyal, kültürel ve finansal sermaye stokunun yapısı
- Özel sektörün ekonomik ve finansal faaliyetleri
- Finansal piyasaların, kuruluşların, ürünlerin ve hizmetlerin yapısı

Küresel makroekonomik ortamın yapısı ve özellikleri, bir dizi karar alıcı ve uygulayıcı birimlerin davranışlarına bağlı bulunmaktadır. Üretim dinamikleri ve ticari ilişkiler büyük ölçüde çok uluslu şirketler ile GATT ve WTO gibi uluslararası organizasyonlar tarafından belirlenmektedir. Parasal ve finansal ilişkiler ise finansal kuruluşlar ile ulusal ve küresel ölçekli finansal otoriteler (IMF, WB, FED, ECB vb.) tarafından yönlendirilmektedir. Borçlanma mekanizmaları ise vade, faiz oranı ve para birimine bağlı olarak fon sağlayan ve fon talep eden ekonomik birimler ile finansal aracı kurumlar arasında oluşturulmaktadır. Farklı bölgesel işbirliği modelleri de küresel makroekonomik ortamın önemli bileşenlerini oluşturmaktadır.

Dünya ekonomisi ve ulusal ekonomiler 2000'li yıllarda farklı içerik ve etkiye sahip krizlerle karşı karşıya kalmıştır. Bunlar, gıda, enerji ve finans krizleridir. Bu krizlerin farklı nedenleri ve sonuçları bulunmaktadır. Finans krizi daha baskın olduğundan, ekonomik yapı ve ilişkiler sisteminin merkezinde yer alan finans sektörü ile ilgili olduğundan ön plana çıkmıştır. Diğer krizler de her zaman yeniden gündeme gelme potansiyeli taşımaktadır.

2000'li yıllar hem gelişmiş hem de yükselen piyasa ekonomileri açısından genel ve özel gelişmeler sunan bir süreci ifade etmektedir. Bu dönemde, bir dizi teorik tartışma ve uygulama örnekleri ortaya çıkmıştır. Karşılaşılan gelişmeler, bazı ülkelerin konjonktürel ve yapısal paradigmalara ve sorunlara sağlıklı bakabildiğini gösterirken, bazı ülkelerin de bu paradigma ve sorunları ihmal ettiğine işaret etmektedir.

Gelişmiş ülkeler, likidite ve satınalma gücünü finansal mühendislik tekniklerini de kullanarak yeniden yapılandırma odaklı politika üretmeye ağırlık veregelmiştir. Birçok yükselen piyasa ekonomisi ise, klasik sorunu olan borç dinamiklerini iyileştirmeye odaklanmıştır. Bu politika tercih ve öncelikleri, daha sonraki dönemlerde ortaya çıkacak bir dizi alternatif maliyet üretmiştir. Her iki ülke grubunda karşılaşılan sorunlar bir anlamda bu çerçevede yapılan tercih ve önceliklerin bir sonucudur.

Böyle bir küresel makroekonomik ortamda, uluslararası tecrübelerin verdiği ekonomi politik mesajları iyi izlemek ve değerlendirmek gerekir. İlke olarak istikrarsızlık, bir ülkenin mevcut makroekonomik politikaları sağlam olsa bile ekonomik birimler bu politikaların sürdürülemeyeceğine inanıyorsa gündeme gelebilmektedir. Bu politikalar konusunda kuşkular olduğu zaman, hızlı bir şekilde istikrarsızlığa dönüşebilmektedir. Buna verilebilecek etkin yanıt/cevap, ekonomik birimlerin borç ve yükümlülüklerini yerine getirebilecekleri konusunda güvenini yeniden oluşturmaktır. İyi ekonomi yönetimi ve sağlam makroekonomik temeller altında bile dışa açık ekonomiler kolay şekilde kırılgan/hassas yapısını değiştirememektedir. Birçok ekonomi, rasyonel olmayan iyimserlik ve kötümserlik arasında dalgalanan beklenti/inançlardaki ani değişikliklere karşı son derece hassas bir yapıya sahip bulunmaktadır. Bu nedenle, kırılganlığın ve istikrarsızlığın nedenlerini ve etkilerini azaltmak her zaman özel önem taşımaktadır.

1. İstikrarsızlık Üreten İstikrar Ortamı

Ekonomik gelişmeleri değerlendirme sistematiği, ekonominin nasıl tanımlandığına bağlıdır. Son gelişmeler dikkate alındığında ekonomi, işlemekte olan ekonomik yapı ve ilişkiler sisteminin dinamiklerini algılama kadar ekonomik performansı iyileştirmek için yapılması gerekenlere de işaret etmektedir. Diğer bir ifadeyle, pozitif ekonomi yaklaşımı yanında normatif ekonomi sistematiği de önemli değişim ve dönüşüm geçirmektedir.

1990'lı yılların sonu ile 2000'li yılların başlangıcı, küresel ve ulusal krizlerin yakın zamanlardaki son örneklerini içermektedir. Bunun birçok nedeni belirtilmiş, konuya ilişkin bir dizi değerlendirmeler yapılmıştır. Gelişmiş ekonomilerin ekonomik dinamikleri ve yükselen piyasaların yapısal sorunları, her zaman olduğu gibi bu dönemde de krizlerin belirleyicisi veya tetikleyicisi olagelmiştir. Bu süreçten kurtulmak veya krizden çıkmak amacıyla her iki ülke grubu farklı politika ve ekonomik yaklaşımlar üretmiştir.

Her iki ülke grubunda, piyasaların neden değiştiğine odaklanmak özel önem taşımaktadır. Krizin ortaya çıktığı tarihe kadar 2000'li yılların trendini etkileyen faktörler şunlar olagelmiştir: Küresel likiditenin bolluğu, risk algılamasının düşüklüğü, küresel büyümenin yüksekliği ve emtia fiyatlarındaki artışlar, yükselmekte olan piyasa ekonomilerinde temel makroekonomik göstergelerdeki iyileşmeler.

2000'li yıllar gelişmiş ve yükselen piyasa ekonomileri açısından farklı konjonktür ve istikrarsızlık örnekleri içermektedir. ABD'de dijital balon, Japonya'da devam edegelen finansal ve ekonomik durgunluk, diğer ülkelerde ise kendine has piyasa ekonomisi dalgalanması yaşanmıştır. Yükselen piyasa ekonomilerinin bir kısmında uluslararası kuruluşların desteklediği orta vadeli ekonomik program uygulamaktaydı. Her ülke grubunda, türbülans veya farklı ölçekli krizle karşılaşıldığında standart yaklaşım hâline gelen husus, soruna hızla odaklanarak yan etkilerini ve bir dönem sonra oluşacak başka bir dengesizliği düşünmeden program ve politika uygulamaktır. 2000'li yıllar bu açıdan oldukça ilginç ulusal ve küresel örnekler içermektedir. Bu dönem üçer yıllık dilimler hâlinde ele alındığında, istikrarsızlık-istikrar sağlamaya yönelik tedbirler ve programlar-tekrar istikrarsızlık ortamının oluşması-yeni istikrarsızlık döngüsünün oluştuğu görülecektir. Bu döngüsel süreç, yükselen piyasa ekonomileri açısından daha farklı bir yansımaya sahiptir. Küresel istikrarsızlık ve türbülans ile ulusal dengesizlik ve konjonktür dalgasının çakışma ihtimali sorunların karıştırılmasına ve gerekli adımların atılamamasına yol açmaktadır. Daha açık bir ifadeyle, daha önceki dönemlerdeki karar ve uygulamaların sonuçları gecikme etkisi ile bir dönem sonrasına yansımaktadır. Bu dönemde küresel bir başka kriz ve istikrarsızlık dalgası ile karşılaştığında, tekrar ihmal edilme olasılığı yüksek husus, yükselen piyasa ekonomilerinde ulusal krizin ana nedenlerine veya kırılganlık alanları ve oluşma koşullarına yönelik aldanım sürecinin oluşmasıdır. Temel göstergelerin arka planı ve bozulma sinyallerinin zayıf da olsa yansımaya başladığı dönem, analizlerde kritik konuma sahiptir.

Ulusal ekonomilerin finansal ve ekonomik krize girmeleri birçok değişkene bağlı olsa da ön plana çıkan hususlar şu şekilde özetlenebilir: Makroekonomik dengesizlikler, yanlış sinyal üreten ve dengede bulunmayan nispi parasal göstergeler, makroekonomik istikrarsızlık semptomları üretebilmektedir. Ayrıca, ulusal içerikli ve vurgulu politikalar ile uluslararası toplumun beklentilerinin uyumu ya da uyumsuzluğu kriz sürecini yapılandırmaktadır. Ekonomik birimlerin davranışları da kriz ya da istikrar ortamını hazırlamaktadır. Rasyonel beklentilerin, ekonomi sosyolojisinin ve finansal psikolojinin şekillendirdiği davranışlar, hangi tür tercih ve önceliklerin etkili olduğunun/olacağının sinyalini vermektedir. Son olarak gözetim ve denetim sürecinin yapısı ve özelliği, karar alma ve uygulama süreçlerinin olası irrasyonellik ve aşırılık eğilimleri konusunda ipucu sunmaktadır. Şüphesiz, her dönemin karar ve uygulamalarının kendi içinde tutarlılığı, makul ve geçerli gerekçesi bulunsa da bunlar daha sonraki dönemin/dönemlerin mukayeseli avantaj ve dezavantaj ortamını da şekillendirmektedir. Rasyonellik ve irrasyonalite tartışmalarının bir anlamda ana merkezini bu gelişmeler oluşturmaktadır.

İstikrar, kriz öncesi büyülü konsept olarak ekonomik yapı ve ilişkiler sisteminin her alanını etkilemekteydi. Küresel finans krizi, makroekonomik istikrarın her ekonomik birim açısından zorunlu olarak istikrarı ifade etmeyebileceğini ortaya koydu. Bu büyük ölçüde, ekonomik ve finansal analizlerin ortalama değerler (manşet göstergeler) dikkate alınarak yapılmasından kaynaklanmaktadır. Sadece makro göstergelere odaklanan istikrar yaklaşımı veya anlayışı, ciddiye alınması gereken paradoks üretebilmektedir. Bu olgu, istikrarın istikrarsızlığı konsepti ile tanımlanmaktadır.

Tarihsel veri ve bilgiler, ekonomik ve finansal işlem ve operasyonların doğası gereği iki tür istikrarsızlık üretebildiğini ortaya koymaktadır: örtülü istikrarsızlık ve açık istikrarsızlık. Uluslararası gelişmeler ve tecrübeler, örtülü istikrarsızlığın istikrar olarak algılandığını veya takdim edildiğini gösteren bir dizi örnek sunmaktadır. Sürdürülebilir ekonomik ve finansal kırılganlıklar örtülü istikrarsızlığa işaret etmektedir. Sürdürülemez olanlar ise açık istikrarsızlık veya kriz olarak tanımlanmaktadır.

Kırılganlık, ekonomileri kontrol dışı dinamiklere karşı korumasız hâle getiren, doğasında olan, sürekli veya sürekli benzeri yapısal özelliklerine işaret etmektedir. Ekonomik kırılganlık, uygun olmayan politikaların neden olduğu stok problemlere de vurgu yapmaktadır. Ayrıca ulusal ve global menfaatlerin örtüşmesi ve/veya ayrışması, kırılganlıklar sorununu ertelemekte veya derinleştirmektedir. Dolayısıyla kırılganlık yapısal olabileceği gibi uygulanan politikalardan da doğmuş olabilmektedir. Standart kırılganlık göstergeleri seti oluşturulmak istenildiğinde, bunların ülkelerin ve ekonomilerin yapılarına göre farklılık göstereceği söylenebilir. Zincirin gücü en zayıf halkasının gücüne bağlı olması gibi, ekonomik yapı ve ilişkiler sisteminin bir bütün olarak ele alınması gerekir.

Sürdürülebilirlik ise ekonomik yapı ve ilişkiler sisteminde bir yörünge değişimine neden olabilecek ekonomik güç veya dinamik üretmeyen iç ve/veya dış dengesizliği tanımlamaktadır. Bu konuda bütçe ve cari açık özel önem taşımaktadır. Herhangi bir sorunun, bütünün özelliklerini yansıtabileceği prensibi iyi analiz edildiğinde, bu iki dengesizliğin gözden kaçırılan hususları hatırlatacağı unutulmamalıdır. Cari açığın oluşum nedenleri ve finansman kaynakları, ulusal ekonominin dinamikleri ve yabancıların ulusal ekonomiye bakışlarını yansıtmaktadır. Bütçe açığı, kamusal harcama alanları ile vergi ve diğer kaynakların kalitesine işaret etmektedir. Mali açıdan, mevcut kamu borç stokunun ve gelecekteki faiz dışı fazlanın bugünkü değeri birbirine eşit olmalıdır. Kamu net borç stokunun GSYH'ye oranı, reel faiz oranı ve büyüme oranı arasındaki ilişkilere bağlı olarak hesaplanan faiz dışı fazlanın GSYH'ye oranı ile yakın ilişki içindedir. Gelecekteki tüm net vergi gelirleri, gelecekteki kamu tüketiminin bugünkü değerini ve mevcut kamu borç stoku servisini karşılayabilmelidir. Tecrübeler, Borç/GSYH istikrara kavuşsa da hükûmetlerin sürdürülebilirlik problemleri ile karşılaşabildiklerini göstermektedir.

İçinde bulunulan ortam, yaşanan süreç ve bunu hazırlayan ön koşullar/gelişmeler dikkate alındığında, istikrarın israfı ile krizin israfı konusunun özel önem taşıdığı görülecektir. Bu iki konsept, kendi konjonktür süreçlerinde yapılması gereken fakat yapılmayan, yapılamayanlara vurgu yapmak için uygun terminoloji sunmaktadır. Her karar ve uygulamanın alternatif maliyetinin olması da bu çerçevede değerlendirilmektedir.

Böyle bir yaklaşım kısa vadeli analiz metodolojisine dayalıdır. Orta ve uzun vadede daha farklı değişkenler belirleyici rol oynamaktadır. Ekonomilerin ve dolayısıyla ülkelerin çöküşü/krizi veya başarısı/performansı, nüfusun düzey ve yetkinliği ile makro ve mikro verimlilik trendine bağlı olagelmiştir. Tarihsel tecrübe ve örneklere göre, etkileri yüksek krizlerin temel belirleyicileri şu başlıklar altında toplanabilmektedir: İmkân ve kaynakların kötü yönetimi, rekabet ve işbirliği alanları ve ilişkilerinin değişmesi, çevre ve iklim koşullarını doğru algılayamama, sosyal ve kültürel alanda gerekli değişimi gerçekleştirememe.

Piyasa koşullarının ve göstergelerin neden ve nasıl değiştiği her zaman teorik ve uygulamalı çalışmalara konu olagelmiştir. Bu tür analizler iki farklı çerçevede ele alınagelmiştir. Piyasalarda ve göstergelerdeki hareketlilik, boyutuna ve zaman dilimine bağlı olarak farklı şekilde tanımlanmaktadır. Nispeten küçük düşüşler (veya artışlar) piyasa ve gösterge düzeltmesine işaret etmektedir.

İyi işleyen piyasa ekonomilerinde bu tür değişimler, doğası gereği normal kabul edilmektedir. Piyasalarda veya göstergelerdeki dalgalanma ise nispeten daha yüksek orandaki hareketleri tanımlamaktadır. Sürdürülebilir kırılganlıkların krize dönüşme olasılığı bu eşikten sonra gündeme gelmektedir. Dalgalanma, geçmiş dönem trenddeki sapmalara veya gelecek olası trende (opsiyon fiyatları gibi) göre ele alınmakta ve değerlendirilmektedir. Kriz analizlerinde üzerinde durulan klasik paradigma, beklenen düzeltme yerine karşılaşılan dalgalanmaya ilişkin yapılan ekonomi politik analizin içeriği ve kalitesi ile ilgilidir.

2003-2007 ekonomik ve finansal yükseliş ve gelişme döneminde yükselen piyasalarda şu faktörler etkili olmuştur;

- Geçmiş dönemlerle mukayese edildiğinde nispeten iyi sayılabilecek seviyedeki finansman imkânları. Bazı ülkelere yönelik özel sermaye akımları artarken, bazı ülkeler de kalkınma yardımları almıştır.
- Küresel düzeyde kritik emtiaların fiyatları önemli ölçüde artmıştır. Süreç, bu emtiayı üreten ülkelere önemli kaynak girişi sağlamıştır.
- Yabancı ülkelerde çalışanların kendi ülkelerine gönderdikleri dövizler de ilgili ülkelerde önemli imkân ve kaynak oluşturmuştur.

Finans krizi, borç ekonomisinin dinamikleri ile yakın ilişki içindedir. Bu çerçevede, istikrarsızlığı hazırlayan ve tetikleyen önemli faktörler önem kazanmaktadır. Sürecin belirleyicileri şu şekilde ifade edilebilir:

- İstikrarlı olmayan makroekonomik göstergeler ve dengesizlikler

- İyi yönetilemeyen birey, şirket ve kamu bilançoları, yüksek borç, kaldıraç oranları
- Kural ve prensiplerin yapısı, kurumsallaşma kalitesi

Bu belirleyiciler, küresel ortamda veya piyasalarda ortaya çıkacak trendler ve ulusal piyasalarda yeniden algılanmaya başlanan risklerle birleşince istikrarsızlık ve risklerin oluşmasına veya gündeme gelmesine neden olmaktadır. Borçları ödeme gücü, döviz kurlarının değeri, finans sistemlerinin kırılganlığı, ekonomik birimlerin likidite sıkıntısı, ekonomi politikalarının etkisi/etkisizliği ön plana çıkmaktadır.

Süreç işlemeye başladığında, spekülatif ataklar da gündeme gelmektedir. Spekülatif atakların, kâr amacı güden spekülatörler tarafından yönetilen ekonomik bir olgu kadar ekonomi politik boyutlarının olacağı da gözden kaçırılmamalıdır. Gerçekte ekonomik ve finansal krizlerin (özellikle para krizlerinin) ekonomi politik yönü bulunmaktadır. Çünkü, paranın değeriyle ilgili karar ve uygulamalar ile çatışan ekonomik hedefler arasında "trade-off" bulunmaktadır. Öte yandan, spekülatörler ekonomik birimlerin ve/veya ekonomi yönetiminin kredibilitesini test etmek isteyebilmektedir. Süreç ve bu tür bir beklenti iyi yönetilemediğinde de kendi kendini besleyen kriz olasılığını gündeme getirmektedir. Sonuçta, spekülatif atakların bulaşma ihtimali, politik dinamikleri tetikleme olasılığını artırmaktadır.

Sürecin merkezinde yer alan kredibilite, kaliteli farklılık oluşturabilme kapasitesi ve diyalog odaklı iletişim yeteneği, güçlü ve güvenilir liderlik ve yetkin ekiplerin bir bileşkesi olarak tanımlanmaktadır. Kredibilite, ekonomi politik çerçevede ekonomik ve demokratik kredibilite şeklinde ele alınmaktadır. Ekonomik kredibilitenin temel bileşenleri şunlar olagelmiştir:

- Açıklamaların eksik veri ve bilgi içerip içermediği
- Yetkinlik ve güvenilirlik algısı
- Değerlendirmelerin içsel tutarlılığı, detayı ve makullüğü

Demokratik kredibilite ise, özellikle ana akım politika ihtiyacı söz konusu olduğunda gündeme gelmektedir. Politikalara ve kurumsal reformlara ilişkin kredibilite olgusu, kurgusuna bağlı olarak, demokratik açıdan ele alınması gereken yan etkiler üretebilmektedir. Bu, büyük ölçüde reform sürecinin olası sorun alanlarından kaynaklanmaktadır. Bunlar, şu şekilde ifade edilmektedir:

- Aynı anda fazla reformun uygulanmasındaki aksaklıkların ortaya çıkması
- Gelir dağılımının bozulması
- Ekonominin informalleşme ihtimali
- Kamu otoritesinin fonksiyonlarının değişmesi
- Etkili politika opsiyonlarının azalması

Reform ve geçiş süreci ile makroekonomik performans ve politik kısıtlamalar ilişkisi, bir dizi paradigma değişimi ve çelişkiler demetinin ortaya çıkmasının mümkün olabileceğine işaret etmektedir. Karar alıcı ve uygulayıcıların eylemsizlik, erteleme ve kararlılık tercihleri, bu çerçevede kritik rol ve fonksiyon görmektedir. Bu nedenle kredibilite, bireysel, kurumsal ve kamusal imajın, tanınırlığın ve güvenin önemine de vurgu yapmaktadır.

Uluslararası kuruluşların ve/veya organizasyonların kriz öncesi dönemde yükselen piyasalara, kriz döneminde de gelişmiş ekonomilere önerdikleri makroekonomik programın standart özelliği bulunmaktadır: "mevcut dış finansman" ve "muhtemel çıktı" tahminleri ile "sürdürülebilir cari açık" beklentileri ışığında "toplam talebin" zorunlu olarak getirilmesi gereken düzey. Buna göre, iç ve dış denge, reel iç talep düzeyi ile reel döviz kuru ilişkisine bağlıdır. Dengesizlik türlerine bağlı olarak farklı düzeltici veya uyumlaştırıcı tedbirler uygulamaya konulmaktadır. Farklı enflasyon-faiz-oranı-mali denge-cari denge-üretim-işsizlik tablolarının ortaya çıkması, bu tercih ve önceliklerden kaynaklanmaktadır.

2000'li yılların başından itibaren popülerlik kazanan enflasyon hedeflemesi kavramı da piyasa ekonomileri açısından özel bir önem taşımaktadır. Küresel ölçekte enflasyon hedeflemesi, bol likidite ortamında gelişmiş ekonomiler için standart mal ve hizmet fiyatlarının oldukça düşük seyretmesine ve bu ihtiyaçların büyük ölçüde yükselen piyasalardan temin edilmesine imkân vermiştir. Bu ülkeler grubunun üretim yapısı da doğal olarak küresel talebe uygun bir özellik kazanmıştır. Bu trend, küresel işbölümü ve uzmanlaşmaya da ışık tutmaktadır.

Küreselleşme, mal ve hizmet hareketleri ile sermaye akımları yoluyla fiyatları, faizleri ve kurları etkileyen süreci şekillendirmektedir. Merkez bankaları, enflasyon hedeflemesi ve buna uygun para politikası uygulamaları nedeniyle oluşan rekabet ortamı ile küresel enflasyonun düşmesini kolaylaştırmıştır.

Enflasyon hedeflemesi ve kur sisteminin ekonomi politiğinin özel bir anlamı olduğu da gözden kaçırılmamalıdır. Enflasyon hedeflemesi ile küresel ve ulusal sanayi ve ticaret yapısının değişim yön ve şekli arasında tahmin edilenden daha güçlü ilişki bulunmaktadır. Enflasyonun düşürülme süreci, ulusal düzeyde özel sektöre etkinlik, verimlilik ve alternatif maliyetleri yeniden şekillendirerek, yeni yapılanma süreci oluşturmaktadır. Küreselleşmenin yön ve şekli, ekonomilerde aktif ve/veya pasif dışa açılmayı yeniden şekillendirmektedir. Net ihracat veya ihracatta net katma değer kavramı bu sürece işaret etmektedir.

2. Performans Göstergelerinin Ekosistemi

Makroekonomik performans, ekonomik birimlerin (hanehalkı, şirketler ve kamu otoritesi) davranışlarının, karar ve uygulamalarının ortak ve kümülatif sonucudur. Bunun ölçülmesi, izlenmesi ve değerlendirilmesi, makroekonomik ortamın durumunu ve gelişmeleri yansıttığından özel önem taşımaktadır.

Makroekonomik göstergeler, ilgili olduğu alandaki ve sektördeki ekonomik işlerin, işlemlerin ve faaliyetlerin görünümünü ve seyrini göstermektedir. Bu göstergeler, ekonomik düşüncenin, teorinin ve politikanın gelişimine bağlı olarak farklı değişkenler dikkate alınarak değerlendirilmiştir. Performans göstergelerinde ilk sıradaki yaklaşım Okun Kanunu olarak bilinmektedir. İkinci yaklaşım R. J. Barro tarafından geliştirilmiştir. Son yaklaşım ise yükselen piyasa ekonomilerinin durumu dikkate alınarak ve döviz kuru eklenerek tarafımızca oluşturulmuştur.

Makroekonomik Performans Göstergeleri;

- Enflasyon Oranı ve İşsizlik Oranı
- Enflasyon Oranı ve İşsizlik Oranı + Büyüme Oranı ve Faiz Oranı,
- Enflasyon Oranı ve İşsizlik Oranı + Büyüme Oranı ve Faiz Oranı + Döviz Kuru

Makroekonomik performans kadar makroekonomik istikrar da önemlidir. Makroekonomik istikrarı izlemede ve değerlendirmede makroekonomik performans göstergelerinin bir kısmı ile birlikte aşağıdaki göstergeler de kullanılmaktadır. Daha önce de ifade edildiği üzere, bunların manşet/ortalama değerleri yansıttığı unutulmamalıdır.

- Bütçe Dengesi/GSYH ve Kamu Borç Stoku/GSYH
- Cari Denge/GSYH

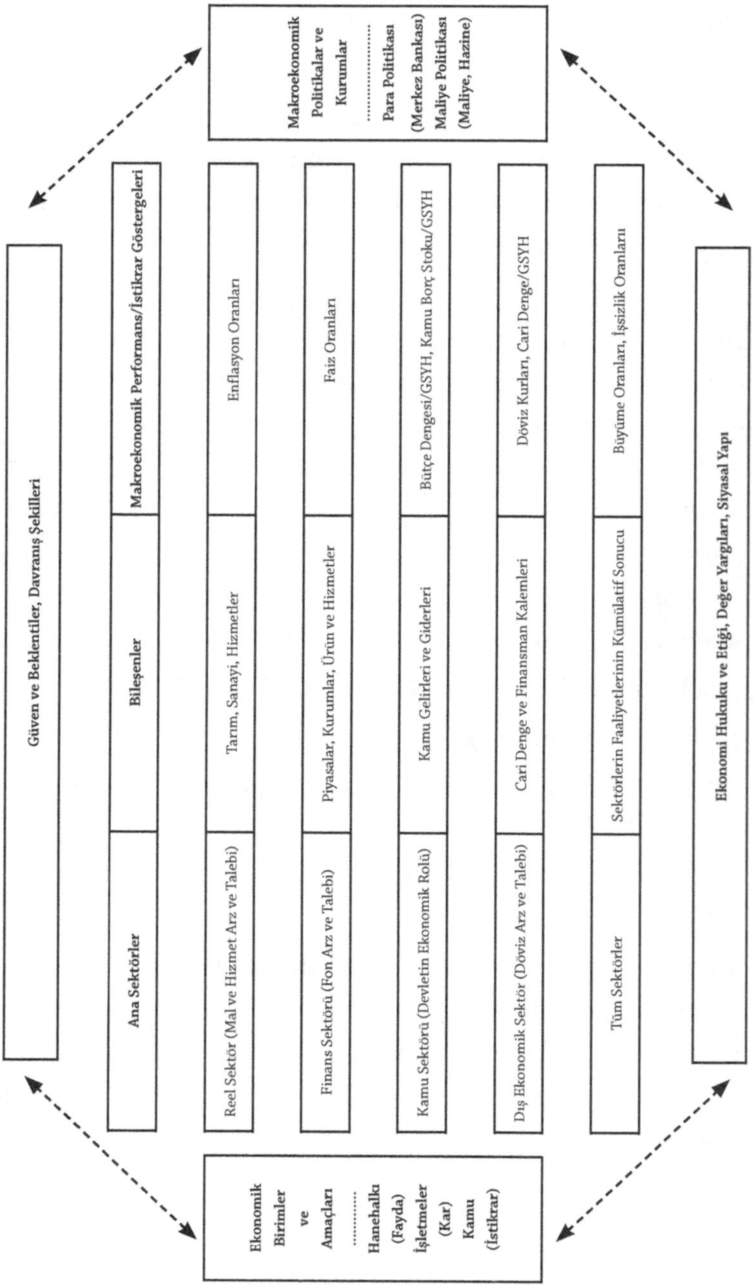
Makroekonomik Politikalar ve Kurumlar
Para Politikası (Merkez Bankası)
Maliye Politikası (Maliye, Hazine)
Güven ve Beklentiler, Davranış Şekilleri
Ana Sektörler
Bileşenler
Makroekonomik Performans/İstikrar Göstergeleri
Reel Sektör (Mal ve Hizmet Arz ve Talebi)
Tarım, Sanayi, Hizmetler
Enflasyon Oranları
Finans Sektörü (Fon Arz ve Talebi)
Piyasalar, Kurumlar, Ürün ve Hizmetler
Faiz Oranları
Kamu Sektörü (Devletin Ekonomik Rolü)
Kamu Gelirleri ve Giderleri
Bütçe Dengesi/GSYH, Kamu Borç Stoku/GSYH
Dış Ekonomik Sektör (Döviz Arz ve Talebi)
Cari Denge ve Finansman Kalemleri
Döviz Kurları, Cari Denge/GSYH
Tüm Sektörler
Sektörlerin Faaliyetlerinin Kümülatif Sonucu
Büyüme Oranları, İşsizlik Oranları
Ekonomi Hukuku ve Etiği, Değer Yargıları, Siyasal Yapı
Ekonomik Birimler ve Amaçları
Hanehalkı (Fayda)
İşletmeler (Kar)
Kamu (İstikrar)

Makroekonomik performans göstergeleri, yukarıdaki şekilden de görüleceği gibi makroekonominin işleyişinin sonucunda oluşmaktadır. Bu göstergeleri, ekonomik birimlerin davranışları, makroekonomik politikalar, ekonomi hukuku, etiği ve siyasi yapı doğrudan ve dolaylı şekilde etkilemektedir.

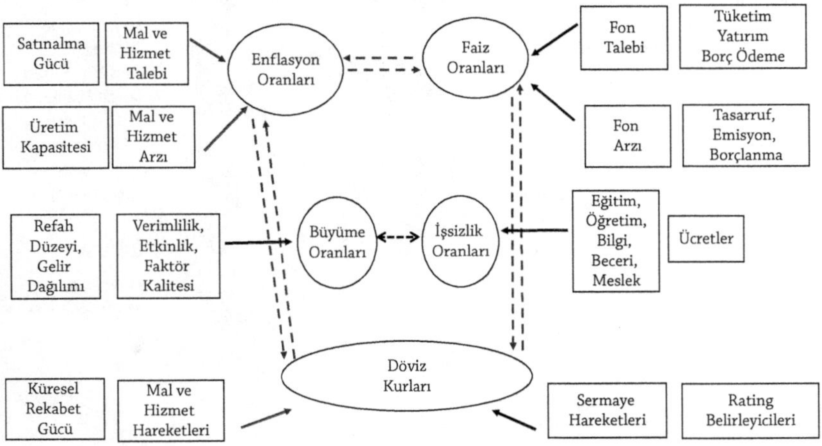

Reel, finans, kamu ve dış ekonomik sektörden oluşan makroekonomik yapı ve ilişkiler sistemi, kümülatif olarak büyüme oranı ile işsizlik oranını üretmektedir. Piyasa ekonomisi kurallarının geçerli olduğu ortamlarda, enflasyon oranı reel sektörle, faiz oranı finans sektörüyle, döviz kuru dış ekonomik sektörle yakın ilişki içindedir. İlk bakışta, göstergeler farklı değişken veya gelişmeden etkileniyor gibi görünse de birbirlerini de etkilemektedir.

Küreselleşmenin gelişmesi ve yaygınlaşması, ekonomilerin karşılıklı bağımlılıklarının yapısını ve ilişkilerini farklılaştırmaktadır. Yükselen piyasa ekonomilerinin döviz geliri elde etme süreci, cari dengenin oluşum ve finansman kaynaklarının kalitesiyle ilgilidir.

Sermaye Hesabı, Finans Hesabı Bileşenleri		**Kur Düzeltmesi**	**Cari İşlemler Hesabı Bileşenleri**	
	Sermaye Hesabı		Mal Dengesi (İhracat-İthalat)	İhracat İthalat
Ekonomi Hukuku Piyasa Yapısı Sosyo-kültürel Ortam	Doğrudan Yatırımlar Dengesi		Hizmet Dengesi (Gelirler-Giderler)	Taşımacılık Turizm İnşaat Hizmetleri Finansal Hizmetler Diğer Ticari Hizmetler Resmi Hizmetler Diğer Hizmetler
Finansal Dışa Açıklık Getiri Oranları Risk Düzeyi	Portföy Yatırımları Dengesi			
Kredi Ratingi/riski Maliyet Farklılığı	Diğer Yatırımlar Dengesi (MB, Hükümet, Bankalar, Diğer		Birincil Yatırım Kaynaklı Denge (Gelirler-Giderler)	Ücret Ödemeleri Yatırım Gelirleri
	Finans Hesabı (DYD, PYD, DYD)			
Muhasebeleştirme	Net Hata ve Noksan		İkincil Yatırım Kaynaklı Gelirler	Genel Hükümet Diğer Sektörler
Rezerv Kaynakları Rezerv Düzeyi Rezerv Kalitesi	Rezerv Varlıklar			

Dış ticaret dengesi ve belirleyicileri, rekabet gücünün dinamiklerine ışık tutmaktadır. Sadece mal ve hizmet piyasası koşulları değil, faktör piyasası koşulları da dikkate alındığında, küresel rekabetin farklı faktörlere bağlı olduğu anlaşılacaktır. Birçok yükselen piyasa ekonomisinde, cari dengenin büyük ölçüde dış ticaret dengesinden kaynaklanıyor olması, böyle bir analizi zorunlu kılmaktadır.

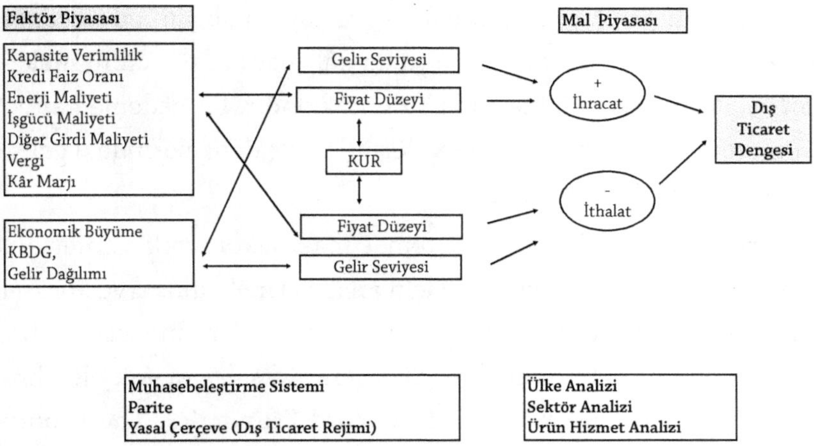

Bütçe dengesi ve kamu borç stoku, kamu otoritesinin karar ve uygulamalarının ilk aşama sonuçlarını, cari denge ise kamu ve özel kesimin ortak sonucunu yansıtmaktadır.

Makroekonomik İstikrar Göstergeleri

- Büyüme Oranı, Bütçe Açığı/GSYH, Kamu Borç Stoku/GSYH
- Enflasyon Oranı, Cari Açık/GSYH

Makroekonomik istikrar, kamu perspektifi ve özel kesim yaklaşımı olarak iki farklı şekilde değerlendirilmektedir. Yukarıdaki ilk yaklaşım kamu perspektifini, ikinci yaklaşım ise özel sektörün bakışını yansıtmaktadır.

Göstergelerin analizi, nispi dengeleri, geçmiş dönemle mukayesesi ve trendi, uluslararası karşılaştırmaları dikkate alınarak yapılmaktadır. Bütün göstergelerin ortalamaları yansıttığı, diğer bir ifadeyle manşet değerleri gösterdiği analizler algılama aldanımı üretebilmektedir. İstikrarın istikrarsızlığı olarak adlandırılan durum, bu hususla ilgilidir. Kriz öncesi dönemi bu açıdan ele alan çalışmalar bu nedenle oldukça az sayıdadır.

İstikrarın ve/veya krizin oluşma ve yayılma biçimi, daha önce de ifade edildiği gibi düzeltme ya da dalgalanma sürecinin mekanizmasına ve etkinliğine bağlı bulunmaktadır. Bu nedenle her iki konjonktürde ülkelerin göstergelerindeki ve dengelerindeki gelişmeler özel önem taşımaktadır.

Kriz öncesi son beş yılın temel makroekonomik verilerinin trendini seçilmiş ülke grupları için analiz etmek, ulusal ve küresel makroekonomik performans konusunda ipuçları sunacaktır. Ülkeler, gelişmiş ekonomiler ve yükselen piyasalar olarak ele alınmıştır. Veriler, IMF, WB, OECD, Oxford Economics, The Economist arşivlerinden derlenmiştir. Seçilmiş ülkelere ilişkin temel göstergeler EK II'de yer almaktadır.

Temel göstergelere ilişkin tablolar farklı şekillerde analiz edilebilir. İlk olarak ülkenin performansı, her yılın ilgili ülke grubu ve dünya ortalaması ile mukayese edilebilir. Diğer bir yaklaşım ise beş yıllık ortalamaları karşılaştırmak olabilir. Ülkelerin dünya ekonomisi ve/veya dâhil olduğu ülkeler grubuna göre nispi gelişimi yorumlanabilir. Ayrıca, göstergeler arasındaki ilişkilerin uygun bir patikada gelişip gelişmediği gözlemlenebilir. Böylece, makroekonomik performans göstergelerinin mevcut durumu ve muhtemel geleceği yansıtma kalitesi konusunda da bir değerlendirme yapılabilir. Diğer bir ifadeyle, piyasa göstergeleri, reel göstergeler ve dengelerin ilişkilerinde tutarlılık ve kırılganlıkların izleri belirlenebilir.

Göstergeler, aynı standart ve kalitede olduğunda uluslararası mukayeselere de imkân vermektedir. Küreselleşmenin boyutuna bağlı olarak göstergeler, mal ve hizmet hareketleri ile finansal akımlara ilişkin veri ve bilgi de sunmaktadır. Bireylerin, şirketlerin ve kamunun etkilenme yön ve şeklini de yansıtmaktadır. Aşağıdaki tablo göstergeleri, anlamlarını ve verdiği sinyalleri açıklamaktadır.

GÖSTERGE	ANLAMI	VERDİĞİ SİNYAL (Bireyler, Şirketler, Kamu Yönetimi)
Enflasyon Oranları	Mal ve hizmet fiyatları, istikrar, performans	Girdi maliyetleri, üretim dar boğazları, istikrar/sızlık işareti, gelir dağılımı bozukluğu, MB performansı
Faiz Oranları	Finansal ürün ve hizmet fiyatları, performans	Finans sektörünün derinlik sorunu, tasarrufların yetersizliği ile yön ve şeklinin bozukluğu
Döviz Kurları	TL ile yabancı paralar arasındaki fiyatlar, performans	Dışa açıklığın yapısı ve özellikleri, döviz üretim ve tüketim dengesizliği
Büyüme Oranları	Oran, düzey, bileşim, istikrar, performans	Refah üretme kapasitesi, küresel rekabet gücü, harcama ve sektörel katkılar
İşsizlik Oranları	İşgücü talep ve arz yapısı, performans	İstihdam ve işsizliğin yaş, cinsi- yet, eğitim, sektör ve bölgesel dağılımı, mesleksizlik
Cari Denge	Mal, hizmet, sermaye hareketleri, istikrar	Cari dengenin oluşumu ve finansman kaynakları, bunların kalitesi, küresel sistemle ilişkiler
Bütçe Dengesi	Ölçek, rol ve fonksiyon, istikrar	Harcama ve vergileme kalitesi, faiz dışı fazla konsepti, vergi dışı gelir yapısı
Kamu Borçları	Kamunun mali baskınlığı, istikrar	Piyasalardan borçlanma ihtiyacı, borcun yapısı ve özellikleri, kamudan sağlanan finansman boyutu

3. Yükselen Piyasa Ekonomileri Açısından Değerlendirme

Ulusal ekonomilerin küreselleşme olgusuna ilişkin ekonomi politik tepkisi, farklı değişkenlerin etkisi altında ortaya çıkmaktadır. Küresel ekonomiyle entegrasyon derinliği, yönü ve şekli en etkili faktörlerden biridir. Demokratik yapı-yönetişim ve makroekonomik performans ilişkisi de önemli rol ve fonksiyon görmektedir. Ayrıca, ulusal tercih ve öncelikleri, yaklaşımları şekillendiren politika ve stratejileri kritik faktörler olarak öne çıkmaktadır. Bu belirleyiciler, ulusal ve küresel konjonktüre karşı oldukça hassas olduğundan kırılganlıklar ve bunların sürdürülebilirliği her zaman ana sorunsal kaynağı olagelmiştir.

Ekonomi politiğin ana küresel aktörleri, ulus devletler ile piyasalardır. Kamu otoriteleri, genel olarak politik güç, bağımsızlık, istikrar ve kurumsallaşmayı ön planda tutmaktadır. Piyasalar ise ekonomik refah ve güç, ekonomik açıklık ve kâr gibi olgulara ağırlık vermektedir. Her iki ana bileşenin hem kendi içinde hem de karşılıklı rekabeti, politikaları ve göstergeleri etkilemektedir. Bu ilişki, farklı organizasyonlar altında küresel ekonomi yönetimlerine de yansımaktadır.

Uluslararası tecrübeler ve gelişmeler, bu konulara ilişkin şu sonuçları veya prensipleri üretmiştir:

- Gerekli detaylarına ulaşılmayan konuların politikası da etkili olamamaktadır.
- Sosyal ve kültürel sermayeyi, girişim ve kendine güven duygularını güçlendirmek her zaman en önemli reform alanıdır.
- Yapılması olanaksız reformlar, yeniden yapılanma yerine istikrarsızlığa ortam hazırlayabilmektedir.

- Bireysel, kurumsal ve sosyal sorumluluk prensibine göre davranma, etkinlik ve verimlilik açısından özel önem taşımaktadır.
- Genel olarak birçok risk tanımlanabilmekte, izlenebilmekte, ölçülebilmekte ve yönetilebilmektedir. Ahlaki riziko ise hasar-tespit aşamasında ortaya çıkmaktadır.

İstikrarın güçlendirilmesi, krizin yayılma ve dolayısıyla önlenme biçimi, ilk aşama olarak ödemeler sisteminin (cari dengenin) ve bileşenlerinin işleyiş mekanizmasına ve etkinliğine bağlı bulunmaktadır. Ülkelerdeki temel makroekonomik göstergelerin, dengelerin ve gelişmelerin izlediği trend ve verdiği sinyal özel önem taşımaktadır. Bu nedenle, göstergelere dayalı makroekonomik performans, ülkelerin yapısı ve özelliklerine bağlı olarak ele alınmalı ve analiz edilmelidir.

Gelişmiş ekonomiler için makro dengeler ile enflasyon oranı, işsizlik oranı, büyüme oranı ve faiz oranını dikkate almak, analizlerde ihtiyaç duyulacak veri ve bilgileri içermektedir. Yükselen piyasalar için bu göstergeler setine döviz kurunu eklemek gerekir. Bu sistematik yaklaşım, makroekonomik performansın yanında, ülkelerin refah ve/veya fakirlik döngüsünü açıklayabildiği kadar ekonomi politikalarının başarısı konusunda da makro görünüm sunmaktadır.

Yükselen piyasalar kavramı, hızlı büyüme ve sanayileşme sürecindeki ülkelerin sosyal ve iş faaliyetlerini tanımlamak için kullanılmaktadır. Bu nedenle, zaman içinde yükselen piyasa ekonomilerinin sayısı, makroekonomik performanslarına bağlı olarak değişmektedir. Bu ülkeler, piyasa etkinliği ile muhasebeleştirme ve raporlamaya yönelik düzenleme ve denetim konularındaki kurumsallaşma sürecinde gelişmiş ekonomi statüsüne geçiş döneminde olan ekonomileri ima etmektedir. Bu ülkeler grubu, sadece coğrafi ve ekonomik güce göre ele alınmamakta, aynı zamanda ülkelerin gelişmekte olan konumundan gelişmiş konumuna geçişine ve dönüşümüne de vurgu yapmaktadır. Yükselen piyasa ekonomileri, ekonomik birimlerin modern ve geleneksel davranış ve yaklaşımlar arasında kesişimlerinin söz konusu olduğu ülkeler olarak tanımlanmaktadır.

Ekonomi politik yaklaşım çerçevesinde yükselen piyasa ekonomisi, piyasalar açısından siyasi konuların en az ekonomik konular kadar önemli olduğu ülkeleri ima etmektedir. Yükselen piyasa ekonomilerinin tanım sorunu, zaman içinde dikkate alınan göstergelere, ortamlara ve tanımı yapan ve veri yayınlayan kuruluşa göre değişiklik göstermektedir. Akademik ve iş dünyasında bu ülkelerin analizi yoğun şekilde devam etmektedir. Bu çalışmalar ve araştırmalar, dünyada ekonomik gücün değişimini, globalleşmenin yön ve şeklini belirlemek kadar, bu süreci etkin şekilde yönetmenin de sinyalleri olarak ele alınmalıdır.

Yükselen piyasa ekonomileri grubu için önemli bir husus, demokrasi, yönetişim ve ekonomik performans arasındaki ilişkidir. Ekonomik faaliyetlerin en önemli sonucu olan GSYH'nin büyüme oranı, yapısı ve kalitesi, ekonomik birimlerin davranışları yanında politik kurumlar ve politik sistemden de etkilenmektedir. Bu ilişkideki hassas husus, siyaset ve politik görüşlerin, ekonomik, sosyal ve demografik yapıların şekillendirdiği ekonomik yapı ve ilişkiler sistemini etkileme yön ve şeklidir. Siyasi yapı ve ilişkiler sistemi, ekonomik yapı ve ilişkiler sistemini, bunu etkileyen her belirleyici veya bileşenin ayrı ayrı ve tek başına oluşturacağı etkiden daha fazla etki üretilmesine ortam hazırlamaktadır. Daha açık bir ifadeyle, ekonomik yapıyı şekillendirmede siyasi yaklaşımlar kritik rol ve fonksiyon görmektedir. Bunun en önemli nedeni de politik kurumların, ekonomik, sosyal ve demografik yapıların empoze ettiği kısıtlamaları azaltma veya artırma potansiyeli taşımasından gelmektedir. Siyaset ve politik görüşler, bu mekanizma yoluyla makroekonomik performansı doğrudan ve dolaylı şekilde etkilemektedir.

Bu boyutlar, bir yönüyle ekonomi yönetimi ve koordinasyonun politik temellerini şekillendirmektedir. Öte yandan, sadece ekonomik büyümeyi değil aynı zamanda enflasyon, yatırım, eğitim-öğretim, beşerî sermaye, gelir dağılımı, mülkiyet hakları ve demografik yapı gibi büyümenin belirleyicilerini de etkilemektedir. Bu nedenle, makroekonomik performansın izleyeceği trend, ekonomi politik bağlamda taraflar arasındaki yönetişim kalitesine bağlı olacaktır.

Böyle bir ortamda veya koşullar setinde, politik devamlılığın mantığını sağlıklı temellere oturtabilmek de özel önem taşımaktadır. Hükûmetin karar ve uygulamalarına iyi ya da iyi olamayan referanslar verilmesi, daha çok ekonomik birimin daha iyi veya daha olumsuz konuma gelmesiyle ilgilidir. Yükselen piyasa ekonomilerinde üzerinde durulması gereken bir konu da olumlu olmayan karar ve uygulamaların iyi politik sonuçlar, olumlu karar ve uygulamaların ise olumsuz politik görüş ve sonuçlar üretebildiğidir. Bunun en önemli belirleyicisi ise seçim ve seçim sonrası sürecin ekonomi politik yapısı ve özelliklerinin farklılığıdır. Diğer bir ifadeyle, süreç, beklenti oluşumu veya oluşturma ile gerçeklerin oluşumu dengesini yansıtmaktadır.

Yükselen piyasa ekonomilerinin her birinin kendine has özellikleri olsa da genel bir benzerlik alanları da söz konusudur. Bu ülkeler grubu, küresel ekonominin kâr ve istikrarsızlık, üretim ve dağıtım alanları olagelmişlerdir. Aslında bu özellik, gelişmiş ekonomilerin yapısal ve konjonktürel sorunlarının, bu ülkelere finansal ve reel mekanizmalar yoluyla ihracının da bir sonucudur. Söz konusu ülkelerde, gözlemlenen kriz ve istikrarsızlık ortamları ile gelişmiş ekonomilerin konjonktür hareketlerini birbirine karıştırmamak gerekir.

Yükselen piyasa ekonomilerinin küresel sistemdeki gelişmeler ile ilişkisi, finansal dışa açıklık ile mal ve hizmet bazında dışa açıklık dengesi/dengesizliği göz önünde bulundurularak ortaya konulabilmektedir. Küreselleşmenin tetiklediği bir çöküşün olup olmayacağı, reel ve finansal bazda dışa açıklık ve kapalılık derecesine bağlıdır. Daha açık bir ifadeyle, mal ve hizmet bazında (reel ekonomi anlamında) dışa açıklığı düşük, buna karşı finansal dışa açıklığı yüksek ekonomilerin krizlerle karşılaşma olasılığı oldukça yüksektir. Finansal entegrasyonun fayda ve maliyetleri, küresel finansal istikrarsızlıklara ve şoklara açıklık ve bu sürece direnebilme kapasitesine, ulusal finans sisteminin yapısı ve özelliğine, sermaye hareketlerinin aktörlerinin konum ve kredibilitesine bağlı bulunmaktadır. İyi kurgulanıp yönetilemediğinde, finansal entegrasyon reel entegrasyona da yön ve şekil verebilecek güce ulaşmaktadır. Finansal dışa açıklığın ekonomik etkinlik ve politik sonuçları olduğundan, iyi bir ekonomi felsefesi ve metodolojisi olmadan pozitif ve normatif değerlendirme yapmak genellikle hatalı sonuçlara ulaştırmaktadır. Küresel likidite ortamı, böyle bir analizin önemini gözden kaçıracak tül fonksiyonu da görebilmektedir.

İstikrarsızlık sıklığı ve dışa açıklık arasında da korelasyon bulunmaktadır. 2000'li yıllara ilişkin yapılan çalışmada bu çerçevede şöyle bir ilişkiye ulaşılmıştır.

	Mal Ticareti						
	Yükselen Piyasalar				Gelişmiş Piyasalar		
	Kapalı		Açık		Kapalı	Açık	
Finansal Olarak Açık	0,40	0,35	0,09	0,15	0,07	0,09	0,10
Finansal Olarak Açık	0,78	0,76	0,55	0,57	0,05	0,06	0,14

Veriler Sach_Warner ölçümünü, göstermektedir.

Kaynak: P. Martin ve H. Rey, "Globalization and Emerging Markets: With or Without Crash", The American Economic Review, December 2006, s. 1632.

Yükselen piyasalarda 2000'li yılların başında başlayan küresel uygun ortam, 2005 yılı sonunda kaybolma sinyalleri vermeye başlamıştır. Küresel en uygun ortam 2002-2005 dönemidir. Bu dönemde, yükselen piyasa ekonomilerinin bu uygun konjonktürden yararlanma yön ve şekli, bir dönem sonra karşılaşılacak gelişmelere karşı pozisyonu da belirleyecek özellik taşımaktadır. Bazı yükselen piyasa ekonomilerinde temel makroekonomik göstergelerdeki ilk bozulma sinyalleri zayıf da olsa bu dönemden sonra ortaya çıkmaya başlamıştır. Yükselen piyasaların bu olumlu küresel iklimden ne ölçüde yararlandığı elbette birçok değişkene göre belirlenebilir. Bununla beraber, ortak gösterge, "spread"lerin seyri, daha doğrusu bu ortamın "spread"lere katkısıdır. Yükselen piyasalarda "spread"lere katkı sağlayan faktörlerin düzeyleri farklılaşabildiğinden, en uygun yöntem söz konusu ülkeler grubu ortalaması ile belirlenmiş ülkeyi/ülkeleri karşılaştırmaktır. Literatürde yer alan çalışmalara göre, Türkiye'de TÜFE, dış borç/GSYH, FDF/GSYH gibi temel ulusal ekonomik göstergeler ile başta dış ticaret olmak üzere dış ekonomik koşullara ilişkin göstergelerin "spread"lere katkısı yükselen piyasa ortalamalarının oldukça üzerinde gerçekleşmiştir. Yatırımcılar tarafından üstlenilen riskler ve küresel likidite göstergelerinin katkısı ise söz konusu piyasa ortalamalarının oldukça altında seyretmiştir.

2005 yılında yapılan bir başka çalışmada, yükselen piyasalarda karşılaşılabilecek kriz tiplerine vurgu yapılmıştır. Farklı geçiş mekanizmaları dikkate alınarak, ülkelerin ekonomik yapılarına göre muhtemel kriz senaryoları ele alınmıştır. Hangi gelişen ekonominin ne tür istikrarsızlıkla karşılaşacağı, kendi özel koşullarına ve global ticaret, büyüme ve finansal ortamdaki gelişmelere, ülkelere arası karşılıklı ekonomik ve finansal bağımlılığa bağlı olacaktır. Aşağıdaki tablo, ülkelerin temel küresel dinamiklere göre etkilenme ihtimallerini göstermektedir. Bu aynı zamanda, ilgili ülkelerin küresel gelişmelere yönelik kırılganlıklarını yansıtmaktadır.

Sermaye akımları ile mal ve hizmet hareketlerindeki (özellikle ihracat) düşüşler, yükselen piyasa ekonomilerini etkileyen süreçleri başlatmıştır. Bazı yükselen piyasalar ortalamaların üstünde, bazıları da ortalamaların altında skor yakalamıştır. Farklı geçiş mekanizmalarına göre duyarlılık/hassasiyet aşağıdaki faktörlere bağlıdır.

- İkili ticaretin yapısı ve özelliği
- Temel mal fiyatlarındaki gelişmelere tepkisi
- Faiz oranları ile sermaye hareketleri ilişkilerinin yapısı
- Döviz kurunun seviyesi ve yapısı (değerli/değersiz)
- Maliye ve para politikalarının tutarlılığı ve etkinliği

Bu çerçevede yapılmış araştırmanın sonuçları aşağıdaki tabloda yer almaktadır.

Farklı Geçiş Mekanizmalarına Göre Duyarlılık/Hassasiyet

	İkili Ticaret	Temel Mal Fiyatları	Faiz Oranları ve Sermaye Akımları	Döviz Kurunun Aşırı Değerlenmesi	Maliye ve Para Politikaları
1	Hong Kong	Venezuela	Türkiye	Çek Cumhuriyeti	Türkiye
2	Singapur	Rusya	Brezilya	Macaristan/Türkiye	Arjantin
3	Malezya	Filipinler	Arjantin	Rusya	Brezilya
4	Venezuela	Şili	Macaristan	Venezuela	Venezuela
5	Meksika	Singapur	Meksika	Polonya	Macaristan

Kaynak: Morris Goldstein, "What Might the Next Emerging-Market Financial Crisis Look Like", Institute for International Economics, Working Paper, Number 05-7, July 2005,

Daha önce de belirtildiği üzere, gelişen bir ekonominin ne tür bir istikrarsızlıkla karşılaşacağı, kendi özel koşullarına ve global ticaret, büyüme ve finansal ortamdaki gelişmelere, ülkeler arası karşılıklı ekonomik ve finansal bağımlılığa bağlı olmaktadır. Mal ve hizmet bazında (reel ekonomi anlamında) dışa açıklığı düşük olan, bununla birlikte finansal dışa açıklığı yüksek olan ekonomilerin krizlerle karşılaşma olasılığı oldukça yüksek olacaktır.

EK I: Küresel Finans Merkezlerine ve Yükselen Piyasa Ekonomilerine Gerçekleştirilen Ziyaretlerin Rapor Özetleri

a) Küresel Finans Merkezlerine Ziyaretlerin Rapor Özeti

Roadshow, kamu ya da özel sektör kuruluşlarının geliştirdikleri bir proje için uluslararası finans kurumlarından finansal destek sağlamak, uluslararası toplumun desteğini almak amacıyla yaptıkları veri ve bilgi sunma süreci olarak bilinmektedir. Bu süreç, kurumları tek tek ziyaretler kadar, genel konferans ve toplantılar şeklinde de gerçekleştirilebilmektedir. Ekonomi ve finans literatürüne ve uygulamalarına bu şekilde yerleşen roadshow, siyasi alanda partilerin programlarını ve daha çok ekonomik yaklaşım ve politikalarını uluslararası finans toplumuna ve kuruluşlarına sunma süreci olarak gündeme gelmektedir.

Sayın Genel Başkanımız tarafından belirlenen kuruculardan oluşan bir ekiple 07-11 Ekim 2002 tarihleri arasında Londra, New York ve Boston'da küresel toplumun temsilcilerine ve kuruluşlarına randevuları önceden alınmış "road show" olarak tanımlanan ziyaretler yapılmıştır. Aynı tarihlerde bir başka siyasi parti temsilcisi de benzer faaliyeti icra etmiştir. Türkiye'ye yatırım yapabilecek veya Türkiye ile ilgilenen kişi ve kuruluşlara, genellikle ekonomik ağırlıklı bilgilerin ve verilerin aktarıldığı bu toplantılarda her gün ortalama 50 kişiye sunum yapılmıştır. Ayrıca her gün bu şehirlerde 5-6 küresel kuruluş da ziyaret edilmiştir.

Toplantı öncesinde katılımcılara iletilen sunumun planı şu şekilde belirlenmiştir:

- Türkiye'nin siyasi yapısı ve özellikleri
- Türkiye ekonomisinin stratejik analizi

- Ekonominin ihtiyacı olan politikalar ve reformlar
- Seçilmiş göstergeler bazında tahminler ve beklentiler

Veri ve bilgiler ulusal ve küresel kuruluşlardan derlenmiştir. Sunumlar, ekip üyelerinin uzmanlık alanlarına göre gerçekleştirilmiştir. Katılımcıların soruları da buna uygun şekilde cevaplandırılmıştır.

Sorular, çoğunlukla o dönem Türkiye'nin ekonomik, sosyal, kültürel ve siyasal görünümüne, uluslararası ilişkilerine yönelik olmuştur.

Konferanslara katılanlar ve teke tek görüşme yapılanlar farklı alanlarda bir dizi soru sormuştur. Sorular aşağıdaki alanlarda yoğunlaşmıştır. Cevaplar ise Parti Programında ve Seçim Beyannamesinde yer alan prensipler ve açıklamalar çerçevesinde verilmiştir.

- Türkiye'nin siyasal, sosyal ve kültürel görünümü
- Bölgesel ve küresel gelişmelere bakış
- Avrupa Birliği konusu
- IMF ve Dünya Bankası ile ilişkiler
- Ekonomide temel öncelikler

Ziyaret edilen ve görüşülen kurumlarda, genel olarak başkan düzeyinde olan kişilerle yararlı fikir alışverişleri de olmuştur. Bilgi birikimi ve tecrübenin dikkate alınması, her zaman önemli sonuçlar üretmiştir. Bu çerçevede ön plana çıkan konular şunlar olmuştur:

- Öncelik büyümeye ve ihracata verilmeli,
- Dışa açık küçük ölçekli ekonomilerde dış şokların yönetiminin zor olabileceği gözden uzak tutulmamalı,
- Komşu ve çevre ülkelerdeki gelişmeler dikkatli bir şekilde izlenmeli ve değerlendirilmeli,

- Tutarlı ve güçlü eylem planları hazırlanmalı,
- Ulusal ve küresel aktörlerle ve gruplarla, organizasyonlarla doğrudan görüşülmelere ve ilişki yönetimine özen gösterilmeli.

b) Yükselen Piyasa Ekonomilerine Ziyaretlerin Rapor Özeti

Yükselen piyasalarda; ekonomik strateji, makroekonomik performans ve uluslararası organizasyonlarla ilişkilerin biçimi, istikrarı/istikrarsızlığı şekillendirmektedir. Öte yandan, Ekonomik gelişme ile sosyal gelişme arasındaki ana bağlantı, işgücü piyasalarıdır. Bu çerçevede, küresel gelişmeleri ve tecrübeleri derlemek, değerlendirmek, Türkiye için bir öneriler seti oluşturmak, karar ve uygulamalara önemli veri ve bilgi desteği sağlama potansiyeline sahiptir.

Eylül 2006-Nisan 2007 tarihleri arasında, Sayın Genel Başkanımız ve Başbakanımız tarafından belirlenmiş AK Parti Ekonomik İşler Başkanlığı koordinasyonunda parti üst yönetiminde görevli milletvekillerinden oluşan heyet ile 11 ülkeye ekonomik araştırma ve inceleme ziyaretleri düzenlenmiştir. Ülkelerin seçiminde aşağıdaki kriterler dikkate alınmıştır.

- Yükselen piyasalar, G-20, BRIC, Next 11 grubu üyeleri arasında yer alması,
- Doğrudan yatırım, "outsource" ve "offshore" hizmetlerini çekebilmesi,
- Uluslararası kurumlarla ilişkilerde "benchmark" olması,
- Türkiye açısından uygun mukayese imkânı sunması,
- AB ile ilişkilerde ve daha sonraki gelişmelerde benzerlikler taşıması,

- Makroekonomik göstergelerin yapısı ve özelliğinin benzerlik göstermesi,
- Değişim ve dönüşümde başarılı olan ve başarılı olamayanların bulunması.

Ziyaretlerin amacı, ilgili ülkelerin makroekonomik performansına, işgücü piyasasının yapı ve özelliklerine, uluslararası organizasyonlarla ilişkilerine, ekonomi politika ve stratejilerine ilişkin veri ve bilgi toplamak, bunları değerlendirmektir. Ziyaret programının içeriği, Dış İşleri Bakanlığı'nın ilgili dairesi aracılığıyla, araştırılacak konuların ve muhtemel muhatapların gidilecek ülkedeki Büyükelçiliğimize önceden iletilmesiyle oluşturulmuştur. Mümkün olduğu ölçüde, ilgili bakanlık ve/veya birim bürokratları ile teknik çerçevede konuların detaylı şekilde görüşülmesine ağırlık verilmiştir. Ayrıca, üst düzey parti, hükûmet ve meclis temsilcileri ile görüşmeler de yapılmıştır. Tüm görüşmelerde, ziyaret edilen ülkedeki Türk Büyükelçiliğinin en üst düzey yetkilisi ve/veya yetkilileri de bulunmuştur. Hem toplantı öncesi hem de toplantı sonrası, Büyükelçiliklerde hazırlıklar ve değerlendirmeler yapılmıştır.

Bu araştırma ve inceleme sürecinde, uluslararası kuruluşların yükselen piyasalara oldukça standart program önerdikleri görülmüştür. Güney Amerika ziyaretlerinde, IMF ile program uygulayan ülkelerin görüşmelerinin farklı seviyelerde farklı içeriklerle (bürokratik ve siyasi platformlarda vb.) yapılması gerektiği ifade edilmiştir. Başlangıçta oldukça iddialı başlayan programların birçoğunun önemli alternatif maliyetler üretebildiği, toplantıların birçoğunda gündeme getirilmiştir. Bunun en önemli nedenleri arasında, yükselen piyasaların makroekonomik yapısı ile ekonomi politik ortamı olduğu sonucuna ulaşılmıştır.

Yükselen piyasaların makroekonomik yapısı, küresel ekonominin kâr ve istikrarsızlık üretim ve dağıtım alanları olmalarından, konjonktür ile kriz veya istikrarsızlık ortamlarının farklılık göstermesinden, yanlış sinyal üretebilen ve dengede bulunmayan göstergelerden, ulusal ve küresel beklentiler arasında kendine has dönemsel istikrar-dengesizlik sürecinden etkilenmektedir. Ekonomi politik ortamlarını ise ilgili aktörler ve kurumların rol ve fonksiyonlarının icra biçimi, rasyonel beklentiler yanında, aktörlerin, kurumların ve piyasaların ekonomik sosyolojileri ve finansal psikolojileri arasındaki ilişkileri, gözetim ve denetim sürecinin yapısı ve özelliği şekillendirmektedir.

2000'li yıllarda ortaya çıkan büyük ekonomik ve teknolojik değişikliklerin, özellikle bu ülkeler grubunun işgücü piyasaları üzerinde önemli yansımaları olmuştur. Küresel yapı ve değişim, özel olarak bu ülkeler grubunda istikrarlı istihdam yaratmaya uygun ortam sunamamaktadır. Birçok alanda önemli gelişmeler sağlanmış olsa da istihdam performansı yükselen piyasalarda tatmin edici olamamıştır.

Genel anlamda bir istihdamsız büyüme süreci söz konusu olmamakla birlikte, ekonomik reformlardan beklenenin aksine, daha yoğun bir işgücü kullanımına yol açmayan büyüme ortaya çıkmıştır. Daha yüksek verimliliğe ve sürekli yeniliklere dayalı daha verimli bir gelişme sürecinde üretken iş alanlarının yaratılması, yüksek ve sürdürülebilir ekonomik büyümeyi teşvik etmeyi amaçlayan politikaları zorunlu kılmaktadır. Bununla beraber, yüksek ve artan oranda farklılaşan üretken ve mesleki yapıların söz konusu olduğu ortamda, ekonomik büyüme tek başına işgücü problemlerini çözememektedir.

Bu çerçevede, işgücü ve işgücü piyasaları politikaları şu alanlarda yoğunlaşmaktadır: İşgücü verimliliğinin iyileştirilmesi, üretken istihdamın oluşturulması, yeni ekonomik ortamla tutarlı koruma mekanizmalarının geliştirilmesi, üretken istihdam bulmada spesifik problemlerle karşılaşan grupların işgücü piyasasına katılımının teşvik edilmesi, Sektörlerin modernizasyonu ve mesleki eğitim yanında marjinal grupların ihtiyaçlarına odaklanan sosyal politikaların entegre edilmesi.

Reformlar, bir taraftan iş yaratmaya yardım eden ekonomik büyümeyi sağlarken bir taraftan da büyümenin daha düşük işgücü yoğunluğu ile ortaya çıkmasına neden olmaktadır. İş gücü yoğunluğundaki azalma, ticari liberalleşme ve ulusal paranın değerlenmesiyle yakın ilişki içindedir. Bunun yanında, işgücü arzındaki artışlar da yüksek büyüme oranlarına rağmen işsizliğin düşmesini engellemiştir.

Ticarete konu olan malları üreten sektörlerdeki "yumuşak" ve "sert" teknolojik değişiklikler, işgücünün verimliliğini teşvik etmiştir. Bu süreç, önemli ölçüde büyük firmalarda, büyümeye bağlı olarak da orta ölçekli firmalarda ortaya çıkmıştır.

Tüm bu gelişmelere bağlı olarak işgücü piyasaları iki bölümlü hâle gelmiştir: Talep tarafından belirlenen ve arz tarafından belirlenen piyasalar. İşgücünün eğitim yapısı ve özellikleri kilit rol oynamaktadır. İstihdamın sektörel olarak yeniden yapılanması, işgücü piyasasında heterojenliği artıran süreci ortaya çıkarmıştır.

Küresel kriz, dünyaya ve yükselen piyasa ekonomilerine finans ve ticaret kanalları ile yayıldı/bulaştı. Yükselen piyasalar, dış fon ve dış talep gelişmelerinden önemli ölçüde etkilenmiştir. Etkilenmenin yön ve şekli, ticaret ve finansman anlamında dışa bağımlılığın yapısal ve sektörel bileşenlerine bağlı olmuştur. Sürecin bir parçası ve yansıma biçimi olarak iç talep ve fonda da benzer trendler ortaya çıkmıştır.

Ekonomik yapı ve ilişkiler sistemi bir bütündür. Bu nedenle, krizden etkilenip etkilenmeme sürecinde sektörlerin ayrıştırılması rasyonel bir yaklaşım değildir. Sistemin bir halkasındaki zayıflık, tüm sistemi etkileyebilecek mekanizmaları tetikleyebilmektedir. Öte yandan, arz ve talebin karşılıklı bağımlılığı ve etkileşimi de gözden uzak tutulmamalıdır.

Krizlere karşı direnç yapısı ve normal dönemlerde hızlı performans olasılığı da bu çerçevede ele alınmaktadır. Konjonktürel sorunlar iyi yönetilemez ve çözülemezse, yapısal sorun hâline gelebilmektedir. Bu durumda ise kırılganlıklar farklılaşmaktadır.

Birçok yükselen piyasa ekonomisi için, temel emtia fiyatları, petrol ve enerji fiyatları, rekabetçi işgücü maliyetleri ve fonlar ülke dışında belirlenmektedir. Buna karşılık büyüme dinamikleri, genel olarak içsel bir özellik taşımaktadır. Bu tablo, yükselen piyasaların birçoğunda ekonomi politikalarının doğal sınırını ve etki alanını şekillendirmektedir.

Öte yandan, küresel krizlerin etkileri, bu ülkeler grubunun kendine has yapısal özelliklerinden kaynaklanan ve ulusal konjonktür dalgasıyla örtüşen bir tabloyu da ortaya çıkarmıştır. Bu nedenle, etkilenme sürecinin alanları, nedenleri ve sonuçlarının, sektörel bazda detaylı şekilde ele alınma zorunluluğu ortaya çıkmıştır. Buna bağlı olarak da yeni perspektif ihtiyacı oluşmuştur.

İstihdam üretemeyen, küresel koşulların da önemli ölçüde desteklediği yüksek oranlı büyüme ve kalkınma dönemi, belirli bir süre söz konusu olmayacaktır. Kısa ve orta vadede istihdam üreten yaklaşımlar nispeten daha önemli hâle gelecektir. İşgücü piyasalarına yönelik kapsamlı yeniden yapılandırma projesinin uygulamaya konulması kaçınılmaz olacaktır.

İstihdam politikaları, çıktının düzey ve kompozisyonu üzerinde etkili olan makroekonomik ve sektörel enstrümanları içermektedir. Böylece, istihdamın büyüklüğü ve kompozisyonu kadar mutlak ve nispi ücretler de etkilenebilmektedir. İşgücü politikaları ise çoğunlukla işe başlama ve işten ayrılmayı şekillendiren sözleşme ilişkilerinin koşullarıyla ilgilidir. Ayrıca, işçi-işveren ilişkileri ile çalışma koşullarını tanımlayan ve belirleyen kuralları içermektedir. Bunların çoğu, işgücü ile ilgili kanunlarda yer almaktadır. Aynı zamanda toplu sözleşme süreci, bunun hukuksal çerçevesi gibi hususlarla ilgili diğer kaynaklardan gelen kuralları da kapsamaktadır. Öte yandan, İşgücü piyasası politikaları da işsizlikle mücadele etmek ve emeğin gelirini artırmak için işgücü piyasasındaki doğrudan müdahaleleri içermektedir. Bunlar, aktif ve pasif politikalar olarak ele alınmaktadır. Aktif politikaların bileşenleri, eğitim, aracılık hizmetleri, doğrudan ve dolaylı iş yaratmadır. Pasif politikalar ise genellikle sosyal bakışı yansıtmaktadır ve işini kaybetmiş işçilere gelir sağlamayı içermektedir.

Üç bölümden oluşan bu kitapta, uluslararası makroekonomik görünüme yer verilmiş, bu bölümlerin tasarımında ve göstergelerin seçiminde makroekonomik performans ve istikrar görünümünü yansıtan göstergeler tercih edilmiştir. Böylece, okuyuculara ilgili zaman diliminde ülkelerin farklı göstergelerini dikkate alarak makroekonomik performansları ve istikrar süreçlerini izleme, değerlendirme imkânının sağlanması amaçlanmıştır. Göstergelerin verildiği tabloların sütunları ilgili yılda ülkelerin mukayese edilebilmesine olanak tanırken, satırlar, ülkelerdeki trendlerin yıllar bazında izlenebilmesine imkân sağlamaktadır. Böylece ülkelerdeki trendin mukayeseli olarak izlenebilmesi ve değerlendirilebilmesi mümkün olmaktadır.

EK II: Dönemin Ekonomik ve Finansal Göstergeleri

	BÜYÜME ORANI					ENFLASYON ORANI					İŞSİZLİK ORANI				
	GSYH, Sabit fiyatlar, % Değişim					Ortalama TÜFE, % Değişim					Toplam İşgücüne Oranı				
	2002	2003	2004	2005	2006	2002	2003	2004	2005	2006	2002	2003	2004	2005	2006
Arjantin	-10,895	8,837	9,030	9,226	8,375	25,869	13,443	4,416	9,642	10,898	22,450	17,250	13,625	11,575	10,175
Avustralya	3,997	3,021	4,036	3,214	2,655	3,049	2,731	2,342	2,628	3,585	6,358	5,917	5,392	5,033	4,775
Brezilya	3,072	1,223	5,661	3,149	3,999	8,450	14,714	6,598	6,870	4,184	11,683	12,317	11,483	9,833	9,983
Kanada	2,802	1,925	3,139	3,163	2,622	2,276	2,742	1,841	2,230	2,018	7,667	7,575	7,158	6,758	6,292
Çin	9,082	10,025	10,085	11,310	12,677	-0.800	1,200	3,900	1,800	1,500	4,000	4,300	4,200	4,200	4,100
Fransa	1,118	0.820	2,786	1,608	2,375	1,939	2,168	2,338	1,899	1,915	8,275	8,517	8,867	8,867	8,817
Almanya	0.016	-0.733	0.703	0.878	3,879	1,346	1,022	1,799	1,920	1,784	8,600	9,708	10,333	11,000	10,042
Hindistan	3,907	7,944	7,849	9,285	9,264	3,975	3,857	3,831	4,411	6,945	8,859	8,524	8,187	7,849	7,509
Endonezya	4,499	4,780	5,031	5,693	5,501	11,780	6,773	6,062	10,459	13,104	9,060	9,500	9,860	11,240	10,280
İtalya	0.251	0.153	1,583	0.950	2,006	2,610	2,812	2,274	2,206	2,217	8,608	8,450	7,958	7,717	6,783
Japonya	0.290	1,685	2,361	1,303	1,693	-0.900	-0.250	-0.010	-0.274	0.243	5,358	5,242	4,733	4,425	4,125
Kore	7,432	2,933	4,900	3,924	5,176	2,762	3,515	3,591	2,754	2,242	3,283	3,567	3,683	3,733	3,467
Meksika	0.132	1,423	4,296	3,033	5,001	5,037	4,551	4,694	3,990	3,633	2,978	3,400	3,919	3,478	3,525
Rusya	4,744	7,253	7,151	6,387	8,153	15,783	13,666	10,887	12,683	9,679	8,000	8,200	7,700	7,100	7,000
S. Arabistan	0.128	8,288	8,620	7,256	5,577	0.109	0.543	0.324	0.538	1,927	5,265	5,562	5,822	6,051	6,254
G. Afrika	3,668	2,949	4,555	5,277	5,604	9,165	5,874	1,418	3,339	4,663	27,800	27,650	25,150	24,650	23,550
Türkiye	6,164	5,265	9,363	8,402	6,893	45,134	25,337	8,599	8,179	9,597	8,992	9,136	8,920	9,488	9,034
İngiltere	2,452	4,300	2,454	2,807	3,042	1,256	1,363	1,345	2,050	2,334	5,200	5,000	4,750	4,825	5,425
Amerika	1,786	2,807	3,785	3,345	2,666	1,596	2,298	2,668	3,366	3,222	5,783	5,992	5,542	5,083	4,608

Avusturya	1,656	0.756	2,706	2,141	3,351	1,700	1,296	1,950	2,108	1,690	4,392	4,792	5,492	5,650	5,225
Belçika	1,559	0.890	3,434	1,894	2,630	1,553	1,508	1,860	2,534	2,335	7,617	8,175	8,325	8,408	8,208
Bulgaristan	4,480	5,357	6,560	5,955	6,470	5,807	2,348	6,149	6,041	7,418	17,416	13,857	12,192	10,177	9,022
Hırvatistan	5,246	5,558	4,083	4,164	4,785	1,675	1,772	2,028	3,341	3,210	15,275	14,250	13,950	13,075	11,600
Kıbrıs	3,221	2,788	4,379	3,864	4,517	2,790	3,965	1,891	2,042	2,252	3,517	4,125	4,617	5,333	4,517
Çek Cumh.	1,647	3,602	4,947	6,442	6,877	1,878	0.114	2,775	1,843	2,543	7,313	7,812	8,321	7,927	7,148
Danimarka	0.467	0.388	2,642	2,431	3,800	2,426	2,091	1,160	1,809	1,890	4,642	5,433	5,517	4,800	3,900
Estonya	6,076	7,416	6,295	9,374	10,272	3,591	1,387	3,030	4,114	4,445	11,227	10,342	10,140	8,031	5,912
Finlandiya	1,680	1,994	3,926	2,781	4,055	2,010	1,303	0.140	0.771	1,275	9,075	9,008	8,825	8,400	7,717
Yunanistan	3,162	6,638	4,952	0.891	5,815	3,630	3,531	2,899	3,545	3,196	10,354	9,794	10,591	9,997	9,008
Macaristan	4,491	3,778	4,789	4,260	3,963	5,262	4,648	6,780	3,551	3,878	5,900	5,500	6,300	7,200	7,530
İrlanda	5,937	3,842	4,405	6,334	6,309	4,725	3,995	2,300	2,180	2,700	4,448	4,580	4,489	4,389	4,499
Letonya	7,189	8,631	8,916	10,172	11,621	1,950	2,942	6,195	6,901	6,575	12,475	11,650	11,750	10,050	7,050
Litvanya	6,838	10,276	7,369	7,791	7,406	0.344	-1,082	1,163	2,658	3,788	13,764	12,419	10,886	8,324	5,778
Lüksemburg	3,621	1,398	4,411	3,216	5,110	2,056	2,538	3,227	3,762	2,963	2,500	3,317	3,717	4,125	4,242
Malta	2,742	2,420	0.560	3,905	1,945	2,606	1,939	2,725	2,528	2,579	7,433	7,717	7,217	6,942	6,817
Hollanda	0.103	0.285	2,028	2,156	3,520	3,866	2,236	1,380	1,502	1,651	3,665	4,830	5,664	5,887	5,014
Polonya	1,443	3,562	5,136	3,547	6,193	1,900	0.842	3,492	2,133	1,033	19,934	19,643	18,974	17,745	13,843
Portekiz	0.769	-0.934	1,812	0.767	1,553	3,678	3,258	2,509	2,127	3,043	4,995	6,264	6,623	7,582	7,647
Romanya	5,184	5,524	8,359	4,172	8,056	22,159	15,311	11,855	8,995	6,591	8,288	7,838	8,060	7,163	7,085
Slovakya	4,714	5,411	5,242	6,539	8,259	3,477	8,429	7,449	2,788	4,263	18,817	17,700	18,333	16,358	13,458
Slovenya	3,836	2,842	4,352	4,003	5,656	7,465	5,573	3,584	2,485	2,458	6,342	6,700	6,342	6,542	5,992
İspanya	2,880	3,186	3,170	3,717	4,177	3,536	3,039	3,039	3,368	3,516	11,475	11,500	10,950	9,150	8,450
İsveç	2,074	2,386	4,321	2,818	4,688	1,928	2,340	1,019	0.822	1,498	5,950	6,567	7,375	7,642	7,042

Kaynak: IMF

	FAİZ ORANI					DÖVİZ KURU				
	Merkez Bankası Politika Faiz Oranı					Dönem Ortalaması				
	2002	**2003**	**2004**	**2005**	**2006**	**2002**	**2003**	**2004**	**2005**	**2006**
Arjantin	38.648	13.275	3.236	4.598	7.325	3.1983	2.9450	2.9458	2.9300	3.0767
Avustralya	4.550	4.806	5.250	5.458	5.808	1.8412	1.5405	1.3591	1.3120	1.3277
Brezilya	19.215	23.546	16.380	19.136	15.321	2.9212	3.0783	2.9259	2.4352	2.1761
Kanada	2.445	2.938	2.254	2.650	4.014	1.5703	1.4010	1.3013	1.2114	1.1344
Çin	1.700	1.700	1.858	2.330	2.330	8.2770	8.2771	8.2768	8.1898	7.9713
Fransa	3.222	2.268	2.000	2.018	2.759	0.9446	1.1310	1.2435	1.2447	1.2559
Almanya	3.222	2.268	2.000	2.018	2.759	0.9446	1.1310	1.2435	1.2447	1.2559
Hindistan	8.053	7.095	6.246	6.046	6.778	48.5969	46.5801	45.3151	44.1009	45.3158
Endonezya	14.505	9.475	7.395	9.173	11.877	9320.2943	8573.7828	8936.8183	9709.7740	9165.3020
İtalya	3.222	2.268	2.000	2.018	2.759	0.9446	1.1310	1.2435	1.2447	1.2559
Japonya	0.002	0.001	0.001	0.001	0.125	125.2667	115.9184	108.1575	110.1375	116.3500
Kore	4.163	3.973	3.618	3.323	4.213	1251.6025	1191.6455	1146.2493	1024.3285	955.3408
Meksika	8.666	7.028	7.570	9.612	7.666	9.6634	10.7969	11.2873	10.8940	10.9063
Rusya	15.500	8.387	6.500	6.500	6.500	31.3483	30.6917	28.8133	28.2858	27.1925
S. Arabistan	2.477	1.871	1.746	3.666	5.080	3.7500	3.7500	3.7500	3.7471	3.7450
G. Afrika	12.089	11.674	7.810	7.145	7.622	10.5188	7.5569	6.4480	6.3599	6.7649
Türkiye	49.138	36.170	21.903	14.824	15.600	1.5041	1.4967	1.4218	1.3410	1.4294
İngiltere	4.000	3.695	4.380	4.648	4.638	1.5026	1.6349	1.8320	1.8197	1.8429
Amerika	1.674	1.121	1.344	3.192	4.960	1.0000	1.0000	1.0000	1.0000	1.0000

Avusturya	3.222	2.268	2.000	2.018	2.759	0.9446	1.1310	1.2435	1.2447	1.2559
Belçika	3.222	2.268	2.000	2.018	2.759	0.9446	1.1310	1.2435	1.2447	1.2559
Bulgaristan	3.962	2.681	2.609	2.039	2.684	2.0770	1.7326	1.5751	1.5741	1.5593
Hırvatistan	9.658	9.500	9.500	9.400	7.500	7.8717	6.7050	6.0343	5.9492	5.8378
Kıbrıs	2.750	2.000	2.000	2.250	3.500	0.9456	1.1312	1.2439	1.2441	1.2556
Çek Cumh.	3.587	2.290	2.215	1.956	2.170	32.7386	28.2090	25.6998	23.9574	22.5956
Danimarka	3.216	2.263	2.000	2.020	2.774	7.8898	6.5863	5.9919	5.9967	5.9466
Estonya	2.750	2.000	2.000	2.250	3.500	0.9427	1.1304	1.2434	1.2445	1.2555
Finlandiya	3.222	2.268	2.000	2.018	2.759	0.9446	1.1310	1.2435	1.2447	1.2559
Yunanistan	3.222	2.268	2.000	2.018	2.759	0.9446	1.1310	1.2435	1.2447	1.2559
Macaristan	9.065	8.478	11.440	7.191	6.703	257.8634	224.3067	202.7458	199.5825	210.3900
İrlanda	3.222	2.268	2.000	2.018	2.759	0.9446	1.1310	1.2435	1.2447	1.2559
Letonya	3.000	3.000	4.000	4.000	5.000	1.1335	1.2259	1.2966	1.2409	1.2504
Litvanya	2.750	2.000	2.000	2.250	3.500	0.9398	1.1288	1.2427	1.2448	1.2556
Lüksemburg	2.750	2.000	2.000	2.250	3.500	0.9456	1.1312	1.2439	1.2441	1.2556
Malta	2.750	2.000	2.000	2.250	3.500	0.9921	1.1394	1.2471	1.2428	1.2555
Hollanda	3.222	2.268	2.000	2.018	2.759	0.9446	1.1310	1.2435	1.2447	1.2559
Polonya	8.830	5.675	5.780	5.342	4.062	4.0800	3.8891	3.6550	3.2338	3.1032
Portekiz	3.222	2.268	2.000	2.018	2.759	0.9446	1.1310	1.2435	1.2447	1.2559
Romanya	29.017	18.838	19.965	11.523	8.520	3.3055	3.3200	3.2637	2.9137	2.8090
Slovakya	3.222	2.268	2.000	2.018	2.759	0.6666	0.8214	0.9349	0.9727	1.0194
Slovenya	2.750	2.000	2.000	2.250	3.500	0.9974	1.1570	1.2456	1.2434	1.2544
İspanya	3.222	2.268	2.000	2.018	2.759	0.9446	1.1310	1.2435	1.2447	1.2559
İsveç	4.068	3.157	2.161	1.737	2.205	9.7268	8.0803	7.3465	7.4726	7.3721

Kaynak: Oxford Economics

	CARİ DENGE/GSYH					BÜTÇE DENGESİ/GSYH					KAMU BORÇ STOKU/GSYH				
	2002	2003	2004	2005	2006	2002	2003	2004	2005	2006	2002	2003	2004	2005	2006
Arjantin	7,457	5,284	1,387	2,028	2,659	-1.38	0.37	2.21	1.49	1.46	137,715	116,394	106,032	71,243	61,811
Avustralya	-3,710	-5,386	-6,261	-5,919	-5,801	0.75	0.84	0.99	1.65	2.14	15,062	13,208	11,942	10,891	9,959
Brezilya	-1,496	0.747	1,753	1,568	1,230	-4.28	-5.17	-2.80	-3.47	-3.53	78,671	73,732	70,043	68,549	65,836
Kanada	1,665	1,150	2,281	1,853	1,368	0.18	0.40	1.68	2.74	3.12	80,463	76,578	72,475	71,185	70,375
Çin	2,423	2,609	3,550	5,835	8,493	-2.61	-2.16	-1.30	-1.23	-0.77	37,580	37,175	35,215	34,092	32,226
Fransa	1,174	0.867	0.440	-0.018	0.036	-3.08	-3.86	-3.50	-3.17	-2.34	59,840	63,947	65,515	67,004	64,243
Almanya	1,888	1,406	4,441	4,613	5,680	-2.99	-3.40	-2.97	-2.52	-0.67	59,559	63,321	64,984	67,211	66,617
Hindistan	1,211	2,277	-0.342	-1,187	-1,008	-5.47	-5.71	-4.04	-4.11	-3.40	82,850	84,243	83,289	80,894	77,108
Endonezya	3,676	3,174	1,881	0.513	2,408	-1.36	-1.74	-1.13	-0.32	-0.86	62,339	55,643	51,328	42,612	35,848
İtalya	-0.286	-0.636	-0.379	-0.939	-1,546	-3.07	-3.41	-3.57	-4.17	-3.59	101,880	100,441	100,044	101,894	102,510
Japonya	2,741	3,239	3,910	3,721	4,006	-7.70	-7.67	-5.95	-4.82	-1.28	163,992	169,572	180,657	186,436	185,997
Kore	0.771	1,745	3,889	1,409	0.353	3.02	0.96	0.63	0.49	0.61	17,551	20,449	23,251	26,959	29,272
Meksika	-2,001	-1,168	-0.910	-1,048	-0.799	-0.97	-0.57	-0.17	-0.06	0.12	43,466	44,747	40,845	39,019	37,752
Rusya	8,436	8,229	10,067	11,050	9,325	1.25	1.57	4.60	8.19	8.72	40,305	30,359	22,316	15,912	10,504
S. Arabistan	6,262	12,997	20,069	27,449	26,337	-2.88	4.45	11.04	17.70	19.86	96,352	81,564	62,928	37,342	25,831
Güney Afrika	0.902	-0.826	-2,766	-3,129	-4,477	-0.14	-2.52	-1.87	-0.23	0.48	35,547	35,428	34,393	31,820	29,757
Türkiye	-0.269	-2,492	-3,620	-4,443	-6,015	-11.47	-9.08	-5.47	-1.47	-0.68	74,000	67,698	59,612	52,710	46,524
İngiltere	-1,989	-1,612	-1,975	-1,270	-2,237	-2.09	-3.42	-3.59	-3.53	-2.92	35,935	37,315	40,191	41,606	42,534
Amerika	-4,173	-4,529	-5,163	-5,693	-5,822	-4.63	-5.84	-5.41	-4.18	-3.11	55,379	58,516	65,493	64,890	63,639
Avusturya	2,556	1,602	2,023	1,981	3,304	-1.34	-1.76	-4.79	-2.51	-2.50	66,291	65,492	64,802	68,315	67,044
Belçika	4,478	3,381	3,080	1,987	1,836	0.02	-1.90	-0.22	-2.68	0.29	104,879	101,226	96,617	94,711	90,743

Bulgaristan	-2,319	-5,204	-6,260	-11,474	-17,325	-0.55	0.11	1.66	2.20	3.38	53,598	45,522	38,110	29,024	23,099
Hırvatistan	-7,042	-5,893	-4,046	-5,183	-6,506	-2.75	-3.35	-3.64	-2.48	-1.54	35,091	36,351	38,324	38,616	36,053
Kıbrıs	-3,467	-2,057	-4,589	-5,363	-6,352	-4.15	-5.95	-3.73	-2.21	-1.05	61,411	63,451	65,275	64,601	59,640
Çek Cumh.	-5,154	-5,713	-4,274	-0.958	-2,163	-1.70	-3.90	-3.04	-1.66	-2.68	25,924	28,147	28,454	28,016	27,911
Danimarka	2,999	3,931	3,480	4,259	3,153	-0.01	-0.14	2.06	4.95	4.99	49,081	46,150	44,179	37,399	31,541
Estonya	-11,093	-12,893	-11,991	-8,728	-14,959	0.42	1.80	2.39	1.12	2.91	5,731	5,623	5,057	4,543	4,397
Finlandiya	8,194	4,636	5,955	3,209	3,782	4.08	2.44	2.21	2.59	3.92	40,170	42,738	42,648	39,937	38,059
Yunanistan	-6,274	-6,353	-5,623	-7,362	-10,819	-6.11	-7.95	-8.95	-6.29	-5.97	98,114	94,094	94,894	98,126	102,926
Macaristan	-6,325	-8,041	-8,580	-7,035	-7,049	-8.79	-7.09	-6.35	-7.90	-9.42	54,918	57,681	58,730	60,823	64,923
İrlanda	-0.981	-0.223	-0.603	-3,423	-3,532	-0.3	0.7	1.4	1.3	2.8	30,556	29,878	28,209	26,109	23,627
Letonya	-6,496	-7,789	-12,232	-11,835	-20,912	-2.70	-1.70	-1.09	-0.44	-0.62	13,170	13,913	13,731	11,153	9,179
Litvanya	-5,146	-6,827	-7,599	-7,151	-10,416	-1.85	-1.26	-1.39	-0.34	-0.27	22,161	21,002	19,264	18,308	17,968
Lüksemburg	9,456	6,562	11,923	11,092	10,021	2.28	0.55	-1.06	0.16	1.39	6,526	6,384	6,472	6,338	6,998
Malta	0.997	-1,232	-5,488	-8,163	-9,359	-5.66	-9.19	-4.41	-2.69	-2.61	64,843	68,717	71,142	70,108	64,616
Hollanda	2,359	5,213	6,796	6,120	7,860	-0.92	-1.91	-1.22	-0.02	0.62	50,500	52,000	52,400	51,822	47,373
Polonya	-2,790	-2,516	-5,352	-2,540	-3,974	-4.8	-6.1	-5.2	-4	-3.6	42,054	46,899	45,550	47,011	47,506
Portekiz	-8,485	-7,168	-8,329	-9,883	-10,673	-3.34	-4.44	-6.18	-6.18	-4.31	52,903	54,676	56,306	60,805	61,619
Romanya	-2,665	-4,514	-7,465	-8,605	-10,381	-2.63	-2.20	-1.19	-0.69	-1.36	27,318	24,024	20,981	17,545	12,536
Slovakya	-7,546	-4,882	-5,826	-7,295	-7,036	-4.59	-4.49	-4.96	-2.17	-1.82	42,788	41,484	40,557	33,805	30,688
Slovenya	0.872	-0.808	-2,687	-1,794	-1,831	-2.54	-2.69	-1.99	-1.34	-1.20	28,396	27,044	26,833	26,302	26,000
İspanya	-3,738	-3,884	-5,586	-7,494	-8,990	-0.45	-0.49	-0.15	1.10	2.17	51,268	47,640	45,261	42,284	38,907
İsveç	4,483	6,596	6,299	6,463	8,257	-1.46	-1.32	0.32	1.81	2.18	49,943	49,135	47,682	47,970	42,980

Kaynak: IMF

ÜLKELER	DOĞRUDAN YATIRIM (net)					PORTFÖY YATIRIMI					DİĞER YATIRIMLAR				
(Milyar USD)	2002	2003	2004	2005	2006	2002	2003	2004	2005	2006	2002	2003	2004	2005	2006
Türkiye	1.0	1.3	2.0	9.0	19.3	-0.6	2.5	8.0	13.4	7.4	7.2	3.4	4.2	15.7	11.5
Euro Bölgesi	21.1	-12.2	-83.7	-270.6	-189.3	135.2	65.0	91.9	170.0	341.0	-160.8	-86.1	-36.7	108.8	-25.3
Belçika	9.2	-4.5	9.7	3.6	7.1	14.4	0.6	-30.5	-44.7	-9.2	-28.2	-5.0	15.7	37.6	-10.4
Almanya	34.0	25.8	-29.8	-29.0	-38.5	63.5	60.6	19.2	-37.0	-12.4	-137.1	-155.6	-133.1	-88.1	-133.6
Yunanistan	-0.6	1.0	1.1	-0.8	1.2	10.4	13.7	17.5	9.1	9.4	1.9	-8.3	-11.3	7.3	14.2
İspanya	6.3	-3.2	-36.7	-17.3	-72.2	5.0	-46.1	102.0	53.4	233.0	11.1	57.4	-28.4	37.6	-58.2
Fransa	-1.0	-10.3	-24.1	-28.8	-44.0	-7.9	6.1	-66.1	-18.4	-73.3	-16.7	24.8	77.8	31.4	209.5
İrlanda	18.4	16.8	-29.1	-44.8	-15.6	-36.1	-44.4	17.5	63.9	-17.7	16.6	24.7	13.8	-13.6	41.9
İtalya	-2.5	7.6	-2.4	-21.1	-3.5	17.7	2.7	32.2	56.3	53.6	-1.2	15.6	-23.6	-13.0	-18.6
Lüksemburg	-10.3	-10.7	-5.2	-8.1	14.6	70.4	21.1	52.1	48.7	72.5	-61.2	-18.6	-47.4	-42.2	-102.1
Hollanda	-6.3	-24.2	-24.5	-86.7	-39.3	-14.5	21.9	-31.0	78.1	15.7	23.1	-21.4	10.8	-23.0	-23.2
Avusturya	-5.4	0.0	-4.5	-0.2	-3.0	-4.2	4.8	-1.3	-13.5	14.8	6.1	-6.5	3.7	12.6	-17.6
Portekiz	2.0	0.7	-5.7	1.8	4.3	3.2	-7.1	0.3	-1.5	3.9	3.6	5.5	15.3	14.6	6.3
Finlandiya	0.8	5.7	4.0	0.4	2.3	-4.4	-1.9	-11.4	-7.5	-14.2	-3.3	-17.5	-2.6	1.3	-3.9
Danimarka	1.8	0.3	1.1	-3.4	-4.9	0.5	-15.9	-14.7	-11.8	-18.1	1.2	10.5	-8.6	2.7	10.9
İsveç	1.0	-14.1	-10.4	-16.6	2.4	-10.7	-9.6	-23.2	0.7	-20.6	-0.8	2.4	7.8	-11.6	-14.0
İngiltere	-24.8	-38.0	-20.2	103.8	56.6	77.5	97.2	-99.3	-51.2	-74.5	-42.0	-18.9	144.2	4.6	85.5
Çek Cumh	8.3	1.8	3.9	11.6	4.0	-1.6	-1.2	2.0	-3.4	-1.1	4.0	4.8	1.3	-1.7	1.6
Estonya	0.2	0.8	0.3	0.0	0.5	0.2	0.2	-0.2	-2.2	-0.9	0.4	0.3	-0.2	-0.5	2.0
Güney Kıbrıs	0.6	0.3	0.4	0.6	1.0	-0.6	0.3	1.2	-0.1	-0.5	0.9	-0.6	-0.6	0.9	1.6
Letonya	0.3	0.3	0.5	0.6	1.5	-0.2	-0.2	0.2	-0.1	0.0	0.6	0.9	1.3	2.2	4.5
Litvanya	0.7	0.1	0.5	0.7	1.6	0.0	0.3	0.2	-0.2	-0.3	0.3	1.3	0.4	1.8	3.4
Macaristan	2.7	0.5	3.4	5.4	0.8	1.8	2.9	6.9	4.7	6.5	-2.1	3.2	1.3	4.6	4.0
Malta	-0.4	0.4	0.4	0.7	1.8	-0.4	-1.6	-2.1	-2.6	-2.5	1.0	1.4	1.7	2.5	1.1

Polonya	3.9	4.3	11.8	7.0	10.7	1.9	2.4	9.3	12.6	-3.1	2.3	2.8	-13.2	-4.5	6.2
Slovenya	1.5	-0.2	0.3	-0.1	-0.3	-0.1	-0.3	-0.8	-2.0	-1.8	0.5	1.0	1.2	2.9	2.0
Slovakya	4.1	0.5	3.1	2.3	3.8	0.6	-0.6	0.9	-0.9	1.6	0.6	1.7	0.9	4.9	-4.0
Bulgaristan	0.9	2.1	2.9	4.0	7.3	1.7	-0.1	0.1	0.6	0.4	1.0	0.8	0.6	2.4	1.1
Hırvatistan	1.1	1.8	6.4	6.5	11.0	0.4	0.6	-0.5	0.9	-0.2	2.6	2.0	4.9	6.7	8.3
Romanya	0.6	1.9	0.7	1.6	3.2	-0.4	1.0	0.3	-1.5	-0.6	2.6	1.5	2.1	4.8	3.9
ABD	-70.1	-85.8	-170.3	76.4	0.7	379.0	427.0	690.0	574.5	627.9	195.2	190.1	9.8	35.7	178.4
Japonya	-22.9	-22.5	-23.2	-42.2	-57.0	-106.0	-95.1	22.9	-13.3	127.5	63.0	184.0	20.3	-60.7	-175.4
Avustralya	9.2	-9.2	25.8	-1.7	2.5	0.3	41.2	15.4	37.7	53.3	7.1	3.2	-2.1	11.6	-8.3
Kanada	-4.8	-16.4	-43.4	-2.5	23.5	-6.8	0.3	22.9	-36.3	-41.3	-2.8	-2.0	-11.0	13.2	-0.1
S. Arabistan	-0.6	-0.6	-0.3	0.5	0.7	7.6	-18.7	-26.7	-67.4	-78.6	-16.1	-7.1	-20.4	-23.6	-20.3
Rusya	-0.6	-1.8	1.7	0.1	6.6	4.9	-4.5	0.6	-11.4	15.7	-2.3	8.7	-7.3	12.6	-19.0
Çin	46.8	47.2	53.1	67.8	56.9	-10.3	11.4	19.7	-4.9	-67.6	-4.1	-5.9	37.9	-4.0	13.3
Hindistan	3.9	2.4	3.6	4.2	7.8	---	8.2	9.0	12.1	9.5	7.0	5.8	9.6	5.3	20.4
G. Kore	-0.2	0.1	4.6	2.0	-4.5	0.3	18.3	8.5	0.0	-18.9	6.9	-2.7	-3.9	6.8	48.4
Malezya	1.3	1.1	2.6	1.0	0.0	-1.4	1.0	8.4	-3.7	3.5	-2.7	-5.4	-6.2	-7.0	-15.4
Filipinler	1.5	0.2	0.1	1.7	2.8	0.7	0.6	-0.6	3.3	4.6	-1.8	-0.2	-1.2	-3.5	-5.9
Hong Kong	-7.8	8.1	-11.7	6.4	0.1	-38.8	-34.0	-39.3	-31.5	-26.7	20.2	-5.1	25.2	-0.3	2.7
Tayland	3.2	4.6	5.8	7.6	8.0	-1.6	-0.1	3.1	5.5	3.7	-2.1	-9.0	-5.1	-1.5	-6.4
Brezilya	14.1	9.9	8.7	12.5	-9.4	-5.1	5.3	-4.8	4.9	9.6	-12.5	-15.2	-6.6	-4.3	14.6
Meksika	22.2	15.3	18.5	14.5	13.5	0.1	3.6	7.0	8.4	1.3	8.4	4.5	-13.0	-8.8	-16.8
Arjantin	2.8	0.9	3.4	4.0	3.1	-4.6	-7.8	-9.4	-0.4	7.9	-18.8	-9.0	-5.0	-1.7	-5.7
Şili	2.2	2.7	5.6	4.8	4.5	-2.3	-2.6	-3.3	-2.8	-10.1	1.9	1.0	-4.2	-0.4	0.2
Kolombiya	1.3	0.8	2.9	5.6	5.6	1.1	-1.6	-0.3	-1.7	-2.4	-1.0	1.6	0.7	-0.5	-0.2
Venezuela	-0.2	0.7	0.9	1.4	-2.7	-2.3	-1.0	-2.1	0.9	-9.4	-6.7	-5.3	-9.6	-18.8	-7.2
G. Afrika	1.9	0.2	-0.6	5.6	-6.7	-0.4	0.7	6.4	4.8	19.6	-2.2	-2.9	1.8	2.2	1.8
Mısır	0.6	0.2	1.1	5.3	9.9	-0.7	0.0	0.2	3.5	-0.7	-3.3	-5.9	-5.8	-3.2	-9.5

Kaynak: Oxford Economics

B. TÜRKİYE'NİN MAKROEKONOMİK GÖRÜNÜMÜ

Makroekonomik görünüm, makroekonomik yapı ve ilişkiler sisteminin bütün olarak ve/veya bileşenleri bazında mevcut durumuna ve ilgili göstergelerdeki gelişmelere işaret etmektedir. Her sektörün kendine özgü detay göstergeleri yanında, temel fiyatlama sistemine uygun fiyat göstergesi de bulunmaktadır. Ayrıca, iç ve dış denge olarak ele alınan bütçe ve cari dengeler de analiz edilmektedir.

Ekonomik birimlerin (hane halkı, şirketler ve kamu otoritesi) ekonomik amaçları ve davranış biçimleri, makroekonomik yapı ve ilişkiler sistemini etkilemektedir. Bu nedenle, güven endeksleri ve beklentiler, bu çerçevede ele alınmaktadır. Makroekonomik görünümün, ekonomik birimlerin karar ve uygulamalarının, faaliyetlerinin kümülatif sonucu olması, böyle bir yaklaşımı zorunlu kılmaktadır.

Kriz öncesi Türkiye ekonomisinin performansı, güçlü ve güçlendirilmesi gereken alanları konusunda ipucu sunmaktadır. Kriz öncesi dönemde IMF destekli ekonomik programın uygulanıyor olması, Türkiye-IMF ilişkilerinin değerlendirilmesini de gerekli kılmaktadır. Ayrıca, IMF destekli programın yapısı ve özellikleri de ele alınacaktır.

Ekonomilerin küresel finans krizine karşı davranışı, ekonomik yapı ve ilişkiler sisteminin yapısı ile küresel ekonomiyle entegrasyonunun yön ve şekline bağlıdır. Göstergelerin trendi, mevcut duruma ve muhtemel geleceğe ışık tutmaktadır. Öte yandan, karar ve uygulama süreçlerinin içeriğini yansıtan politika dokümanlarının içeriği de önemli ipuçları sunmaktadır.

Krizin ülkelere yayılma sürecine bağlı olarak gerçekleştirilen eylem ve faaliyetler, tepki sistematiğinin en önemli parçasını oluşturmaktadır. Küresel aktörlerin algılaması ve sonuçların uluslararası platformlarda paylaşımı, kendine güven ve atfedilen itibar konusunda ciddi sinyal üretmektedir.

Bu dönemin bir özelliği, daha önce de ifade edildiği üzere IMF Stand-by anlaşmasının uygulanıyor olmasıdır. Bunun yanında, Türkiye-AB ilişkilerine yönelik gelişmeleri yansıtan Katılım Öncesi Ekonomik Program da değerlendirilmesi gereken önemli bir dokümandır. Ayrıca, Cumhuriyet hükûmetlerinin ilan ettiği 100. Yıl hedefleri de karar alıcıların ve uygulayıcıların tercih ve önceliklerini gösterdiğinden, makroekonomik analizlerde dikkate alınmaktadır. İlgili konularla ilgili detaylı veri ve bilgiler, bölümlerde ve/veya eklerde yer almaktadır.

Türkiye ekonomisinin kriz öncesi, kriz süreci ve kriz sonrası dönemler olarak analizi, T.C. Hazine Müsteşarlığı tarafından geliştirilen sistematiğe uygun formda yapılacaktır. Müsteşarlık, ekonomik ve mali konulardaki değişim ve gelişmelerin yakından izlenerek yorumlanabilmesi için reel ekonomi, ödemeler dengesi, mali sistem ve kamu maliyesi başlıklı temel yol gösterici kılavuz yayınlamıştır. Bu çalışmada, Türkiye ekonomisi dört ana sektörde incelenecektir: reel sektör, finans sektörü, kamu sektörü ve dış ekonomik sektör. Söz konusu dört sektör ve bileşenleri, Türkiye'nin makroekonomik yapı ve ilişkiler sisteminin analizinde kullanılacaktır. İlgili sektörler bölümünde kullanılan göstergeler, ilgili kamu kuruluşları yayınlarından derlenmiştir.

1. Reel Sektör

Reel sektör, sanayi, tarım ve hizmetler (finansal hizmetler hariç) gibi, ekonominin refah üreten önemli mekanizmalarına sahiptir. Bu mekanizmalar, ekonominin üretim kapasitesi yanında katma değer oluşturabilme kalitesini de göstermektedir.

Büyüme oranı, reel sektörün önemli bir göstergesidir. Büyüme oranının görünümü dalgalı seyir izlemekle birlikte, son iki yılda değişim oranında düşüş gözlemlenmiştir. Ancak, bu dalgalanma içinde eğilim çizgisi dikkate alındığında artış eğiliminin sürdüğü ifade edilebilir. Kapasite kullanım oranları da benzer trendi izlemiştir. Bir diğer gösterge olan kişi başına düşen gelir (KBDG), makro çerçevede gelir dağılımı konusunda ipucu sunmaktadır. Dolarla belirlenmiş GSYH'nin nispeten daha hızlı artması, kurdaki değişikliklere bağlı olmuştur. Bu göstergede de eğilim çizgisi, artışa işaret etmektedir. Büyüme oranı trendi, ekonominin yavaşlama sürecine girmeye başladığını göstermektedir.

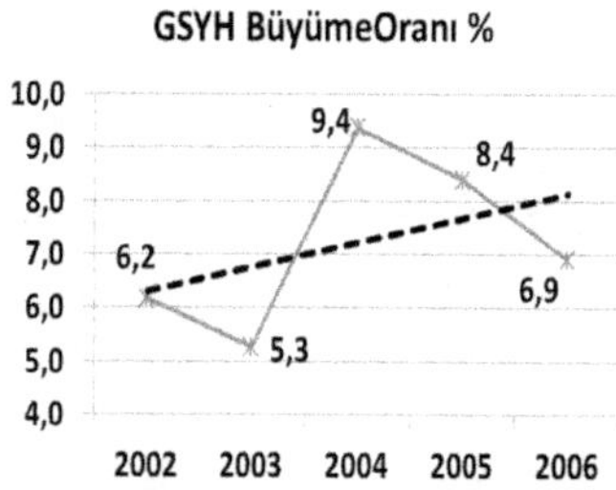

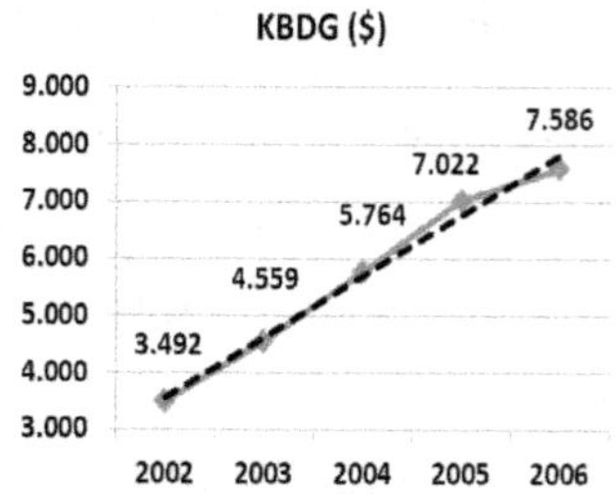

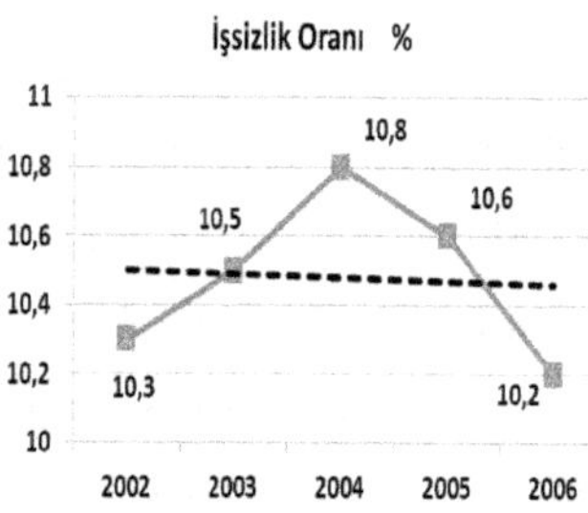

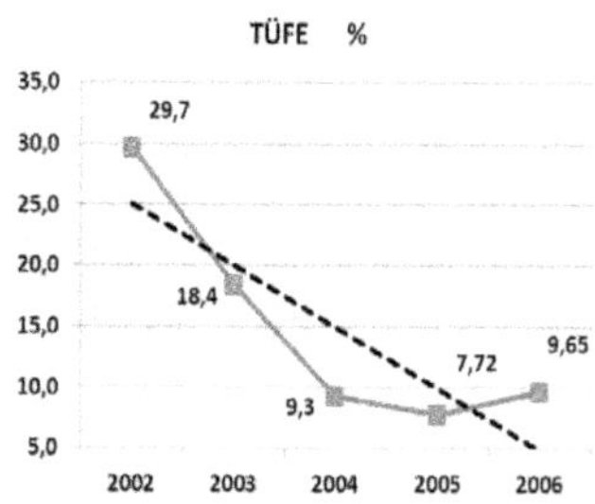

Kaynak: TÜİK

Reel sektör, malların ve hizmetlerin talep ve arz süreçleriyle ilgilidir. Bu nedenle sektörün temel fiyat göstergesi, enflasyon oranıdır. Talep açısından TÜFE ve arz açısından ise ÜFE kullanılmaktadır. Enflasyonun türü de bu endekslere göre tanımlanmaktadır. Söz konusu dönemde TÜFE'nin eğilim çizgisi, son yılda bir artış söz konusu olsa da azalışa işaret etmektedir.

TÜFE ve ÜFE bazlı manşet enflasyon oranlarının, kriz yılından sonra birlikte ve birbirine yakın trend bandında yer alması, enflasyonu düşürmeye odaklı politikaların (örtülü ve/veya açık enflasyon hedeflemesi gibi) uygulandığını göstermektedir. Manşet enflasyonu oluşturan alt kalemlerin kapsamı ve trendinin ayrıca izlenmesi ve değerlendirilmesi, makro çerçevede gerçekleşen değişim ve dönüşüm süreci açısından özel önem taşımaktadır. Mikro çerçevede ise maliyetleme ve fiyatlama sistemlerindeki yeni yaklaşımların ayrıca analiz edilmesinin rekabetin arka planına ışık tutacağı da gözden kaçırılmamalıdır. Merkez bankasının her sene hükûmete sunduğu enflasyon hedef ve gerçekleşmelerine ilişkin durum değerlendirme raporları/bilgi notları, bu konunun önemini ortaya koymaktadır.

Bu dönemde işsizlik oranı, önce artmış daha sonra ise azalmıştır. Değişim trendinin, 10,6-10,4 bandında sıkışmış olduğu görünse de göstergenin eğilim çizgisi azalışa işaret etmiştir. Ayrıca, istihdam oranı ve işgücüne katılım oranlarının da azaldığı görülmüştür. İşgücü piyasalarının makro görünümünü yansıtan ve aşağıdaki tabloda yer alan bu veriler, katılığın bulunduğunu göstermektedir. Büyüme oranı ile işsizlik oranının trendleri, birçok ülkede karşılaşılan ve makul seviyede istihdam üretemeyen büyüme konseptini hatırlatmaktadır.

Aşağıdaki tablo, farklı TL ve $ cinsinden belirlenmiş GSYH verilerinin düzeyini ve değişimini içermektedir. Yukarıdaki grafiklerde yer alan veriler ile tabloda yer alan veriler birbirini tamamlamaktadır. Söz konusu göstergelerin birarada ele alınması, sektörün nispi dengelerinin ve göstergeler arasındaki ilişkilerin sinyallerinin daha iyi anlaşılmasına yardımcı olacaktır.

Milyon (TL)/($)/%	1998 Fiyatlarıyla GSYİH	Cari Fiyatlarla GSYİH	GSYİH ($)	ÜFE (%)	İstihdam Oranı (%)	İşgücüne Katılım Oranı (%)	Özel Sabit Sermaye Yatırımı	Kamu Sabit Sermaye Yatırımı	Özel Tasarruf	Kamu Tasarrufu	Kapasite Kullanım Oranı (%)
2002	72.520	350.476	230.494	30.8	44.4	49.6	43.390	15.211	69.883	-16.991	76.2
2003	76.338	454.781	304.901	43.2	48.3	48.3	62.005	15.361	87.609	-18.845	78.5
2004	83.486	559.033	390.387	41.3	46.3	46.3	97.377	16.339	92.533	-5.375	81.5
2005	90.500	648.932	481.497	41.5	46.4	46.4	115.065	21.410	68.561	19.860	80.3
2006	96.738	758.391	526.429	41.5	46.3	46.3	143.299	25.746	92.641	32.848	81.0

Kaynak: TÜİK

Yatırım ve tasarruf düzeyi ve ilişkileri, ekonominin genel dengesini yansıtmaktadır. Tabloda yer alan verilere göre, özel kesimin sabit sermaye yatırımı artarken, tasarruflar dalgalı bir seyir izlemiştir. Kamu kesiminde sabit sermaye yatırımları yavaş da olsa artarken, kamu tasarrufu da artma eğilimine girmiştir. Bu tablo, yatırım ve tasarrufların bileşiminin farklılaştığına vurgu yapmaktadır.

Göstergelerdeki ve verilerdeki değişim trendlerinin farklılığı, faklı dinamiklerin etkili olduğunu göstermektedir. Mikro düzeydeki değişen nispi dengeler, makro düzeye yansımaktadır. Bu, daha sonraki döneme başarı kadar, bazı kırılganlıkların da aktarılacağını ifade etmektedir.

Makroekonomik performans, tüm sektörler ve belirlenen göstergeler birlikte ele alındığında ortaya çıkmaktadır. Böyle bir yaklaşım, bölüm sonunda ele alınacak ve bu konuya ilişkin değerlendirmeler söz konusu kısımda yapılacaktır.

2. Finans Sektörü

Finansal hizmetler sektörü, finansal kuruluşlar tarafından finansal ürün ve hizmetlerin işlem gördüğü piyasaları ifade etmektedir. Sektörün özelliği, hangi piyasanın ağırlıkta olduğuna bağlı olarak değişmektedir. Bankaların ağırlıkta olduğu piyasalar banka bazlı, sermaye piyasalarının ağırlıkta olduğu piyasalar ise piyasa bazlı olarak tanımlanmaktadır. Ekonominin her sektöründen fon topladığı ve her sektörüne fon kullandırdığı için, ileri ve geri bağlantıları yüksek sektörlerden biridir. Bu özelliği ise finansal hizmetler sektörünü kilit bir sektör hâline getirmektedir.

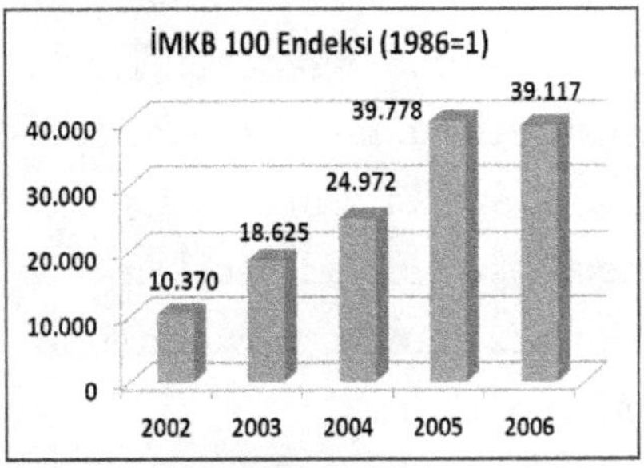

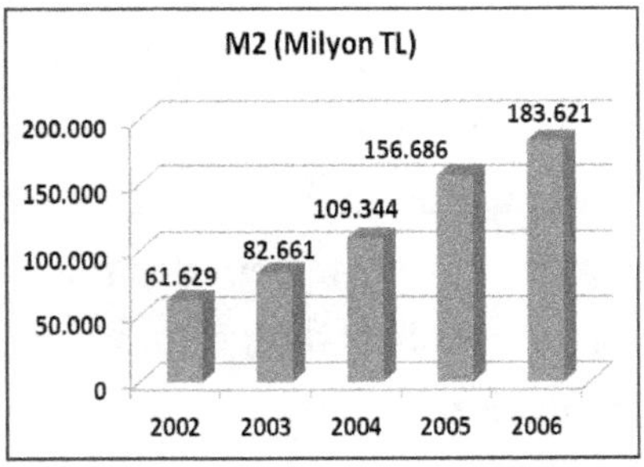

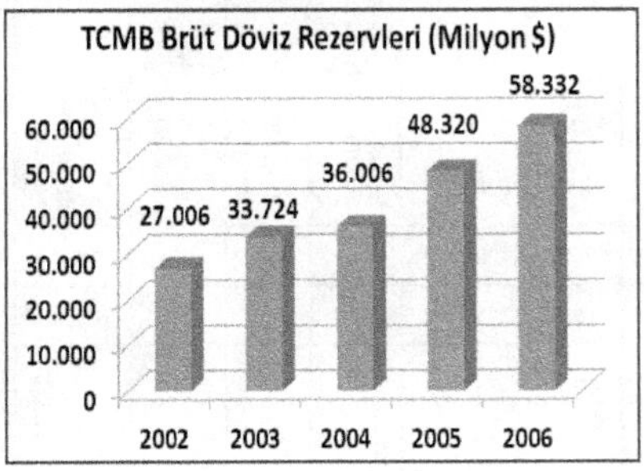

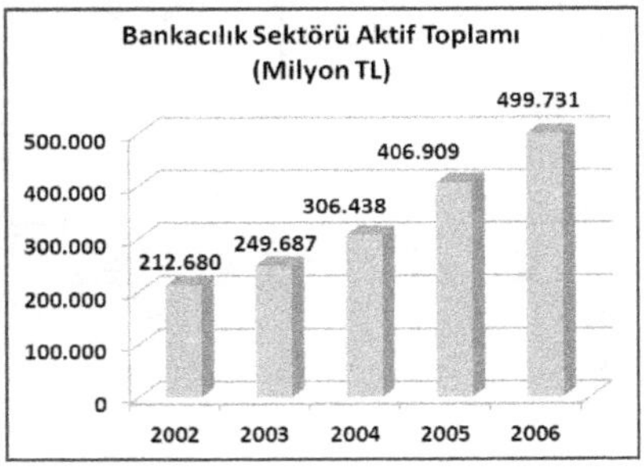

Kaynak: TCMB, İMKB ve BDDK

Yukarıdaki grafikler, finans sektörünün her iki piyasayı içerse de nispeten banka bazlı olduğunu göstermektedir. Türk banka sisteminde, mevduat bankaları, katılım bankaları (faizsiz finans kurumları), yatırım ve kalkınma bankaları faaliyette bulunmaktadır. Ayrıca, sigorta kurumları ve banka dışı mali kurumlar (factoring, leasing vb) da sektörün diğer bileşenlerini oluşturmaktadır. Bu dönemde finans sektörünün düzenleme ve denetiminden sorumlu kurumlar ise T.C. Merkez Bankası, Bankacılık Düzenleme ve Denetleme Kurumu, Sermaye Piyasası Kurumu ve T.C. Hazine Müsteşarlığı'dır.

Finans sektörü, finansal ürün ve hizmet arzının ve talebinin oluşum süreçleriyle ilgilidir. Bu nedenle, sektörün temel fiyat göstergesi faiz oranlarıdır. Merkez bankasının faiz oranı, bankalardaki kredi ve mevduat faiz oranları ve tahvil faiz oranları, söz konusu fiyat göstergelerine örnektir. Bununla beraber, sektörün bir kısmında işlem gören finansal faaliyetlerin faiz dışı fiyatlamaya konu olduğu da gözden kaçırılmamalıdır. Katılım bankalarında kâr payı ve hisse senetlerinde temettü ise bunlara örnektir. Fon arz ve talebinin denge konumu, farklı faiz oranları arasındaki nispi ilişkiler ile risk ve getiri özelliklerine bağlıdır.

Milyon (TL)/($)	TCMB O/N Faiz Oranı (%)	TCMB Altın Rezervleri ($)	M1	M3	Emisyon	Toplam Mevduat	Bireysel Krediler	Kurumsal Krediler	Ticari Kredi Faiz Oranı	Bireysel Kredi Faiz Oranı	Tahsili Gecikmiş Alacaklar (Net)	Menkul Değerler
2002	44.0	1.279	14.992	64.150	7.651	139.773	2.270	40.729	55.1	51.7	34	84.938
2003	26.0	1.558	22.466	87.289	10.724	156.869	5.813	53.900	35.8	41.4	1.601	104.966
2004	18.0	1.635	29.469	116.598	13.465	197.953	12.731	75.130	28.3	32.8	809	123.695
2005	13.5	1.915	43.413	165.239	23.576	251.869	29.599	112.727	20.6	23.2	836	142.853
2006	17.5	2.373	43.997	194.324	24.156	308.396	47.520	155.253	22.0	24.0	748	158.871

Kaynak: TCMB, İMKB, BDDK

Finans sektöründen beklenen rol ve fonksiyon, aracılık işlevi nedeniyle ekonomik birimlerin finansal ürün ve hizmet talebini karşılamaktır. Makro çerçevede, İMKB endeksi ile bankacılık sektörünün kredi hacmindeki artışlar, fon talebinin önemli ölçüde karşılandığını göstermektedir. Bu süreçte, bankacılık sektöründe menkul değerler toplamının aktif toplamı içindeki payının azalmasının da etkisi olmuştur. Ayrıca, kamunun mali baskınlığının azalması, özel sektöre ve hanehalkına imkân sağlamıştır.

Finans sektörünün önemli bir kuruluşu da merkez bankasıdır. Merkez bankacılığı, piyasa ekonomilerinde, belirdiği gecelik faiz oranı yoluyla diğer parasal göstergeleri ve sektördeki faiz oranının izlemesi muhtemel trendi etkilemektedir. Öte yandan, Bankanın döviz rezervi de ekonominin döviz üretebilme kapasitesinin bir kısmına işaret etmekte ve istikrarsızlık dönemlerinde kullanılabilecek imkâna vurgu yapmaktadır. Bankacılık sektöründeki döviz mevduatı ve kredileri de ekonomik birimlerin dövize yönelik tercih ve önceliklerini ima etmektedir.

Değişim aracı, hesap birimi ve tasarruf aracı olarak geleneksel fonksiyonlar gören para, modern çerçevede ekonomik faaliyetleri ve gelir dağılımını etkilemekte, nüfuz aracı olarak rol oynamaktadır. Bu rol ve fonksiyonları gören paranın, üretim ve ekonomiye aktarım mekanizmaları bu sektörde oluşmaktadır. M'ler paranın klasik fonksiyonlarına (değişim ve likidite), krediler ise modern rolüne işaret etmektedir.

Reel sektörde ele alınan enflasyon oranı, paranın satınalma gücüne, faiz oranı ise paranın el değiştirme fiyatına işaret etmektedir. Paranın tasarruf aracı fonksiyonu bu hususla ilgilidir. Enflasyon, reel aktiflerin fiyatını, faiz oranı ise finansal aktiflerin fiyatını yansıtmaktadır. Aralarındaki nispi dengenin bozulması, tasarrufların ve yatırımların yön ve şeklini etkilemektedir.

3. Kamu Sektörü

Kamu sektörü, kamu otoritesinin ekonomik rol ve fonksiyonlarının kamu bütçesi kalemlerindeki durumuna işaret etmektedir. Bütçe, ekonomi yönetiminin karar alma ve uygulama süreçlerinin yıllık ekonomik görünümünü yansıtmaktadır. Bu anlamda bütçe, ekonominin iç dengesini ifade etmektedir. Kamu otoritesinin vergileme sisteminin, kamu borçlanma mekanizmasının, harcama modellerinin kantitatif boyutu, bütçe kalemlerinde izlenmektedir. Bunun yanında, kamu otoritesinin ekonomi hukuku (mevzuat) yoluyla ekonomik faaliyetleri etkilediği de gözden kaçırılmamalıdır.

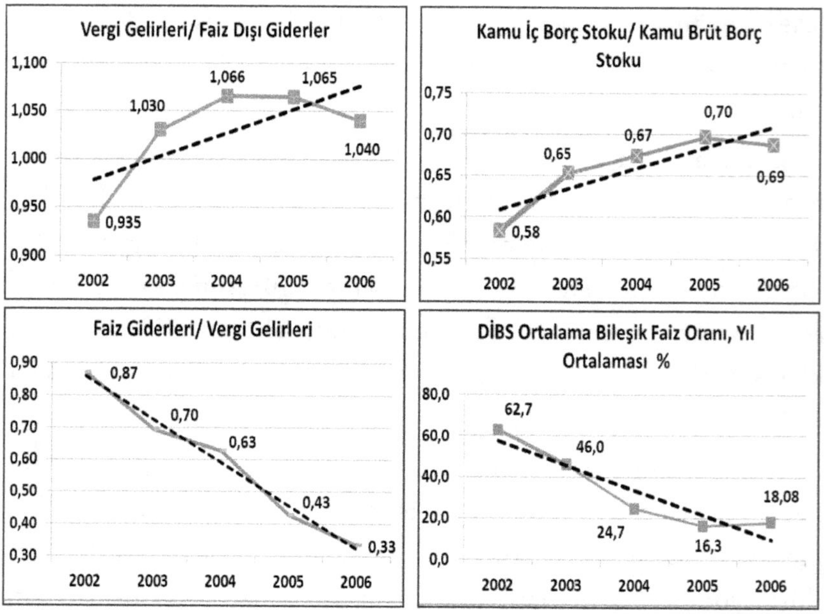

Kaynak: T.C. Hazine Müsteşarlığı

Kurumlar ve gelir vergisi, doğrudan ve dolaylı vergi ayrımları ihmal edilmeden, vergileme sisteminin, kamu sektörünün önemli fonksiyonlarından biridir. Vergilerin, kamu giderlerinin (harcamalarının) ne kadarını karşılayabildiği her zaman önemli olagelmiştir. Bu alanda sıkıntılar oluştuğunda, kamu otoritesi kaynak ihtiyacını emisyon ve/veya borçlanma yoluyla karşılamaktadır. Bu nedenle, optimum vergi oranı, kamu ekonomisi akademik ve uygulama literatürünün önemli gündem maddelerinden biridir. Büyüme dostu vergi sistemi konsepti, bu çerçevede özel öneme sahiptir.

Kamu otoritesinin iç ve dış borçlanma araçlarından hangisini tercih edeceği, vadeye, faiz oranına ve para birimine bağlıdır. Hazinenin görev alanına giren bu konu, borç yönetiminin kalitesine işaret etmektedir. Ayrıca, kamu sektörünün iç piyasada oluşturduğu dışlama etkisinin boyutu da borçlanma stratejisini şekillendirmektedir.

Milyon (TL)/($)	Bütçe Dengesi	Faiz Dışı Fazla	Bütçe Harcamalar	Faiz Harcamaları	Faiz Dışı Harcamalar	Vergi Gelirleri	Kamu İç Borç Stoku	Toplam Dış Borç Stoku ($)	Toplam Kamu Dış Borç Stok ($)	Kamu Borç Stoku (Brüt)	Kamu Net Borç Stoku	DİBS Ortalama Bileşik Faiz Oranı, Yıl Sonu %
2002	-40,090	11,781	115,682	51,871	63,811	59,632	149,870	129,559	86,536	256,899	215,631	49.8
2003	-40,204	18,405	140,455	58.609	81,846	84,316	194,387	144,092	95,217	297,686	250,970	27.9
2004	-30,300	26,188	141,021	56,488	84,533	90,077	224,483	161,012	97,078	333,049	274,606	23.1
2005	-8,117	37,563	146,098	45,680	100,418	106,929	244,782	170,508	85,836	351,332	270,287	14.2
2006	-4,642	41,320	178,126	45,963	132,163	137,480	251,470	208,363	87,265	365,891	258,202	21.47

Kaynak: T.C. Hazine Müsteşarlığı

Bütçe açığı, makroekonomik dengesizliği ifade ettiğinden, elbette arzu edilen bir durum değildir. Vergilerin harcandığı alanlar, açığın zamanla azalıp azalmayacağına işaret etmektedir. Faiz giderleri kadar, faiz dışı giderlerin türleri de bu açıdan özel önem taşımaktadır. Bu nedenle, açık, sadece açık olduğu için sorun olarak görülmemelidir.

Faiz dışı fazla konsepti, kamu borç stokunu azaltmak için kullanılan bir enstrümandır. Bu kavram, uluslararası kurum destekli ekonomik programların uygulanma sürecinde ekonomi literatürüne girmiştir. Bu konsept, borçları ödeyebilmek için fazla vermenin gerekli olduğunu, bunun için de vergileri artırmanın ve/veya harcamaları azaltmanın gerekli olduğunu ima etmektedir.

Borç stoklarının brüt ve net ayrımı, borçları ödeyebilmek için kaynaklara sahip olunup olunmadığını ima etmektedir. İç borç stokunun net borca çevrilmesinde kamu kurum ve kuruluşlarının varlıkları dikkate alınmaktadır. Toplam dış borç stokunun net dış borç stokuna çevrilmesinde ise parasal sektörün net dış varlıkları dikkate alınmaktadır. Ayrıca, ilişkili olunan uluslararası kurum veya organizasyonların sistematiğine uygun borç verileri de üretilmektedir. AB tanımlı ve program tanımlı borç stokları bunlara örnektir.

Kamu otoritesinin, ekonomik yapı ve ilişkiler sistemini güçlendirmek veya makroekonomik performansı artırmak için hangi merkez bankası, bütçe veya hazine enstrümanını kullanacağı bir dizi faktöre bağlıdır. Emisyonun, verginin, borçlanmanın ve harcamanın doğrudan ve dolaylı etkileri ile alternatif maliyetleri dikkate alınmaktadır. Ekonomi yönetimi, bu yolla nispi ilişkileri, ekonomik birimlerin tercih ve önceliklerini farklılaştırabilmektedir.

Ekonomi hukuku veya ekonomi mevzuatı, ekonomik birimlerin talep ve beklentilerini yeniden yapılandırmaktadır. Ayrıca, ekonomik işler, işlemler ve faaliyetlerde söz konusu olacak hak ve yükümlülükler, mevzuat değişikliği ile yeniden tanımlanmaktadır.

4. Dış Ekonomik Sektör

Dış ekonomik sektör, ilgili ülkenin diğer ülkelerle mal ve hizmet hareketlerinin, sermaye akımlarının görünümünü yansıtmaktadır. Ödemeler bilançosu, cari dengenin bileşenlerini içeren faktörler ile cari dengenin finansman kaynaklarına işaret etmektedir. Bu anlamda, cari denge, ekonominin dış dengesini ifade etmektedir. Ödemeler bilançosu, yurtiçi ekonomik birimler ile yurtdışı ekonomik birimler arasındaki ekonomik ilişkilerin kantitatif ölçümüne vurgu yapmaktadır.

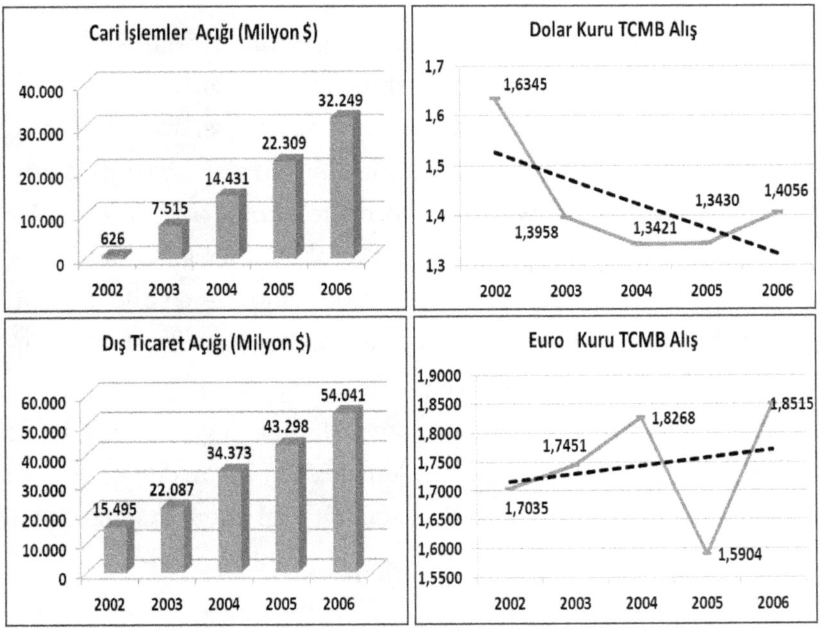

Kaynak: TCMB ve TÜİK

Cari işlemler açığının GSYH'ye oranının artış trendi göstermesi, kamu borç stokunun GSYH'ye oranını azaltmayı amaçlayan ekonomik programın yan ürünüdür. Mali baskınlık veya dışlama etkisi azaldığından, özel kesimin ertelenmiş harcamaları için ortam oluşmuş, büyüme oranı eskiye oranla artmıştır. Bu, ekonomik büyüme için gerekli kaynakların bır kısmının yurtdışından sağlandığını göstermektedir. Bu bağlamda, cari açığın hangi nedenlerden ortaya çıktığına bağlı olarak sorun olup olmadığı değerlendirilmelidir. Enerji dışı cari fazla konsepti, faiz dışı fazlada olduğu gibi kontrol edilemeyen bir kalem olmanın dışında, öncelikle dış ticaret fazlasının, daha sonra ise cari fazlanın mümkün olup olmadığına işaret etmektedir. Dış ticaret açığının artan trendi, ihracatın ithalatı karşılama oranında kırılganlık bulunduğunu göstermektedir.

Dış ekonomik sektör, uluslararası mal ve hizmet hareketlerinin ve sermaye akımlarının arzının ve talebinin oluşum süreçleriyle ilgilidir. Bu nedenle, sektörün temel fiyat göstergesi döviz kurudur. Uluslararası mal ve hizmet hareketlerinin ülkeler arasındaki enflasyon farklılığına, uluslararası sermaye akımlarının ise ülkeler arasındaki faiz oranı farklılığına bağlı olduğu dikkate alındında, döviz kurunun bu iki göstergeden etkilendiği ifade edilebilir. Diğer bir ifadeyle, ülkeler arasındaki reel ve finans sektörünün mukayeseli rekabet avantajı belirleyici faktör olmaktadır. Ülkeler arasındaki enflasyon oranı ve faiz oranı farklılığı, döviz kurunu farklı ve birbirine göre ters yönde etkilemektedir. Bu nedenle, ekonomilerin reel ve/veya finansal dışa açıklığı özel önem taşımaktadır.

Milyon (TL)/($)	Dış Ticaret Dengesi	Yatırım Malları İthalatı	Ara Malları İthalatı	Tüketim Malları İthalatı	Hizmet Gelirleri Dengesi	Turizm Gelirleri	Gelir Dengesi	Cari Transferler	Cari İşlemler Dengesi	Doğrudan Yatırım	PortföyYatırımı	Diğer Yatırım	Net Hata Noksan
2002	-15,495	8,400	37,656	4,898	7,885	6,599	-4,554	2,433	-626	939	-593	7,191	-758
2003	-22,087	11,326	49,735	7,813	10,511	11,090	-5,557	1,020	-7,515	1,222	2,465	3,425	4,450
2004	-34,373	17,397	67,549	12,100	12,797	13,364	-5,609	1,117	-14,431	2,005	8,023	4,156	1,071
2005	-43,298	20,363	81,868	13,975	15,156	15,280	-5,839	1,454	-22,309	8,967	13,437	14,928	2,824
2006	-54,041	23,348	99,605	16,116	13,555	14,110	-6,656	1,908	-32,249	19,261	7,415	11,502	185

Kaynak: TCMB ve TÜİK

İthalatın bileşiminde ara malları ve yatırım malları ithalatının yüksek olması, ulusal üretimde yoğun şekilde ithal bileşenlerin bulunduğunu ima etmektedir. Bu, ertelenmiş talebin sonucu olabileceği gibi, yeni üretim yapılarının kurulmakta olduğuna da işaret etmektedir. İhracatın ve ithalatın bileşimi, ulusal üretimin katma değer odaklılığına ışık tuttuğu gibi, reel sektörün dışa açıklığının yön ve şekline de vurgu yapmaktadır.

Cari açığın oluşumunda, dış ticaret açığı, hizmet fazlası, gelir açığı ve cari transfer fazlası etkili olmaktadır. Bu görünüm, küresel toplumun mal ve hizmet talebini karşılayabilecek mal ve hizmet çeşitliliği ile kalitenin önemli olduğunu göstermektedir. İthalatın içeriğine bakıldığında teknolojik içerikli ithalatın ağırlıkta olduğu ortaya çıkmaktadır.

Cari açığın finansman tarafında ise kritik konu, döviz cinsinden borç doğuran ve doğurmayan işlemler ilişkisidir. Yabancıların doğrudan yatırımları borç doğurmayan önemli işlemlerdir. Hisse senedi ve yurtiçinden DİBS alımı gibi işlemlerden oluşan Portföy yatırımları ve diğer yatırımlar (krediler vb.) ise borç doğuran işlemlere örnektir. Cari açığın finansmanının bileşimi, sermaye ihtiyacına (yabancı tasarruflara ihtiyacı) ışık tuttuğu gibi, finans sektörünün dışa açıklığının yön ve şekline de vurgu yapmaktadır. Rezervlerin kullanımı ile net hata noksan kalemleri ise daha önce bahsedilen kaynaklar yeterli olmadığında devreye girmektedir.

5. Makroekonomik Performans ve İstikrar Göstergelerinin Trendleri

Makroekonomik performans ve istikrar göstergeleri, ekonomik yapı ve ilişkiler sisteminin işleyişine uygun olarak belirlenmektedir. Bu çerçevede dört ana sektör, bunların bileşenleri ve sektörlerin temel fiyat göstergeleri, ana yapının ilk kısmını oluşturmaktadır. Bunun yanında, ekonomik birimlerin amaçları ve davranışlarını şekillendiren belirleyiciler ile faaliyetleri, ana yapının ikinci kısmıyla ilgilidir. Bu kısım, makroekonomik yapının mikro boyutudur. Bu iki kısım, makroekonomik yapının işleyiş mekanizmasını yansıtmakta ve pozitif ekonomik analizlerin, göstergeler teorisinin ve davranışsal ekonominin konularına girmektedir.

Aşağıdaki şekil, ulusal ekonomi yaklaşımıyla, makroekonomik yapı ve ilişkiler sisteminin bileşenlerini ve işleyişini, kamu otoritesinin müdahale yöntemlerini göstermektedir. Kamu otoritesinin ekonomiye müdahalesi, iktisat politikası araçlarıyla olmaktadır. Yapının son kısmı buna işaret etmektedir. Göstergeler, hedef olarak belirlenmekte, para ve maliye politikaları ile bunların gelişim trendinin iyileştirilmesine yönelik kararlar alınmakta ve uygulamalar yapılmaktadır. Bu ise normatif ekonominin ilgi alanına işaret etmekte ve dolayısıyla oklar da müdahalenin yönünü ve şeklini ima etmektedir.

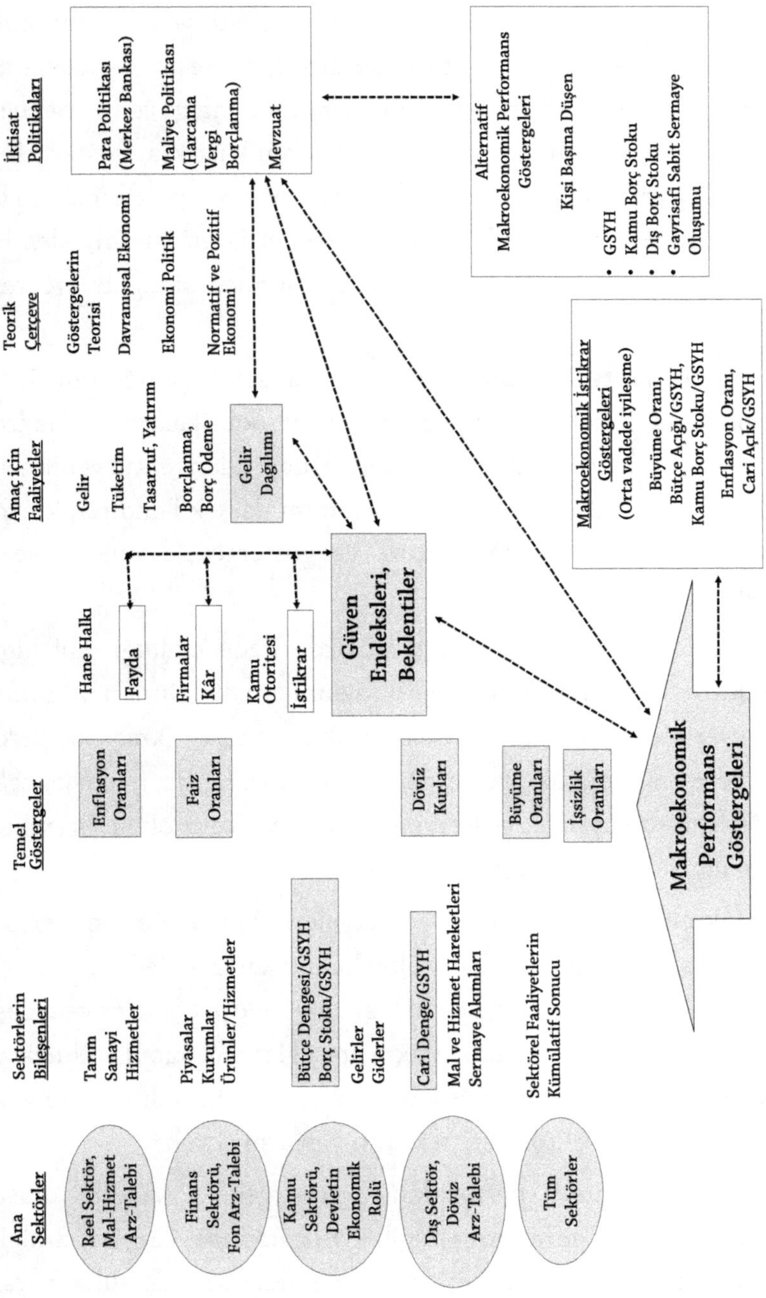
Ana Sektörler
Reel Sektör, Mal-Hizmet Arz-Talebi
Finans Sektörü, Fon Arz-Talebi
Kamu Sektörü, Devletin Ekonomik Rolü
Dış Sektör, Döviz Arz-Talebi
Tüm Sektörler
Sektörlerin Bileşenleri
Tarım
Sanayi
Hizmetler
Piyasalar
Kurumlar
Ürünler/Hizmetler
Bütçe Dengesi/GSYH
Borç Stoku/GSYH
Gelirler
Giderler
Cari Denge/GSYH
Mal ve Hizmet Hareketleri
Sermaye Akımları
Sektörel Faaliyetlerin Kümülatif Sonucu
Temel Göstergeler
Enflasyon Oranları
Faiz Oranları
Döviz Kurları
Büyüme Oranları
İşsizlik Oranları
Hane Halkı
Fayda
Firmalar
Kâr
Kamu Otoritesi
İstikrar
Güven Endeksleri, Beklentiler
Amaç için Faaliyetler
Gelir
Tüketim
Tasarruf, Yatırım
Borçlanma, Borç Ödeme
Gelir Dağılımı
Teorik Çerçeve
Göstergelerin Teorisi
Davranışsal Ekonomi
Ekonomi Politik
Normatif ve Pozitif Ekonomi
İktisat Politikaları
Para Politikası (Merkez Bankası)
Maliye Politikası (Harcama Vergi Borçlanma)
Mevzuat
Alternatif Makroekonomik Performans Göstergeleri
Kişi Başına Düşen
GSYH
Kamu Borç Stoku
Dış Borç Stoku
Gayrisafi Sabit Sermaye Oluşumu
Makroekonomik İstikrar Göstergeleri
(Orta vadede iyileşme)
Büyüme Oranı, Bütçe Açığı/GSYH, Kamu Borç Stoku/GSYH
Enflasyon Oranı, Cari Açık/GSYH
Makroekonomik Performans Göstergeleri

Şekilde, makroekonomik performans göstergeleri, ekonomik birimlerin amaçları, kamu otoritesinin araçları ve politikaları, ekonomik birimlerin tercih ve önceliklerini yansıtan güven ve beklentileri yer almaktadır. Ayrıca, makroekonomik istikrar göstergeleri de şekilde yer almaktadır. Şekil, makroekonomik performansın ve istikrarın, tüm ekonomik birimlerin icra ettikleri işlerin, işlemlerin ve faaliyetlerin ortak ve kümülatif sonucu olduğunu göstermektedir.

Kamu otoritesi, ekonomi yönetiminin sahip olduğu imkân ve kaynaklarla, araçlarla, uyguladığı iktisat politikalarıyla, makroekonomik performans göstergelerini doğrudan etkileyebilmektedir. Ayrıca, beklenti ve güven ortamını da şekillendirerek ekonomik birimlerin davranışlarına ve göstergelere yön ve şekil verebilmektedir.

Göstergeler, daha önceki kısımlarda ifade edildiği gibi, ilgili sektörlerin dinamiklerinden etkilenmektedir. Bunun yanında, birbirlerinden de etkilenmektedir. Bu, sektörler arası karşılıklı ilişkilere bağlı olarak ortaya çıkmaktadır. Diğer bir ifadeyle, sektörlerin ve dolayısıyla göstergelerin olan ve/veya olması gereken nispi ilişkileri ve dengeleri, özel öneme sahiptir.

Makroekonomik istikrar göstergeleri, büyük ölçüde performans göstergelerinden elde edilmektedir. Orta vadede (ortalama 3 yıl) istikrar göstergelerinde beklenen yönde gelişmeler ve iyileşmeler olduğunda ekonomik istikrarın sağlandığı kabul edilmektedir. Birinci grup göstergeler kamu perspektifini, ikinci grup göstergeler ise özel sektör perspektifini yansıtmaktadır.

Makroekonomik performans göstergeleri, sadece ulusal makroekonomik görünümü değil, aynı zamanda, zaman içindeki gelişmeleri yansıtacak ve uluslararası mukayeselerde kullanılacak verileri de içermektedir. Türkiye ekonomisine ilişkin ana akım performans göstergeleri, aşağıdaki tabloda gösterilmektedir. Tablonun içeriği, büyük ölçüde önceki bölümlerde ele alınan değerlendirmelerde üzerinde durulan göstergelere dayanmaktadır. Tablo, hangi göstergelerde nasıl bir performans sağlandığını göstermektedir. Söz konusu veriler, aynı zamanda ulusal ekonomik konjonktürün yapısı ve özelliği hakkında da önemli ipuçları sunmaktadır.

	Büyüme Oranı %	İşsizlik Oranı %	TÜFE Değişim Oranı %	Dolar Kuru	TCMB O/N Faiz Oranı	DİBS İhale Bileşik Faiz Oranı % (Ağırl. Ort.) Yıl Ortalama	AB Tanımlı Kamu Borcu (%GSYİH)	Bütçe Dengesi (%GSYİH)	Cari İşlemler Dengesi (% GSYİH)
2002	6.2	10.3	29.7	1.6345	44.0	62.7	74.0	-11.4	-0.3
2003	5.3	10.5	18.4	1.3958	26.0	45.4	67.7	-8.8	-2.5
2004	9.4	10.8	9.3	1.3421	18.0	24.6	59.6	-5.4	-3.7
2005	8.4	10.6	7.72	1.3430	13.5	16.1	52.7	-1.3	-4.6
2006	6.9	10.2	9.65	1.4056	17.50	17.95	46.5	-0.6	-6.1

Kaynak: TCMB, TÜİK ve T.C. Hazine Müsteşarlığı

Reel sektör göstergeleri olarak ele alınabilecek büyüme oranı ve işsizlik oranı, farklı trend izlemektedir. Büyümede, dönemin son üç yılında giderek azalan artış oranları ortaya çıkmıştır. İşsizlik oranları, dalgalı seyir gösterse de aynı düzeyde kalmıştır.

Parasal göstergeleri ifade eden enflasyon oranı, döviz kuru ve faiz oranları, dönemin son yılı hariç düşmüştür. Düşüş oranlarının farklı olması, parasal göstergeler arasındaki nispi ilişkilerin yeniden yapılandığı anlamına gelmektedir. Ayrıca, iki önemli kamu otoritesinin faiz oranları dönem boyunca birbirine yaklaşmış, son yılda aynı düzeye gelmiştir.

İlgili dönemde, kamu borç stokunun GSYH'ye oranı istikrarlı bir şekilde düşmüştür. Uluslararası kuruluşun desteğinde uygulanmakta olan ekonomik programın temel amacı, bu oranı düşürmek olarak belirlenmiştir. Böylece, kamu sektörünün makroekonomik yapı içindeki mali ağırlığı da düşmeye başlamıştır. Bununla birlikte, iki önemli makroekonomik dengeden biri olan bütçe açığının da GSYH'ye oranı istikrarlı şekilde azalmıştır. Bu dönemde mali disipline verilen önemin yanında, reel ve parasal göstergelerdeki iyileşme de söz konusu düşüş üzerinde etkili olmuştur.

Bütçe açığındaki iyileşmeye karşın, makroekonomik dengenin bir diğer göstergesi olan cari açığın GSYH'ye oranında istikrarlı bir artış yaşanmıştır. Reel, parasal ve mali göstergelerdeki iyileşme, söz konusu artış üzerinde etkili olmuştur. Bu sonuç, uygulanmakta olan ekonomik programın yan ürünü olarak ele alınabilir.

Mali göstergeler, Türkiye ekonomisinin Maastricht kriterlerini uygulamada iyi bir performans sergilediğine işaret etmektedir. Ulaşılan seviyeler, belirlenen seviyelerin (Kamu borç stoku/GSYH için %60 ve Bütçe açığı/GSYH için %3) altındadır. Maastricht kriterleri çerçevesinde, Türkiye ekonomisinin örtülü mali kural uyguladığı da ifade edilebilir.

Makroekonomik performansın ölçümünde dikkate alınması gereken alternatif ekonomi politik perspektif, insan odaklı yaklaşımı ön plana çıkarmaktadır. Seçilmiş makroekonomik büyüklükleri GSYH'ye oranlamak yerine nüfusa oranlamak, söz konusu yaklaşımın ana felsefesini oluşturmaktadır. Diğer bir ifadeyle, izlenecek yöntem, kişi başına düşen makroekonomik büyüklükleri ölçmek ve değerlendirmektir. Aşağıdaki tablo, bu çerçevede seçilmiş göstergeleri içermektedir.

	KBDG (TL)	KBDG ($)	KBD KAMU BRÜT İÇ BORÇ STOKU (TL)	KBD KAMU BRÜT İÇ BORÇ STOKU ($)	KBD TOPLAM DIŞ BORÇ STOKU (TL)	KBD TOPLAM DIŞ BORÇ STOKU ($)	KBD SABİT SERMAYE OLUŞUMU (TL)	KBD SABİT SERMAYE OLUŞUMU ($)
2002	5,412	3,591	2,337	1,551	2,942	1,952	1,061	704
2003	6,966	4,641	3,008	2,004	3,221	2,146	1,452	968
2004	8,484	5,952	3,457	2,425	3,378	2,370	2,156	1,513
2005	9,784	7,282	3,773	2,808	3,332	2,480	2,607	1,941
2006	11,318	7,923	3,848	2,693	4,261	2,983	3,247	2,273
2002/2006 Değişim Oranı (%)	109,12	120,63	64,65	73,62	44,83	52,81	206,03	222,86

Kaynak: TÜİK ve T.C. Hazine Müsteşarlığı verilerinden üretilmiştir.

Tabloda yer alan her gösterge hem TL hem de $ cinsinden artmıştır. Borç stoklarının artış oranı KBDG'den daha küçüktür. Buna karşılık sermaye oluşum oranlarındaki artışlar KBDG'den daha yüksektir. Kişi başına düşen gelir artışı, daha az borç artışıyla, daha fazla sermaye oluşumu sayesinde başarılmıştır.

Kişi başına düşen gelir (KBDG), refah seviyesinin manşet görünümünü, ortalamasını yansıtmaktadır. Burada iki önemli sorun bulunmaktadır. Bu sorunlardan birisi, son dönemlerin önemli tartışma konularından biri olan, GSYH'nin iyi bir refah göstergesi olup olmadığıdır. Diğeri ise refahın dengeli dağılıp dağılmadığı, gelir dağılımının gerçek görünümünün ne olduğu konusudur. Bu eksikliklerine rağmen KBDG, makroekonomik çerçevede refah seviyesindeki değişim trendi konusunda önemli ipucu sunmaktadır.

Refah üreten en önemli mekanizmalardan birisi gayrisafi sabit sermaye oluşumudur. Söz konusu sermayenin oluşum sürecinde, özel kesim ve kamu sektörü faaliyetleri yer almaktadır. Bu, ülkenin en önemli üretilmiş mali olmayan aktiflerini yansıtmaktadır. Sermaye sınıflamasında iki önemli bileşeni (inşaat, makine ve teçhizat) bulunmaktadır. Her ikisinin doğrudan ve/veya dolaylı katma değer etkileri, ekonomik aktivitelerle ilgili ileri ve/veya geri bağlantıları farklı olduğundan, makroekonomik tabloya yansımaları da farklı olmaktadır. Bu görünüm, bir anlamda ekonominin reel yönünün içerik ve yetkinliğine ışık tutmaktadır. Kişi başına düşen gayrisafi sabit sermaye oluşumu (KBDSS), refah üreten mekanizmaların bireylere düşen kısmını göstermektedir.

Borçlanma, özel kesimin ve/veya kamu sektörünün amaçlarına ulaşmak için başkalarının tasarruflarını kullanma mekanizmasını ifade etmektedir. Borç stokunun, vade yapısı, para birimi ve faiz oranına bağlı olarak özel sorunları da oluşabilmektedir. Öte yandan, borçların geri ödenme sürecinde sorun üretmeyecek alanlarda kullanılıp kullanılmadığı da ayrı bir tartışma konusudur. Diğer bir ifadeyle, borç yönetimi bu konulara vurgu yapmaktadır. Kişi başına düşen borç (KBDB), borç stokundan bireylere düşen kısma işaret etmektedir.

EK I: Uluslararası Para Fonu Destekli Programın Yapısı ve Özellikleri

Türkiye, "19 Şubat 1947 tarih ve 5016 sayılı Milletlerarası Para Fonu ile Milletlerarası İmar ve Kalkınma Bankası'na Katılmak İçin Hükûmete Yetki Verilmesine Dair Kanun"un verdiği yetkiye dayanarak 11 Mart 1947 tarihinde IMF'ye üye olmuştur. Üye ülkelerin IMF ile gerçekleştirdiği tüm işlemler, dayanağını 27 Aralık 1945 tarihinde yürürlüğe giren Uluslararası Para Fonu Kuruluş Anlaşması'ndan ve ülkelerin kendi iç mevzuatlarından almaktadır. IMF, üye ülkelere gözetim, finansal yardım ve kapasite geliştirme başlıklarında hizmet vermektedir.

IMF-Türkiye ilişkileri, Ekim 1947 tarihinde IMF Araştırma Departmanının Türkiye'nin Finansal Pozisyonunu IMF yönetimine sunduğu bilgi notuyla başlamıştır. Bilgi notunda, nakit, kredi ve fiyatlar, bütçe, dış ticaret ve ödemeler dengesi, altın ve döviz ile mevcut döviz sorunları konusunda veri ve bilgiler yer almakta, değerlendirmeler yapılmaktadır. Daha sonraki yıllarda IV. madde konsültasyonu, Türkiye'nin döviz sistemindeki değişikliklere ve ekonomik politikalarına ilişkin mektuplaşmalar, IMF yönetim kurulunda görüşmeler, I-6 kuralını güncelleme, stand-by anlaşmaları, IV. Madde konsültasyonları şeklinde ilişkiler olagelmiştir.

20 yüzyılın son yılları ile 21. Yüzyılın ilk yılları, Türkiye-IMF ilişkilerinin anlaşmalar ve programlar bazında uzun süren bir dönem olmuştur.

- 1998 yılı Haziran ayında "Yakın İzleme Anlaşması" yapılmıştır.
- 2000 yılı Ocak ayında "Döviz Çıpasına Dayalı Program" ilan edilmiştir.

- Mayıs 2001 yılında "Güçlü Ekonomiye Geçiş Programı" açıklanmıştır.
- 2002 Şubat ayında bu dönemin son programı olan "Yönetişim, Etkinlik, Yapısal Reformlar Programı"na geçilmiştir.

Bu dönemde, IMF tarafından birkaç yükselen piyasa ekonomisine önerilen bu programlar, "Politika-Kredibilite Programları" özelliğine sahiptir. Bu tür programların temel özelliği, dış uyumdan, ayarlamadan ziyade yetkililerin kamu borcunun sürdürülebilirliğini sağlama çabalarının kredibilitesini artırmaktır. Üçer yıllık dönemi kapsayan bu program 2005 Nisan ayında yenilenmiş ve 2008 Nisan ayında da sonlandırılmıştır

Bu süreçte, bir dizi küresel gelişmeler (11 Eylül saldırıları, Irak krizi, gelişen piyasalarda dalgalanmalar, değişik tarihlerdeki AB kararları, petrol fiyatlarındaki değişmeler vb.) ve ulusal gelişmeler (seçimler, terör saldırıları, Kıbrıs sorunu, banka krizi, iç siyasi olaylar vb.) olmasına rağmen, program kurgulandığı ve belirlendiği şekilde uygulandı. Programların sık sık değişmesi, küresel dinamiklere ve gelişmelere bağlı olarak açıklanabilse de iç dinamikler ve istikrarın da gözden kaçırılmaması gerekir. Özellikle, ekonomik ve siyasi kredibilite eksikliğinin bu sürecin yapısını etkileyen dinamiklere ortam hazırladığı söylenebilir.

Hükûmetler, uluslararası kuruluşların desteklediği programlara sadece ekonomik koşullar nedeniyle değil, aynı zamanda ekonomik ve siyasi kredibilitenin ve/veya istikrarın iyileştirilmesi nedeniyle de yönelmektedir. Dolayısıyla, tercihler iyi ve kötü ekonomik performans arasında değil, kötü ve daha az kötü performans arasında yapılmaktadır. Bu nedenle, sürecin politik sonuçları da olmakta ve ekonomik büyümenin kalitesini etkileyen faktörler ön plana çıkmaktadır.

- Kamu sektörünün optimizasyonu (harcama türleri arasında azaltmanın kısa ve uzun vadeli etkileri),
- Enflasyonun ve faiz oranının özel sektöre etkileri (bazı firmalar uyum sağlayabilse de genel uygulama genel olumsuzluk üretmekte),
- Sermaye hareketleri (kişisel, kurumsal ve toplumsal zenginlik kaynağı olarak),

bu açıdan özel önem taşımaktadır.

Krizin başlangıcında stand-by'a dayalı ekonomik program uygulanmaktaydı. Programın ana kurgusu ve yapısı, dönemin makroekonomik görünümünü belirleyen en önemli bileşendir. Bu nedenle, programın ana hatlarıyla değerlendirilmesi önem kazanmaktadır.

IMF programlarının içeriği, uygulanacak ekonomilerin temel önceliklerine, sorunlarına bağlıdır. 2000'li yıllarda uygulanan programların ana amacı, kamu borcunun gayrisafi yurtiçi hasılaya oranını azaltmak ve dış dengeyi sağlamaktan (veya dış düzeltmeyi gerçekleştirmekten) daha çok kamu borcunun sürdürülebilirliğini oluşturmada kamu otoritelerini desteklemektir. Programın en önemli alternatif maliyeti, cari açığın GSYH'ye oranının artması olarak öne çıkmaktadır. Bunun da ek yan etkileri işgücü piyasasında oluşmaktadır. Ayrıca, ithalatın bileşimi ve enflasyon hedeflemesi, iç piyasada yeniden yapılanma sürecine işaret etmektedir. Bu süreçte mal ve hizmet piyasaları ile faktör piyasası, küresel koşullara uygun olarak yeniden yapılanmaktadır. Ayrıca, enflasyon hedeflemesi veya fiyat istikrarı yaklaşımı, istikrarsızlık üretebilen mekanizmalara da uygun ortam hazırlayabilmektedir. Finansal ürün ve hizmet fiyatlarında istikrar ve/veya hedefleme söz konusu olmadığında, mal ve hizmet piyasaları ile finans piyasaları arasındaki nispi denge bozulmaktadır.

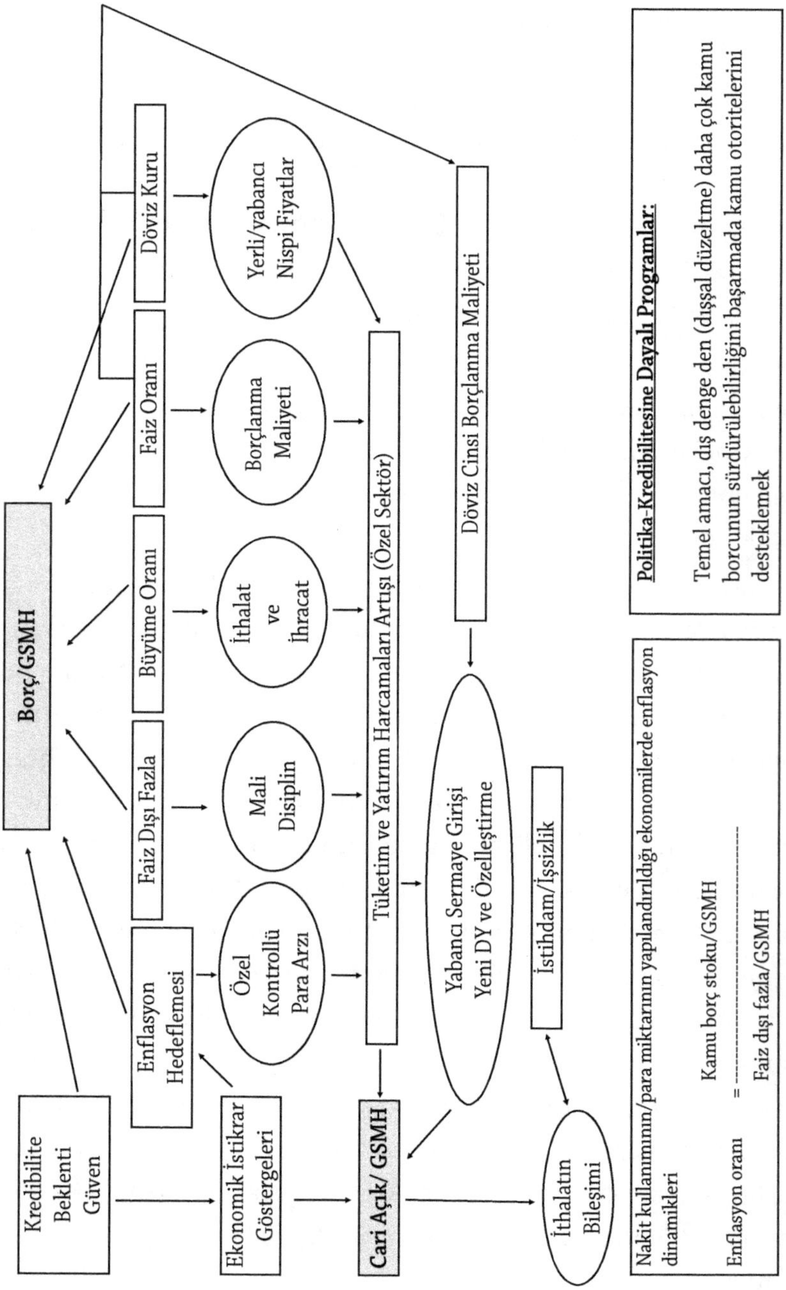
Kredibilite
Beklenti
Güven
Ekonomik İstikrar
Göstergeleri
Cari Açık/ GSMH
İthalatın
Bileşimi
Borç/GSMH
Enflasyon
Hedeflemesi
Faiz Dışı Fazla
Büyüme Oranı
Faiz Oranı
Döviz Kuru
Özel
Kontrollü
Para Arzı
Mali
Disiplin
İthalat
ve
İhracat
Borçlanma
Maliyeti
Yerli/yabancı
Nispi Fiyatlar
Tüketim ve Yatırım Harcamaları Artışı (Özel Sektör)
Döviz Cinsi Borçlanma Maliyeti
Yabancı Sermaye Girişi
Yeni DY ve Özelleştirme
İstihdam/İşsizlik
Nakit kullanımının/para miktarının yapılandırıldığı ekonomilerde enflasyon dinamikleri
Kamu borç stoku/GSMH
Enflasyon oranı =
Faiz dışı fazla/GSMH
Politika-Kredibilitesine Dayalı Programlar:
Temel amacı, dış denge den (dışşal düzeltme) daha çok kamu borcunun sürdürülebilirliğini başarmada kamu otoritelerini desteklemek

Bu nedenle, bu tip programlar politika kredibilitesine dayalı programlar olarak tanımlanmaktadır. Çünkü, programın açıklanması ve uygulanmasının ilk aşamalarında ulusal ve küresel aktörlerde kredibilite, beklenti ve güven algısı oluşturmak başarı için özel önem taşımaktadır.

Programın temel göstergeleri ve karşılıklı ilişkileri ile kurgusu ve uygulama süreci, soldaki şekilde gösterildiği gibi tasarlanmıştır.

Klasik stand-by programının dizaynında, standart makroekonomik yaklaşımın temel bileşenleri şu şekilde özetlenebilir: Bu programlarda;

- "mevcut dış finansman" ve "muhtemel çıktı" tahminleri ile
- "sürdürülebilir cari açık" beklentileri ışığında
- "toplam talebin" zorunlu olarak getirilmesi gereken düzey önemlidir.

Buna göre iç ve dış denge, reel iç talep düzeyi ile reel döviz kuru ilişkisine bağlıdır. Farklı dengesizlik türleri farklı düzeltici veya uyumlaştırıcı tedbirleri gerektirmektedir. Sonuçta, farklı enflasyon-faiz-mali denge-cari denge-üretim-işsizlik tabloları ortaya çıkmaktadır.

Programın bir dizi alt uygulama formatı ve enstrümanları bulunmaktadır. Bunlar arasında enflasyon hedeflemesi ve faiz dışı fazla öne çıkmaktadır. Teknik ifadesiyle, bunlar nakit kullanımının veya para miktarının yapılandırıldığı ekonomilerde enflasyon dinamiği olarak ifade edilmektedir. Likidite ve para miktarı, makroekonomik politikanın merkezinde yer almaktadır. Maliye politikası açısından bakıldığında ise kamu borç stokunun GSYH'ye oranı ile faiz dışı fazlanın GSYH'ye oranının iyileştirilmesi, enflasyon oranı üzerindeki baskıları önemli ölçüde azaltmıştır. Merkez bankalarının sermaye girişlerinin etkilerini sterilize eden stratejileri de enflasyonun düşmesine katkıda bulunmuştur. Bu yaklaşım, uluslararası literatürde likidite ve para miktarından bağımsız (LM'siz) makroekonomik politika olarak tanımlanmaktadır.

Mali disiplin ile birlikte ulusal para biriminin değer kazanması, borçlanma maliyetlerinin azalması, ulusal ve yabancı fiyatların nispi dengesinin yeniden oluşması, özel kesimin tüketim ve yatırım harcamalarını artıran ortam oluşturmaktadır. Özelleştirme süreci de yabancı sermaye girişini hızlandırmaktadır. Her karar ve uygulamanın elbette alternatif maliyeti de olmaktadır.

Borç dinamiklerini iyileştirmeye odaklı program ve politikalar, ana hedef olarak kamu borcunun GSYH'ye oranını düşürmeyi ön planda tutmuştur. Bu amaç, açık ya da örtülü enflasyon hedeflemesi, faiz dışı fazlanın artırılması, büyüme oranlarının yükselmesi, faiz ve kurdaki gelişmelerle birlikte özel kesimin tüketim ve yatırım harcamalarını artırmış, küresel sermaye girişini kolaylaştırmıştır. Tasarruf profilinin birçok yükselen piyasa ekonomilerinde düşük oluşu nedeniyle, fon/kaynak ihtiyacı uluslararası kuruluşlardan sağlanan kredilerle ve küresel sermaye girişiyle kapatılmaya çalışılmıştır. Süreç, içsel doğası gereği bir dönem sonra cari açık (cari açık/GSYH) sorunu üretmiştir. Bu tür programlar, kamu borcunun GSYH'ye oranını azaltırken, cari açığın GSYH'ye oranını artırmaktadır. Programın doğal kurgusunda böyle bir ilişki söz konusudur. Cari açık, öncelikle ithalatın bileşimini dolayısıyla da ihracatın kompozisyonunu etkilemektedir. İthalatın bileşimi ile birlikte enflasyon hedeflemesi, piyasa ekonomisi koşullarında doğal seleksiyon sürecini tetiklemektedir. Bunlar, sonuçta işgücü piyasasına yansımakta ve istihdam-işsizlik verilerini etkilemektedir.

2000'li yıllar birçok yükselen piyasa ekonomisi için özel bir dönemi ifade etmektedir. Bu dönem, genellikle siyasi istikrarın kısmen de olsa sağlandığı dönemdir. Yaygın şekilde IMF stand-by anlaşmaları uygulamaya konulmuştur. Krizden yeni çıkıldığından, çıktı açığı nedeniyle GSYH artış potansiyeli yüksektir. Reel ücretlerin seyri üreticiler lehinedir. Ekonomide verimlilik artışları söz konusudur. Kurlarda kriz sonrası gelişmelere uygun düzeyde, hatta aşırı denebilecek oranda düzeltmeler yaşanmıştır. OECD ülkelerinde son 40 yılın en düşük faiz oranları söz konusudur. Dünya ekonomisinde büyüme, dış ticaret konjonktürü olumlu yönde seyretmektedir.

Hangi alanda mukayeseli üstünlük sağlandığı ve bunun kalıcı hâle getirilip getirilemediği son derece önemlidir. Bu, bir anlamda konjonktürel ve yapısal sorunlardan hangilerinin çözülebildiğinin de işareti olarak ele alınmalıdır. Daha önce de belirtildiği gibi, uygulanmakta olan program çerçevesinde devam eden değişim süreci, yeniden şekillenmekte olan nispi ilişkiler ve dengeler, ekonomik birimlerin ve piyasaların algılama ve yaklaşımları, hedeflenen etkilerin işin doğası gereği gecikmeli olarak gerçekleşmesi, bazı alanlarda hızlı, bazı alanlarda ise yavaş bir değişim sürecinin ortaya çıkmasına neden olmaktadır. Böyle bir yapı içinde gerekli politikalar üretilmeden önce tabloyu iyi okumak gerekmektedir. Bu çerçevede;

- Geniş halk kesimleri, gelişmelerin oransal dağılımı ve gecikmeler nedeniyle zarar görebilmektedir.
- Menfaat gruplarının içsel ve dışsal lobileri farklı boyutta sonuçlar üretebilmektedir.
- Bürokrasinin tercih ve önceliği ile yaklaşım tarzı, süreci karmaşık hâle getirebilmektedir.

- Ulusal ekonomik güvenlik ve savunma sistemi önem kazanabilmektedir.

Bu tür programların olumlu yönlerinin tüm topluma yayılmasını engelleyen bazı yapısal faktörlerin söz konusu olduğu da gözden kaçırılmamalıdır. Aşağıdaki tablo, bu konuda alınması gereken tedbir ve düzenlemelere işaret etmektedir.

• Makroekonomik Politika Kısıtlamaları: Uluslararası Kuruluşların Yaklaşımları Küresel Politik İlişkiler Küresel Ekonomik ve Finansal İlişkiler	**Programların Kurgu ve Uygulama Biçiminin Gözden Geçirilmesi**
• Makroekonomik Çerçevenin Yapısı Göstergelerin Sırları İlişkilerin Yön ve Şekli, Yansıması Makroekonomik Denge/Dengesizlik	**Alternatif Maliyet, Etkinlik ve Verimlilik Kriterlerinin Güncellenmesi**
• Piyasa Yapılarındaki Aksaklıklar: Rekabet Türü (Tam/Noksan) Üretim, Talep ve Fiyatlama Prosedürleri Dışa Açıklık Derecesi	**Mikroekonomik Ortamın Etkinleştirilmesi**
• Etik/Ahlaki Riziko: Vergiden Sakınma ve Kaçınma Kayıtdışı Faaliyetler	**Yaptırım Gücü Yüksek Kaliteli Düzenleme ve Denetim Sisteminin Tasarlanması**

Uluslararası tecrübeler dikkate alındığında, makroekonomik politika kısıtlamalarının olumsuz etkilerini azaltmak için programların kurgu ve uygulama biçiminin değiştirildiği görülecektir. Alternatif maliyet, etkinlik ve verimlilik kriterlerine uygun karar alınarak uygulama yapıldığında, makroekonomik çerçevede kırılganlıkların olumsuz etkisi azalacaktır.

Piyasa yapılarındaki aksaklıkları azaltmak veya daha iyi yönetebilmek için, mikroekonomik ortamın iyileştirilmesi ve reformların yapılması gerekecektir. Son olarak, yaptırım gücü yüksek kaliteli düzenleme ve denetim işlevi, etik/ahlaki riziko ihtimalini azaltacaktır.

EK II: Türkiye'deki Son Ekonomik Gelişmeler

Ak Parti Teşkilat Yönetmeliğinin 4.8. maddesi, Genel Başkan Yardımcılığının (Ekonomik İşler Başkanlığının) oluşturulma amacını içermektedir. Bu maddeye göre, Ekonomik İşler Başkanlığı, parti Tüzüğü ve Programında yazılı ilkeler doğrultusunda, Partimizin ekonomiyle ilgili dokümanlarını ve politikalarını hazırlamak, geliştirmek ve tanıtmak, ekonomik yapı ve ilişkiler sistemini reel sektör, finans sektörü, kamu sektörü ve dış ekonomik sektör bazında, makro ve mikro seviyelerde, konjonktürel ve yapısal gelişmeler çerçevesinde izlemek ve değerlendirmek, Partimizin bu konulardaki görüşlerini oluşturmak ve alternatif politikalar üretmek, ekonomik faaliyetler alanında doğrudan veya ilgili birimler aracılığıyla halkımızı ve teşkilat mensuplarımızı bilgilendirmek, ihtiyaç duyulan çalışmaları yapmak ve yaptırmak amacıyla oluşturulmuştur. Bu Madde de ayrıca Başkanlığın icra edeceği görevler belirtilmiştir.

Ak Parti Ekonomik İşlerden Sorumlu Genel Başkan Yardımcılığım görev, yetki ve sorumlulukları çerçevesinde, periyodik olarak yapılan MKYK ve MYK toplantılarında, istişare toplantılarında, ulusal ve yabancı, kamu ve özel kurum ve kuruluşlarıyla yapılan toplantılarda, Türkiye ve dünya ekonomisinin mevcut durumuna ve muhtemel geleceğine ilişkin sunumlar yapılmıştır. Benzer şekilde, il ve ilçe düzeyinde ekonomik işlerden sorumlu il başkan yardımcıları ile düzenli değerlendirme toplantıları düzenlenmiştir. Ayrıca, AR-GE'den Sorumlu Genel Başkan Yardımcılığı ile birlikte parti teşkilatı ekonomi eğitimleri düzenlemekte, sesli ve görüntülü yayınlar üretilmiştir.

AK Parti'nin aylık yayın organı olan Türkiye Bülteni'nin Yıl:3, Sayı:28, Eylül 2005 tarihli nüshasında Türkiye ekonomisine ilişkin analizleri ve ekonomide yeni hedefleri içeren röportaj yapılmıştır. Röportajın amacı, geçmiş dönem gelişmeleri dikkate alarak makroekonomik performansı değerlendirmek ve gelecek dönem perspektifine ilişkin tespitler yapmaktı. Dergide yayınlanan yazıda yer alan sorular ve cevaplar aşağıda sunulmuştur.

- Ekonomik başarıların arka planında hangi faktörler rol oynamaktadır?

Ülkeler arasındaki ekonomik gelişmişlik farkları birçok faktöre atfedilse de sahip olunan imkân ve kaynakların miktarı ve kalitesi, çalışma hayatının/iş süreçlerinin yapısı ve özelliği, ekonomi politikalarının içeriği oldukça önemli rol oynamaktadır. Devlet/ekonomi yönetimi ile ekonomik birimler/piyasalar arasındaki ilişkilerin yön ve şekli, ekonomik performansın temel belirleyicileri olarak ön plana çıkmaktadır. İyi kurgulanmış ve dizayn edilmiş ekonomi politik çerçeve, bireysel, kurumsal ve toplumsal bazda sürdürülebilir katma değerin artışına ciddi katkı sağlamaktadır. Kurumlar arası bağımsızlık-eşgüdüm-işbirliği dengesinin kalitesi; demokratik piyasa ekonomisinin, daha güçlü, mutlu ve dengeli toplumun sürdürülebilirliği sürecinde alternatif maliyetlerinin azaltılmasına, ulusal etkinlik ve verimliliğinin artırılmasına ciddi katkılar sağlamaktadır.

Ekonomik birimlerin taleplerini evrensel formatta, uluslararası kalitede ve asgari düzeyde karşılama; güçlü, sade ve etkin ekonomi yönetim sistemi kurma ve sürdürme; temel evrensel ekonomik ve finansal prensiplerin kendisi ve ekonomik birimler tarafından dikkate alınacağı ortamı oluşturma, ekonomi yönetimlerinin varlık nedenleri arasında önemli olanlarıdır. Globalleşme sürecinin boyut ve derinliğinin arttığı, sürekli değişim ve dönüşümün yaşandığı günümüz ortamında ekonomi yönetimleri, fiilen çalışmakta veya işlemekte olan bir sistemi eş zamanlı olarak güçlendirmek ve/veya yeniden yapılandırmak gibi son derece karmaşık ve o ölçüde hassas bir fonksiyon görmektedir. Bu, ekonominin mevcut durumu kadar, olası stres ve duyarlılık alanlarının da gerekli titizlikle izlenmesini ve analizini gerekli kılmaktadır.

▸ Makroekonomik performans hangi göstergeler bazında izlenmekte ve değerlendirilmektedir?

Makroekonomik performans, farklı değişkenler dikkate alınarak tanımlanmakta ve ölçülmektedir. Geleneksel yaklaşım, enflasyon oranı ve işsizlik oranına odaklanmaktadır. Nispeten daha yeni yaklaşım ise söz konusu iki göstergeye büyüme oranı ve faiz oranını ekleyerek farklı bir boyutu ön plana çıkarmaktadır. Gelişmekte olan ekonomilerde son dönemlerde uygulanan ekonomik programların en önemli bileşenlerinden birisi olmasından dolayı, döviz kuru da performans belirleyicisi olarak kritik rol oynamaktadır. Özel durumundan dolayı bu değişkeni de kapsayan ve diğer dört göstergeyi içeren bir makroekonomik performans endeksi oluşturarak makroekonomik gelişmeleri izlemekte ve değerlendirmekteyiz.

Ekonomi yönetimlerinin ve piyasaların etkileşimlerinin sonucunda oluşan enflasyon oranı, faiz oranı ve döviz kuru, farklı sektör ya da kesimlerin parasal ve finansal dinamiklerinden etkilenmektedir. Uygulanan politikalara bağlı olarak, bunlar farklı sektör ya da kesimlerinin parasal ve finansal yapısını da etkileyebilmektedir. Ayrıca, söz konusu göstergelerin karşılıklı ilişkileri ve aralarındaki nispi denge, ekonomik yapı ve ilişkiler sisteminin mevcut durumu ve muhtemel geleceği konusunda önemli ipuçları da sunmaktadır. Büyüme oranı ve işsizlik oranı ise ekonomik faaliyetlerin reel sonuçlarını yansıtmaktadır.

Makroekonomik performansın kalitesi açısından iki makroekonomik denge, kamu borç stokunun vade, faiz oranı ve para bileşimi yapısı ile gelir dağılımının farklı formatları özel önem taşımaktadır. İç ve dış ekonomik koşulları yansıtan bütçe dengesi ile cari denge de yukarıdaki mekanizmalara benzer şekilde hem kendi aralarında yoğun ilişkilere sahip bulunmakta hem de farklı dinamiklerden ve faktörlerden etkilendiği gibi, farklı dinamikleri ve faktörleri şekillendirmektedir. Bu dengeler ile belirtilen iki değişken, ekonominin finansman ihtiyacının veya fazlasının nereden kaynaklandığını, nelerde kullanıldığını ve performansın ekonomik birimlere yansıma biçimini göstermektedir.

Başarılı performans için endeksi oluşturan göstergelerde oransal artış/azalış hızı, olumlu ortam oluşturma yönünde olmalıdır. Yukarıda tanımlanan göstergeler, dengeler ve değişkenlerin ayrı ayrı ya da farklı bileşimleri, ekonomik istikrar göstergesi olarak ele alınabileceği gibi, ekonominin makro çerçevede olası hassas alanlarının durumunu da göstermektedir. Performans, istikrar ve hassasiyet alanlarının karşılıklı ilişki biçimleri, gelişim ve değişim süreçleri ile trendleri, ekonomik başarının kalitesine ilişkin sinyaller üretmektedir.

- ▸ Türkiye ekonomisinde gözlemlenen gelişmeler ve değişimler nelerdir? Son yılları farklılaştıran özellikler hangi alanlarda yoğunlaşmaktadır?

Türkiye ekonomisi, uzun süren istikrarsızlık dönemlerinin bir sonucu olarak, ahlaki rizikonun da etkisiyle, yapısal ve konjonktürel sorunlara sahip yapı kazanmıştır. Kaliteli teşhis ve tahlil süreci olmadan, zaman zaman birbirini ters yönde etkileyebilen oldukça yoğun ve etkili yöntemlerin kullanımı, doğrudan ve dolaylı bir dizi yan etkilerin geliştiği bir ortama da yol açmıştır. Konjonktürel sorunlara uygun çözümler üretilemediğinde, zamanla yapısal sorunlar hâline dönüşmektedir. Yapısal sorunlar çok daha önemlidir ve yıllarca biriken sorunları yansıttığından çözümü de o denli zor ve maliyetlidir. Ulusal ve uluslararası dinamikler/gelişmeler de yapısal ve konjonktürel sorunlara farklı yön ve şekilde etkide bulunmaktadır. Söz konusu kümülatif süreçler, daha sonraki dönemlere yansıyan derin stok problemlere neden olmaktadır.

Son yıllar dikkate alındığında, tablolardan da görüleceği gibi, birçok alanda başarılı bir makroekonomik performansın gerçekleştirildiği görülecektir. AK Parti meclis grubunun ve hükûmetinin, yasama ve ekonomi yönetimi konularındaki beklentiler ile ulusal ve global çevre koşullarını etkin şekilde yönetmesi, uluslararası siyasal, ekonomik ve finansal ilişkilerin kalitesini artırması, bu sonucun elde edilmesinde önemli rol oynamıştır. AK Parti, halkın, piyasaların ve uluslararası toplumun önem verdiği ve kritik bir yetkinlik olarak ele aldığı, kaliteli bir farklılık oluşturma kapasitesi olarak tanımlanan, diyalog odaklı bir iletişim biçimi ve bunun etkin yönetimi ile desteklenen kredibilitenin, güçlü liderliğin oluşturulması ve korunmasında önemli başarı sergilemiştir.

Geçmiş dönemlerle ve gelişmekte olan ekonomilerle mukayese edildiğinde, performans endeksi göstergelerindeki, dengelerdeki ve diğer değişkenlerdeki gelişmeler, genel olarak son dönem trendlerin oldukça iyi seviyelerine işaret etmektedir. Bununla beraber, uygulanmakta olan program çerçevesinde devam eden değişim süreci, yeniden şekillenmekte olan nispi ilişkiler ve dengeler, ekonomik birimlerin ve piyasaların algılama ve yaklaşımları, hedeflenen etkilerin işin doğası gereği gecikmeli olarak gerçekleşmesi, bazı alanlarda hızlı, bazı alanlarda ise yavaş bir değişim sürecinin ortaya çıkmasına neden olmaktadır. Gelişmekte olan ülkelerin geleneksel bir sorununun da göstergelere duyarlı olası rasyonel davranışlar ile aktörlerin, kurumların ve piyasaların ekonomi sosyolojileri ve finansal psikolojileri arasındaki uyumsuzluk olabileceği gözden uzak tutulmalıdır.

- Gerçekleştirilen makroekonomik performansın güçlendirilmesi ve yaygınlaştırılması amacıyla, yeni dönemdeki yaklaşımlarınızın temel belirleyicileri neler olacaktır?

Yakalanmış olan ve uzun süre beklenen bu tablo bir pozitif ivmenin üretildiğini göstermekle birlikte, AK Parti'nin siyasal, kurumsal ve sosyal sorumluluğunun bir gereği olarak, kazanımların güçlendirilmesi yanında, gerçekleştirilmesi ve toplumla paylaşılması/yaygınlaştırılması gereken daha birçok başarının olduğunu, iyileştirilmesi ve/veya üzerinde düşünülmesi gereken alanlar bulunduğunu biliyor, tercih ve önceliklerimizi buna göre şekillendiriyoruz. Bu süreçte kritik düzey, eşik ve oranlar yanında, alternatif maliyet, stres, duyarlılık, sistem dinamikleri analizleri gibi bileşenlerden oluşan ekonomi politik yaklaşım geliştiriyor ve uyguluyoruz. Gelişmekte olan ekonomilerde yeni dönem eğilimi olarak ortaya çıkan, piyasaların değişim dinamiklerini yakından izleme, yeniden algılanmaya başlanabilecek olası risklere odaklanma, ekonomi yönetiminin kurumsal ve fonksiyonel etkinliğini artırma gibi hususlardaki gelişmeleri takip ediyor ve değerlendiriyoruz.

Temel kamusal mal ve hizmetlerin miktar ve kalitesine, dışsallıkların yapısına, bilgi eksikliğine, rekabet noksanlığına, hedef ulusal piyasalarda veya sektörlerde global rekabete uygun ortamların hazırlanmasına, aşırı fiyat istikrarsızlığına neden olan arz alanlarındaki gecikmelere, servet ve gelir dağılımı dengesizliğine vurgu yapan mikroekonomik reformlar veya mikroekonomik yapının etkinliğinin artırılması, ekonomik politika ve stratejilerimizin önemli bir bileşeni olarak ön planda yer almaktadır. Sosyo-kültürel sermayenin, girişimcilik ve kendine güven duygularının güçlendirilmesine de ağırlık veriyoruz.

Ulusal ekonomik güvenlik ve savunma, ülkenin evrensel boyutta sürdürülebilir ve yaygın büyümesi ile kalkınma yetkinliği ve refleksini oluşturma ve koruma olgusuna özel bir vurgu yapmaktadır. Partimizin programında, ekonomik anlayışımızın esasını oluşturan "sürekli ve sürdürülebilir ekonomik büyüme stratejisi" ve bununla ilgili politikalarımız konuya verdiğimiz önemi göstermektedir. Uluslararası ilişkilerde ekonomik arka planın etkisinin arttığı bu dönemde, ekonomisi güçlü bir Türkiye'nin, ulusal, bölgesel ve global çerçevede oynayacağı rol ve fonksiyon daha da önem kazanmış bulunmaktadır. Cumhuriyetimizin yüzüncü yılında Türkiye'nin dünyanın ilk on ekonomisi arasında yer alma hedefi, plan ve programlarımızda temel önceliği teşkil etmektedir. Kısa, orta ve uzun vadeli plan ve programlarımızda bu konulara ağırlık vermekteyiz.

Siyasi partiler, üstlendikleri görev, yetki ve sorumluluktan dolayı, ülkelerinin ve toplumlarının her alandaki performansına doğrudan ve/veya dolaylı olumlu katkıda bulunma gücü en yüksek olan, dolayısıyla bulunması gereken aktiflerinden birini oluşturmaktadır. AK Parti, Türkiye ekonomisinin stratejik tablosunu oluşturarak, makroekonomik ve mikroekonomik gösterge ve dengelerinin oluşum ve gelişim süreçlerinde etkili olan faktörleri gerçekçi ekonomi politik perspektifle izlemekte ve değerlendirmektedir. Uygulanan makroekonomik politikalar ve sonuçları ile ekonomi stratejisi-performans ilişkisi konusundaki ulusal ve uluslararası tecrübeleri ve bilgi birikimini dikkate alarak, sahip olduğumuz imkân ve kaynaklarımızın daha etkin kullanımını amaçlayan ekonomik politikaları, parti programımızda belirtilen prensip ve kriterler ışığında kurgulamakta ve formüle etmekteyiz.

Temel Ekonomik Göstergeler

25 Ağustos 2005	Dönem	2002	2003	2004	2005
GSMH Büyüme Hızı (%)	Ocak-Mart	0,6	7,4	13,9	5,3
	Yıl Sonu	7,9	5,9	9,9	
İşsizlik Oranı (%)	Nisan-Haziran	9,3	10	9,3	9,2
	Yıl Sonu	10,3	10,5	10,3	
ÜFE Değişim (2003=100)(%) (2005 Öncesi TEFE 1994=100)	Temmuz	2,7	-0,54	-1,52	-0,74
	Ocak-Temmuz	15,5	10,88	6,50	1,16
	12 Aylık	45,9	25,57	9,44	4,26
	Yıl Sonu	30,8	13,94	13,84	
TÜFE Değişim (2003=100)(%) 2005 Öncesi (1994=100)	Temmuz	1,4	-0,37	0,22	-0,57
	Ocak-Temmuz	13,6	11,55	3,28	2
	12 Aylık	41,3	27,44	9,57	7,82
	Yıl Sonu	29,7	18,36	9,32	
Yıl Sonu Bileşik DIPS Faiz Oranı (%)	Yıl Sonu	50,22	28,38	23,12	
En Son DIPS İhale Yıllık Bileşik Faiz Oranı (%)	23/08/2005 Tarihli İhale: 560 gün vadeli %16,28				
TCMB USD Döviz Alış Kuru	25 Ağustos	1.625.978	1.383.497	1.492.766	1.3645
	Yıl Sonu	1.639.745	1.393.278	1.336.300	

Kaynak: TCMB, DPT, DİE ve Hazine Müsteşarlığı

BÖLÜM II

KRİZ DÖNEMİ: 2007-2009

"

Zor dönemlerin en önemli aktifi, güçlü yönetişim ve koordinasyondur.

"

A. ULUSLARARASI MAKROEKONOMİK GÖRÜNÜM

2000'li yılların ilk yarısında, ABD konut sektöründe yaşanan hızlı fiyat artışlarının 2006 sonunda durmasıyla 2007'nin ilk aylarında sorunlar çıkmaya başlamış, düşük kredibiliteli kişilere kullandırılmış "subprime mortgage" kredilerinin sorunlu olduğu söylentilerinin gerçek olduğu görülmüştür. 2007 yılı Ağustos ayında birçok bankanın elinde bulunan bu tip mortgage kredilerine dayalı menkul kıymetlerin piyasada değer kaybetmesi ve bunlara dayalı iş, işlem ve faaliyet gösteren fonların ödeme yapamaması ile krizin başladığı inancı piyasaya hakim olmuştur. Kriz, 15 Eylül 2008 tarihinde yatırım bankası Lehman Brothers'ın iflasının açıklanmasının ardından zirveye ulaşmıştır.

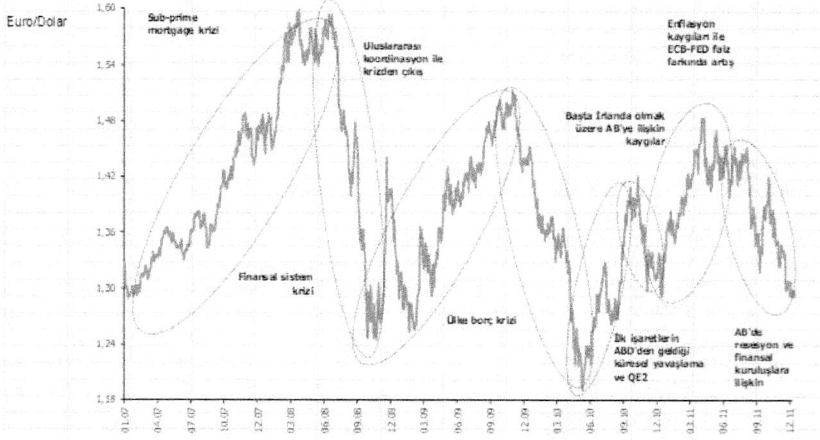

Kaynak: Bloomberg

Bu gelişme, küresel piyasalarda süregelen güvensizliğin açığa çıkmasına ve finans piyasalarının ciddi şekilde aksamasına neden olmuştur. Varlık fiyatlarında hızlı bir çöküş süreci başlamıştır. Başta gelişmiş ülkelerde olmak üzere, merkez bankalarının ve hükûmetlerin uygulamaya koyduğu parasal ve mali önlemlerin sonuç vermeye başlamasıyla, 2009 yılının ilk çeyreğinden itibaren küresel krizin şiddetinin azalmaya başladığı görüşü ağırlık kazanmış, finansal varlıklar yeniden değer kazanma eğilimine girmiştir. Yukarıdaki grafik, küresel finans krizinin Euro/Dolar paritesindeki değişim sürecinde yaşanan gelişmeleri yansıtmaktadır.

Küresel finans krizinin kökeni, esas itibarıyla gelişmiş ekonomilerde ortaya çıkan bir finans, bankacılık (yatırım ve ticari) krizidir. Farklı alanlara yayılması ise krizin alan ve derinliğini etkilemiştir. Neden olarak finansal, teknik, ekonomik, politik, sosyal ve kültürel birçok faktör ön plana çıkartılabilir. Eklektik yaklaşım da süreci açıklamada yararlı olabilir. Ekonomi politik prensip ve kurallar, karşılaşılan olumlu veya olumsuz tablonun kritik ekonomi yönetimi kurumlarınca daha önce alınmış karar ile uygulamaların sonucu olduğuna vurgu yapmaktadır.

Küresel kriz, bireyleri, kuruluşları ve devletleri, davranışlarını, tercih ve önceliklerini, beklentilerini önemli ölçüde değiştirmeye zorlamıştır. Bu, küresel içerikli ve ölçekli krizin, ekonomik neden ve sonuçların ötesinde çok boyutlu olduğunu göstermektedir.

- Birçok kuruluş iflas etmiş, likidite/sermaye ihtiyacı doğmuş;
- Beklenti ve güven bozulmuş;
- Ekonomik faaliyet hacmi düşmüş;
- Kamunun taahhüt ve yükümlülükleri büyük oranda artmış;
- Yeni mimari süreçler gündeme gelmiştir.

Hükûmetler, kriz sürecinde ve sonrasında devasa tutarlara ulaşan tedbir paketlerini ve farklı politika bileşenlerini uygulamaya koymuştur.

Sorunun özü, mortgage subprime'ların menkul kıymetleştirilmesidir. Homojen olmayan mortgage kontratları, itibarlı rating işlemleriyle homojen aktife dayalı menkul kıymet hâline getirilerek nakit akımları süreçlerine dâhil edilmiştir. Gayri menkule dayalı aktifler, likit aktif piyasalarının gelişme sürecinde bir değişim aracı fonksiyonu görmeye başlamıştır. Kriz süreci, bu fonksiyonun, bu işlemin riskini ortaya koymuş, işlemez hâle getirmiştir.

İçinde bulunulan zor süreçte ekonomi yönetimi bir dizi problemle karşı karşıya kalmıştır. Küresel finans krizi, ekonomik dayanıklılık (esneklik) ve finansal istikrara ilişkin birçok temel varsayım ve inançları tartışılabilir hâle getirmiştir. İkinci dünya savaşından sonra ilk defa, tüm gelişmiş ekonomiler senkronize resesyon sürecine girmiş ve küresel GSYH'nin düşeceği öngörülmüştür. Öte yandan, finansal ve ekonomik kriz de senkronize bir yapı kazanmıştır. "Great moderation" aşamasının olumlu ortamının "great unravelling" ile karşılaşana ve "great recession" sürecine girişe zorlanana kadar daima iyi olacağı inancı devam edegelmiştir.

1. Verilerin ve Bilgilerin Gösterdiği

Krizin teşhis ve tespitinde, veri ve bilgi setlerinin izlediği trend kullanılmaktadır. Geçmiş dönemlerden gelen gecikmeli etkilerin de söz konusu olduğunu gözden kaçırmamak gerekir. Bu bölümde, krizin fiilen tartışılmaya başlandığı üç yıllık gelişmeler üzerinde durulmaktadır.

Seçilmiş Parasal Büyüklükler

2008	Dünya GSYH'sine Oranı (%)	Toplam Küresel Likiditeye Oranı (%)
Türev Araçlar	802	75
Menkul Kıymetleştirilmiş Borç	142	13
Tedavüldeki Para	122	11

Kaynak: Bloomberg and Reuters

Krizin finansal içerikli olması, parasal/finansal büyüklüklerin zamanla geldikleri düzeylerin analizini zorunlu kılmaktadır. 2008 yılı sonu itibarıyla, bazı kritik parasal büyüklüklerin ulaştığı boyut bu konuda önemli sinyaller vermektedir. Bu bağlamda, söz konusu büyüklüklerin GSYH'ye ve likiditeye göre oluşturduğu kaldıraç düzeyinin yüksekliği gözden kaçırılmamalıdır.

Küresel likiditenin tanımı üzerinde tam bir uzlaşma olmamasına rağmen, varlığı konusunda herkes hemfikirdir. Söz konusu likiditenin ana kaynağı merkez bankaları olup büyük bölümü türev araçlarla yaratılmıştır. Yukarıdaki tabloda verilen ve finansal iş, işlem ve faaliyetlerin etkinlik ve verimliliğini artırmak amacıyla gündeme getirilen parasal büyüklüklerin, kriz nedeni olarak ele alınması dikkatlerden kaçmaması gereken bir husustur. Bu, karar ve uygulamaların zamanla alternatif maliyet üretebileceğine veya strateji, politika hatalarına işaret etmektedir. Ayrıca, düzenleme ve denetim eksikliğini de ima etmektedir.

Geliri, işi ve aktifi olmayanlara (Ninja) verilen kredilerin, toplam mortgage kredileri içindeki hem icralık hem de takipteki krediler açısından payı 2007 yılından itibaren önemli oranda artış göstermiştir. Bu trendin belirleyicilerinden biri de hedge fonlar ve türev ürünlerdeki anormal artışlardır. 2001 ve 2007 tarihleri dikkate alındığında, hedge fon varlıkları 408'den 2,680 milyon USD'ye, hedge fon sayısı 4.800'den 9.200'e, türev ürünler ise 20'den 120 trilyon USD'ye yükselmiştir.

Toplam Mortgage Kredileri İçerisindeki Payı

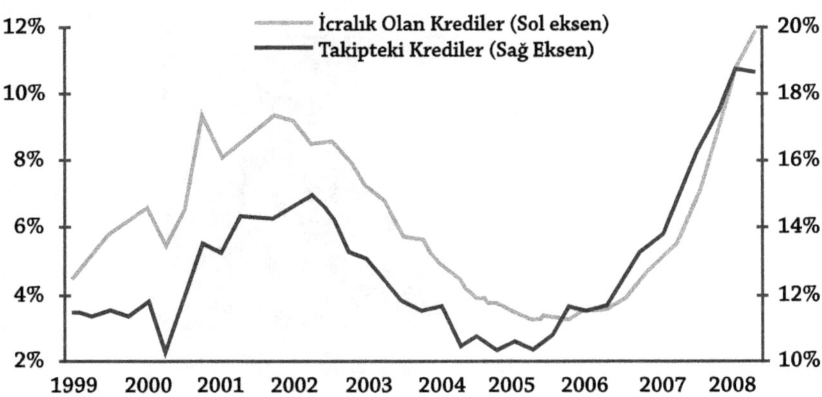

Kaynak: Bloomberg ve Reuters

Mortgage krizinin başlama süreci, ABD Konut fiyat endeksinin (Grafik A) Haziran 2006'dan beri düşüş trendinde olması ve konut fiyatlarındaki düşüşün hızlanmasıyla başlamıştır. Öte yandan, ABD'de yeni konut satışları da (Grafik B) 2006 yılı başından beri hızla azalma trendine girmiştir. Bu, sürecin zamanla sadece subprime konut kredisi krizi değil, tüm subprime ve genel finansal sistemin krizi hâline dönüşebileceği sinyali anlamına da gelmektedir.

Konut Sektöründe Gelişmeler

Grafik A

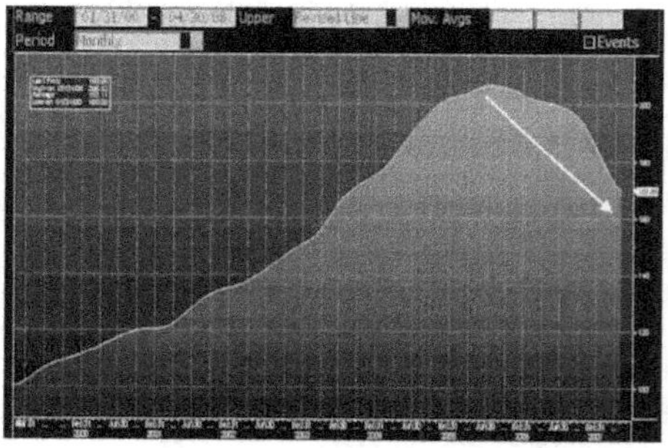

Grafik B

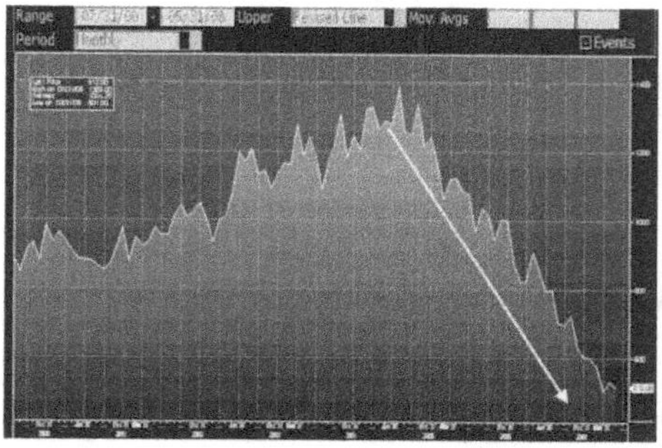

Kaynak: Bloomberg

Piyasa göstergeleri, krizin seyrini, piyasalardaki ortamı ve görünümü yansıtmaktadır. Faiz oranı, kur ve borsa endeksinden oluşan bu göstergeler, günlük hatta anlık değişimi ve gelişmeleri yansıtmaktadır. Bu verilerin aylık ve yıllık değerleri de kullanılmaktadır. Aşağıdaki tablo, yıllık olanları göstermektedir. Konsolide sonuçlar, yıllık trend farklılaşmasına işaret etmektedir. Küresel finans krizinin kendini hissettirdiği tarih ile tersine dönüş sinyallerinin ortaya çıktığı tarihler, aylık bazlarda takip edilen verilerde izlenebilmektedir. İlk göstergeler seti, gelişmiş ülkelerdeki faiz oranı, libor ve menkul kıymet borsaları ile ilgilidir. İkinci grup, istikrarsızlığı yansıtan göstergeler ile enerji ve altın fiyatlarındaki gelişmeleri göstermektedir. Son grup ise yükselen piyasaların CDS'lerine, borsa endekslerine ve kurlarına ilişkindir.

Gelişmiş Ekonomilerde Faiz Oranları Gelişmeleri

	ABD			AVRUPA			İNGİLTERE			JAPONYA		
Dönem	3 aylık Hazine	LIBOR	Spread	3 aylık Hazine	LIBOR	Spread	3 aylık Hazine	LIBOR	Spread	3 aylık Hazine	LIBOR	Spread
2007 Ocak Sonu	5.118	5.360	0.242	3.735	3.782	0.05	5.432	5.590	0.158	0.450	0.521	0.071
2007 Şubat Sonu	5.144	5.348	0.204	3.841	3.850	0.01	5.382	5.530	0.148	0.608	0.711	0.103
2007 Mart Sonu	5.023	5.350	0.327	3.924	3.927	0.00	5.470	5.617	0.147	0.578	0.669	0.091
2007 Nisan Sonu	4.864	5.355	0.491	3.966	4.020	0.05	5.573	5.726	0.153	0.564	0.674	0.110
2007 Mayıs Sonu	4.731	5.360	0.629	4.052	4.121	0.07	5.670	5.811	0.141	0.567	0.689	0.122
2007 Haziran Sonu	4.808	5.360	0.552	4.107	4.174	0.07	5.853	6.004	0.151	0.657	0.760	0.103
2007 Temmuz Sonu	4.954	5.359	0.405	4.146	4.260	0.11	5.892	6.043	0.151	0.630	0.781	0.151
2007 Ağustos Sonu	4.651	5.621	0.970	3.992	4.743	0.75	5.915	6.692	0.777	0.655	0.969	0.314
2007 Eylül Sonu	3.802	5.229	1.427	3.977	4.787	0.81	5.728	6.304	0.576	0.549	1.026	0.477
2007 Ekim Sonu	3.924	4.894	0.970	3.971	4.603	0.63	5.707	6.279	0.572	0.563	0.899	0.336
2007 Kasım Sonu	3.159	5.131	1.972	4.007	4.811	0.80	5.627	6.606	0.979	0.571	0.988	0.417
2007 Aralık Sonu	3.250	4.702	1.452	3.871	4.679	0.81	5.408	5.994	0.586	0.529	0.895	0.366
2008 Ocak Sonu	1.968	3.112	1.144	3.953	4.378	0.42	5.167	5.580	0.413	0.550	0.874	0.324
2008 Şubat Sonu	1.833	3.058	1.225	3.957	4.388	0.43	5.163	5.739	0.576	0.575	0.963	0.388
2008 Mart Sonu	1.332	2.688	1.356	3.951	4.728	0.78	5.047	6.008	0.961	0.563	0.914	0.351
2008 Nisan Sonu	1.365	2.850	1.485	4.038	4.856	0.82	4.955	5.839	0.884	0.580	0.923	0.343
2008 Mayıs Sonu	1.896	2.681	0.785	4.088	4.860	0.77	5.122	5.867	0.745	0.575	0.919	0.344

2008 Haziran Sonu	1.710	2.783	1.073	4.310	4.949	0.64	5.227	5.946	0.719	0.582	0.930	0.348
2008 Temmuz Sonu	1.675	2.791	1.116	4.428	4.963	0.53	5.225	5.783	0.558	0.563	0.902	0.339
2008 Ağustos Sonu	1.720	2.811	1.091	4.422	4.959	0.54	5.152	5.753	0.601	0.575	0.881	0.306
2008 Eylül Sonu	0.868	4.053	3.185	3.126	5.274	2.15	4.848	6.300	1.452	0.573	1.015	0.442
2008 Ekim Sonu	0.453	3.026	2.573	2.632	4.769	2.14	3.690	5.841	2.151	0.384	0.941	0.557
2008 Kasım Sonu	0.035	2.217	2.182	2.241	3.851	1.61	1.902	3.910	2.008	0.495	0.935	0.440
2008 Aralık Sonu	0.127	1.425	1.298	1.764	2.894	1.13	1.363	2.770	1.407	0.205	0.833	0.628
2009 Ocak Sonu	0.243	1.184	0.941	1.227	2.091	0.86	1.030	2.166	1.136	0.278	0.671	0.393
2009 Şubat Sonu	0.254	1.264	1.010	1.000	1.828	0.83	0.737	2.049	1.312	0.287	0.637	0.350
2009 Mart Sonu	0.218	1.192	0.974	0.787	1.506	0.72	0.713	1.649	0.936	0.252	0.603	0.351
2009 Nisan Sonu	0.132	1.016	0.884	0.852	1.361	0.51	0.618	1.452	0.834	0.210	0.549	0.339
2009 Mayıs Sonu	0.137	0.656	0.519	0.798	1.269	0.47	0.582	1.278	0.696	0.164	0.520	0.356
2009 Haziran Sonu	0.193	0.595	0.402	0.649	1.095	0.45	0.572	1.186	0.614	0.166	0.455	0.289
2009 Temmuz Sonu	0.180	0.479	0.299	0.487	0.862	0.37	0.465	0.887	0.422	0.164	0.413	0.249
2009 Ağustos Sonu	0.142	0.347	0.105	0.447	0.799	0.35	0.450	0.690	0.240	0.124	0.391	0.267
2009 Eylül Sonu	0.120	0.287	0.167	0.459	0.707	0.25	0.445	0.542	0.097	0.147	0.351	0.204
2009 Ekim Sonu	0.042	0.281	0.239	0.500	0.672	0.17	0.465	0.591	0.126	0.154	0.326	0.172
2009 Kasım Sonu	0.057	0.257	0.200	0.494	0.680	0.19	0.477	0.612	0.135	0.154	0.299	0.145
2009 Aralık Sonu	0.061	0.251	0.190	0.459	0.655	0.20	0.505	0.605	0.100	0.125	0.278	0.153

Kaynak: Bloomberg

Seçilmiş Göstergelerdeki Gelişmeler

Dönem	VIX	iTraxxCrossover Endeksi (5 Yıl)	Brent Petrol ($)	Altın ($)	IPE Doğalgaz Endeksi ($) (Henry Hub Natural Gas Spot Price,$)
2007 Ocak Sonu	10.42	219	58.14	627.96	7.757
2007 Şubat Sonu	15.42	201	61.79	662.26	7.231
2007 Mart Sonu	14.64	209	65.87	654.39	7.503
2007 Nisan Sonu	14.22	229	65.71	676.79	7.710
2007 Mayıs Sonu	13.05	204	64.01	669.04	7.797
2007 Haziran Sonu	16.23	193	70.68	657.11	6.406
2007 Temmuz Sonu	23.52	230	78.21	670.48	6.528
2007 Ağustos Sonu	23.38	430	74.04	665.58	5.489
2007 Eylül Sonu	18.00	337	81.66	709.41	6.146
2007 Ekim Sonu	18.53	320	94.53	752.14	7.277
2007 Kasım Sonu	22.87	342	88.71	805.43	7.291
2007 Aralık Sonu	22.50	338	95.98	802.95	7.458
2008 Ocak Sonu	26.20	472	91.75	883.78	8.096
2008 Şubat Sonu	26.54	585	101.84	920.08	9.101
2008 Mart Sonu	25.61	578	101.58	962.52	9.859
2008 Nisan Sonu	20.79	438	113.46	910.04	10.807
2008 Mayıs Sonu	17.83	376	127.35	890.10	11.434

2008 Haziran Sonu	23.95	505	140.00	889.85	13.192
2008 Temmuz Sonu	22.94	483	124.08	941.28	9.257
2008 Ağustos Sonu	20.65	435	116.88	855.86	8.236
2008 Eylül Sonu	39.39	830	100.64	821.51	7.170
2008 Ekim Sonu	59.89	1262	67.81	803.64	6.178
2008 Kasım Sonu	55.28	1165	54.43	755.72	6.426
2008 Aralık Sonu	40.00	843	44.60	824.34	5.631
2009 Ocak Sonu	44.84	945	41.68	854.14	4.770
2009 Şubat Sonu	46.35	976	44.76	936.69	4.036
2009 Mart Sonu	44.14	930	49.66	923.96	3.585
2009 Nisan Sonu	36.50	769	51.12	891.75	3.247
2009 Mayıs Sonu	28.92	609	66.31	929.22	3.924
2009 Haziran Sonu	26.35	555	69.89	948.27	3.716
2009 Temmuz Sonu	25.92	546	69.45	936.28	3.341
2009 Ağustos Sonu	26.01	548	69.96	950.76	2.415
2009 Eylül Sonu	25.61	540	70.61	995.25	3.245
2009 Ekim Sonu	30.69	647	77.00	1044.85	4.107
2009 Kasım Sonu	24.51	516	77.28	1121.58	4.409
2009 Aralık Sonu	21.68	499	79.36	1130.18	5.822

Kaynak: Bloomberg

ABD ve Avrupa Borsalarında Gelişmeler

	Amerikan Borsaları			Avrupa Borsaları		
Dönem	**Dow Jones**	**S&P 500**	**Nasdaq**	**CAC 40**	**DAX**	**FTSE 100**
2007 Ocak sonu	12622	1438	1792	5608	6789	6203
2007 Şubat sonu	12269	1407	1762	5516	6715	6172
2007 Mart sonu	12354	1421	1772	5634	6917	6308
2007 Nisan sonu	13063	1482	1868	5960	7409	6449
2007 Mayıs sonu	13628	1531	1928	6104	7883	6621
2007 Haziran sonu	13409	1503	1934	6055	8007	6608
2007 Temmuz sonu	13212	1455	1932	5751	7584	6360
2007 Ağustos sonu	13358	1474	1989	5663	7638	6303
2007 Eylül sonu	13896	1527	2091	5716	7862	6467
2007 Ekim sonu	13930	1549	2239	5848	8019	6722
2007 Kasım sonu	13372	1481	2089	5671	7871	6432
2007 Aralık sonu	13265	1468	2085	5614	8067	6477
2008 Ocak sonu	12650	1379	1841	4870	6852	5880
2008 Şubat sonu	12266	1331	1745	4791	6748	5884
2008 Mart Sonu	12263	1323	1782	4707	6535	5702
2008 Nisan Sonu	12820	1386	1918	4997	6949	6087

2008 Mayıs Sonu	12638	1400	2033	5014	7097	6054
2008 Haziran Sonu	11350	1280	1837	4435	6418	5626
2008 Temmuz Sonu	11378	1267	1849	4392	6480	5412
2008 Ağustos Sonu	11544	1283	1873	4483	6422	5637
2008 Eylül Sonu	10851	1166	1595	4032	5831	4902
2008 Ekim Sonu	9325	969	1335	3487	4988	4377
2008 Kasım Sonu	8829	896	1186	3263	4669	4288
2008 Aralık Sonu	8776	903	1212	3218	4810	4434
2009 Ocak sonu	8001	826	1180	2974	4338	4150
2009 Şubat sonu	7063	735	1117	2702	3844	3830
2009 Mart Sonu	7609	798	1237	2807	4085	3926
2009 Nisan Sonu	8168	873	1394	3160	4769	4244
2009 Mayıs Sonu	8500	919	1436	3278	4941	4418
2009 Haziran Sonu	8447	919	1477	3140	4809	4249
2009 Temmuz Sonu	9172	987	1603	3426	5332	4608
2009 Ağustos Sonu	9496	1021	1625	3654	5465	4909
2009 Eylül Sonu	9712	1057	1719	3795	5675	5134
2009 Ekim Sonu	9713	1036	1667	3608	5415	5045
2009 Kasım Sonu	10345	1096	1767	3680	5626	5191
2009 Aralık Sonu	10428	1115	1860	3936	5957	5413

Kaynak: Bloomberg

Yükselen Piyasa Ekonomilerinde Borsaların Gelişmeleri

MSCI					
Dönem	Brezilya	GOÜ	Güney Afrika	Macaristan	Rusya
2007 Ocak Sonu	2221	901	444	932	1185
2007 Şubat Sonu	2158	896	445	923	1164
2007 Mart Sonu	2326	929	470	971	1213
2007 Nisan Sonu	2458	971	507	1077	1192
2007 Mayıs Sonu	2742	1015	490	1096	1106
2007 Haziran Sonu	2857	1060	480	1222	1202
2007 Temmuz Sonu	2977	1113	478	1223	1258
2007 Ağustos Sonu	2860	1087	475	1110	1211
2007 Eylül Sonu	3431	1205	505	1212	1310
2007 Ekim Sonu	3959	1337	573	1191	1444
2007 Kasım Sonu	3765	1242	530	1124	1470
2007 Aralık Sonu	3867	1245	508	1137	1536
2008 Ocak Sonu	3537	1089	441	998	1289
2008 Şubat Sonu	3958	1167	467	998	1385
2008 Mart Sonu	3648	1104	430	982	1359
2008 Nisan Sonu	4187	1191	482	1037	1394
2008 Mayıs Sonu	4664	1210	493	1080	1613

2008 Haziran Sonu	4293	1087	446	1005	1493
2008 Temmuz Sonu	3843	1042	459	1092	1254
2008 Ağustos Sonu	3450	956	435	973	1070
2008 Eylül Sonu	2652	787	367	801	816
2008 Ekim Sonu	1794	571	269	454	528
2008 Kasım Sonu	1625	527	269	414	431
2008 Aralık Sonu	1638	567	305	427	397
2009 Ocak Sonu	1712	530	266	318	351
2009 Şubat Sonu	1662	499	249	268	348
2009 Mart Sonu	1833	570	289	304	418
2009 Nisan Sonu	2180	663	322	380	510
2009 Mayıs Sonu	2658	773	374	484	665
2009 Haziran Sonu	2552	761	378	505	570
2009 Temmuz Sonu	2767	844	397	592	611
2009 Ağustos Sonu	2807	839	419	669	626
2009 Eylül Sonu	3233	914	430	717	720
2009 Ekim Sonu	3311	914	423	726	753
2009 Kasım Sonu	3581	953	446	752	770
2009 Aralık Sonu	3625	989	468	743	795

Kaynak: Bloomberg

CDS'lerde Gelişmeler

Dönem	BREZİLYA	ENDONEZYA	FİLİPİNLER	G. AFRİKA	KORE	MACARİSTAN	MEKSİKA	POLONYA	RUSYA	TAYLAND	VENEZUELLA
2007 Ocak Sonu	99.6	120.0	121.3	37.6	18.9	23.5	43.0	13.3	45.7	36.0	177.1
2007 Şubat Sonu	96.0	122.4	123.1	38.1	17.6	23.8	45.3	14.0	48.6	41.1	166.4
2007 Mart Sonu	83.3	119.7	120.5	36.5	17.2	22.6	41.3	12.3	47.9	41.5	161.5
2007 Nisan Sonu	70.5	106.0	108.1	30.5	14.3	18.9	33.5	8.2	41.0	37.0	160.5
2007 Mayıs Sonu	62.9	101.3	101.3	25.3	16.1	18.5	28.8	8.1	38.8	38.2	197.5
2007 Haziran Sonu	75.8	110.3	110.7	28.6	16.8	19.2	35.6	8.7	43.2	38.3	277.9
2007 Temmuz Sonu	122.7	216.3	204.2	66.0	31.4	29.6	58.5	13.8	77.4	59.1	371.0
2007 Ağustos Sonu	103.6	181.2	179.8	58.2	33.6	35.8	60.3	14.0	84.0	62.2	445.8
2007 Eylül Sonu	85.1	141.3	142.6	49.6	23.3	32.2	48.9	14.3	71.0	43.1	379.8
2007 Ekim Sonu	81.5	129.6	132.4	38.1	25.2	28.3	48.0	12.2	68.9	44.0	339.1
2007 Kasım Sonu	98.4	106.4	159.6	63.1	39.9	48.3	68.2	24.7	94.9	62.5	476.5
2007 Aralık Sonu	101.8	152.8	153.3	72.7	45.3	48.5	69.3	23.5	88.2	54.8	451.8
2008 Ocak Sonu	135.0	211.9	209.8	158.3	76.1	79.2	110.0	47.5	109.9	89.6	478.0
2008 Şubat Sonu	149.0	239.0	241.7	202.6	84.2	139.2	120.4	65.8	131.6	102.1	574.7
2008 Mart Sonu	178.7	245.7	240.4	208.1	96.6	176.3	131.5	73.0	148.2	110.4	688.6

2008 Nisan Sonu	114.7	225.4	197.6	135.9	66.2	112.3	84.6	36.5	102.2	70.5	608.0
2008 Mayıs Sonu	85.2	250.4	223.2	160.1	75.4	96.5	76.2	39.3	85.4	80.0	551.6
2008 Haziran Sonu	117.8	281.7	261.6	190.6	103.9	133.5	113.6	50.5	107.8	132.3	557.9
2008 Temmuz Sonu	117.1	242.1	222.5	160.3	86.7	107.5	104.4	51.3	100.0	105.9	595.8
2008 Ağustos Sonu	130.3	261.3	242.8	173.3	115.7	126.0	118.4	67.7	132.8	135.0	576.7
2008 Eylül Sonu	181.1	359.8	286.4	211.5	179.9	166.3	147.7	74.3	259.9	169.9	879.5
2008 Ekim Sonu	333.1	704.0	472.5	386.6	374.2	321.7	315.9	185.2	656.7	230.0	2074.9
2008 Kasım Sonu	324.8	708.9	417.7	407.5	368.6	410.2	317.0	221.0	708.3	296.7	2100.9
2008 Aralık Sonu	300.5	691.4	386.2	393.6	333.0	430.2	292.6	256.0	741.2	255.3	3218.0
2009 Ocak Sonu	345.0	539.2	379.9	422.7	328.9	441.7	356.0	276.7	724.1	242.6	2589.7
2009 Şubat Sonu	400.6	656.5	446.7	459.9	432.5	563.6	462.1	366.0	761.1	298.3	2455.5
2009 Mart Sonu	326.3	581.0	378.3	364.3	332.6	526.8	386.0	286.0	503.0	237.8	2114.5
2009 Nisan Sonu	272.6	402.1	294.6	250.1	256.1	408.0	299.3	202.0	360.1	187.3	1665.3
2009 Mayıs Sonu	192.4	332.7	229.2	234.7	166.4	339.2	220.7	181.7	309.1	121.7	1483.3
2009 Haziran Sonu	176.8	310.0	216.4	215.8	184.0	357.3	208.0	170.3	339.5	110.7	1432.3
2009 Temmuz Sonu	133.0	198.8	179.0	159.1	128.3	254.6	162.8	129.3	265.3	79.8	1391.3
2009 Ağustos Sonu	135.7	213.4	188.7	165.2	136.8	241.7	176.8	123.3	272.4	94.0	1204.5
2009 Eylül Sonu	125.9	182.5	180.4	142.8	103.5	215.0	157.2	123.2	210.6	87.1	930.8
2009 Ekim Sonu	138.3	191.2	179.3	147.0	95.3	203.8	168.0	114.7	188.7	100.1	1036.9
2009 Kasım Sonu	130.8	229.4	191.5	171.0	106.2	240.6	148.8	132.9	212.0	111.0	1228.4
2009 Aralık Sonu	122.5	192.0	173.1	142.4	87.2	242.2	133.8	132.0	185.5	94.6	1104.0

Kaynak: Bloomberg

Yükselen Piyasa Ekonomilerinde Kurlardaki Gelişmeler

Dönem	ARJANTİN	BREZİLYA	ÇİN	ENDONEZYA	GÜNEY AFRİKA	HİNDİSTAN	MACARİSTAN	MALEZYA	RUSYA
	USD/ARS	USD/BRL	USD/CNY	USD/IDR	USD/ZAR	USD/INR	USD/HUF	USD/MYR	USD/RUB
2007 Ocak Sonu	3.05	2.14	7.08	9,032	6.63	34.66	164	3.20	23.83
2007 Şubat Sonu	3.08	2.09	7.15	9,131	6.70	35.00	166	3.23	24.06
2007 Mart Sonu	3.03	2.09	7.03	9,088	6.59	34.43	163	3.18	23.67
2007 Nisan Sonu	3.09	2.03	7.17	9,107	6.72	35.11	166	3.24	24.14
2007 Mayıs Sonu	3.11	1.98	7.22	8,826	6.76	35.34	167	3.26	24.30
2007 Haziran Sonu	3.09	1.93	7.17	9,029	6.72	35.11	166	3.24	24.14
2007 Temmuz Sonu	3.09	1.88	7.24	9,211	6.18	35.45	162	3.27	14.38
2007 Ağustos Sonu	3.12	1.96	7.24	9,469	6.78	35.45	168	3.27	24.38
2007 Eylül Sonu	3.09	1.90	7.17	9,097	6.72	35.11	166	3.24	24.14
2007 Ekim Sonu	3.13	1.80	7.26	9,089	6.80	35.57	168	3.28	24.45
2007 Kasım Sonu	3.11	1.77	7.22	9,411	6.76	35.34	167	3.26	24.30
2007 Aralık Sonu	3.15	1.79	7.30	9,471	6.84	39.41	173	3.31	24.56
2008 Ocak Sonu	3.16	1.77	7.18	9,220	7.46	39.27	173	3.23	24.44
2008 Şubat Sonu	3.16	1.73	7.11	9,045	7.81	39.91	174	3.19	24.02
2008 Mart Sonu	3.17	1.71	7.01	9,215	8.12	40.02	165	3.20	23.49

2008 Nisan Sonu	3.16	1.69	6.99	9,362	7.51	40.45	161	3.16	23.68
2008 Mayıs Sonu	3.10	1.66	6.94	9,345	7.61	42.15	154	3.24	23.69
2008 Haziran Sonu	3.02	1.62	6.85	9,198	7.83	42.91	149	3.27	23.44
2008 Temmuz Sonu	3.04	1.59	6.83	9,107	7.31	42.47	150	3.25	23.43
2008 Ağustos Sonu	3.03	1.61	6.85	9,192	7.68	43.85	161	3.39	24.64
2008 Eylül Sonu	3.13	1.80	6.84	9,488	8.27	46.80	171	3.44	25.63
2008 Ekim Sonu	3.39	2.18	6.84	11,013	9.76	49.29	200	3.55	27.08
2008 Kasım Sonu	3.37	2.27	6.83	12,791	10.12	49.55	203	3.62	27.91
2008 Aralık Sonu	3.45	2.40	6.82	11,200	9.44	48.58	188	3.45	30.53
2009 Ocak Sonu	3.48	2.31	6.83	11,390	10.18	48.82	232	3.61	35.75
2009 Şubat Sonu	3.56	2.32	6.84	12,071	10.06	50.98	236	3.71	35.91
2009 Mart Sonu	3.71	2.32	6.83	11,602	9.53	50.56	232	3.64	33.95
2009 Nisan Sonu	3.71	2.20	6.82	10,740	8.45	49.70	218	3.56	33.12
2009 Mayıs Sonu	3.74	2.07	6.83	10,193	7.93	47.11	200	3.49	30.78
2009 Haziran Sonu	3.80	1.96	6.83	10,200	7.72	47.74	194	3.51	31.16
2009 Temmuz Sonu	3.83	1.93	6.83	9,792	7.75	47.80	186	3.52	31.46
2009 Ağustos Sonu	3.85	1.85	6.83	10,105	7.77	48.68	190	3.52	31.80
2009 Eylül Sonu	3.84	1.82	6.83	9,637	7.47	47.72	184	3.46	30.02
2009 Ekim Sonu	3.82	1.74	6.83	9,617	7.77	46.90	186	3.41	29.16
2009 Kasım Sonu	3.81	1.73	6.83	9,379	7.38	46.51	182	3.39	29.23
2009 Aralık Sonu	3.80	1.75	6.83	9,441	7.39	46.40	188	3.42	30.31

Kaynak: Bloomberg

Borsa Endeksleri Arasındaki Korelasyon (2009, Son 3 Yıl)

	İMKB 100	DAX	FTSE 100	CAC 40	Dow Jones	S&P 500	Nasdaq
İMKB 100	1						
DAX	0,9265	1					
FTSE 100	0,8940	0,9557	1				
CAC 40	0,8678	0,9551	0,9920	1			
Dow Jones	0,8518	0,9657	0,9009	0,9084	1		
S&P 500	0,8654	0,9723	0,9437	0,9521	0,9869	1	
Nasdaq	0,9125	0,9544	0,9066	0,9025	0,9543	0,9670	1

Kaynak: Bloomberg

Bu göstergeler, krizden ilk aşamada etkilenen alanları yansıtmaktadır. Ayrıca bu alanlar, ülkeler arasında krizin bulaşma bölgelerine de işaret etmektedir. Bu, aynı zamanda, ekonomilerin karşılıklı bağımlılık alanlarını ima etmektedir. Avrupa hisse senedi piyasalarının Amerika piyasaları ile olan yakın ilişkisi nedeniyle, olumlu ya da olumsuz gelişmeler etkileşime neden olmaktadır.

Krizin sadece finansal değil, ticari, dolayısıyla ekonomik kanallardan da etkili olduğunu gösteren bir dizi değişken veya gösterge kullanılabilir. Bunlar arasında en yaygın olanı, kuru yük endeksidir. Bu endeksin seyri, finansal kriz yanında ticari ve ekonomik krizin de yaşanmakta olduğunu göstermektedir.

Temel Uluslararası Ticaret Endeksi

Baltık Kuru Yük Endeksi	
16 Kasım 2007	10,938
21 Mayıs 2008	11,771
31 Aralık 2008	784
30 Eylül 2009	2,220

Kaynak: Bloomberg

Sanayi üretim endeksinde, kapasite kullanım oranında, tüketimde ve büyüme oranında yaşanan düşüşler ile işsizlik oranlarında yaşanan artışlar, finansal/piyasa göstergeleri yanında ekonominin temel göstergelerinde de ciddi bozulmaların gerçekleştiğini ortaya koymaktadır. Bu ilişkideki hassas nokta, gelişme dönemlerinde olduğu gibi daralma ve kriz dönemlerinde de piyasa göstergeleri ile temel ekonomik göstergeler arasındaki olması gereken dengenin kaybolmasıdır. Bu nedenle, sadece piyasa göstergelerindeki gelişmeleri dikkate alarak, krizin sönümlendiği veya hasarın maliyetlerinin bir kısmının telafi edildiği şeklindeki değerlendirme, bir algılama aldanımı olarak kabul edilmelidir.

Göstergeler ve veriler, ilk aşamada karşılaşılan tablonun aşağıdaki özellikleri taşıdığını göstermektedir:

- Mortgage zararları artıyor,
- Büyüme oranları düşüyor,
- Enflasyon oranları farklılık gösteriyor,
- Faiz oranları gelişmiş ülkelerde düşerken, yükselen piyasalarda artıyor,
- Menkul kıymet borsaları toparlanamıyor.

Finansal ve ekonomik açıdan karşılıklı bağımlılık, finansal hizmetler sektörünün derinliği, ileri ve geri bağlantılarının yüksekliği, krizin doğrudan ve dolaylı yayılma hızını artırmaktadır. Süreç, kendiliğinden kırılganlıkları yeniden gündeme getirmekte ve bunların sürdürülebilirliğini tartışmaya açmaktadır. Parasal göstergeler, ekonomik birimlerin harcama, tasarruf ve fon temin etme gibi taleplerini karşılamaktadır. Buralardaki aksaklıklar, tüketim, üretim ve yatırımları etkileyerek reel sektörü de şekillendirmektedir.

Büyüme Oranları Düşüyor

Bölge/Ülke	2006	2007	2008T	2009T
Dünya	5,1	5	4,1	3,9
ABD	2,9	2,2	1,3	0,8
Euro bölgesi	2,8	2,6	1,7	1,2
Japonya	2,4	2,1	1,5	1,5
İngiltere	2,9	3,1	1,6	1,6
Kanada	3,1	2,7	1	1,9
Afrika	5,9	6,5	6,4	6,4
Orta ve Doğu Avrupa	6,6	6,6	4,6	4,5
Ortadoğu	5,5	5,9	6	5,5
Gelişmekte olan piyasalar	7,9	8	6,6	6,7
Brezilya	3,8	5,4	4,9	4
Rusya	7,4	8,1	7,7	7,3
Hindistan	9,8	9,3	8	8
Çin	11,6	11,9	9,7	9,8

Kaynak: IMF

Enflasyon Oranları Farklılık Gösteriyor

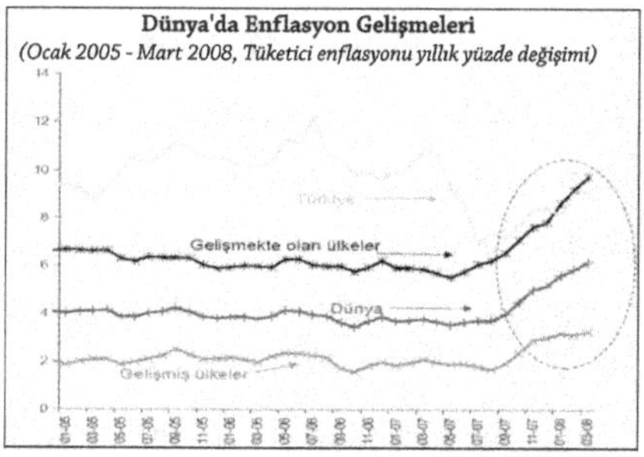

Kaynak: BIS

Borsalar Toparlanamıyor

Kaynak: Bloomberg

Kaynak: Bloomberg

Faiz Oranları Gelişmiş Ülkelerde Düşerken, Yükselen Piyasalarda Artıyor

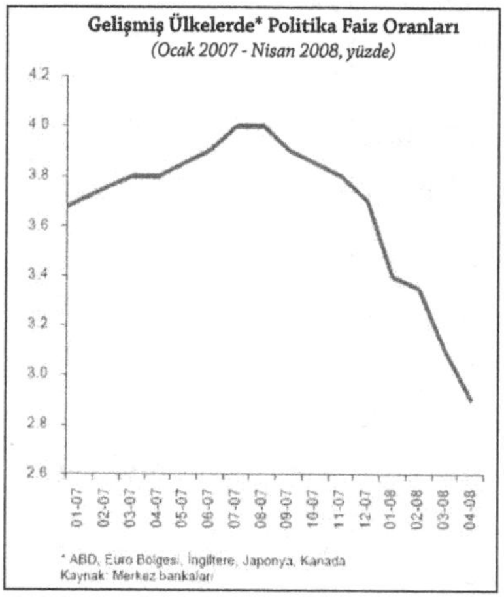

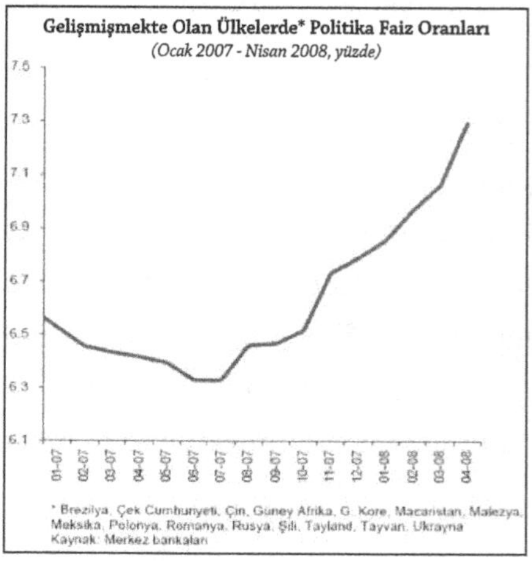

Krizin ekonomi üzerindeki etkilerinden biri de makroekonomik dengeleri farklı şekilde etkilemesidir. Kamu maliyesi dengeleri nispeten bozulurken, cari denge genel olarak istikrarlı trend kazanmıştır. Bu, krizin kamuya önemli yük ürettiğini göstermektedir.

Küresel finans krizi, daha önce de belirtildiği üzere sadece piyasa göstergelerini değil, aynı zamanda ekonomik göstergeleri de etkilemiştir. Bu süreçte, büyüme oranı, enflasyon oranı ve işsizlik oranı ülkeler grubunda farklı trendler izlemiştir. Göstergeler, ekonomiler arasındaki nispi dengeler konusunda da görünüm sunmaktadır. Söz konusu göstergeler, ilgili dönemde geleneksel patikalarından sapma sinyalleri de vermiştir.

Veri ve bilgi kalitesi, analizlerin de kalitesini etkilemektedir. Birçok özel ve kamu kurum ve kuruluşu, finansal ve mali göstergelerini uluslararası organizasyonların tahminlerini dikkate alarak belirlemektedir. Tahmin veya öngörü hataları, ekonomiyi izleme ve değerlendirmede eksikliklerin olduğunu ima etmektedir. Aşağıdaki tablo, IMF'nin tahminlerinde de benzer zafiyetlerin olabildiğini ima etmektedir.

IMF TAHMİNLERİ	2008 Yılı İçin Tahminler			2009 Yılı İçin Tahminler		
	Nisan	Ekim	Kasım	Nisan	Ekim	Kasım
BÜYÜME						
Dünya Büyümesi	3.7	3.9	3.7	3.8	3.0	2.2
Gelişmiş Ekonomiler	1.3	1.5	1.4	1.3	0.5	-0.3
Gelişmekte Olan Ülkeler	6.7	6.9	6.6	6.6	6.1	5.1
ENFLASYON						
Gelişmiş Ekonomiler	2.6	3.6	3.6	2.0	2.0	1.4
Gelişmekte Olan Ülkeler	7.4	9.4	9.2	5.7	7.8	7.1
CARİ DENGE						
Gelişmiş Ekonomiler	-1.1	-1.0	--	-1.1	-0.6	--
Gelişmekte Olan Ülkeler	--	--	--	--	--	--

Kaynak: IMF

Uluslararası yatırım bankaları ve finansal kurumlar ile rating kuruluşları, 2009 yılının ilk çeyreğinden sonra kısmi de olsa bir toparlanmanın olabileceği sinyallerini vermeye başlamıştır.

2. Doğuşu, Gelişimi ve Evrim Süreci

Krizin arka planını ve ana nedenini, mortgage subprime'ların (eşik altı konut kredilerinin) menkul kıymetleştirilmesinin oluşturduğu genel kabul görmüştür. Bu süreçte, homojen olmayan mortgage kontratları, daha önce de ifade edildiği gibi anlaşmaları itibarlı rating işlemleriyle aktife dayalı homojen menkul kıymetler hâline getirilmiş ve nakit akımları süreçlerine dâhil edilmiştir.

Türev finansal ürünün kurgusu ve işleyiş prensibi, esas itibarıyla finansal tutarlılığa sahiptir. Fakat, pazarlama ve satış süreci, kötü makroekonomik ortamla/göstergelerle, yetersiz düzenlemelerle ve etkinlikten uzaklaşmış aracı kurumlarla birleşince işlemin doğasında bulunan amacın (riski farklılaştırma) form değiştirebileceği ortaya çıkmıştır. Risk farklılaşmasının görünüşte olduğu, gerçekte yapılmadığı anlaşılmıştır. Oluşan sistemik risk, dışsallıklar yoluyla finansal yapı ve ilişkiler sistemi içinde dünyaya yayılmıştır. Bu ilişkilerde, başlangıçta güven unsuru risk dağıtma mekanizması olmuşken, daha sonra oluşan güvensizlik risk üretme mekanizması hâline gelmiştir. Bu, bir anlamda finans sektöründe haksız rekabet de üretmiştir.

Para politikalarının aktarım mekanizmaları yoluyla krizin etkisi tüm ekonomiye ve küresel sisteme yansımıştır. Küresel krediler ve menkul kıymetler büyük ölçüde LIBOR'a endekslidir. Finansal krizin akut hâle geldiği Ağustos 2007'de para piyasası faiz oranları yükselmeye başlamıştır. LIBOR ile aynı vadeli geceliğe endeksli olan swap (OIS) "spread"leri de euro, sterling vb. piyasalar yoluyla küresel para piyasalarını etkilemiştir. Piyasalarda türbülans ile karşılaşılmıştır. Bu gelişmelerin para piyasalarında ortaya çıkması literatürde "siyah kuğu etkisi" olarak ifade edilmiştir.

Problemin teşhisindeki hatalı değerlendirme, daha sonraki süreçleri de olumsuz yönde etkilemektedir. Problemin teşhisindeki ana ayrım, sorunun likidite mi yoksa karşı taraf/müşteri riski mi olduğudur. Sorun, gerçekten likidite riski ise piyasalara likidite sağlamaya odaklı tüm çabaların doğru kabul edilmesi gerekir. Bununla beraber, likiditenin ekonomik birimler ve piyasa katılımcılarının tümü için aynı anlama gelmediği de gözden kaçırılmamalıdır. Piyasa likiditesi ile bilançolardaki likidite her zaman örtüşmemektedir.

Sorun karşı taraf riski ise tablo önemli ölçüde farklılaşmaktadır. "Spread"in artışı ve banka/finansal kuruluşların bilançolarındaki belirsizlik sorunu karşı taraf riski olması ihtimalini güçlendirmektedir. Sorunun karşı taraf riski olup olmadığını belirlemede, diğer bazı göstergeler de dikkate alınabilir. Bunlar arasında kredi ödeyememe swapı (CDS), LİBOR-TİBOR spread'i, Libor-repo spread'i, aynı sonucu verecek enstrümanlardır. Böyle bir ilişki, garantili ve garantisiz kredi faizleri arasındaki farkla da gözlenebilmektedir. Bu faiz farklılığı ile "spread" arasında oldukça yüksek oranda korelasyon bulunmaktadır 1990'lı yıllarda, ABD' de yeni yüzyılın finansal sistemi olarak takdim edilen "deregülasyon" konseptinde, hedge fonlar ile büyük finans kuruluşlarının finansal sistemdeki etkinliğini artıran yaklaşım, bu tabloyu üretmiştir.

Krizin oluşum ve gelişim sürecinin farklı analizleri yapılmaktadır. Üzerinde durulacak ilk analiz ekonomi-teknik analizdir.

Piyasa ekonomilerinde ekonomik gelişmelerin yön, şekil ve boyutu, büyük ölçüde özel sektör tarafından belirlenmektedir. Bununla beraber, ekonomi yönetimi ve/veya kamu otoritesinin politika ve stratejileri, krizlerin ve iyi ortamların doğmasına, devam etmesine, ertelenmesine, daha da iyileşmesine ve kötüleşmesine neden olmaktadır. Son küresel kriz de bu çerçevede değerlendirilmektedir. Her kararın bir alternatif maliyeti ve gecikme etkisi bulunmaktadır. Böyle bir yaklaşım, krizin doğuş merkezi olan ABD'nin ekonomik ve finansal durumuna işaret etmektedir.

Finansal krizlerin klasik açıklaması veya temel nedeni, aşırılıklardır. Özellikle de parasal/finansal aşırılıklardır. Olağan dışı düşük faiz oranları, aşırı ölçüde gevşek para politikasını ima etmiş, konut balonunun şişmesine yol açmıştır. Bu durum, sadece ABD'de değil, ciddi konut sektörü krizi yaşayan tüm ülkelerde gözlemlenmiştir. Bu, bir anlamda ülkeler arasında merkez bankaları politikalarının benzeşmesinden de izlenebilmektedir. Şüphesiz, küresel faktörler ulusal para politika otoritelerinin kontrolü dışındadır. Faizlerin düşüklüğü, yanlış analizin bir sonucu olan küresel tasarrufların ve dolayısıyla likiditenin bolluğuna bağlanmaktadır. Aksine, küresel kurumların yayınladığı veriler, faizlerin düşük olduğu dönemlerde küresel tasarruf açığı olduğunu, küresel tasarrufların küresel GSYH'ye oranının düştüğünü göstermektedir. En azından, çok az sayıdaki istisnalar hariç küresel sistemde yatırım ve tasarruf açığı bulunmaktadır.

ABD'de ortaya çıkan, daha sonra küresel özellik kazanan finans krizi, gelişmiş ekonomilerde doğrudan, yükselen piyasa ekonomilerinde ise dolaylı şekilde, daha önceki dönemlerde oluşmuş küresel ve ulusal anomalilerin düzeltme süreci olarak da ifade edilmektedir. Diğer bir ifadeyle, mortgage odaklı, yanlış algılanmış/algılatılmış servet oluşumunun düzeltme sürecine girdiği görülmektedir. Bu anomaliliklerin düzelmesi, katlanılan bir dizi maliyeti olmasına rağmen genelde iyi yönde gelişme olarak ele alınırken, esas itibarıyla daha önceki hataların sonucudur. Bu yapısıyla sorun, serbestilik-katı düzenleme sarkacının gelişmiş piyasa ekonomilerinde kaçınılmaz bir yapısal sorunsal olduğunu ima etmektedir.

Faiz oranlarının düşük olduğu dönemlerde, ayarlanabilir faizli konut kredileri önemli ölçüde artmıştır. Toplam konut kredileri içindeki payı normal dönemlerin oldukça üstüne çıkmıştır. Bu süreç, borçlanmayı cazip hâle getirmiş, daha fazla kişi konut sektörüne yönelmiş ve konut fiyatları yükselmeye başlamıştır. Tablonun en kritik yeri, aşırı risk üstlenmeyle düşük faiz oranlı para politikası kararları arasındaki ilişkidir. Problemin derinliği ve büyüklüğü, ayarlanabilir faizli konut kredilerinin diğer konut kredileriyle birlikte oldukça kompleks işlemler yoluyla oluşturulan konuta dayalı menkul kıymet paketleri hâline getirilmesiyle artmıştır. Rating kuruluşları da bu kompleksliği farklı algıladığından riskleri olduğundan daha az değerlendirmiştir. Böylece, menkul kıymetleştirme sürecinin satın alıcıları, gerçek tabloyu görme imkânı elde edememiş ve daha önemlisi böyle bir soruyu sormayı bile düşünmemiştir.

Krizin oluşum ve gelişim sürecinin üzerinde durulacak ikinci analiz ise ekonomi-politik analizdir. Problemin nasıl ve neden doğduğu detaylı şekilde analiz edilmeden, büyük miktarlarda fonun (başlangıçta 700 milyar USD) finans sektörüne tahsis edilmesi, finansal riski dağıtarak sisteme istikrar kazandırdığı düşünülen kurumların aslında risk ürettikleri görülmesine rağmen desteklenmesi sonucunu doğurmaktadır. Her ülke de finans sektöründeki sistemik riski izleme ve değerlendirme görevi olan ekonomi yönetiminin kilit kurumlarının, yaklaşımları sonucu ortaya çıkmış olan sistemik riski yeniden düzenlemek istemeleri de sektörün yapısı ve özelliğini yansıtması bakımından oldukça ilginçtir.

Krizin doğuş ve gelişimini, büyük ölçüde ABD ekonomisinin ve finans sektörünün yapısal dinamiklerinde aramak gerekir. 2001 yılındaki dijital balon krizinden sonra, büyümeyi konut sektörüne yönlendirecek finansal kolaylıkların uygulanmasına karar verilmesi, kriz sürecini hazırlamıştır. Daha önceki resesyonu geçiştirme ve ertelemenin maliyeti, bu olmuştur. Devletin müdahale edip etmemesi değil, müdahalenin yönü, şekli ve içeriği önem kazanmaktadır. Çünkü, bu müdahaleler ile yeni farklı krizlere ortam hazırlanıp hazırlanmadığı en önemli hususlardan birini oluşturmaktadır.

Krizin doğduğu ülkede ödenmesi gereken maliyet ile krizin yan etkileri olarak ele alınabilecek diğer ülkelerin (gelişmiş veya gelişmekte olan) ödeyeceği maliyet ilişkisi de uluslararası ilişkilerin ekonomi politiği açısından özel bir öneme sahiptir. 2007 yılında Amerika Birleşik Devletleri'nde başlayıp, diğer ülkeleri de etkileyen finansal kriz, Avrupa Birliği (AB) üyesi ülkelerde de etkisini derin bir şekilde göstermiştir. 2008 yılından itibaren borç krizine dönüşen küresel kriz, Avrupa Birliği'nde Euro Krizi olarak anılmaktadır.

Finansal içerikli başlayan kriz, ekonomik birimlerin gelir ve servetlerini olumsuz yönde etkileyerek "tüketim resesyonu"na neden olmuştur. Başlangıçtaki finans krizi, ekonomik kriz özelliği de kazanmış, ekonomik resesyona yol açmıştır. Küresel finans sistemi içinde sistemik olarak önemli rol ve fonksiyon gören bu konuma sahip fonlardaki ve finansal kurumlardaki kırılganlıklar, ekonomik ve finansal sistemik şok üretmiştir.

ABD'de özel tüketim harcamalarının GSYH'nin %70'ini oluşturduğu düşünüldüğünde, ABD hanehalkının tüketim düzeyi itibarıyla dünyanın ikinci büyük ekonomisine sahip olduğu ifade edilebilir. Tüketicinin davranışları bu nedenle önem kazanmaktadır. Hanehalkının tasarruf oranı giderek düşerken, borcu, gelirinden daha hızlı artış trendine girmiştir. Gelir ve servet etkisi, aynı anda azalan yönde çalıştığından, ekonomik daralma şiddetli olmuştur.

ABD Ekonomisine İlişkin Veriler (2007, trilyon USD)

Toplam Borç Stoku	30,6 (%100)
Hanehalkı Mortgage Borcu	6,73 (%22)
Hanehalkı Tüketici Borcu	1,84 (%0,6)
Şirketler (Reel) Borcu	6,12 (%20)
Federal Devlet Borcu	3,37 (%11)
Eyaletler ve Mahalli İdareler Borcu	1,53 (%0,5)
Finans Sektörü Borcu	9,79 (%32)
Yabancılara Borç	1,22 (%0,4)
GSYH	13.97
Özel Tüketim Harcamaları	9,78 (%70)

Kaynak: Bloomberg ve Reuters

Krizin ilk çıkış noktası ABD olduğundan, bu ekonominin özellikleri özel konuma sahiptir. ABD, en büyük finansal piyasaya, ekonomiye sahiptir. Ayrıca, ABD en büyük ithalatçı ve ikinci büyük ihracatçıdır. Hanehalkının tüketim seviyesi ile konut kredisi borç tutarı, krizin doğuş ve yayılma sürecine ışık tutmaktadır. Borç yapısı ve bileşimi, ABD ekonomisinin kriz dinamiğinin ipuçlarını sunmaktadır. Mortgage borç stokunun ortalama 3 katının, sentetik ürünler yoluyla tüm ekonomilere satıldığı tahmin edilmektedir.

ABD'de farklı dönemlerde FED'in yürüttüğü Parasal Gevşeme (QE) politikaları uygulamaya konulmuştur. Üç büyük merkez bankasının (FED, ECB, BoJ) Eylül 2008-Eylül 2011 döneminde para tabanı toplamı 3 trilyon dolardan iki misli artışla 6 trilyon dolara ulaşmıştır. Diğer bir ifadeyle, bu dönemde merkez bankalarının verdiği likiditenin dünya GSYH'sine oranı %4.9'dan %8.6'ya yükselmiştir. Ancak, kriz süresince izlenen genişlemeci maliye politikalarının ve sürdürülebilir büyümenin sağlanamamasının sonucunda (özellikle de Avrupa'da) genişleyen bütçe açıkları, krizde ülke borç riski aşamasına geçilmesine neden olmuştur.

Küresel krizin önemli bir diğer yansıması da FED'in tahvil ve bono alımını zaman içinde yavaşlatma tercihi içinde olacağı yaklaşımını açıklaması olmuştur. FED, büyüme oranı, enflasyon oranı ve işsizlik oranlarındaki gelişmelere bakarak, parasal gevşeme (QE) sürecinden çıkılacağını, faiz artıracağını gündeme getirmiştir. Bu tercih ve öncelik, küresel sistemde sermaye akımlarının yeniden yapılandırılmasına ve aktiflerin de yeniden fiyatlandırılmasına yol açma sinyali olarak yorumlanmıştır. Bu süreçten en fazla etkilenecek ülkelerin, buna duyarlı kırılganlıkları olan yükselen piyasa ekonomileri olacağı tahminleri yapılmıştır.

Bu yaklaşıma göre, yaşanan finans krizinin büyük durgunluk ile benzerliği de bulunmamaktadır. Büyük durgunlukta sorun likidite sağlanarak çözülmüştü. Yaşanan süreçte ise sorun farklıdır ve farklı yöntemleri gerektirmiştir. ABD hükûmetinin başlangıçtaki yanlış teşhisinden dolayı aldığı devasa tedbirler paketi, soruna etkin bir çözüm getirememiştir. Likiditeye odaklı her tedbir açıklandığında, küçük bir iyileşmeden sonra tekrar eski sürece girilmiş, hatta bir dizi yan etki de üretilmiştir. Bu, karşılaşılan sürecin likiditeden çok güven riski içerdiği anlamına gelmektedir. Krizin, likidite bollaşmasından çıktığı düşünülmüş olmasına rağmen, krize çözüm olarak likidite enjeksiyonu uygulanmıştır. Bu yaklaşımın ekonomi politik anlamı, büyük bir sorunla karşılaşıldığı, önemli yan etkilerinin söz konusu olabileceği düşünülse de sahip olunan varlıkları korumanın başka yolunun bulunamadığıdır.

Küresel finans krizi süresince, gelişmiş ülkelerin iç talebi canlı tutmak amacıyla uygulamaya koydukları kamu desteğine dayalı politikaların sonucu artan kamu açıkları ve hızla yükselen kamu borç stokları ciddi bir sorun hâline gelmiştir. Borç sorunu yaşayan ülkelere destek sağlamak için Avrupa Finansal İstikrar Fonu (EFSF) kurulmuştur. Kamu gelirlerini azaltan ekonomik büyümedeki yavaşlama, genişletici politikaları gündeme getirmiş ve kaygıları artırmıştır. Yükselen işsizlik oranlarının sosyal etkileri de şiddetli olmuştur.

Küresel finans krizi, ABD'nin kamu maliyesinde de ciddi bir bozulmaya neden olmuştur. Borçlanma limiti artışını harcama kısıtlamaları getiren bazı koşullara bağlayarak, zorlukla aşılmıştır. Rating kuruluşları da gelişmiş ülkelerin notlarını düşürmeye başlamıştır.

2008 yılı Eylül ayında, ABD'nin dördüncü büyük yatırım bankası olan Lehman Brothers'ın iflas etmesiyle kesinleşen kriz, kısa sürede tüm dünyaya yayılarak küresel çapta bir mali ve reel sektör krizine dönüşmüştür. Krizin olumsuz etkileri, Avrupa Birliği'nde (AB) de ciddi boyutlarda hissedilmiş ve Euro alanı 2009 yılında ciddi oranda küçülerek tarihindeki en büyük daralmayı yaşamıştır. AB'nin aktife dayalı menkul kıymetlerin doğrudan alıcısı olması nedeniyle, ABD'deki menkul kıymet sigorta kuruluşları, AB bankaları için kredi genişlemesi ve çarpanı rolü oynamıştır. Ulusal konut piyasalarındaki sorunların yansıması ise ABD'yi birkaç yıl gecikme ile izlemiştir. Bu bir anlamda, karşılıklı bağımlılığın ürettiği, nispi dengeleri koruma oyununun sonucu olarak da görülebilir.

2008'in ikinci yarısına kadar yayınlanan veri ve bilgiler ışığında, süreçten çıkışın "soft landing" şeklinde olacağı beklentisi hakimdi. 2008'in ikinci yarısından sonra ise (Fannie Mae, Freddie Mac, IndyMac, Lehman Brothers'a ilişkin gelişmelerden sonra), süreçten çıkışın "hard landing" şeklinde olacağı düşünülmeye başlanmıştır.

Yükselen piyasalarda ise büyüme performansında ihracat odaklılığı yüksek olanlar (ABD ve AB piyasası hedefli olanlar) etkilenmeye daha erken başlamıştır. İhracat yapan firmaların hisselerinde düşme eğilimi görülmüştür. İmkân ve kaynakları uygun olanlar, yatırım odaklı (kamu yatırımı, özel yatırımı teşvik vb.) büyüme ve kalkınma sürecine yönelmiştir.

Küresel finans krizinin kökenlerinin, ABD'nin büyüme ve finans sisteminin doğasında, dinamiğinde bulunduğu ifade edilebilir. Mevduat ve yatırım bankaları ayrımı perspektifinden bakıldığında, gölge bankacılık mekanizmasının oluşturulduğu da gözden kaçırılmamalıdır. Küresel finans sistemi içinde sistemik olarak önemli rol ve fonksiyon gören konuma sahip fonlar ve finansal kurumlardaki kırılganlıklar sistemik şok üretmiştir.

Beş yıllık CDS'ler, küresel finans krizinin aşamalarını, izlediği süreci ve ulaştığı durumu yansıtmaktadır. Aşağıdaki şekil, Bloomberg tarafından ülkelerin yıllık kredi temerrüt takaslarındaki (CDS) gelişmeler dikkate alınarak oluşturulmuştur. Her aşama, ulusal ve küresel boyutlara ve ilişkilere işaret etmektedir. Başlangıçta finansal ve ABD ölçekli olan kriz, salgın ve bulaşma sürecinde küresel ve sistemik yapı kazanmış, daha sonra sistemik tepki aşaması gündeme gelmiştir. Daha sonraki dönemde ortaya çıkan ülke riski özelliğine bağlı olarak, finansal tepki aşaması mali tepkiye dönüşmüştür. Avrupa Bölgesinde kamu sektöründe etkili olan kriz, yükselen piyasa ekonomilerinde sermaye akımlarının dengelenmesi veya aktiflerin yeniden fiyatlandırılması sorunu hâline gelmiştir. Son aşama ise yükselen piyasaların kırılganlıklarının tekrar gündeme geldiği aşama olmuştur.

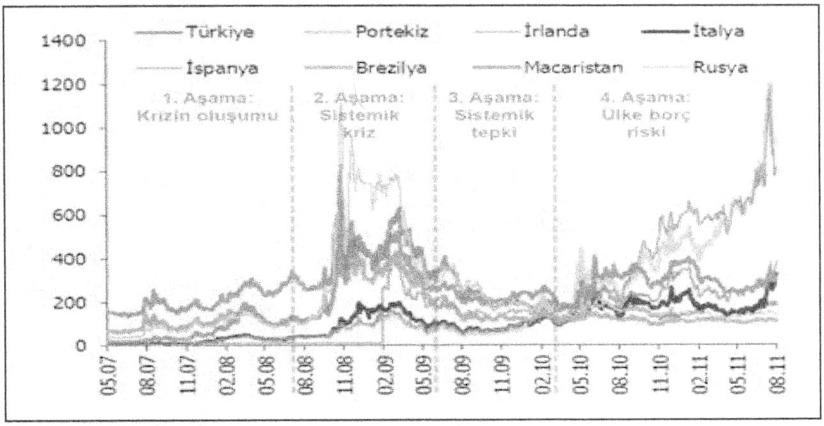

Kaynak: Bloomberg

Söz konusu aşamalar süreci, krizin farklı anlamlarına ve yansımalarına işaret etmektedir. Kriz, bir anlamda kreatif çöküşü ima etmektedir. Bu, aynı zamanda sistem yönetiminde zayıflıklar olduğuna vurgu yapmaktadır. Doğal sonuç olarak, risk yönetiminde de gözden kaçan/kaçırılan hususların bulunduğunu göstermektedir. Böyle değişim ve dönüşümler, yapısı gereği politikaların paradigmalarında da kayışların söz konusu olabileceğini ortaya koymaktadır. Ekonomi politik yaklaşımlar, yapısal açmazların sürdürüldüğüne vurgu yapmaktadır.

Kriz, ortaya çıkışından itibaren farklı kavramlar ve tanımlar ile açıklanmaya çalışılmıştır. Kavramsallaştırma, yayınlanan göstergeye/göstergelere, veri ve bilgi setine, yapılan açıklamalara göre farklı yapılar kazanmıştır. Her gelen yeni veri, krizin anatomisine farklı yaklaşımı zorunlu kılmıştır.

Bu süreçteki kavramsal evrim, değişim ve dönüşüm süreci şu şekilde özetlenebilir:

- Mortgage Krizi
- Kredi Krizi
- Likidite Krizi
- Mükemmel Fırtına
- İletişim Krizi
- Mükemmelliğin Kırılganlığı
- Likidite Fantezileri/Tuzağı
- Algılama Aldanımı
- Güven Krizi
- Borç Krizi

Her tanımlama, süreçte karşılaşılan veri ve bilgi setlerinin yorumundan sonra gündeme gelmektedir. Bu bir anlamda, ekonomik yapı ve ilişkiler sisteminin zayıf halkalarının özelliklerini de yansıtmaktadır.

Küresel krizin önemli bir aşaması Euro bölgesinde ortaya çıkmıştır. Küresel finans krizi, Avrupa ülkelerindeki yapısal sorunların açığa çıkmasına ortam hazırlamıştır. Küresel krizin Avrupa Birliği'nde derinleşmesinin ve yapısal bir sorun hâline gelmesinin en önemli nedenlerinden birisi de üye ülkelerin "Maastricht Kriterleri" olarak bilinen, Avrupa Birliği'nin kurucu antlaşması çerçevesinde ortaya konulan ekonomik kriterlere uymamalarıdır. Genel sorunların içerisinde yer alan diğer bir husus ise Maastricht Antlaşması'nın tasarımında, bir kriz mekanizmasına yer verilmeyişidir. Üye devlet ekonomilerinin, ekonomik ve parasal birliğe geçmeden önce, bu kriterler çerçevesinde birbirine yakınlaştırılması hedeflenmiştir.

Maastricht kriterlerinin yerine getirilmesi, Ekonomik ve Parasal Birliğe katılım için gerekli iken, para ve döviz kuru politikaları AB ortak politikası, maliye politikaları ise ulusal yetki politikası olarak belirlenmiştir. Para politikalarındaki kararların birlik düzeyine aktarılması ile artık faiz politikaları Euro'yu kabul eden üye devletler açısından bağlayıcı duruma gelmiştir. Ancak, para politikasının ulus üstü bir organa aktarılıp maliye politikalarının üye devletlerin yetkilerine bırakılmasıyla önemli bir sorun ortaya çıkmıştır. Bu, Euro krizinin tespitinde ve yönetiminde ciddi bir anlaşmazlık sebebi olmuştur.

Euro Bölgesi'nde kamu maliyesi kaynaklı sıkıntılar yoğunlaşmıştır. Sorunlu ülke tahvillerinin önemli miktarının çoğunlukla Fransız ve Alman bankalarında olması, geri ödememe durumunda ciddi sorunların ortaya çıkabileceğine işaret etmiştir. AB üyesi ülkelerin finans ve reel sektörlerinin yüksek entegrasyon düzeyi de ülkelerin birbirinden etkilenme seviyesini ve hızını artırmaktadır. Yunanistan ve İrlanda, gelişmiş ekonomiler olarak ilk defa IMF destekli "kurtarma paketleri" uygulamak zorunda kalmıştır.

Krizi yaşayan AB üyesi ülkelere bakıldığında, krizin her ülkede farklı nedenlerden dolayı ortaya çıktığı görülmektedir. Örneğin, Yunanistan'da yaşanan kriz temel olarak kamu sektörü kaynaklı olarak çıkarken, İrlanda'da bankacılık ve emlak sektöründeki zayıflıklar krizi tetikleyen unsur olmuştur. Portekiz'de cari açığın oldukça yüksek seviyelerde olması ve bankacılık sektörüne ilişkin riskler krizi tetiklerken, İspanya'da ise yetersiz iç ve dış talep nedeniyle iktisadi faaliyetin kriz öncesi düzeye kıyasla oldukça düşük seviyelerde seyretmesi ve işsizlik oranının %20'ler civarında olması kırılganlığın artmasına neden olmuştur.

Avro krizinde, "Avrupa Komisyonu, Avrupa Merkez Bankası ve IMF'den oluşan "Troyka" kamuoyuna sorunun nedenini, başta Yunanistan olmak üzere kamu borçları büyük ölçüde artmış ulusal hükûmetler olarak sunmuştur. Bu tablo, finansal krizin faturasının kamu tarafından üstlenildiğini göstermektedir.

22 AB hükûmeti, Ekim 2008-Ekim 2010 arasında finansal sektöre 4.5 trilyonluk destek sunmuştur. IMF verilerine göre, 2008'de bütçe açığı ortalaması GSYH'nin yüzde 2.1'i ile makul düzeyde iken, finansal sektöre destek içerikli paketlerin de etkisiyle 2009'da bu açık yüzde 6.4'e yükselmiştir. Bu eğilimin doğal bir sonucu da avro bölgesinde 2007'de GSYH'nin yüzde 72'si düzeyindeki kamu borçlarının ani bir sıçramayla 2010'da yüzde 93'e yükselmesi olmuştur.

Küresel kriz, AB ülkelerinde kamu açıkları ve borç stoklarının ciddi boyutlarda artmasına ve birçok üye ülkede kamu maliyesinin sürdürülebilirliğinin tehlikeye girmesine neden olmuştur. Avro bölgesi üye ülkeleri, borç krizi ve artan cari açık sorunu ile mücadelede yetersiz kalmış, Avrupa Merkez Bankası (AMB) uyguladığı para politikaları ile bir nebze yavaşlama sağlayabilmiştir. Bu durum ise hem krizin etkisinin daha çabuk yayılmasını sağlamış hem de çözüme kavuşma sürecini uzatmıştır.

AB'nin merkez-çevre ülkeler arasındaki dengesizliği giderebilmek için tek para birliği alanını yaratması ile çoğunlukla küçük ve orta ölçekli işletmelerden kurulu olan Yunanistan ve Portekiz gibi çevre ülkelerin finansman sorunu çözülmüş ve sınırsız kaynak kullanımı sağlanmıştır. Ülkelerdeki iyi olmayan yönetim uygulamaları sonucunda bu durum borç krizine ve cari açık sorununa dönüşmüştür.

BIS ve ECB raporlarına göre 2009 yılında Yunanistan ile başlayan borç krizi, Portekiz ve İrlanda'ya sirayet etmiş, 2011 yılı sonunda İtalya'nın yardım çağrısı ile genişlemiş, 2012 yılında İspanya'nın da aralarına katılmasıyla gündemde kalmayı sürdürmüştür. Bu yayılmanın, dış ticaret, faiz oranları ve döviz kuru olmak üzere üç ana yoldan meydana geldiği görülmektedir.

Yunanistan'ın kamu borcunun büyük bir kısmının yabancı kreditörlere ait olması, bu yayılma etkisini güçlendirmektedir. Diğer yandan, ortak faiz oranı ve döviz kuru kanalları ile krizin yayılabilmesi, AB avro bölgesine üye olmakla ilişkili bir risk olarak görünmektedir.

BIS, ECB ve Bloomberg raporlarına göre GIIPS (İrlanda, İspanya, İtalya, Portekiz ve Yunanistan) grubunda, üretim, bütçe açığı, kamu borcu %40'lardan daha fazla bir paya sahiptir. GIIPS'lerin ihraç ettikleri menkul kıymet stokunun %89'u Avrupa bankacılık sisteminde, özellikle Avro Bölgesi bankacılık siteminde tutulmakta idi. GIIPS krizi bu nedenle Avro Bölgesi krizi olmuştur.

Üye ülkelerin özellikle ekonomi politikalarının yönetimindeki zafiyetleri ve ülkelerin birbirinden bağımsız olarak ekonomilerini yönetme isteği, krizin çıkmasındaki önemli bir neden olarak görülmüştür. Bunun yanında, AB sadece ekonomik ve ticari ilişkiler açısından değil, aynı zamanda finansman/borçlanma açısından da derin bütünleşme içine girmiştir. Böylesi bir ortamda, bir ülkenin krizi kısa sürede diğer ülkelerin krizi hâline gelebilmiştir. Ülkelerin birbirlerine bu kadar borçlu olduğu, karşılıklı ekonomik ve ticari ilişkilerin böylesine derinleştiği bir ortamda AB bir bütün olarak domino etkisine açık hâle gelmiştir. AB'nin dünyanın en büyük ekonomik bloku olduğu gerçeği dikkate alındığında, küresel sistemin riske girme ihtimalini artırdığı gerçeğiyle yüzleşilmiştir.

Küresel finans krizinin Euro bölgesini etkilemesinden sonra, küresel sistemin kriz ve istikrarla ilgili olarak farklı değerlendirmeleri gündeme gelmiştir. Uluslararası mal ve hizmet hareketleri (dış ticaret bileşenleri) ile sermaye akımları (cari açığın finansman kaynakları), ülkeler arasındaki karşılıklı bağımlılığı oluştururken, yükselen piyasaların küresel krizden etkilenme yön ve şeklini belirlemektedir. Bu süreçte, yükselen piyasaların ekonomik yapı ve ilişkiler sisteminin özellikleri, karşılaşabilecekleri muhtemel kriz ya da istikrarsızlığın görünümünü şekillendirmektedir. Daha önce ifade edilen kırılganlık ve sürdürülebilirlik konseptleri, bu analizlerde özel önem taşımaktadır.

Küresel krizin, ABD'de ortaya çıkışı ve AB'ye bulaşması süreci içinde ortaya çıkan ilk teşhis ve tespitler şu şekilde ifade edilebilir:

- ABD büyüme modeli ve dinamikleri, gelir ve servet etkisi nedeniyle ekonomik birimlerin davranışlarına büyük oranda bağlıdır.
- Ulusal ve küresel piyasaların finans sistemleri, daha önce yapılmış tasarımlarına bağlı bir dizi kırılganlıklara (mükemmelliğin kırılganlığı) sahiptir.
- Finans kurumlarında ve büyük şirketlerde sermaye ihtiyacının yükselmesi, kamu otoritesinin rol ve fonksiyonunu değiştirmiş, özel sektörde kaldıraç etkisinin küçültülmesine, kamuda ise büyütülmesine neden olmuştur.
- Ekonomilerin temel parasal büyüklüklere yaklaşımları, rekabetçi devalüasyon süreçlerine ortam hazırlama riskini artmıştır.
- Sentetik, türev finansal ürünleri kullanan kuruluşların finansal tablo kalitesinin belirsizlik içerdiği görüşü yaygınlaşmıştır.
- Bazı ülkelerin içe kapanarak, bozulan makroekonomik dengelerini onarmayı tercih edebileceği ihtimali artmaya başlamıştır.

- Ekonomi yönetimleri ve ekonomik birimlerin güven ve kredibilite oyunu ile karşı karşıya kalabileceği ortama geçilebileceği beklentisi gündeme gelmiştir.
- Kuralların, dengelerin ve her ikisinin değişim ihtimali artmış, etkin ve katı düzenleme, denetleme ve yaptırım sistemi dönemine geçiş ihtimali yükselmiştir.
- Vergi mükellefine yük ile küresel tasarrufların kullanım yönü ve şekli, ekonomi politik olarak tartışmaya açılmıştır.
- Krizin ana nedeni ve ana çözüm yaklaşımı olarak ifade edilen likidite enjeksiyonu/bolluğu, bunun ürettiği haksız rekabet ve maliyet üretiminin sendromlarının yeniden ele alınmasını gerektiren ortam oluşturmuştur.
- Krizden reform ajandasına geçişte konsensüsün tam olarak sağlanamayacağı inancı yaygınlaşmıştır.
- Önemli siyasi, sosyal ve kültürel belirsizliklerin, gelişmişlik farkı gözetmeksizin farklı coğrafyalarda ortaya çıkabilme ihtimali güçlenmiştir.

3. Müdahalelerin Yönü, Şekli ve İçeriği

Makroekonomik büyüklüklere ilişkin olarak hükûmetlerin ve merkez bankalarının tutumu, yatırımcıların veya piyasa oyuncularının, finansal mühendislik, iş, işlem ve faaliyetlerinin de etkisiyle kural ve prensiplerin dışına çıkabilmesine uygun ortam hazırlamıştır. Ekonomik ve finansal problemler, zaman içinde politik problemlere dönüşebilmektedir. Sistemik ağırlığa sahip finansal ve reel sektör kuruluşlarının çöküşünden sonra, sürecin ana oyuncularının hükûmet ve merkez bankası olması kaçınılmaz hâle gelmiştir. Küresel finans krizi, finansal ve ekonomik sonuçtan öte bir konu özelliği kazanmıştır. Jeopolitik sistemler üzerinde baskı oluşturmaya, devletleri ve ekonomik birimleri davranış değişimine zorlamaya neden olan ortamı hazırlamıştır.

Birçok ülke, ekonomik tedbirler, mali enstrümanlar ağırlıklı destek paketleri açıklamaya başlamıştır. Bunlar, krize müdahalenin sistematik çerçevesini oluşturmaktadır. Paketlerin boyut ve içeriği, aşağıda ifade edilen birçok değişkene bağlıdır.

- Finans sektörü zararlarının ve GSYH içindeki payının büyüklüğü
- Gölge bankacılığın yapısı ve özellikleri
- Konut kredilerinin ve türev ürünlerin finans sistemindeki ağırlığı
- Ekonomik birimlerin borç yapısı ve oranı
- Yükselen piyasaların finans sektörüne yapılan yatırımların boyutu
- Bu bileşenlerin ülkelerin büyüme dinamiği ile ilişki biçimi ve yönü
- Rezerv paraya sahip ekonomilerin mali ve finansal politika uygulama esnekliği

Krize müdahalenin analitik yapısı, karşılaşılan değişim ve dönüşümlere yönelik yaklaşımlar tarafından şekillendirilmektedir. Küresel resesyonun derinleşmesi, ekonomik milliyetçilik-korumacılık riskini gündeme getirmiştir. Tedbir paketleri, iç piyasayı canlandırmak amacıyla yapılan harcamaların mümkün olan en yüksek oranda ulusal ekonomiye katkı sağlaması veya ihtiyaçların ulusal ekonomiden sağlanması prensibine dayandırılmaya çalışılmıştır. Hükûmetler ve merkez bankaları, krize karşı daha önceki yaklaşımlarından farklı bir tepkide bulunmak zorunda kalmıştır. Şok mali teşviklere bir taraftan korku ve diğer taraftan saygıyla bakış, mali ve finansal gevşemeye mevcut sürecin temel bileşenleri olma özelliği kazandırmıştır.

Analitik bakış açısı, krize karşı reaksiyonun amaçlarına ışık tutmaktadır. Likidite ile finansal piyasaların nakit sıkıntısından kurtarılması, önemli mali desteklerin sağlanması, finansal sistemi yeniden yapılandırmak için politika desteği sağlayarak sisteme toparlanma alanı oluşturulması ön plana çıkmıştır. Firmalar canlanma sürecine girdikten sonra ve enflasyon tehlikesi oluşmadan önce likidite ve tedbirlerin/teşviklerin geri çekilebileceğinin planlanması gibi hususlar gündeme gelmiştir. Bu beklentilerin ne kadarının ne ölçüde başarıldığı daha sonraki dönemlerde tartışılmaya devam edecektir.

Bazı analistler, bu yaklaşımları aşırı reaksiyoner tepki olarak görmektedir. Diğer bir kısım analistler ise uzun dönem sürdürülebilirlik ile kısa dönem kargaşa uyumlaştırılmasına eleştirel yaklaşım getirmektedir. Bununla beraber, ana trend, az şey yapmak yerine çok fazla şeyler yaparak, hata yapmayı daha emin yol olarak görmeye başlamıştır. Dolayısıyla politika tepkisi bu riske karşı bir sigorta olarak görülmelidir. Fakat, eksik sigortalama ve aşırı sigortalama içinde olup olmadığımız konusunda reel bir değerlendirme yöntemi bulunamamıştır. Dünya, aşırı sigortalama sürecinde ise tüm likidite arzu edilmeyen enflasyon riskini tetikleme potansiyeli taşıyacaktır. Tersine, eksik sigortalama sürecinde bulunuyorsak, bu resesyon daha derinleşecek, ağırlaşacak ve uzayacaktır. Tecrübelerimiz, doğru sigortalama yapıp yapmadığımıza dair otomatik olarak ölçme yönetiminin bulunmadığını göstermektedir.

Bu nedenle, yapılması gereken müdahalelerin tasarımının, kısa vadede sadece soruna/sorunlara odaklanması, orta ve uzun vadede ise ilave sorun üretebilecek ortamlara neden olmayacak yaklaşımları içermesi gerekmektedir. Makroekonomik dengeleri temel prensiplerine tekrar geri döndürmek, finansal mimariyi daha sağlıklı ve güçlü yapıda oluşturmaktadır. Başlangıç ve gelişme sürecinde krizin hangi aşamasında olunduğu net görülememiştir. İhtiyaç duyulan, gerçekleri yansıtacak, daha fazla ve güvenilir veri ve bilgi toplanması, doğru analizler yapılmasıdır.

Finans Kuruluşlarının 06/11/2009 İtibarıyla Zararları (Milyar $)

	Kredi Zararı	Sermaye Artırımı
BANKALAR		
Amerikan Bankaları	665.5	512.7
Avrupa Bankaları	476.7	581.8
Asya Bankaları	40.9	109.5
BANKALAR TOPLAMI	**1183.2**	**1204.1**
SİGORTA ŞİRKETLERİ		
AIG	101.4	96.2
Ambac	12.1	1.4
Aegon NV	11.0	4.1
Hartford Financial SVSC	9.7	6.4
Prudential Financial Inc	9.2	5.9
Swiss Re	8.7	2.9
Allianz SE	7.9	2.0
Metlife Inc	7.2	4.9
Allstate Corp	6.6	0.0
MBIA Inc	6.0	1.0
Aflac Inc	5.2	0.0
Genworth Financial	4.8	0.6
XL Capital	4.0	2.6
Berkshire Hathaway	3.2	0.0
CNA Financial Corp	3.1	1.3
Zurich Financial	3.1	0.0
Principal Financial	2.6	1.0

Lincoln National	2.4	1.5
Diğer Sigorta Şirketleri	34.4	10.0
SİGORTA ŞİRKETLERİ TOPLAMI	**242.6**	**141.8**
ABD HÜKÛMETİ DESTEKLİ KREDİ KURULUŞLARI		
Freddie Mac	119.6	57.7
Fannie Mae	118.3	60.5
TOPLAM	237.9	118.2
FİNANS SEKTÖRÜ TOPLAMI	**1663.7**	**1464.1**

Kaynak: IMF, WB, OECD, Bloomberg ve Reuters

Yukarıdaki tablo, Kasım 2009 tarihi itibarıyla finans kuruluşlarının kredi zararları ve sermaye artırımları tutarlarını göstermektedir. Küresel kriz, öncelikli olarak bir finans ve bankacılık krizi olduğundan, bankaların zararları ile bankalara sermaye enjeksiyonlarının büyük tutarlara ulaştığı görülmektedir. Bu büyüklüklerin bölgesel dağılımı da krizin etkilediği coğrafyaları yansıtmaktadır.

Maliye politikası veya kamu kesimindeki tablo daha karamsar bir özellik taşımaktadır. ABD'de kamunun üstlendiği risk tutarı (harcamalar, tahsis, garanti ve taahhütler gibi) 5 trilyon dolara ulaşmıştır. Benzer eğilim, tüm ülkeler için geçerlidir.

İlk şok atlatıldıktan sonraki nisbi sakinliğe rağmen, küresel finansal görünümdeki belirsizlik hep gündemde kalmıştır. Sorunlu aktiflerin ortaya çıkışının sonuna gelindiği konusu belirsizliğini korumuştur. Finansal sistemin istikrarını restore etmek için uygulamaya konulan inisiyatiflerin etkin olup olmadığına ilişkin şüpheler devam etmiştir. Farklı ülkelerde uygulanan mali destek paketlerinin uygun olup olmadığı, kötüye gidişi durdurup durdurmayacağı, iş kayıplarını ortadan kaldırıp kaldırmadığı, tüketici güveninin tekrar geri gelmesini sağlayıp sağlamadığı konusundaki tartışmalar gündemde üst sıralara yükselmiştir.

Birçok merkez bankası, faiz oranlarının kalibresini oluşturan geleneksel silahlarını tüketmiş, bu aşamada kantitatif ve kredi genişlemesi gibi geleneksel olmayan tedbirlere başvurmaya başlamıştır. Para politikası aktarım mekanizmalarının erozyona uğradığı bu ortamda, herkesin kabul ettiği saldırgan para politikası tepkisinin ne zaman ve ne ölçüde kredi akımlarında etkili olmaya başlayacağı ve toplam talebi olumlu yönde etkileyeceği konularındaki kaygılar önemini korumuştur.

Ülkelerin refahı, ekonomi ve politikanın karşılıklı ilişkilerinin bir sonucu olduğu kadar, ekonomik birimlerin davranışı tarafından şekillendirilmektedir. Toplumlar, finansal krizlerin iki türüyle karşılaşmaktadır. İlk olarak, finansal kriz o kadar büyüktür ki, toplumun fonksiyonsuzlaşmasını ve fakirleşmesini derinleştirir. Bu yaklaşım çerçevesinde piyasa, sorunu zaman içinde çözmektedir. Bu çözüm, zaman içinde daha etkin sonuç üretmektedir ve uzun vadede finansal karar alma sürecini disiplin altına almaktadır. Bununla birlikte, büyük bir yan hasar da ortaya çıkabilmektedir. Bu da yüksek oranlı işsizliktir. İkinci olarak ise yüksek bir fiyata rağmen toplum durumu yönetme kaynaklarına sahiptir. Burada, sorunu çözmek amacıyla devlet, toplumun kaynaklarını hızlı şekilde organize edebilmektedir. Bu çözüm yaklaşımı, zayıf ekonomik kararları etkin şekilde cezalandırmayarak eşitsizlikler yaratmakta, maliyetli uzun dönem etkinsizlikler üretmektedir.

Finansal krizler mevcut sosyal kaynakları önemli ölçüde tahrip ettiğinden, piyasa veya devlet çözümü olmamaktadır. Bu yaklaşım bağlamında, finansal piyasalarda oluşmuş dengesizliklerin o kadar büyük olduğuna, dolayısıyla piyasa çözümünün yeni bir ekonomik konjonktür dönemini genişlettiğine vurgu yapılmaktadır. Soruna yönelik devlet teşebbüsünün sadece etkinsizliği üzerinde değil, küçük ölçekli hafifletme etkisi olsa da aynı zamanda krizi uzattığı üzerinde de durulmaktadır. Bu nedenle finansal kriz, ekonomik yansımalar için uygun ortama sahiptir. Burada genel kabul görmüş herhangi bir politik çözüm yaklaşımı söz konusu değildir.

İkinci yaklaşım, finansal krizin devlet tarafından organize edilen toplumun yönetme yeteneklerini tahrip etmediğine, piyasanın yeteneklerini tahrip ettiğine işaret etmektedir. Bu çerçevede, finansal piyasaların içinde bulunduğu problem ciddi likidite krizidir ve bu kriz çözülmediğinde ekonominin tümünün etkilenme ihtimali artacaktır. Bu nedenle, sonuçların kontrolü mümkündür ve devlet ve piyasa arasında oluşturulmuş bir konsensüs söz konusudur.

Bir başka yaklaşım ise finansal sistemi korumak için devletin kaynak mobilizasyonuna yönelmesi üzerinde durmaktadır. Burada ise bir taraftan suçlanmayı hak edenleri kurtarmaksızın likidite desteği ile sınırlı yeni düzenlemeleri içeren ciddi devlet müdahalesi arasında makul dengenin kurulması önem kazanmaktadır. Burada da ertelemenin ekonomik çöküntüye yol açmayacağı görüşü söz konusudur.

Bir başka husus da devletlerin krizden fazla etkilenmeyeceği olgusudur. Kriz ortamları, devletlere imkân ve kaynakları ölçüsünde piyasaları ve aktörleri yeniden yapılandırma, nispi dengeleri etkileme olanağı sunmaktadır. Bu da ekonomi politik oyun kurallarının yeniden şekillendirilmesi anlamına gelmektedir.

Krize yönelik tedbirlerin ve uygulamaya konulan paketlerin boyutu, tablolarda sunulan ölçekten çok daha fazladır. Özellikle birçok ülkenin merkez bankalarının bilanço büyütme işlemleri oldukça büyük düzeylere ulaşma potansiyeli taşımaktadır. Bu bir ölçüde, krizin yönetiminde karşılaşılan algılama aldanımı/hatası olarak da ele alınmalıdır. Bunun en önemli nedeni de karar ve uygulamaların ortalama değerlere dayalı göstergelere göre yapılmasıdır.

Ekonomik birimler, aktörler ve piyasalar, ekonominin mevcut durumu ve muhtemel geleceği konusunda biri kantitatif diğeri kalitatif içerik taşıyan iki olguya özel önem vermektedir: Ekonomik ve finansal göstergelerin sinyalleri, kamu ve özel sektör temsilcilerinin beyanatları. Derecelendirme metodolojisine dayalı rating notları, hesaplama tekniğinden dolayı ortalama sonuçları yansıtan temel makroekonomik göstergeler, kriz öncesi ve kriz döneminin metodolojisini, paradigmalarını yansıtmaktadır. Bunlar, oldukça büyük ölçekli krizi öngörme rolleri bir tarafa, krizi örten bir rol ve fonksiyon da görebilmektedir. Makro istikrarı ölçmeye duyarlı göstergeler, mikro istikrarsızlıkları doğaları gereği yansıtamamaktadır. Alternatif kriz müdahale paketleri üretebilmek için, ekonomik göstergelerin dikkatli şekilde izlenmesi ve değerlendirilmesi önem kazanmıştır. Daha açık bir ifadeyle, yeni veri ve bilgi metodolojisi üzerinde çalışılması gerektiği anlaşılmıştır.

2007 yılının Aralık ayında başladığı açıklanan ve 2009 yılının Mart ayı itibarıyla en kritik döneminin sona erdiği ilan edilen krizin küresel ölçekte katlanılan maliyetini yansıtan tablo aşağıda yer almaktadır. Krizin doğduğu ve derinleştiği ülkelerde açıklanan tedbir paketlerinin GSYH'ye oranı, sorunların derinliğine ve sahip olunan imkân ve kaynakların boyutuna göre farklılık göstermiştir.

ÜLKELERİN AÇIKLADIĞI PAKETLERİN BÜYÜKLÜKLERİ (Milyar USD)						
30 Eylül 2009	Para Piyasası	Garanti	Sermaye Enjeksiyonu	Diğer	Toplam	GSYH'ye Oran %
	2,779.5	4,473.5	2,308.2	7,375.2	16,936.4	29.22

Kaynak: IMF, OECD, WB, Bloomberg, Reuters.

Müdahale yaklaşımları, ülkeler arasında farklılık gösterse de bazı ortak yönleri bulunmaktadır. Krize müdahalenin uygulama formları, ana başlıklar çerçevesinde aşağıdaki gibi ifade edilebilir:

Likidite Desteği:

Merkez bankalarının piyasaları fonlamaları, faiz oranlarını değiştirmeleri, gevşek para politikası uygulamaları.

Bilanço Sorununun Çözümü:

Konut fiyatlarındaki düşüşler nedeniyle bankaların konuta dayalı menkul kıymet portföylerinde oluşan büyük tahribatı onarma, kamu desteği ve yaklaşımı.

Hanehalkı Tüketimini Destekleme:

Tüketim azalışının etkilerine yönelik olarak çalışanlara tek seferlik finansal katkı sağlanması. ABD'de krize yönelik ilk paket bu içerikte olmuştur. Tek çalışana 600$, evli ise 1.200$, emekli, yaşlı vs. ise 300$ tutarında finansal destek sağlanmıştır.

Sermaye Enjeksiyonu:

Kurumlararası satın alımların kolaylaştırılması, kamulaştırma işlemleri yapılması, ek kredi ve sermaye katkısının sağlanması.

Kapsamlı Mali Paketler:

Nakit swapları, mevduat garantisi, genişletilmiş devlet garantisi gibi önlemler, gevşek maliye politikası uygulaması.

IMF, WB ve G20, B20 Toplantıları

Küresel gelişmelere yönelik küresel koordineli yaklaşımlar ve tedbirler.

OECD, Eylül 2009 tarihli Ekonomik Görünüm Raporu 1. ciltte, üye ülkelerden derlediği verileri değerlendirerek krize yönelik mali paket uygulamalarını aşağıdaki tablo hâlinde yayınlamıştır. Mali paketlerin içeriği, finansal krize tepkide uygulamaya konulan tedbirleri içermektedir. Tahminler potansiyel etkileri kapsamamaktadır.

Mali Paketlerin Boyutu ve Zamanlaması							
	2008-2010 Mali Bilanço Üzerindeki Net Etki			**2008-2010 Döneminde Dağılım**			**Bilgi Notu: Ödemelerin Zamanlamasını Etkileyen Tedbirler**
	Harcama	Vergi Geliri	Toplam	2008	2009	2010	
	2008 GSYH'nın Yüzdesi			**Toplam Net Etkinin Yüzdesi**			**2008 GSYH'nın Yüzdesi**
Avustralya	-4,1	-1,3	-5,4	13	54	33	
Avusturya	-0,4	-0,8	-1,2	0	79	21	
Belçika	-1,1	-0,3	-1,4	0	51	49	-0,1
Kanada	-1,7	-2,4	-4,1	12	41	47	
Çekya	-0,3	-2,5	-2,8	0	56	44	
Danimarka	-2,6	-0,7	-3,3	0	33	67	
Finlandiya	-0,5	-2,7	-3,2	0	47	53	
Fransa	-0,6	-0,2	0,7	0	68	32	-0,5
Almanya	-1,6	-1,6	-3,2	0	48	52	0,1
Yunanistan	0,0	0,8	0,8	0	100	..	
Macaristan	7,5	0,2	7,7	0	51	49	
İzlanda	1,6	5,7	7,3	0	28	72	
İrlanda	2,2	6,0	8,3	6	39	55	0,3

İtalya	-0,3	0,3	0,0	0	15	85	
Japonya	-4,2	-0,5	-4,7	2	74	25	
Kore	-3,2	-2,8	-6,1	17	62	21	
Lüksemburg	-1,6	-2,3	-3,9	0	65	35	0,0
Meksika3	-1,2	-0,4	-1,6	0	100	..	0,0
Hollanda	-0,9	-1,6	-2,5	0	49	51	
Yeni Zelanda	0,3	-4,1	-3,7	6	54	40	
Norveç	-0,9	-0,3	-1,2	0	100	..	
Polonya	-0,8	-0,4	-1,2	0	70	30	
Portekiz	..	..	-0,8	0	100	0	
Slovakya	-0,7	-0,7	-1,3	0	41	59	-0,8
İspanya	-2,2	-1,7	-3,9	32	44	23	-1,0
İsveç	-1,7	-1,7	-3,3	0	43	57	
İsviçre	-0,3	-0,2	-0,5	0	68	32	
Türkiye	-2,9	-1,5	-4,4	17	46	37	
Birleşik Krallık	-0,4	-1,5	-1,9	11	85	4	
Birleşik Devletler 5	-2,4	-3,2	-5,6	21	37	42	
Büyük Yedi	-2,1	-2,0	-4,1	15	47	38	
OECD Ortalaması							
Tümü (ağırlıklandırılmamış)	-0,9	-1,1	-2,0	10	56	34	
Tümü (ağırlıklandırılmış)	-2,0	-1,9	-3,9	15	48	37	
Sadece Pozitif Teşvikler (ağırlıklandırılmamış)	-1,5	-1,6	-3,0	8	53	39	
Sadece Pozitif Teşvikler (ağırlıklandırılmış)	-2,2	-2,0	-4,2	15	48	37	

Negatif değerler, mali bilançodaki bozulmaya işaret etmektedir. Mali paket büyüklüklerinde ilk beş ülke, Kore, Birleşik Devletler, Avustralya, Japonya ve Türkiye'dir. Detaylı açıklamalar ilgili kaynakta yer almaktadır. Daha önceki değerlendirmeler dikkate alındığında, sonuç olarak, ülkelerin krizde aldıkları inisiyatifler ve uygulamaya koydukları tedbir ve düzenlemeler ana hatlarıyla şu başlıklar altında toplanabilir:

- **Mali Destek:** Altyapı harcamalarını, yatırımlarını artırma ve talebi teşvik etme
- **Finansal Destek:** Faiz oranlarını düşürme ve piyasalara likidite sunma
- **Parasal Destek:** Finans kurumlarına kaynak aktarma ve sermayelendirme

4. Kriz Yönetimine Küresel Yaklaşım

Tarihsel olarak 1930 bunalımına benzer bir krizin yaşanmaması için alınabilecek önlemleri tartışmak amacıyla, 42 ülkenin katıldığı ABD'deki Bretton Woods (BW) konferansında küresel finansal ve ekonomik mimarinin ilk temelleri oluşturulmuştur. İçinde bulunduğumuz kriz sürecinde ise BW II konsepti üretilmiş ve buna yönelik iki farklı yaklaşım geliştirilmiştir. İlk yaklaşım, G-20 liderler zirvesinde gündeme getirilen yeni küresel finans mimarinin BWII'ye işaret ettiğine vurgu yapmaktadır. İkinci yaklaşım ise 1997 Asya Krizi sonrasında oluşan küresel ortamı ima etmektedir. Bu süreçte, Asya ülkelerinin tasarruflarını artırarak genel olarak yüksek tüketim eğilimi bulunan Batılı ülkelere borç vermeleri (tahvil satınalmaları) ve ihracat yapmalarıyla para birimlerinin karşılıklı olarak bağımlı hâle geldiği yeni bir uluslararası para sisteminin kendiliğinden oluştuğu savunulmaya başlanmıştır. Amerika ve Asya ülkeleri arasında zımni bir mutabakata dayanan bu sistemin ciddi bir küresel dengesizlik yarattığı birçok ekonomist tarafından dile getirilmiştir. Son küresel krizin Bretton

Woods II'nin sonu olup olmayacağı da tartışılan önemli gündem maddeleri arasında yer almıştır.

Küresel finans krizinin yönetimine ilişkin ulusal tepkiler, küresel çabalarla da desteklenmiştir. G-20 platformu, bu süreçte en önemli mekanizmadır. G20 ülkeler grubunun GSYH, ticaret ve menkul kıymet piyasaları kapitalizasyonu açısından küresel sistemdeki ağırlığı, sırasıyla %85, %80 ve %90 düzeyindedir. Dünya nüfusunun 2/3'ü de bu ülkeler grubunda yaşamaktadır.

G20 toplantılarının en önemli kısmı, son gün yapılan liderler zirvesidir. Zirveden önce üye ülkelerin maliye ve ekonomi bakanları ile merkez bankası başkanları, ekonomi ve finans kuruluşları uzun süren ön hazırlık çalışmaları ve toplantıları yapmaktadır. Bu toplantılarda, liderler zirvesine aktarılacak metinler tartışılmaktadır. Zamanla G20 toplantılarına bazı eklemeler de yapılmıştır. İş dünyası liderleri zirvesi (B20), Düşünce kuruluşları zirvesi (T20) vb. platformlar da eklenerek, G20, bir anlamda küresel ekonomik ve sosyal konsey yapısına dönüşmüştür.

Küresel finans krizi sürecindeki ilk G20 toplantısı Ekim 2008 tarihinde Washington'da yapılmıştır. IMF ve Dünya Bankası toplantıları olarak küresel topluma sunulan görüşmelerde, küresel krizin ve küresel sistemin değerlendirmesi yapılmıştır. Göstergelerde kötüleşme eğiliminin söz konusu olup olmadığı, krizin yapı veya format değiştirme olasılığı ve bu trendin diğer bölge ve ülkelere yansıma biçimi ve içeriği, toplantının genel teması olarak ilan edilmiştir. Bu çerçevede tartışılan ana riskler ise kırılganlık alanları, likidite eksikliği ve güven kaybı, kaldıraç oranındaki radikal değişim olarak ön plana çıkmıştır. Toplantı sonuç bildirisinde ele alınan önemli konular, güven kaybı ve güven krizinin nedenleri, yükselen piyasalar için de bazı risklerin söz konusu olabileceği ve mevcut durumun sadece ABD'nin problemi olarak ele alınmaması gerektiği şeklinde sıralanmıştır. Şeffaflığın artırılması, devletin rolünün ve fonksiyonlarının yeniden düşünülmesi ve bir adım sonrasının kurgusunun yapılması, G20 üyelerinin üzerinde durduğu önemli hususların bir kısmını oluşturmuştur. Bu toplantıda, çözüm yaklaşımları olarak şu alanlara işaret edilmiştir:

- Likidite destekleri yanında daha kapsamlı müdahale şekillerinin belirlenmesi
- Güvenin yeniden tesis edilmesi için karar ve uygulamaların gözden geçirilmesi
- Birlikte ve koordineli strateji dokumanı ve eylem planlarının hazırlanması.

Kasım 2008'de Washington'da yapılan G20 I. Liderler zirvesinin ana teması, finansal piyasalar ve dünya ekonomisi olarak belirlenmiştir. Bu toplantıda Bretton Woods söylemleri ön plana çıkmıştır. Yayınlanan deklarasyonda öne çıkan ve bilgilendirme yapılan başlıklar şunlar olmuştur:

- Mevcut krizin temel sebepleri
- Alınan ve alınacak tedbirler
- Finans piyasalarının reformu için ortak ilkeler
- Belirlenen konularda bakanların ve uzmanların görevlendirilmesi
- Açık küresel ekonomiye bağlılık
- Reform prensiplerinin uygulanmasına ilişkin eylem planı

Deklarasyonun içeriğinde yer alan en önemli konu, açıklanan reform prensiplerinin uygulanmasına ilişkin eylem planıdır. Buna göre, 31 Mart 2009'a kadar alınması gereken orta vadeli acil tedbirler şu şekilde sıralanmıştır:

- Şeffaflığın ve Hesap Verilebilirliğin Güçlendirilmesi
- Düzenlemelerin Güçlendirilmesi
    - Düzenleyici Rejimler
    - İhtiyatlı Gözetim
    - Risk Yönetimi
- Finansal Piyasalarda Bütünlüğün Artırılması
- Uluslararası İşbirliğinin Güçlendirilmesi
- Uluslararası Finansal Kurumların Reformu

Nisan 2009'da Londra'da yapılan ikinci G20 liderler zirvesinin ana teması ise istikrar, büyüme ve iş olarak belirlenmiştir. Bu toplantıda, kollektif taahhütler içeren koordineli ve kapsamlı eylemlere yönelik kararlar almıştır. Büyümenin canlandırılması, finansal sistem istikrarının restore edilmesi, zarar görmüş kredi piyasalarının yeniden açılması, finansal piyasalara ve kurumlara güvenin yeniden oluşturulması ise bu karar sürecinin temel başlıkları olmuştur.

Liderler, bu toplantıda şunları yapmayı taahhüt etmiştir:

- Güveni, büyüme ve istihdamı yeniden tesis etmek (2010 sonunda milyonlarca iş, 5 trilyon $ ve %4 büyüme).
- Kredi akışının eski hâline döndürülmesi için finansal sistemi düzeltmek (Vergi cennetleri ve OECD listesini yeniden belirlemek).
- Güveni yeniden inşa etmek için finansal düzenlemeleri kuvvetlendirmek (Finansal İstikrar Kurumu, IMF erken uyarı sistemi, finans sisteminin bileşenlerini yeniden dizayn etmek).
- Bu krizle mücadele etmek ve gelecekteki krizleri engellemek için, uluslararası finansal kuruluşlara gerekli kaynak-

ları sağlamak ve bu alanlarda gerekli reformları yapmak (750 milyar $ IMF'ye, 100 milyar $ çok taraflı kalkınma bankalarına, düşük gelirli ülkelere kaynak aktarmak).

- Refahı desteklemek için korumacılığı reddetmek ve küresel ticaret ve yatırımları teşvik etmek (Ticaretin finansmanı için 250 milyar $ kaynak tahsis etmek).
- Herkesi kapsayan, çevreci ve sürdürülebilir iyileşmeyi sağlamak (Bin yıl kalkınma hedeflerini gerçekleştirmeye odaklanmak).

Ayrıca yükselen piyasaların ve gelişmekte olan ülkelerin büyümelerinin desteklenmesi için, uluslararası finansal kuruluşlar aracılığıyla konjonktürü dengeleyici harcamalar, bankaların sermayelendirilmesi, altyapı, ticaretin finansmanı, borçların çevrimi ve sosyal desteğin finanse edilmesi kararlaştırılmıştır. Bu çerçevede, dünyada krediyi, büyümeyi ve istihdamı yeniden tesis etmek için ilave 1,1 trilyon dolarlık destek programı ve küresel iyileşme planı oluşturulmuştur.

Eylül 2009'da Pittsburg'da düzenlenen G20 toplantısının ana teması "Canlanma ve Onarım" olarak belirlenmiştir. Deklarasyonda, küresel ekonomik krize karşı mücadelenin "kazanıldığı" ve Nisan ayında yapılan önceki toplantıda alınan tedbirlerin "işe yaradığı" ilan edilmiştir. Ancak, "Normalleşme duygusu, rehavete yol açmamalıdır" ifadesine de yer verilmiş ve küresel ekonomideki düzelme tamamlanıncaya kadar ekonomiye destek için teşvik paketlerinin sürdürülmesine karar verilmiştir. Bu kapsamda G20'nin, küresel ekonomik koordinasyon ve işbirliği için temel platform olacağı ilan edilmiştir.

Zirvede, "küresel mimarinin 21. yüzyılın ihtiyaçlarına göre reforma tabi tutulmasının gerekli olduğu" vurgulanmıştır. Mimari kapsamında, sanayi üretimi, dolayısıyla şirketler kesimi üzerinde durulmuştur. İşsizliğin yüksekliğine atıfta bulunularak işgücü piyasalarında da yeni mimarinin gereğine işaret edilmiştir. Finansal mimari yaklaşımı ile finansal piyasaların ve kuruluşların finansal ürün ve hizmet üretme sürecine yönelik düzenleme ve denetim sistemleri üzerinde durulmuştur.

G20 toplantıları ve zirveleri, küresel krizin ekonomi politiği konusunda da önemli ipuçları sunmaktadır. Daha önce görülmemiş küresel bir kriz olması nedeniyle, hızlı bir tepki veya tedavi süreci oluşturulamamıştır. Mali ve finansal müdahalelerin riski, bu noktada ortaya çıkmaktadır. Dünya, kapalı bir ekonomi olarak ele alındığında, koordineli (aynı şeyi yapma anlamında değil) olmadığında, müdahalelerin ve teşviklerin beklenen ve planlanan sonucu vermesinin zaman alacağı ve maliyetli olacağı görülmüştür. Bu bağlamda öne çıkan husus, korumacılık riskidir. Karar alma ve uygulama örnekleri, gelişmiş ekonomilerin nispeten maliye ağırlıklı mekanizmalara öncelik verdiğini, yükselen ve gelişen ekonomilerin tercihinin ise finansal ve parasal işlem ve faaliyetler olduğunu göstermektedir.

Dünya Ekonomik Forumu (World Economic Forum) Davos'ta yıllık toplantılar düzenlemektedir. Yıllık toplantılarda ana konu belirlenmekte ve bu çerçevede tematik alt başlıklar ele alınmaktadır. Bu toplantılarda, küresel ekonominin mevcut durumu ve muhtemel geleceği, siyasetçiler, akademisyenler ve iş dünyası temsilcileri tarafından detaylı olarak tartışılmaktadır.

2007 yılının ana konusu, küresel gündemin şekillendirilmesidir. Güç dengesindeki kaymalar üzerinde durulmuştur. Toplantının açılışında, dünyanın şizofrenik ortamının artmakta olduğu ifade edilmiştir. Ekonomilerin güçlü performans sergilediği ve küresel sinyallerin umut verici olsa da ekonomik, politik ve sosyal risklerin, dengesizliklerin ve tutarsızlıkların söz konusu olduğu üzerinde durulmuştur. Siyasi liderler, perspektifin değiştiğini ve bütünüyle yeni küresel dengenin oluştuğunu ifade ettikleri kadar, küreselleşmenin günümüzde en önemli ekonomik motor olduğunu vurgulamıştır. Ekonomik çerçevede yeni belirleyiciler ön plana çıkartılmıştır. Tatmin edici olmayan büyüme, sermaye hareketlerinde istikrarsızlık, karbon emisyonu limitlerinin aşılması, iş alanları oluşturma ve yaşlılar için sağlık hizmetleri sıkıntıları, bu bağlamda önemli alanları oluşturmaktadır.

2007 yılı Davos toplantılarında, özel önem verilen oturumlar ve gündemlerde söz konusu olmuştur. Uluslararası para sisteminin yeniden şekillendirilmesi bunlardan biridir. Bu konuda hazırlanan raporda, bir dizi reform önerilmiştir. Uluslararası uyum sürecinin güçlendirilmesi, kriz önleme ve çözme mekanizmalarının iyileştirilmesi, sistemin ana kurumlarının yönetişiminin modernize edilmesi ve rasyonelleştirilmesi, IMF için yeni iş modeli oluşturulması, döviz kuru sisteminde iyileştirilmelerin yapılması, bunlardan bazılarıdır.

2008 Davos toplantısının ana konusu ise işbirliğine dayalı yeniliğin gücü olarak belirlenmiştir. Ekonomik krize rağmen, sadece neyin yapılabileceğine değil aynı zamanda neyin yapılması gerektiğine işaret edilmiştir. Ekonomik ve finans bağlamında ise ekonomik güvensizlik ön plana çıkartılmıştır.

Toplantıda, küresel büyümeye yönelik en büyük tehdit nedir? sorusuna cevap bulabilmek için yapılan beyin fırtınasında ulaşılan sonuçlar şu şekilde (% olarak) özetlenmiştir:

1. Koordine edilmiş tepki/liderlik eksikliği	18.50
2. Mevcut krizin kötü yönetimi	18.10
3. Büyük ölçüde güven kaybının oluşması	16,70
4. Şiddetli küresel kredi çöküşü	11.00
5. ABD'deki resesyon	15.90
6. Resesyon tehdidine aşırı reaksiyon	7.50
7. Enerji ve mal fiyatlarında artış	5.70
8. Korumacılığın artışı	4.40
9. Gelir eşitsizliğinin daha da artması	2.20

Finansal krizin yayılması ihtimali, küresel refahın gelişmiş ekonomilerden yükselen piyasalara kadar yeniden dengelenmesinin önemini ima etmektedir. Ekonomik gücün bölgeler arası kayması, küresel büyümenin olumsuz yan etkileri konusunda kamu özel kesimin karar alma ve uygulama süreçlerinin iyileştirilmesi, küresel büyüme konusunda ayrışma (decoupling) sürecinin oluşup oluşmayacağı, daha dengeli ve sürdürülebilir küresel büyüme için eğitim ve sağlık konularına daha fazla yatırım yapılması, makroekonomik politika koordinasyonun G8'den daha kapsamlı çerçevede ele alınması, kritik başlıklar olarak vurgulanmıştır.

2009 yılında yapılan Davos toplantısının ana teması, kriz sonrası dünyanın tasarımı ve şekillendirilmesi olarak ifade edilmiştir. G20'nin dünya ekonomisini eski patikasına getirmek için ne yapması gerektiği, tartışılan konulardan biri olmuştur. İki konu ön plana çıkmıştır: kriz yönetimine yardımcı olmak ve kriz sonrası dünyayı şekillendirmek. Bu çerçevede, kırılgan finansal sistemin istikrara kavuşturulması, faiz oranları sıfır olduğunda talebin teşvik edilmesi, korumacılıkla mücadelenin tasarlanması, krizi önlemede başarısız olan küresel yönetişim yapısının yeniden dizayn edilmesi ele alınmış ve tartışılmıştır. Katılımcılar, G20 liderlerinin iş ve tüketici güvenini restore etmek için aşağıdaki hususlarda adım atması gerektiğini ifade etmişlerdir:

- Banka bilançolarını onarmak ve kredileri canlandırmak için finansal istikrarı sağlamak,
- Toplam talebi canlandırmak için mali teşvikler uygulamak,
- IMF'yi yeniden sermayelendirmek ve gelişen ülkelere yönelik sermaye akımlarını restore etmek için diğer adımları atmak,
- Küresel finansal düzenlemenin yeni sisteminin ana hatları konusunda anlaşma ortamı hazırlamak.

Ekonomi politik değerlendirmelerde, herhangi bir sorun bütünün tamamını yansıtır prensibi iyi bir analiz platformu sunmaktadır. Buna göre, herhangi bir istikrarsızlık alanı veya kriz bölgesi gerektiği şekilde tahlil edildiğinde, ilgili ekosistem hakkında kapsamlı veri ve bilgi elde edilebilmektedir. Bu nedenle, küresel finans krizini, finansal ve ekonomik sonuçlardan öte bir konu olarak ele almak gerekir. Gelişmiş ve yükselen birçok ülkenin ve bunların önemli bileşenlerinin arasında konsensüs ve güçlü koordinasyon gerekmektedir.

EK I: Kriz Sürecinde Önemli Görülen Gelişmelerin Kronolojisi[1]

5 Şubat 2007 ABD'de yer alan "Mortgage Lenders Network" ipotek bankası, eşikaltı (subprime) krizinin ilk kurbanı hâline geldi.

2 Nisan 2007 ABD'de en büyük eşikaltı kredisi veren New Century Financial, (Birleşik Devletler'in İflas Kanunu) Bölüm 11 uyarınca iflas koruma başvurusunda bulundu.

6 Ağustos 2007 Amerika'nın onuncu en büyük ipotek bankası "American Home Mortgage" iflas kanunu uyarınca iflas koruma başvurusunda bulundu.

13 Eylül 2007 BBC; İngiltere Merkez Bankası (BoE)'nın, ipotek (mortgage) bankası Northern Rock'a gizlice 11 milyar sterlin kadarlık likidite desteği verdiğini bildirdi. Bu haber, ertesi gün mevduatını çekmek üzere bankaya akın edilmesine yol açtı; bu durum İngiltere'de 1830'dan beri ilk defa yaşandı.

25 Ocak 2008 Missouri'de yer alan Douglass National Bank, yeni yılda batan ilk banka oldu. Aynı yılda, başka 24 banka daha bu iflası izleyecekti.

22 Şubat 2008 İpotek kredisi veren (mortgage lender) İngiliz bankası Northern Rock'ın, 100 milyar sterlinlik yükümlülükleri; GSYH'deki payını %37'den %45'e yükseltecek şekilde İngiliz ulusal borcuna aktarılarak bir anlamda "kamulaştırıldı". Holding şirketi Birleşik Krallık Finansal Yatırım[2] kamusallaştırılan bankaların resmi sahibi olması amacıyla kuruldu.

---

1 Johan A. Lybeck'in "A global history of the financial crash of 2007-10" eserinde yer alan kronolojiden yararlanılarak oluşturulmuştur.

2 **UKFI (UK Financial Investments):** Birleşik Krallık Finansal Yatırım

11 Mart 2008	Fed; piyasa yapıcı bankalar vasıtasıyla, (Fed'in açık piyasa işlemlerinde karşı tarafa) daha az likit fonları devlet tahvilleri ile değiştirmelerini sağlayabilecek "Vadeli Menkul Kıymet Borç Verme Programı'nı"[3] tanıttı.
18 Mart 2008	Fed, "Piyasa Yapıcıları Kredi İmkânı"[4] programını başlatarak; ticari bankalar, yatırım bankaları ve aracılar olmak üzere önde gelen kurumların Fed'den borç almalarına olanak tanıdı.
11 Temmuz 2008	Los Angeles bölgesindeki en büyük tasarruf ve ABD'deki en büyük yedinci ipotek bankası IndyMac'e; ABD Federal Mevduat Sigorta Kurumu[5] murakıbı tarafından el konuldu. Banka ismini Bağımsız Ulusal İpotek Birliği'nden[6] almakta ve yarı kamusal Freddie Mac'i (bağlantısı olamamasına rağmen) taklit etmeye çalışmaktaydı. Amerikan tarihine dördüncü en büyük banka çöküşü olarak geçti. Bankanın toplam varlığı 32 milyar dolar olup, mudilerin Federal Mevduat Sigorta Kurumu (FDIC) tarafından kurtarılma maliyeti 4-8 milyar dolar olarak hesaplandı. Banka sözde Alt-A ve Jumbo ipotek kredileri konusunda uzmanlaşmıştı; krediler Fannie Mae ya da Freddie Mac'e satmak için çok büyüktü. Kamusallaştırılan banka, Ocak 2009'da özel sermayeli bir birliğe satıldı.

3 **TSLF (Term Securities Lending Facility):** Vadeli Menkul Kıymet Borç Verme Programı, hazinedeki ve teminat piyasalarındaki likiditeyi arttırmak ve genel olarak finansal piyasaların işleyişini desteklemek için yapılan haftalık kredi uygulamasıdır. 11 Mart 2008'de tanıtılan programın ilk ihalesi 27 Mart 2008'de gerçekleştirilmiştir. Söz konusu uygulama 1 Şubat 2010'da sona erdirilmiştir.

4 **PDCF (Primary Dealer Credit Facility):** Piyasa Yapıcıları Kredi İmkânı

5 **FDIC (Federal Deposit Insurance Corporation):** Federal Mevduat Sigorta Kurumu

6 **IndyMac:** Independent National Mortgage Corporation

13 Temmuz 2008	Hazine ve Fed; yükümlülüklerine garanti vererek ve geçici borç kolaylıkları sağlayarak devlet destekli kuruluşlardan (GSE) olan Fannie Mae ve Freddie Mac'i kurtardı.
7 Eylül 2008	Amerikan hükûmeti Federal İskân Finansı Ajansını7 bünyesine alarak Fannie Mae ve Freddie Mac'e el koydu. Her iki kurum da azami olarak 100 milyar dolara kadar sermaye aldı. Amerikan hükûmeti her iki kurumun da %79,9'luk hisse payına kadar kontrol imkânı elde etti.
7 Eylül 2008	Nevada'daki Silver State Bank 2008 bankacılık krizinin on birinci kurbanı oldu.
15 Eylül 2008	Yatırım bankası Lehman Brothers (Birleşik Devletler'in İflas Kanunu) Bölüm 11 uyarınca, koruma kapsamına girmeyi talep etti. Bu, 639 milyar dolar değerinde varlıkla o güne kadarki en büyük iflas oldu. Risksiz Amerikan varlıkları, 1.75 milyar dolara Barclays tarafından satın alınırken; Asya'daki faaliyetleri ise Nomura Securities tarafından satın alındı.
19 Eylül 2008	Amerikan Hazine Sekreteri Hank Paulson, bankacılık sistemini desteklemek üzere "Sorunlu Varlıkları Kurtarma Programı"nın8 taslağını hazırladı. Bankaların sermaye yapısını yeniden düzenlemek ya da ipoteğe dayalı varlıkları (mortgage assets) satın almak için 700 milyar dolar harcanacaktı. Aynı zamanda, banka hisse senetlerinin açığa satış işlemi yasaklandı. Mevduat sigortası miktarı geçici olarak 100 bin dolardan 250 bin dolara yükseltildi. (Temmuz 2010'da kalıcı hale getirildi).
28 Eylül 2008	Benelux yetkilileri mevcut sermayedarlara toplam 11.2 milyar euro ödeyerek Fortis Bank'ı kamusallaştırdı.

7 **FHFA (Federal Housing Finance Agency):** Federal İskân Finansı Ajansı

8 **TARP (Troubled Assets Relief Program):** Sorunlu Varlıkları Kurtarma Programı

29 Eylül 2008	Fed, swap anlaşmaları aracılığıyla yabancı merkez bankalarındaki (Kanada Merkez Bankası, Japonya Merkez Bankası, İngiltere Merkez Bankası, Danimarka Merkez Bankası, Norveç Merkez Bankası, İsveç Merkez Bankası, İsviçre Merkez Bankası ve Avrupa Merkez Bankası) tasarruflarını 620 milyar dolara yükseltti.
30 Eylül 2008	New York'un Times Meydanı'ndaki "Ulusal Borç Sayacı" 10 trilyon doları gösterdi.
3 Ekim 2008	Başkan Bush, Sorunlu Varlıkları Kurtarma Programı (TARP) kapsamında 700 milyar dolar harcama yetkisi veren Ekonomik İstikrar Programı'nı onayladı.
6-10 Ekim 2008	Krizin başlangıcından itibaren haftalık olarak hisse senedi fiyatlarındaki en büyük düşüş gerçekleşti. Bir hafta içerisinde, Dow Jones %22,1 düşerken; Standart&Poor's %18,2 azaldı. Londra'da FTSE 100 %21,1 gerilerken, Frankfurt'ta DAX %21,6 azaldı ve Tokyo'da Nikkei 225 %24,3 düştü.
6 Ekim 2008	Fed, üye bankalara olan kredi imtiyazını 900 milyar dolar seviyesine yükseltti. Bu gelişme aynı zamanda merkez bankasındaki banka rezervlerine olan faiz ödemelerini başlattı.
7 Ekim 2008	Fed tarafından üye bankalara yapılan borçlanma 1.3 trilyon doları aştı.
7 Ekim 2008	Avrupa Birliği, mevduat güvenceleri için uygulanan sigorta kapsamını 20 bin eurodan 50 bin euroya yükseltti.
8 Ekim 2008	Fed, İngiltere Merkez Bankası, Kanada Merkez Bankası, İsviçre Merkez Bankası, İsveç Merkez Bankası, Avrupa Merkez Bankası ve Çin Merkez Bankası'ndan oluşan bir grup merkez bankası ortak bir tutum içerisinde faiz oranlarını düşürme kararı aldı.
13 Ekim 2008	Fransa Cumhurbaşkanı Sarkozy, Fransız bankalarına 320 milyar euro borçlara karşı güvence ve ayrıca bankacılık sistemine 40 milyar euro yeni sermaye aktarımı sözü verdi.

13 Ekim 2008	İspanya Başbakanı Zapatero banka borçları için 100 milyar euro tutarına kadar güvence sözü verdi.
13 Ekim 2008	Hollanda, banka borçları için 200 milyar euroya kadar güvence vereceğini ve bankaların sermaye yapılarını yeniden düzenlemeleri için 20 milyar euro aktaracağını belirtti.
13 Ekim 2008	Almanya, aynı adımları atarak; banka borçları için 400 milyar euro güvence verdi ve bankaların sermaye yapısını yeniden düzenlemeleri adına 100 milyar euro sermaye sağladı.
14 Ekim 2008	ABD'deki dokuz büyük banka Sorunlu Varlıkları Kurtarma Programı kapsamında toplam 125 milyar dolar yeni sermaye aldı. JP Morgan Chase 25 milyar dolar alırken, Wells Fargo 25 milyar dolar, Citigroup 25 milyar dolar, Bank of America 15 milyar dolar, Merril Lynch 10 milyar dolar, Goldman Sachs 10 milyar dolar, Morgan Stanley 10 milyar dolar, Bank of New York Mellon 3 milyar dolar, State Street Bank ise 2 milyar dolar aldı.
14 Ekim 2008	Federal Mevduat Sigorta Kurumu (FDIC); bankaların sermaye dayanıklılığına bağlı olarak %0,5 ile %1,00 arası bir oranda değişmek üzere, 1.4 trilyon dolara kadar bankalar arası krediler için güvence verdi.
24 Ekim 2008	İzlanda IMF'den 2.1 milyar dolar değerinde kredi aldı. Bu, İngiltere'nin 1976'da aldığı borçtan sonra, gelişmiş bir ülkenin IMF'den aldığı ilk krediydi.
26 Ekim 2008	IMF Ukrayna'ya 16.5 milyar dolar miktarında kredi verdi.
28 Ekim 2008	IMF, Avrupa Birliği ve Dünya Bankası'nın; Macaristan'a verdiği toplam borç 24.8 milyar dolara ulaştı.
29 Ekim 2008	Avrupa Merkez Bankası, (Fed ile yaptığı swap sözleşmeleri hariç) borç verme işlem tutarının, 773.7 milyar euro ya da tam olarak 1 trilyon dolar eş değerinde bir miktara ulaştığını açıkladı.

1 Kasım 2008	Florida'da bulunan Freedom Bank, 2008'de batan 17. banka oldu ve bankaya el konuldu; mevduatları ise Michigan'da bulunan Fifth Third Bankası tarafından devralındı.
8 Kasım 2008	Los Angeles'da bulunan Security Pasific Bank, bankacılık krizinin bu yılki 19. kurbanı oldu.
9 Kasım 2008	Finansal kriz; Letonya'daki düzenleyici otoritenin, ikinci en büyük banka olan Parex'in tamamı için yaklaşık 5 dolar gibi sembolik bir miktar ödeyerek kamusallaştırmasıyla, Baltık Ülkeleri'ne sıçradı.
10 Kasım 2008	Üçüncü çeyrekte kaydedilen 24.5 milyar dolarlık kayıp sonucu American International Group (AIG)'a yapılan destek genişletildi ve değiştirildi. Sigorta şirketi, Sorunlu Varlıkları Kurtarma Programı (TARP) çerçevesinde 40 milyar dolar sermaye aktarımı aldı ve kredi marjı 112.5 milyar dolara çıkartıldı.
15 Kasım 2008	G-20 liderleri ekonomik ve finansal krizi tartışmak üzere Washington'da bir araya geldi; ancak herhangi bir karar alınamadı.
21 Kasım 2008	Hazine, toplam 36.5 milyar dolarlık Sorunlu Varlıkları Kurtarma Programı (TARP) parasının orta ölçekli 44 bankaya ödendiğini duyurdu.
23 Kasım 2008	Federal Mevduat Sigorta Kurumu (FDIC), Fed ve Hazine; 20 milyar dolar daha vererek Citigroup'u kurtardı. Aynı zamanda 306 milyar dolar toksik varlığı güvence altına aldı. Citi, kayıpların ilk 37 milyar dolarlık kısmını; daha sonra da Federal Mevduat Sigorta Kurumu, diğer kayıpların %90'ını üstlendi. Otoritelere, %8 faiz oranı ile 27 milyar dolarlık imtiyazlı hisse senedi alınarak ödeme yapıldı. Haberlerde, Citigroup'un hisse senedi fiyatının %62'ye çıktığına ilişkin bilgi yer aldı.

25 Kasım 2008	Fed, bono satın alarak 800 milyar dolar risk üstlendi. Fannie Mae ya da Ferddie Mac'in ihraç ettiği 100 milyar dolarlık bononun tamamını ve Fannie Mae ya da Ferddie Mac'in güvencesindeki 600 milyar dolara kadar olan İpotek Teminatlı Menkul Değerler'i (MBS) satın aldı. Dahası, Fed yeni programı olan Varlık Destekli Menkul Kıymet Kredi Kolaylığı[9] (TALF) kapsamında; kredi kartı borçlanmaları, eğitim, taşıt kredisini içeren ve Küçük Şirketler İdaresi tarafından teminat altında olan 200 milyar dolara kadar AA-A-dereceli kağıt ve bono satın alacaktı. Sonuç olarak, 30 yıl vadeli ipotek kredilerinin faiz oranları belirgin bir düşüş yaşayarak; %6,38'den %5.70'e geriledi.
12 Aralık 2008	Teksas'ta bulunan Sanderson State Bank; krizin 28. ve 2008'in ise son ve 25. kurbanı hâline geldi.
15 Aralık 2008	İngiltere 250 milyar sterlin değerindeki teminat programını kullanarak, bankalara yönelik ücretleri indirdi; ayrıca teminatı 3 yıldan 5 yıla kadar genişletti.
15 Ocak 2009	Senato, Sorunlu Varlıkları Kurtarma Programı (TARP) çerçevesinde tahsis edilen 700 milyar doların ikinci yarısının piyasaya sürülerek dağıtılması için oylamada bulundu.
16 Ocak 2009	İllinois'te bulunan National Bank of Commerce ve Washington'da bulunan Bank of Clark Country, Federal Mevduat Sigorta Kurumu (FDIC) tarafından kapatılmak suretiyle yeni yılın ilk kurbanı oldu. İflas konusunda 138 banka daha 2009 boyunca onları izleyecekti.
2 Şubat 2009	İngiltere Merkez Bankası; azami 50 milyar sterlin ile yüksek dereceli şirket tahvilleri, sendikasyon kredisi, ticari senet almaya başladı.

9 **TALF (Term Asset-Backed Securities Loan Facility):** Varlık Destekli Menkul Kıymet Kredi Kolaylığı

25 Şubat 2009 ABD; 100 milyar doların üstünde varlığı olan 19 büyük bankaya, uyguladıkları stres testiyle daha çok sermayeye ihtiyaçları olup olmadığını tespit etmek üzere, tahkikat başlattı.

26 Şubat 2009 Royal Bank of Scotland 2008 yılı için 40 milyar sterlini aşkın kayıp açıkladı; bu, bir İngiliz şirketi tarafından bildirilen en büyük kayıp oldu.

26 Şubat 2009 %70'i İngiliz devletine ait olan RBS, 325 milyar sterlinlik varlığını sigortalatmak için devlet garantisinden yararlandı. RBS, zararındaki ilk 19.5 milyar sterlini ve ayrıca geri kalanın %10'luk kısmını alacaktı. Hükûmete 6.5 milyar sterlin bedele neden olan hisseler; imtiyazlı hisse senetlerinin adı hisse senetlerine dönüşmesi sonucunda devletin söz konusu kurumdaki payını %80'e çıkarabilirdi.

10 Mart 2009 İtalya'nın en büyük dördüncü bankası Banco Populare, devlet desteğine başvuran ilk banka oldu. Banka; devlete, 1.45 milyar euroluk oy hakkından yoksun imtiyazlı hisse senedine dönüştürülebilen bono ihraç etti.

18 Mart 2009 Fed; Freddie Mac, Fannie Mae ve diğer "kurumlar"ın ihraç ettiği ipotekli tahvil ve senet alımını iki katına çıkararak, azami 1.45 trilyon yaptığını duyurdu. Fed aynı zamanda yıl boyunca 300 milyar dolar değerinde uzun vadeli devlet tahvili satın alacaktı. Bu haberlerle birlikte 10 yıllık tahvil getirisi 50 baz puan düştü.

20 Mart 2009 Almanya Meclisi Bundestag, azınlık olan hissedarlar karşı çıksa dahi bankaların kamulaştırılmasını sağlayan yasayı kabul etti. Söz konusu durum, somut olarak ipotek bankası Hypo Real Estate ile ilgiliydi. 1931'den beri Alman devletinde bankanın kamulaştırılması ilk defa olacaktı. Bir hafta sonra; hükûmet, bankanın 60 milyar euro değerinde %9'luk ilk payını aldı. Hükûmet hissenin çoğunluğuna şimdiden sahipti; sermayenin %50'si ve bir de iştirak payı.

27 Mart 2009	Georgia'da bulunan Omni National Bank, yöneticisi tarafından kapatıldı ve böylelikle 2007'nin başından beri 49 banka kapanmış oldu.
29 Mart 2009	İspanya; bankalara yönelik ilk destek operasyonunu gerçekleştirmek zorunda kalarak, tasarruf bankası Caja Castilla & La Mancha'ya 9 milyar euro kredi verdi.
2 Nisan 2009	G-20 ülkelerinin liderleri, finansal ve ekonomik krize karşı mücadelede alınacak önlemleri kararlaştırmak üzere Londra'da bir araya geldi. Toplantının içeriğinde; hedge fonlar, özel sermaye fonları ve CDS'ler gibi tezgah üstü türev ürünlerle ilgili yeni düzenlemeler de bulunmaktaydı. Avrupa Komisyonu, varlıklarla beraber 100 milyon euro'nun üzerinde olan fonların denetim altına alınmasını teklif etti. Ayrıca, G-20 ülkeleri finansal krize olumsuz anlamda katkıda bulunan "kötü niyetli teşviklerin" önlenmesi amacıyla "sağlam tazminat uygulamalarının ilkeleri" üzerinde anlaşmaya vardı. İlkeler; riskleri daha iyi öngörebilmek için tazminat uygulanmasını ve firmaların toplam performanslarının da dikkate alınarak ikramiye ödemelerinin bir kısmının ertelenmesini içermekteydi.
22 Nisan 2009	IMF, bankalardaki ve sigorta şirketlerindeki zararların 4 trilyon doların üzerine çıkabileceğini tahmin etti; bu tarihe kadar bu rakamın 1,5 trilyon doları gerçekleşmişti. Bu zararın üçte ikisi Amerika'da meydana gelirken, üçte biri Avrupa'da ve ufak bir kısmı ise Asya ülkelerinde ortaya çıkmıştı.
19 Mayıs 2009	Federal Mevduat Sigorta Kurumu'nun (FDIC), Hazine'den aldığı borçlanma limiti geçici olarak 500 milyar dolara yükseltildi. Bu dönemde sigorta fonundaki miktar 13 milyar dolar seviyesine gerilemişti.

13 Temmuz 2009	Avrupa Komisyonu ve Basel Bankacılık Denetim Komitesi; bankaların özel işleminin (özkaynaklı ticaret-proprietary trading) ortaya çıkmasını sağlamak amacıyla, sermaye maliyetlerini iki kat arttırmayı önerdi. Aynı zamanda; bankaların, riskin gerçekten azaldığını gösterene kadar, yeni tahviller için risk ağırlığının %1,250 olması (%100'ü varlıklar için, normal risk ağırlığı ise %8) ve yeniden menkulleştirme (resecuritization) üzerindeki sermaye maliyetlerinin sıkılaştırılması önerilmiştir.
6 Ağustos 2009	İngiltere Merkez Bankası varlık alımlarını 125 milyar sterlinden 175 milyar sterline çıkarma kararı aldı.
9 Ağustos 2009	IMF, küresel bankacılık krizinin toplam "maliyetini" dünyanın GSYİH'nin %20'sinin üzerinde bir değerle 11.9 trilyon dolar olarak hesapladı. Bu değerin 10.2 trilyon doları gelişmiş ülkeleri etkilerken; sadece 1.7 trilyon doları gelişmekte olan ülkeleri etkiledi. Söz konusu maliyet, merkez bankaları tarafından yapılan sermaye enjeksiyonlarını, kredileri, garantileri ve likit desteklerini içermekteydi.
7 Eylül 2009	Basel Komitesi 2011 yılına kadar uygulanmak üzere Basel II çerçevesinde değişiklik yapılmasını teklif etti. Birinci Aşama (Tier 1) sermayesi, prensipte sadece; adi hisse senetleri ve dağıtılmamış kârlar, şerefiye, karma ürünleri içermeliydi. En azından Birinci Aşama sermayesinin yarısı maddi özkaynaklardan oluşmalıydı; Birinci Aşama rasyosu %4 seviyesinden %8'e yükseldi. Sermaye üzerinde ağırlıklandırılmamış varlık olarak tanımlanan ve maksimum kaldıraç oranı 25 olan ise, Basel II risk değerlendirmesine göre, tamamlanmış olarak tanıtılmalıydı. Sermaye yeterliliği devir sayacı (dinamik tedarik), mevcut olan Pillar 1 gerekliliklerine eklenmeliydi. Sistem içinde önemli olan bankalar, ekstra sermaye maliyetlerine maruz bırakılabilmeliydi. Tüm bunlar açıkça Basel III'e işaret etmekteydi.

8 Eylül 2009	Derecelendirme kuruluşu Moody's moral vermek amacıyla aralarında ABD, Fransa, Almanya, İngiltere ve İspanya'nın bulunduğu büyük ülkeleri "Aaa" olarak derecelendirdi; böylece söz konusu ülkelerin, artan bütçe açıkları ve borç seviyelerine rağmen risk notları düşürülmedi. Ancak Temmuz 2010'da Moody's fikrini değiştirerek İspanya'nın notunu "Aa1" olarak düşürmek suretiyle uyarıda bulunmuş oldu.
2 Ekim 2009	Avrupa Birliği, bölgedeki 22 büyük bankaya yaptığı stres testi sonucunu yayınladı. Varsayımlara bağlı olarak, zor şartlar altında dahi, hiçbir bankanın Birinci Aşama'sındaki (tier 1) rasyosu %6'nin altına düşmüyordu ve ortalama %8-9 oluyordu. (Yeni stres testi aşağıda görüldüğü gibi Temmuz-2010'da yapıldı)
30 Ekim 2009	Amerika'daki otoriteler tarafından 9 bankaya el konuldu ki bu durum kriz boyunca bir günde oluşan en kapsamlı temizleme işlemiydi; böylelikle, 2007'nin başlarından itibaren 143 batık banka oluşmuş oldu.
30 Kasım 2009	Finansal İstikrar Kurumu (FSB), dünya çapında sistemik risk oluşturabileceği düşünülen ve sınır ötesi denetlenmesi gereken 30 finansal grubu tespit etti.
18 Aralık 2009	Basel Komitesi bankalar için düzenlemelerin olduğu yeni bir tasarı yayınladı. Değişimler arasında; Birinci Aşama (Tier 1) için adi hisse senedi ve dağıtılmamış kârlara odaklanarak, kademe kademe karma sermayelerin sonlandırılması bulunuyordu. Diğer teklifler ise, likidite oranlarını, küresel kaldıraç oranlarını ve sermaye tamponlarını içeriyordu. (Teklif, Bölüm 7 ve 9'da detaylı bir biçimde incelenmiştir.)

EK II: Dönemin Ekonomik ve Finansal Göstergeleri

	BÜYÜME ORANI			ENFLASYON ORANI			İŞSİZLİK ORANI		
	GSYH, Sabit Fiyatlar, % Değişim			TÜFE, % Değişim			Toplam İşgücüne Oranı		
	2007	2008	2009	2007	2008	2009	2007	2008	2009
Arjantin	7,966	3,075	0.050	8,830	8,585	6,270	8,475	7,875	8,675
Avustralya	4,520	2,671	1,575	2,327	4,377	1,743	4,350	4,242	5,567
Brezilya	6,006	5,019	-0.236	3,641	5,678	4,888	9,275	7,892	8,075
Kanada	2,008	1,175	-2,711	2,131	2,385	0.299	6,033	6,158	8,358
Çin	14,162	9,635	9,200	4,800	5,900	-0.700	4,000	4,200	4,300
Fransa	2,361	0.195	-2,941	1,608	3,161	0.103	8,008	7,417	9,108
Almanya	3,383	0.805	-5,565	2,285	2,746	0.218	8,575	7,408	7,675
Hindistan	9,801	3,891	8,480	5,940	9,193	10,604	7,168	6,826	6,482
Endonezya	6,345	7,442	4,702	6,662	9,777	5,047	9,110	8,390	7,870
İtalya	1,474	-1,050	-5,481	2,038	3,500	0.764	6,108	6,750	7,758
Japonya	2,192	-1,042	-5,527	0.061	1,378	-1,343	3,833	3,983	5,075
Kore	5,463	2,829	0.708	2,535	4,674	2,757	3,250	3,175	3,650
Meksika	3,148	1,400	-4,700	3,969	5,130	5,296	3,611	3,883	5,326
Rusya	8,535	5,248	-7,800	9,007	14,108	11,654	6,000	6,200	8,200
S. Arabistan	5,992	8,427	1,829	5,042	6,100	4,147	5,645	5,176	5,377
Güney Afrika	5,360	3,191	-1,538	7,116	11,536	7,130	23,000	22,525	23,700
Türkiye	4,669	0.659	-4,826	8,756	10,444	6,251	9,183	10,020	13,053
İngiltere	2,556	-0.332	-4,311	2,321	3,613	2,166	5,350	5,725	7,625
Amerika	1,779	-0.292	-2,776	2,871	3,815	-0.320	4,617	5,800	9,283
Avusturya	3,621	1,547	-3,799	2,203	3,223	0.401	4,867	4,150	5,308
Belçika	3,000	0.953	-2,619	1,815	4,492	-0.009	7,500	7,092	7,867
Bulgaristan	6,907	5,755	-5,012	7,571	11,950	2,472	6,935	5,664	6,878
Hırvatistan	5,150	2,054	-7,384	2,874	6,066	2,377	9,600	8,550	8,925
Kıbrıs	4,893	3,621	-2,043	2,170	4,385	0.180	3,900	3,658	5,408
Çek Cumh.	5,529	2,711	-4,842	2,862	6,339	1,033	5,320	4,392	6,662
Danimarka	0.821	-0.713	-5,089	1,714	3,399	1,326	3,767	3,458	5,992
Estonya	7,748	-5,419	-14,724	6,744	10,606	0.198	4,592	5,455	13,549
Finlandiya	5,185	0.721	-8,269	1,584	3,914	1,635	6,867	6,367	8,242
Yunanistan	3,538	-0.444	-4,395	2,895	4,153	1,210	8,397	7,759	9,616
Macaristan	0.511	0.879	-6,551	7,935	6,066	4,209	7,454	7,865	10,096

İrlanda	5,543	-2,162	-5,638	2,873	3,108	-1,706	4,674	6,400	12,009
Letonya	9,793	-3,175	-14,186	10,091	15,241	3,243	6,075	7,725	17,525
Litvanya	11,087	2,628	-14,814	5,820	11,088	4,164	4,248	5,827	13,787
Lüksemburg	8,396	-0.843	-5,378	2,655	4,091	0.011	4,200	4,175	5,500
Malta	3,854	3,263	-2,477	0.696	4,685	1,840	6,467	5,975	6,883
Hollanda	3,696	1,708	-3,773	1,583	2,210	0.974	4,165	3,665	4,358
Polonya	7,202	3,920	2,634	2,492	4,217	3,450	9,604	7,119	8,169
Portekiz	2,492	0.199	-2,978	2,423	2,651	-0.903	7,964	7,552	9,432
Romanya	6,864	8,459	-7,067	4,834	7,846	5,584	6,321	5,566	6,247
Slovakya	10,681	5,447	-5,290	1,899	3,945	0.930	11,233	9,583	12,117
Slovenya	6,942	3,300	-7,797	3,611	5,651	0.854	4,858	4,392	5,892
İspanya	3,769	1,117	-3,575	2,787	4,076	-0.288	8,225	11,250	17,875
İsveç	3,405	-0.557	-5,185	1,677	3,347	1,939	6,117	6,167	8,300

Kaynak: IMF

	FAİZ ORANI			DÖVİZ KURU		
	Merkez Bankası Politika Faiz Oranı			Dönem Ortalaması		
	2007	2008	2009	2007	2008	2009
Arjantin	8.688	12.169	12.682	3.1200	3.1800	3.7458
Avustralya	6.386	6.673	3.275	1.1952	1.1963	1.2810
Brezilya	12.054	12.441	10.163	1.9479	1.8346	1.9976
Kanada	4.350	3.041	0.435	1.0740	1.0671	1.1415
Çin	2.330	2.803	1.800	7.6067	6.9493	6.8308
Fransa	3.838	3.890	1.282	1.3703	1.4708	1.3936
Almanya	3.838	3.890	1.282	1.3703	1.4708	1.3936
Hindistan	7.666	8.005	4.922	41.3432	43.5052	48.3742
Endonezya	8.629	8.650	7.172	9140.7535	9658.5478	10383.9558
İtalya	3.838	3.890	1.282	1.3703	1.4708	1.3936
Japonya	0.475	0.463	0.105	117.7642	103.3808	93.6000
Kore	4.715	4.813	2.070	929.3758	1100.1259	1277.2458
Meksika	7.778	7.838	5.594	10.9286	11.1542	13.5079
Rusya	6.500	7.374	8.712	25.5825	24.8542	31.8383
S. Arabistan	5.451	5.067	2.023	3.7475	3.7500	3.7500
Güney Afrika	9.602	11.609	8.382	7.0470	8.2588	8.4234
Türkiye	17.234	16.000	9.189	1.3012	1.2979	1.5467
İngiltere	5.508	4.677	0.646	2.0018	1.8528	1.5651
Amerika	5.052	2.083	0.125	1.0000	1.0000	1.0000
Avusturya	3.838	3.890	1.282	1.3703	1.4708	1.3936
Belçika	3.838	3.890	1.282	1.3703	1.4708	1.3936
Bulgaristan	3.923	5.115	2.411	1.4290	1.3372	1.4067
Hırvatistan	7.506	9.000	9.000	5.3645	4.9350	5.2839
Kıbrıs	4.000	2.500	1.000	1.3705	1.4715	1.3948
Çek Cumh.	2.836	3.491	1.528	20.2937	17.0717	19.0630
Danimarka	3.844	4.070	1.569	5.4437	5.0981	5.3609
Estonya	4.000	2.500	1.000	1.3693	1.4643	1.3910
Finlandiya	3.838	3.890	1.282	1.3703	1.4708	1.3936
Yunanistan	3.838	3.890	1.282	1.3703	1.4708	1.3936
Macaristan	7.805	8.675	8.628	183.6258	172.1133	202.3417

İrlanda	3.838	3.890	1.282	1.3703	1.4708	1.3936
Letonya	6.000	6.000	4.000	1.3638	1.4585	1.3850
Litvanya	4.000	2.500	1.000	1.3693	1.4645	1.3905
Lüksemburg	4.000	2.500	1.000	1.3705	1.4715	1.3948
Malta	4.000	2.500	1.000	1.3705	1.4715	1.3948
Hollanda	3.838	3.890	1.282	1.3703	1.4708	1.3936
Polonya	4.403	5.716	3.774	2.7680	2.4092	3.1197
Portekiz	3.838	3.890	1.282	1.3703	1.4708	1.3936
Romanya	7.490	9.678	9.120	2.4382	2.5189	3.0493
Slovakya	3.838	3.890	1.282	1.2226	1.4156	1.3936
Slovenya	4.000	2.500	1.000	1.3705	1.4715	1.3948
İspanya	3.838	3.890	1.282	1.3703	1.4708	1.3936
İsveç	3.459	4.112	0.666	6.7570	6.5915	7.6592

Kaynak: Oxford Economics

	CARİ DENGE/GSYH			BÜTÇE DENGESİ/GSAYH			KAMU BORÇ STOKU/GSYH		
	2007	2008	2009	2007	2008	2009	2007	2008	2009
Arjantin	1,996	1,454	1,968	0.97	1.18	-0.48	53,224	47,014	47,631
Avustralya	-6,705	-4,965	-4,678	1.75	1.18	-4.13	9,677	11,741	16,758
Brezilya	0.111	-1,664	-1,458	-2.68	-1.91	-3.20	63,796	61,913	65,039
Kanada	0.779	0.116	-2,920	3.13	1.34	-1.83	66,710	70,841	83,001
Çin	10,024	9,225	4,808	1.35	0.35	-1.59	34,642	31,587	36,119
Fransa	-0.299	-0.953	-0.831	-2.54	-3.19	-7.16	64,189	67,851	78,762
Almanya	6,748	5,595	5,736	0.36	-0.21	-4.24	63,826	65,231	72,707
Hindistan	-1,270	-2,280	-2,796	-2.75	-4.89	-7.20	74,027	74,536	72,527
Endonezya	1,445	0.022	1,840	-1.05	0.21	-1.39	32,333	30,252	26,483
İtalya	-1,418	-2,833	-1,931	-1.53	-2.70	-5.27	99,729	102,341	112,464
Japonya	4,870	2,941	2,885	-2.09	-1.87	-8.84	183,012	191,812	210,247
Kore	1,051	0.318	3,725	3.51	1.46	-1.60	28,651	27,981	31,224
Meksika	-1,406	-1,850	-0.939	0.11	-0.10	-2.23	37,534	42,827	43,924
Rusya	5,489	6,258	4,121	6.60	5.03	-5.80	8,607	7,978	10,627
S. Arabistan	22,472	25,456	4,883	11.33	29.80	-5.38	17,115	12,056	13,989
G. Afrika	-5,383	-5,537	-2,728	0.70	-0.04	-5.25	27,077	25,938	30,324
Türkiye	-5,844	-5,501	-1,955	-1.74	-1.88	-5.61	39,907	39,984	46,073
İngiltere	-2,743	-3,716	-2,793	-2.98	-5.09	-10.81	43,633	51,776	65,806
Amerika	-4,964	-4,693	-2,663	-3.61	-6.74	-11.93	64,011	72,835	86,035
Avusturya	3,812	4,500	2,588	-1.32	-1.46	-5.32	64,808	68,518	79,726
Belçika	1,489	-0.996	-1,073	-0.03	-1.10	-5.30	86,849	92,188	99,215
Bulgaristan	-24,323	-22,449	-8,637	3.51	2.95	-0.74	17,908	15,023	15,080
Hırvatistan	-7,144	-8,820	-5,110	-0.94	-0.85	-3.24	34,427	36,025	44,462
Kıbrıs	-10,763	-14,274	-9,814	3.26	0.87	-5.49	53,713	44,692	53,544
Çek Cumh.	-4,331	-1,880	-2,365	-1.68	-0.52	-4.91	27,807	28,658	34,058
Danimarka	1,384	2,669	3,320	5.02	3.17	-2.81	27,339	33,386	40,368
Estonya	-14,981	-8,677	2,541	2.72	-2.67	-2.18	3,659	4,480	7,030
Finlandiya	3,837	2,246	1,928	5.11	4.17	-2.53	33,993	32,654	41,696
Yunanistan	-13,992	-14,469	-10,888	-6.75	-10.00	-15.02	102,778	108,752	126,220
Macaristan	-7,129	-7,094	-0.811	-5.06	-3.66	-4.59	65,845	71,877	78,121
İrlanda	-5,354	-5,726	-3,033	0.3	-7	-13.8	23,926	42,445	61,775
Letonya	-20,816	-12,324	8,041	-0.66	-4.13	-9.01	7,243	16,130	32,345

Litvanya	-14,905	-12,939	2,073	-0.82	-3.08	-9.11	16,653	15,390	29,014
Lüksemburg	9,843	7,344	7,580	4.13	3.26	-0.54	7,001	14,396	15,402
Malta	-3,870	-1,053	-6,579	-2.25	-4.16	-3.29	62,390	62,746	67,792
Hollanda	5,955	4,141	5,815	0.73	0.92	-4.34	45,295	58,459	60,758
Polonya	-6,278	-6,572	-3,952	-1.9	-3.6	-7.3	44,606	47,039	50,259
Portekiz	-9,738	-12,126	-10,422	-2.99	-3.77	-9.79	68,439	71,666	83,609
Romanya	-13,458	-11,510	-4,493	-2.09	-4.59	-7.14	12,652	13,387	23,348
Slovakya	-4,830	-6,457	-3,459	-1.22	-1.02	-4.34	29,844	28,204	35,985
Slovenya	-4,130	-5,316	-0.561	-0.09	-1.42	-5.91	22,704	21,554	34,423
İspanya	-9,648	-9,251	-4,281	2.10	-4.22	-10.89	35,510	39,399	52,705
İsveç	8,862	8,549	5,918	3.34	1.95	-0.72	38,109	36,684	40,195

Kaynak: IMF

B. TÜRKİYE'NİN MAKROEKONOMİK GÖRÜNÜMÜ I

Başbakan Erdoğan, Mayıs ayında sona erecek Stand-By'ın yerine IMF ile yeni bir Stand-By anlaşması yapılıp yapılmayacağı sorusu üzerine, *"Daha dört ay var, bu dört ay içinde bütün gelişmeleri aramızda değerlendireceğiz ve kararımızı vereceğiz" dedi. Erdoğan, Stand-By konusundaki belirsizliğin piyasaların önünü görmesini engellediğine ve IMF ile anlaşma imzalanmazsa Türkiye'nin "çıpasız" kalacağına ilişkin değerlendirmelerin anımsatılması üzerine ise, "Türkiye, şu anda IMF ile ilişkilerde kendi siyasi geleceğine herhangi bir tesiri olacak asla bir pazarlığı yapmamıştır, yapmaz ve bu konuda ayakları üzerinde duran bir siyasi iktidar işbaşındadır. 7,2 milyar dolara düşen borcumuzla biz rahat bir konumdayız" diyen Erdoğan, şunları söyledi: "Stand-By'ı imzala(ma)mak kıyamet değil. IMF ile imzalamazsanız, ekonomi, yatırım durur diye bir şey yok. Sizin Stand-By anlaşmanıza neler koyacağınıza bağlı. Şu anda yapıp yapamayacağımızın kararını vermiş değiliz. Şimdiki çıpa, Türkiye çıpasıdır."*

Ulusal gazeteler: 60. Cumhuriyet Hükûmeti'nin, 2008-2012 dönemini kapsayan Eylem Planı Basın Toplantısı 11.01.2008.

Temel Makroekonomik Politika Dokümanları

IMF tarafından Mayıs 2007'de yayınlanan "Türkiye: 2007 Madde IV Konsültasyonu" raporu, Türkiye ekonomisinin görünümüne ilişkin veri ve bilgiler içermektedir.

Söz konusu dokümanda, büyük çıktı açığının kapatılması, kamu borç oranlarının keskin bir şekilde düşürülmesi, ekonomik kurumların güçlendirilmesi ve mali sistemin normalleştirilmesi ile 2001 krizinin mirasından kurtulma konusunda önemli ilerleme kaydedildiği vurgulanmaktadır. Bu değişimin mali disiplinden, yapısal reformlardan, siyasi istikrar ve uygun küresel ekonomik koşullardan kaynaklandığı ifade edilmektedir. Ayrıca, ekonomik faaliyetin ılımlı seyretmekte olduğu, ancak iç talebe daha az bağımlı hâle geldiği de ifade edilmekte, 2007 yılında yüzde 5 olarak öngörülen büyüme, reel faiz oranlarının düşmesi ve seçim belirsizliklerinin ortadan kalkmasıyla gelecek yıl daha yüksek oranda (%6) büyüyeceği vurgulanmaktadır. Bu süreçte, cari açığın, iç talepteki yavaşlama ve güçlü dış büyüme nedeniyle daralacağına, ancak yakın vadede muhtemelen yüksek kalmaya devam edeceği de belirtilmektedir.

Yetkililer ve uzmanlar, 2001 krizinden çıkış stratejisinin uygun ve başarılı olduğu konusunda mutabık kalmışlardır. İleriye bakıldığında, istikrarın sağlamlaştırılması ve yapısal reformların canlandırılması ekonomi politikasının temel direkleri olacağı belirtilmiştir. Faiz dışı mali fazla hedefinin ne zaman azaltılabileceği, enflasyon hedefine nasıl ulaşılabileceği ve ekonominin büyük sermaye girişlerinden kaynaklanan kırılganlıklardan nasıl korunacağı konularının tartışıldığı raporda, orta vadeli mali hedefleri çıpalamak için bir mali kural benimsenmesi önerisine olumlu bakıldığı, ancak henüz buna hazır olunmadığı da yer almaktadır. Piyasa güvenini korumak ve enflasyonun düşürülmesini kolaylaştırmak için harcamalar, GSMH'nin en az yüzde 6½'si oranındaki faiz dışı fazla hedefine ulaşacak şekilde kontrol altında tutulmalı, para politikası, enflasyon kesin bir düşüş patikasına girene kadar sıkı kalmalı ifadesi raporun politika önceliğini yansıtmaktadır. Ekonominin şoklara karşı dayanıklılığını artırmak için kamu ve özel sektör bilançolarındaki tamponlar artırılmasına ve finansman yapılarının iyileştirilmesine de işaret edilmektedir.

Temel politika dokümanları, hükûmetin yaklaşımını, ekonomi yönetiminin/bürokrasisinin bakış açısını, uluslararası kuruluşların beklenti ve önceliklerine kadar uzanan oldukça geniş bir yelpazeyi içermektedir. Her dokümanın kendine has özellikleri olduğu gibi, aralarında da mantıksal ilişki ve tutarlılığın da olması özel bir önem taşımaktadır. Söz konusu politika dokümanları, ekonomi yönetiminin ekonomik ve finansal göstergeleri izleme ve değerlendirme sürecinde, karar alma ve uygulamalarında etkili olmaktadır.

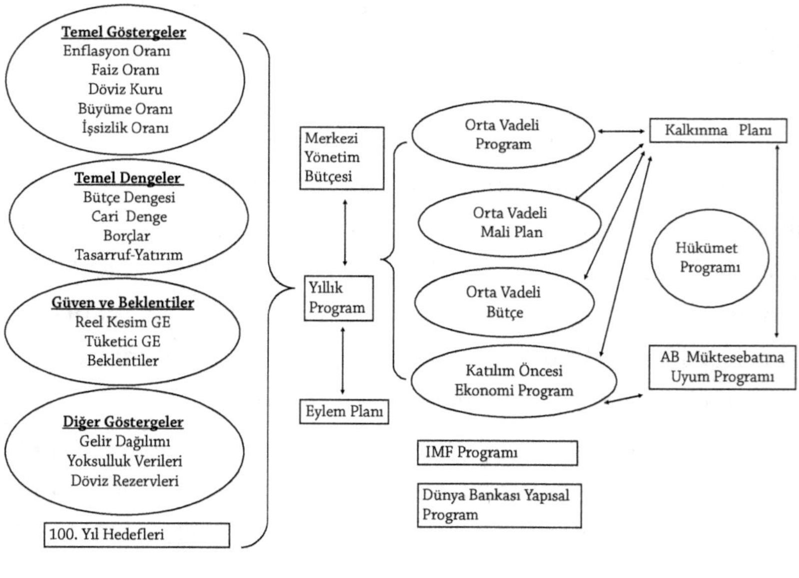

22 Temmuz 2007 tarihinde yapılan seçimlerden sonra kurulan 60. Cumhuriyet Hükûmetinin, ekonomik karar alma ve uygulama süreçlerinde makroekonomik performans ve istikrar göstergelerini etkilemek amacıyla açıkladığı temel politika dokümanları yukarıdaki şekilde ifade edilmektedir. Bu nedenle, söz konusu dokümanlar, kriz döneminin temel makroekonomik politika dokümanları olarak adlandırılmaktadır.

1. Küresel Boyut: Uluslararası Para Fonu, Dünya Bankası, Avrupa Birliği

Türkiye, ekonomik yapı ve ilişkiler sistemini geliştirme ve/veya iyileştirme sürecinde uluslararası kurum ve kuruluşlarla yakın ilişkiler kurmuştur. Bu ilişkilerin farklı nedenleri de bulunmaktadır. Küresel ve ulusal ekonomik sorunlar, yapısal reform ihtiyacı, Avrupa Birliğine entegrasyon süreci, önemli olanlarıdır.

Kriz döneminde, 2002-2008 dönemini kapsayan, 26 Nisan 2005 tarihinde üst düzey ekonomi yöneticileri tarafından imzalanan ve Uluslararası Para Fonu Başkanı'na hitaben gönderilen niyet mektubunun şekillendirdiği, toplam tutarı 6.662,04 milyon SDR olan stand-by anlaşması devam etmekteydi. Mektubun devamında, Türkiye Cumhuriyeti Hükûmetinin Ekonomik ve Mali Politikalarına İlişkin Belge yer almaktadır. Belge, makroekonomik çerçeveyi çizdikten sonra para ve maliye politikalarının hedef ve stratejilerini açıklamakta, yapısal kamu maliyesi politikalarına vurgu yapmakta, borç yönetimi ile finansal sektör reformlarına dikkat çekmekte, yatırım ortamının iyileştirilmesi üzerinde durmaktadır. Bu mektubun, dolayısıyla stand-by'ın 10 farklı alanla ilgili ekleri (Ek A'dan 'dan Ek J'ye kadar) yer almaktadır. 28 Nisan 2008 tarihli Niyet Mektubu ile ilişkili 7. gözden geçirmeden sonra 19. stand-by düzenlemesi sona ermiştir. İlgili veri ve bilgiler T.C. Hazine Müsteşarlığı web sayfasında yer almaktadır. Ayrıca, Uluslararası Para Fonu'nun Türkiye ofisinde de bulunmaktadır.

Son Dönemde IMF'den Kullanılan Kaynak		
Milyon	**SDR**	**USD**
Stand-by Öncesi Borç (31 Kasım 1999 itibarıyla)	445.9	610.7
22 Aralık 1999 - 04 Şubat 2002 arasında 17 Stand-by kapsamında alınan borç	5,955.0	8,709.1
21 Aralık 2000 - 20 Aralık 2001 arasında 17.Stand-by kapsamında kullanılan "Ek Rezerv Kolaylığı"	5,784.0	6,265.3
04 Şubat 2002 - 03 Şubat 2005 arasında 18. Stand-by kapsamında alınan borç	11,914.0	15,312.9
11 Mayıs 2005 - 10 Mayıs 2008 arasında 19. Stand-by kapsamında alınan borç*	6,662.0	0.0
Son üç Stand-by kapsamında **Toplam Alınan Borç**	30,315.0	0.0
Son üç Stand-by kapsamında Yapılan Anapara Ödemesi	30,315.0	0.0
SON DURUM	**0.0**	**0.0**

*19. Stand-by kapsamında kullanılmış toplam kaynak: 6,662 milyar SDR'dir. 14 Mayıs 2013'te borç sıfırlanmıştır.

Kaynak: IMF ve T.C. Hazine Müsteşarlığı

SON Dönem IMF Borcu (Yıl Sonları İtibarıyla)	Milyon SDR	Milyon USD
2000	3,205	4,174
2001	11,233	14,117
2002	16,246	22,086
2003	16,213	24,092
2004	13,848	21,507
2005	10,247	14,646
2006	7,154	10,762
2007	4,530	7,158
2008	5,534	8,524
2009	5,076	7,958
2010	3,654	5,627
2011	1,967	3,020
2012	562	864
2013 Ocak Sonu	562	866
2013 Şubat Sonu	281	426
2013 Mart Sonu	281	421
2013 Nisan Sonu	281	424
2013 Mayıs Sonu	0	0

Kaynak: IMF ve T.C. Hazine Müsteşarlığı

Dünya Bankası'nın farklı finansman enstrümanları bulunmaktadır. Çeşitli sektörlerde ekonomik ve sosyal kalkınma projelerini desteklemek amacıyla mal, iş ve hizmetlerin finansmanına yönelik proje kredileri, yapısal reformları destekleyici bütçe finansmanı amaçlı Program Kredileri hem yatırım hem de program kredisi bileşeni olan Hibrid Krediler, Hibe Programları ve Fonlar önemli yer tutmaktadır. Ayrıca, Dünya Bankası, Ülke İşbirliği Stratejisi Programında desteklenmesi öngörülen bazı projelere de temel teşkil eden raporlardan oluşan analitik çalışmalar da yapmaktadır.

Dünya Bankası'nın da Ankara ofisi bulunmaktadır. İlgili veri ve bilgiler, T.C. Hazine Müsteşarlığı web sayfasında yer almaktadır.

2007-2012 Mali Yılları Arasında IBRD'nin (Dünya Bankası Grubunun Kurumu) Sağladığı Finansman

Milyon ABD Doları	2007	2008	2009	2010	2011	2012
Toplam Onaylanan Kredi	12,784	13,468	32,833	43,955	26,337	20,368
Türkiye'nin Toplam Onaylanan Kredisi	1,158	1,203	2,075	2,990	1,370	1,100
Toplam Kullanım	11,300	11,049	19,106	29,037	22,365	20,032
Türkiye'nin Toplam Kullanımı	1,332	1,255	1,674	2,975	2,378	1,596

Kaynak: Dünya Bankası ve T.C. Hazine Müsteşarlığı

31 Aralık 2008 tarihli ve 27097 sayılı Resmî Gazete'de yayınlanan, Türkiye Ulusal Programı: Avrupa Birliği Müktesebatının Üstlenilmesine ilişkin 2008 Yılı Ulusal Programı'nda siyasi ve ekonomik kriterler ile bunların alt başlıkları detaylı şekilde ifade edilmiştir. Türkiye'nin AB ile müzakere eden ülke konumuna gelmesi ve tam üyelik hedefine daha da yaklaşması, siyasal, stratejik ve güvenlik bağlamında ülkemizin konumunu güçlendirmektedir. Türkiye'nin, katılım sürecini başarıyla tamamlamakta kararlı olduğu belirtilmiştir. Program, şu hususlar üzerinde durmaktadır. Türkiye, Avrupa Birliği'ne üyelik yolunda hukuksal, siyasi ve ekonomik reformların gerçekleştirildiği dinamik bir süreç içinde bulunmaktadır. Bu süreçte amaç, demokratik sistemin tüm kurum ve kurallarıyla işlerliğinin sağlanmasıdır. Katılımcı demokrasi, hukukun üstünlüğü, insan hakları ve temel özgürlükler, sadece birer evrensel insanlık değeri değil, ekonomik ve siyasal istikrarın ve kalkınmanın en güvenilir dayanağıdır.

Ekonomik kriterler bölümünde ekonomi politikalarının yapısı ve özelliğine vurgu yapılmıştır. AB'ye üyelik sürecinde Kopenhag kriterlerine uyum ve Maastricht kriterlerine yakınsama hedefleri, ekonomi politikalarının temel perspektifini oluşturmaktadır. Türkiye, 2004 yılından bu yana genel devlet brüt borç stoku ve 2005 yılından bu yana genel devlet açığı rakamlarını Maastricht kriterleri seviyesine indirerek önemli bir aşama kaydetmiştir. Orta vadede bu başarının korunması ve Maastricht kriterlerine tam uyumun sağlanması hedeflenmektedir. Kopenhag kriterleri kapsamında piyasa ekonomisinin güçlendirilmesi ve ekonominin rekabet gücünün artırılması öncelikli hedeflerdir. Bu çerçevede, özelleştirme programının uygulanmasına devam edilecek ve gerekli düzenleyici reformlara önem verilecektir. Diğer taraftan, AB içerisindeki rekabetçi baskılar ile baş edebilme kapasitesinin artırılması açısından, özellikle işgücü piyasası ve sosyal güvenlik alanındaki çalışmalara öncelik verilecektir. Ayrıca, eğitim, sağlık, enerji ve ulaştırma alanlarındaki çalışmalar ülkenin rekabet gücünü destekleyecek nitelikte sürdürülecektir.

2. Hükûmet Perspektifi: Hükûmet Programı ve Eylem Planları

29 Ağustos 2007 tarihinde göreve başlayan Sayın Recep Tayyip Erdoğan başbakanlığında 60. Cumhuriyet Hükûmeti'nin Programı Sayın Başbakan tarafından 31 Ağustos 2007 tarihinde TBMM genel kurulunda okundu ve 5 Eylül 2007 tarihinde Bakanlar Kurulu hakkında güven oylaması yapıldı. TBMM'ye sunulan Hükûmet Programı, 05.09.2007 tarih ve 902 sayılı TBMM kararı eki olarak 07.09.2007 tarih ve 26636 mükerrer saylı Resmî Gazete'de yayınlanmıştır.

Programda, ekonominin geçmiş dönem performansı, mevcut durumu ve geleceği konusunda önemli veri ve bilgiler aktarılmıştır. Hükûmet programının sunumunda, ekonomi konusunda çalışmaların içeriği ile ilgili bazı önemli tespitler şu şekilde ifade edilebilir:

"Geride bıraktığımız icraat dönemi, ekonomide istikrarlı büyüme, kalkınma ve yapısal dönüşüm dönemi olmuştur. Açıklayacağım program, istikrar zemininde ilerleyen ekonomik ve sosyal gelişme sürecimizde bir sıçrama dönemi programıdır. AK Parti İktidarı, göreve başladıktan hemen sonra siyasi istikrar hızla güçlenmiş, seçimlerden önce partimizin tüm ayrıntılarıyla ilan etmiş olduğu çok kapsamlı bir ekonomik program uygulanmaya başlanmıştır. Ulusal ve uluslararası yatırımcıların Türkiye'yi bir yatırım yeri olarak tercih etmesinde, yatırımların, ekonomik büyümenin ve böylece istihdamın artmasında önemli bir rol oynayan Avrupa Birliği hedefi, ekonomimizin geleceğini güçlü bir çerçeveye oturtmaktadır.

AK Parti İktidarı, Türkiye'nin millî güvenliğini geniş bir açıdan ele almış, güvenliğin askerî, diplomatik, ekonomik, kültürel ve toplumsal boyutlarını bir bütün içinde değerlendirerek iç ve dış güvenliğimizin sağlanmasında büyük bir kararlılık göstermiştir. Türkiye ekonomisini iç ya da dış etkilere karşı çok daha korunaklı bir yapıya kavuşturmuştur."

10 Eylül 2007 tarihinde yapılan Bakanlar Kurulu toplantısında, 60. Hükûmet Programı'nda yer alan politika ve öncelikler ile AB Müktesebatına Uyum Programı'nda yer alan düzenlemelerin bir eylem planına dönüştürülmesine, bunların içinden 2007 yılı içinde tamamlanabilecek nitelikteki eylemlerin kısa dönem eylem planı hâline getirilerek uygulanmasına, daha uzun vadeli eylemle-

re ise tamamlanma süreleri dikkate alınarak 60. Hükûmet Programı Eylem Planı'nda yer verilmesine karar verilmiştir.

TEMEL BAŞLIKLAR	FAALİYET SAYISI
A. Demokrasi ve Hukuk Devleti	8
B. Ekonomi	13
C. Sosyal Yapının Güçlendirilmesi	32
D. İstihdam	8
E. Yapısal Dönüşümün Yönetimi	18
F. Vatandaş ve Sonuç Odaklı Yönetim	5
G. Yaşam Kalitesinin Geliştirilmesi	17
H. Kültür ve Sanat	2
I. Rekabet Gücünün Artırılması	34
J. Dış Politika ve Savunma	8
GENEL TOPLAM	145

Bu eylem planı, 10 Ocak 2008 tarihinde yayınlanmıştır. 10 temel başlıkta 145 faaliyet belirlenmiş, bunlardan sorumlu kuruluşlar da tespit edilmiştir. Faaliyetlerin, 23 bakanlık ve 42 kamu kuruluşu sorumluluğunda ve ilgili tüm kuruluş ve kesimlerle işbirliği yapılarak gerçekleştirilmesi kararlaştırılmıştır. Temel başlıklar itibarıyla, eylem planı faaliyetlerinin dağılımı yukarıdaki tabloda yer almaktadır. İzleme, değerlendirme, koordinasyon ve raporlama görevinin, DPT Müsteşarlığının koordinasyonunda ilgili Devlet Bakanlığı ve Başbakan Yardımcılığı tarafından yerine getirilmesi de kararlaştırılmıştır. Tedbirlerin zamanında tamamlanmasını sağlamak amacıyla genel ve özel nitelikli toplantıların yapılması da karara bağlanmıştır.

3. Ekonomi Yönetiminin ve Bürokrasisinin Yaklaşımı: Planlar, Programlar, Bütçeler

01.07.2006 tarih ve 26215 sayılı mükerrer Resmî Gazete'de TBMM kararı olarak yayınlanan ve 2007-2013 dönemini kapsayan Dokuzuncu Kalkınma Planı, "İstikrar içinde büyüyen, gelirini daha adil paylaşan, küresel ölçekte rekabet gücüne sahip, bilgi toplumuna dönüşen, AB'ye üyelik için uyum sürecini tamamlamış bir Türkiye" vizyonu ile uzun vadeli strateji çerçevesinde hazırlanmıştır. Plan döneminde ekonomik büyümenin ve sosyal kalkınmanın istikrarlı bir yapıda sürdürülmesi ve plan vizyonunun gerçekleşmesi yolunda aşağıda yer alan stratejik amaçlar, gelişme eksenleri olarak belirlenmiştir:

1. Rekabet Gücünün Artırılması,
2. İstihdamın Artırılması,
3. Beşerî Gelişme ve Sosyal Dayanışmanın Güçlendirilmesi,
4. Bölgesel Gelişmenin Sağlanması,
5. Kamu Hizmetlerinde Kalitenin ve Etkinliğin Artırılması.

Sektörel ve tematik politikalar ve öncelikler (toplam 28), bu eksenlerin altında ele alınmış ve aynı stratejik amaca hizmet edecek şekilde ilişkilendirilmişlerdir.

Yayın tarihinden önceki küresel ve ulusal krizlere atıfta bulunulmuş, değerlendirmeler yapılmıştır. Planın 15. Maddesi, bu çerçevede önemli tespite yer ayırmaktadır. "Geçen on yılda, uluslararası sermayenin öngörülenin ötesinde hareketlilik göstererek gelişmekte olan ülkelere yönelmesi, bu süreçte zaman zaman ortaya çıkan finansal krizler, gerek sağlam bir makroekonomik çerçevenin gerekse ekonomik ve mali yapıları güçlendirici yapısal reformların sürekli büyüme ve istikrar bakımından ne kadar önemli olduğunu göstermiştir."

13 Haziran 2006 tarih ve 26197 sayılı Resmî Gazete'de Bakanlar Kurulu kararı olarak yayınlanan "Orta Vadeli Program (2007-2009)"un temel amacı, Avrupa Birliği'ne üyelik yolunda, toplumun bütün kesimlerinin gözetildiği ve ülkemizin ekonomik ve sosyal kalkınmasının hızlandırıldığı bir ortamda insanımızın yaşam kalitesini yükseltmektir. Program sayesinde sağlanan mevcut siyasi istikrar ve gerçekleştirilen reformların yanı sıra ülkemizin genç, eğitimli ve girişimci insan gücü, uluslararası rekabete açık sanayisi, işleyen piyasa ekonomisi ile doğal ve kültürel değerleri, toplumun refahının yaygınlaşarak artmasına katkıda bulunacaktır. Programın temel amacına hizmet etmek üzere, ülkemizin beşerî ve iktisadi varlıkları etkin bir şekilde değerlendirilerek;

- Sürdürülebilir büyümenin sağlanması,
- Rekabet gücünün artırılması,
- İnsan kaynaklarının geliştirilmesi,
- Sosyal içermenin güçlendirilmesi,
- Bölgesel gelişmişlik farklarının azaltılması,
- Kamuda iyi yönetişimin yaygınlaştırılması,
- Fiziki altyapının iyileştirilmesi

alanlarında gelişme sağlanması ve sürdürülmekte olan yapısal reformların tamamlanması öncelikli hedeftir.

21.06.2007 tarih ve 26559 sayılı Resmî Gazete'de Bakanlar Kurulu kararı olarak yayınlanan "Orta Vadeli Program (2008-2010)"un temel amacı, Dokuzuncu Kalkınma Planı'nda ifadesini bulan "istikrar içinde büyüyen, gelirini daha adil paylaşan, küresel ölçekte rekabet gücüne sahip, bilgi toplumuna dönüşen, AB'ye üyelik için uyum sürecini tamamlamış bir Türkiye" vizyonunu esas alarak, insanımızın yaşam kalitesini artırmaya yönelik bir program ve bütçe süreci gerçekleştirmektir.

Programın, önceki orta vadeli programla da uyumlu olan temel amaçları doğrultusunda, ülkemizin sahip olduğu beşerî ve iktisadi varlıkları etkin bir şekilde değerlendirilerek;

- Ekonominin rekabet gücünün artırılması,
- İstihdamın artırılması,
- Beşerî gelişme ve sosyal dayanışmanın güçlendirilmesi,
- Bölgesel gelişmenin sağlanması,
- Kamu hizmetlerinde kalite ve etkinliğin artırılması

yolunda gerekli çalışmalar yürütülecektir. Bu program döneminde, eğitim başta olmak üzere, makroekonomik istikrarı ve bütçe dengelerini bozmayacak şekilde, sosyal politikaların uygulanmasına öncelik verilecektir.

Programın uygulama sürecinde, ülkemizin ihtiyaçları ve öncelikleri esas alınarak oluşturulan "Türkiye'nin AB Müktesabatına Uyum Programı"nın hayata geçirilmesi sağlanacaktır.

28.07.2008 tarih ve 26920 sayılı Resmî Gazete'de Bakanlar Kurulu kararı olarak yayınlanan "Orta Vadeli Program (2009-2011)"in temel amacı, bir önceki program ile benzerlik taşımaktadır. Bununla beraber, küresel gelişmelerle ve krizle ilgili birçok konuda farklı tespit, yaklaşım ve değerlendirme de içermekte, özellikle de "istikrarla büyümeden büyümeyle istikrara" geçişin makroekonomik çerçevesinin oluşturulması hedeflenmektedir.

Kalkınma planı ile orta vadeli programlar DPT tarafından hazırlanmakta ve yayınlanmakta iken, orta vadeli mali planlar ve ekleri ile bütçeler ise Maliye Bakanlığı tarafından hazırlanmaktadır.

5018 sayılı Kanuna göre Orta Vadeli Mali Planlar, Orta Vadeli Program ile uyumlu olmak üzere, gelecek üç yıla ilişkin toplam gelir ve gider tahminleriyle birlikte hedef açık ve borçlanma durumu ile kamu idarelerinin ödenek teklif tavanlarını içeren bir belgeyi ifade etmektedir. Bu Planlar, Haziran ayında Yüksek Planlama Kurulu tarafından karara bağlanarak Resmî Gazete'de yayımlanmaktadır. Bu maksatla hazırlanan orta vadeli mali plan, orta vadeli programda belirlenen temel amaç ve politikaların hayata geçirilmesine yönelik olarak hazırlanan, merkezi yönetim bütçe büyüklüklerini ve kurumsal bazda ödenek teklif tavanlarını belirleyen bir belge niteliğindedir. Genel ve özel bütçe kapsamındaki idareler, bu iki belge ile belirlenen sınırlar içinde kendi kurumsal önceliklerini saptayarak bütçelerini hazırlamaktadır.

Çok yıllı bütçeleme anlayışı, bütçenin hazırlanması ve uygulanmasında etkinliğin artırılarak mali disiplinin güçlendirilmesi ve kamu maliyesi politikası hedeflerine ulaşılmasında önemli rol oynamaktadır. Kamu idareleri arasında işbirliği ve eşgüdüm, bütçe yönetiminde saydamlık ve hesap verilebilirliğin artırılmasına da yardımcı olmaktadır. Kriz döneminde bütçelerin hedefleri ve gerçekleşmeleri sonraki bölümde detaylı şekilde ele alınacaktır.

Ekonomi yönetimi ve bürokrasisinin hazırladığı ve uygulamaya koyduğu bir diğer program da Katılım Öncesi Ekonomik Programlar (KEP)'dır. Bu programlar, 26/27 Kasım 2000 tarihli Ekonomik ve Mali İşler Konseyinin (ECOFİN Council) talebine bağlı olarak, 2001 yılından itibaren hazırlanmakta ve Avrupa Komisyonuna sunulmaktadır. Programlar, DPT Müsteşarlığı'nın koordinasyonunda ilgili bakanlık ve kurumların katkılarıyla hazırlanmaktadır. KEP'ler, aday ülkelere önerilen içeriğe göre hazırlanmakta, üye ülkelerin İstikrar ve Yakınsama Programları ile benzer yapı kazandırılmaktadır. Avrupa Komisyonu, aday ülkelerdeki ekonomik gelişmeleri değerlendirirken, Haziran 1993 tarihinde Kopenhang'da alınan Avrupa Konseyi kararları doğrultusunda, işleyen bir piyasa ekonomisinin varlığı ve ülke ekonomisinin Birlik içindeki rekabet baskısı ve piyasa güçleriyle baş edebilme kapasitesi temel kriterler olarak belirlenmiştir. 2007 tarihli Katılım Öncesi Ekonomik Program Aralık 2007 tarihinde, 2008 tarihli Katılım Öncesi Ekonomik Program ise Nisan 2009 tarihinde yayınlanmıştır. 2008-2010 dönemini kapsayan Katılım Öncesi Ekonomik Programları, makroekonomik istikrar ve büyüme ortamının devamını sağlayacak ekonomi politikaları ile piyasa ekonomisinin güçlendirilmesi ve gelecekte makroekonomik dengesizliklere yol açabilecek alanlardaki olası risklerin ortadan kaldırılması için gerekli olan yapısal reformları ortaya koymaktadır. 2008 Katılım Öncesi Ekonomik Programı, gelişmiş ülkelerdeki finansal piyasalarda başlayan ve zamanla gelişmekte olan ülkelere yayılan, küresel ekonomik aktivite üzerindeki etkilerini sürdüren küresel ekonomik krizin yaşandığı, belirsizliğin arttığı ve orta vadeye ilişkin tahminlerde bulunmanın zorlaştığı bir ortamda hazırlanmıştır. Programa ilişkin detaylı bilgi ve veriler daha sonraki bölümde sunulmaktadır.

Yıllık programlar, kalkınma planları, orta vadeli programlar, orta vadeli mali planlar, bütçeler, hükûmet programları ve eylem planlarında yer alan ekonomik ve sosyal hedeflere ulaşmak, makroekonomik politikaların, sektör programları ile bölgesel gelişme programlarının ve bunlarla ilgili yatırımların koordineli bir şekilde yürütülmesini sağlamak, öncelikleri gerçekleştirmek ve projeleri uygulamak amacıyla hazırlanmaktadır. Her yıllık program, ekonomik amaç ve politikaları, gelişmeleri ve hedefleri, gelişme eksenlerini, gerekli eylemleri ve sorumlu kuruluşları içermektedir. 2007 yılı programının uygulanması, koordinasyonu ve izlenmesine dair karar, Bakanlar Kurulu'nca 16.10.2006 tarihinde kabul edilmiştir. 2008 yılı programının uygulanması, koordinasyonu ve izlenmesine dair karar, Bakanlar Kurulu'nca 15.10.2007 tarihinde kabul edilmiştir. 2009 yılı programının uygulanması, koordinasyonu ve izlenmesine dair karar ise Bakanlar Kurulu'nca 13.10.2008 tarihinde kabul edilmiştir. Son yıllık programla ilgili detaylı bilgi ise daha sonraki bölümde yer almaktadır.

4. Politika Dokümanlarında Önceliklendirilmiş Konular ve Faaliyetler

Ekonomi yönetimi ve koordinasyon sürecinde kaliteli farklılık üretme özel önem taşımaktadır. Uluslararası teori ve uygulama literatürü, bunu sağlayacak paradigma ve perspektif değişiminin bazı kriterler dikkate alınarak belirlenmesi gereğine vurgu yapmaktadır. Dikkate alınması gereken hususlar şu şekilde özetlenebilir:

- Teşhis, tespit ve çözümlerde rutinin dışına çıkan yeni felsefi ve entelektüel farklılık,
- Bunun uygulama formatı özelliği taşıyan temel politika dokümanlarına yansıma biçimi, amaç ve hedefler,
- Hedef ve amaçların gerçekleştirilme sürecini şekillendiren, usul, esas ve kuruluşların yapısı ve özellikleri.

Bu üç boyut, temel ekonomik politika dokümanlarının kapsamı ve gerçekleştirilen uygulamalar bazında ele alınacaktır. Değerlendirmelerde, tüm detayların değil, kurumsal ekonomi yaklaşımı ve yönetişim uygulamaları olarak ön plana çıkan ana başlıklar üzerinde durulacaktır. Bunlar, söz konusu dokümanlarda yapılan vurgular ve uygulamalar dikkate alınarak, mevcut durum ve muhtemel gelecek açısından yorumlanacaktır. Yayın tarihindeki küresel ve ulusal veri ve bilgilerin düzey ve kompozisyonu, dokümanların içeriğini önemli ölçüde şekillendirdiği gibi, uygulamalar da özel ve kamu kesiminin periyodik toplantılarının sonuçlarını yansıtmaktadır.

4.1. Orta Vadeli Program: 2009-2011

Teşhis, tespit ve çözümlerde rutinin dışında çıkan yeni felsefi ve entelektüel farklılığı, paradigma değişimini yansıtmak amacıyla, 28.06.2008 tarih ve 26930 sayılı Resmî Gazete'de yayınlanan "Orta Vadeli Program (2009-2011)" dokümanı ele alınacaktır. DPT tarafından da basılan Program'ın, bu konulardaki önceki yaklaşımlara göre farklılık içeren bölümleri üzerinde durulacaktır.

Giriş bölümünde, küresel ve ulusal ekonominin genel durumu, ekonomik birimlerin tercih ve öncelikleri üzerinde durulmuştur. Yeni nesil yaklaşımın temel parametreleri ve kurumsal altyapısı ele alınmıştır. Bunlar, bir anlamda ekonomi yönetimi ve koordinasyonunun kriz ve kriz sonrası döneme yönelik bakış tarzının ipuçlarını sunmaktadır.

Küresel kriz sürecinin ilk aşamalarındaki gelişmeler, "mortgage" krizi, kredi krizi, likidite krizi olarak adlandırılmış, gelişmelere bağlı olarak farklı kavramlar geliştirilmiştir. Kriz, öncelikle piyasa göstergelerini daha sonra ise ekonomik göstergeleri etkileyerek, hızlı bir şekilde yayılmıştır. Küresel ekonominin, aynı anda likidite, enerji ve gıda krizleri ile karşı karşıya olduğu bir süreç yaşanmasına rağmen, likidite krizinin daha dominant olması, odak noktasının buraya yönelmesine neden olmuştur. Piyasa göstergeleri ile temel makroekonomik göstergeler arasında yakın ilişki bulunmaktadır. "Gelişmiş ekonomilerin finans piyasalarından başlayarak, bütün dünyada büyüme, enflasyon, kur gibi temel ekonomik göstergeleri olumsuz yönde etkileyen likidite ve kredi krizi odaklı küresel dalgalanmalar ülkemize de tesir etmektedir. Küresel ekonomik büyümedeki yavaşlamanın yanı sıra, enerji, gıda gibi ürün ve hammadde fiyatlarındaki aşırı artışlar dünyada enflasyonist bir ortam oluşturmaktadır (DPT; Orta Vadeli Program: 2009-2011, s. 1)."

Ekonomilerin, küresel likidite krizinin etkilerini azaltmak amacıyla, farklı içerikli tedbirler paketlerini gündeme getirmelerinin temel nedeni de budur. Her ülke, karşılaştığı krizin ve yansıma biçiminin anatomisine bağlı, farklı içerikli yaklaşımlar üzerinde durmaktadır. Türkiye'de, öncelikle kamu altyapı harcamalarına, talep ve firmalara yönelik paketler üzerinde durulmuştur. "Küresel ve ulusal gelişmeler, ülkemizin risk primini etkilemektedir. Planlanan ve hedeflenen seviyeye gelme süreci elbette önemli zorluklar içermektedir. Küresel sistemle entegrasyon kalitesine her zamankinden daha fazla önem verilmektedir. Arz ve talep şoklarını etkin şekilde yönetmek ve rekabet gücünü artırmak amacıyla, küresel, ulusal ve bölgesel ölçekli projeler özel önem taşımaktadır. Bu program döneminde bu tür projelere öncelik verilecektir (DPT; Orta Vadeli Program: 2009-2011, s. 1)."

Ülkeler, GSYH düzeyi itibarıyla belirli eşikleri aştığında, klasik kırılganlıklar azalmakta yeni farklı kırılganlık türleri ortaya çıkmaktadır. Ayrıca, konjonktürel bazı hususlar yapısal özellik kazanmaktadır. Hasar olasılıkları, sürdürülebilirlik konsepti ile birlikte düşünüldüğünde, yeni nesil yaklaşımların önemi daha da artmaktadır. Bu nedenle, sadece kriz odaklı yaklaşımlar değil, ekonomik yapı ve ilişkiler sisteminin mimarisinin periyodik güncellenmesi de kritik konuma sahip bulunmaktadır. "Temel ekonomik göstergeler Türkiye'nin kat ettiği normalleşme ve düzelme yanında, yükselen ekonomilerin karşılaştığı farklı eşikler noktasına gelindiğini göstermektedir. Konjonktürel ve yapısal kırılganlıkların sürdürülebilirliği dikkate alınarak, inisiyatif alanları bu eşiklerin yapısı ve özelliğine göre belirlenmektedir (DPT; Orta Vadeli Program: 2009-2011, s. 2)."

Küresel krizin neden ve sonuçlarına ilişkin toplantı ve platformlarda, ekonomik birimlerin irrasyonel tercih ve öncelikleri ile psikolojik dürtülerinin etkileri detaylı olarak tartışılmaya başlanmıştır. Daha önce de ifade edildiği gibi küresel tecrübe, istikrarsızlığın, mevcut makroekonomik politikaları sağlam olsa bile, piyasa aktörlerinin bu politikaların sürdürülemeyeceğine inandığında ortaya çıktığını göstermektedir. Birçok ekonominin rasyonel olmayan iyimserlik ve kötümserlik arasında dalgalanan beklenti/inançlardaki ani değişikliklere karşı son derece hassas bir yapıya sahip olduğu, son gelişmelerle gündeme gelmiştir. "Ulusal ve küresel ekonomik birimlerin rasyonel yaklaşım, finansal psikoloji ve ekonomi sosyolojisi çerçevesinde şekillenen davranışları belirsizlikleri azaltabilmekte ve artırabilmektedir. Küresel ekonomide gözlemlenen durgunluk ve enflasyon açmazı ve bu sürecin üretebileceği maliyetler dikkatli şekilde izlenmekte, ülkemize olası yansımaları değerlendirilmektedir. Türkiye ekonomisinin ihtiyaçları ile küresel konjonktürün kısıtlamaları ışığında, enflasyon-büyüme ve istihdam konusunda gerekli tercih ve öncelikler oluşturulacaktır (DPT; Orta Vadeli Program: 2009-2011, s. 2)."

Güçlü ekonomi yönetimi ve koordinasyon, kırılganlığı ve istikrarsızlığın etkilerini azaltmaktadır. Bu nedenle, ekonomi yönetimi ve koordinasyonun organizasyonel ve fonksiyonel yapısı özel önem taşımaktadır. "Bakanlıkların, kurum ve kuruluşların uygulama süreçlerinin plan ve programlarla senkronizasyonunu güçlendirmeye yönelik olarak, Ekonomi Koordinasyon Kurulunun yasal ve fonksiyonel altyapısı güçlendirilecektir (DPT; Orta Vadeli Program: 2009-2011, s. 2)."

"Çeşitli alanlarda birbirleriyle tutarlı bir amaç, politika ve öncelikler seti sunan Orta Vadeli Program, makro politikaların yanı sıra, ülkemizin ihtiyaç duyduğu temel gelişme eksenlerini de kapsamaktadır. Programda, uzun vadeli amaçlara katkıda bulunacak şekilde, üç yıllık dönemde üzerinde yoğunlaşılacak öncelikler tespit edilmiştir. Bunlar şu ana başlıklar altında ifade edilebilir;

- İstikrarla büyümeden büyümeyle istikrara geçişin makroekonomik çerçevesi oluşturulacaktır.
- Reel sektör, büyüme ve istihdam odaklılık ön planda tutulacaktır.
- Orta vadeli mali çerçeve ile enflasyon hedeflemesi, Programın önemli parametrik bileşenlerinden olacaktır.
- Mali kurala ilişkin teknik çalışma tamamlanacak, kalıcılığı sağlanacaktır.
- Uygun para politikasına ve enflasyonu düşürme mekanizmalarına devam edilecektir.
- Kamu kesimi dengesinin ve kamu borç stokunun GSYH'ye oranları ile enflasyon ve faiz oranlarını daha iyi konumlara getirici politikalara öncelik verilecektir. Piyasa ekonomisinin yapısı ve kurumsallaşma kalitesi ile ekonominin küresel rekabete dayanma kapasitesi artırılacaktır.
- Bir yandan kamu personel reformu, ticaret kanunu, devlet yardımları çerçevesi, mali reformlar, enerjide maliyet bazlı otomatik fiyatlama, kamu ve özel sektör işbirliği düzenlemesi gibi reform sürecinde yeni açılımlar oluşturulacak, diğer yandan gerçekleştirilen reformların uygulama süreci güçlendirilecektir.

- Dokuzuncu Kalkınma Planı, AB Müktesabatına Uyum Programı ve 60. Hükûmet Programı Eylem Planından oluşan ve Yıllık Programda gelişme eksenleri çerçevesinde ifade edilen politika öncelikleri ve tedbirler etkin şekilde uygulamaya konulmaya devam edilecektir.
- Özelleştirme sürecinin ve yatırım ortamının iyileştirilmesine devam edilecektir.
- Mahalli idarelerin ve KİT'lerin kurumsal yönetişim, mali disiplin, saydamlık, istatistik kalitesi artırılacaktır (DPT; Orta Vadeli Program: 2009-2011, s. 3-4)."

Küresel tecrübe, kamu borç stokunun GSYH'ye oranını azaltan yaklaşımların, olumlu küresel konjonktürün de etkisiyle cari açık sorunu üretebildiği göstermektedir. Geçmiş dönemde, kamu borç stoku ve bütçe açığının GSYH'ye oranının düşmesi, enflasyon oranını düşüren en önemli bileşen olmuştur. Bu öncelikler ve başlıklar, Türkiye ekonomisinin mevcut durumu ve muhtemel geleceğine ilişkin yapısal ve konjonktürel hassasiyetlerine işaret etmektedir. Uluslararası toplumun, Avrupa Birliği'nin, rating kuruluşlarının sağlıklı ekonomik yapı ve ilişkiler sistemine işaret eden metodolojilerine atıfta bulunulmaktadır. Merkezi yönetim yanında, yerel yönetimlerin etkinliğini artıracak faktörlerin, bölgesel ekonomik kalkınma ve sosyal gelişmenin temel parametrelerinin önemi ortaya konulmaktadır. Bu bileşenler, kriz ve kriz sonrası süreçte karar alma ve uygulama süreçlerinin içeriğine de ışık tutmaktadır.

Programın temel amacı, Dokuzuncu Kalkınma Planı'nda belirlenmiş Türkiye vizyonunu esas alarak, insanımızın yaşam kalitesini artırmaya yönelik program ve bütçe sürecini yönetmek olarak ifade edilmiştir. Bu çerçevede, ekonomik yapı ve ilişkiler sisteminin kantitatif ve kalitatif performansı ile refahın yaygınlaşarak artırılması için uygun ortamın hazırlanmasına da vurgu yapılmıştır.

Kamu ve özel sektör arasındaki işbirliği-bağımsızlık-eşgüdüm dengesinin kalitesi, yönetilebilir piyasa ekonomisi için olmazsa olmaz koşullardan biridir. Demokratik piyasa ekonomilerinde parlamento ile kamu sektörünün ana işlev ve fonksiyonları arasındaki ilişkiler, ekonomik ve finansal mimarinin temellerini şekillendirmektedir. Küresel finans krizi, öncelikli olarak sistemik risk konusunun önemine işaret ettiğinden, konuyla ilgili kurulların ortak platformu sektörün direncini ve esnekliğini artırmaktadır. Reel sektörün yeni mimarisi için rekabet yetkinliğini artırmak kilit konuma sahip bulunmaktadır. Bu nedenle, rekabet hukuku kadar, rekabet ekonomisi yaklaşımının önemi de artmaktadır. Kilit ekonomi yönetimi birimlerinin ekonomi koordinasyon kurulunda temsil edilmeleri diyalog ve iletişimi etkinleştirmektedir. "Yetkin özel sektör, kaliteli bürokrasi, şeffaf piyasalar, evrensel özellikte düzenleme, denetleme ve yaptırım süreçlerinin şekillendirdiği yönetilebilir piyasa ekonomisinin kurumları güçlendirilecektir. Merkez bankacılığı, kamu borçlanma mekanizmaları ve vergileme sistemi arasındaki ilişkilerin kalitesi gelişmiş piyasa ekonomilerinin seviyesine yükseltilecektir. Finans sektörü, reel sektör ve hizmetler sektörlerinin düzenleme ve denetiminden sorumlu üst kurulların diyalog ve iletişim sistemi güçlendirilecektir (DPT; Orta Vadeli Program: 2009-2011, s. 7)."

Ekonomi yönetimlerinin kredibilitesi, oluşturdukları farklılığa, farklılık ise uyguladıkları stratejilere bağlıdır. Ekonomik stratejiler, ekonomik performanstaki en önemli değişikliği ve farklılaşmayı sağlayan ana faktördür. Sahip olunan imkân ve kaynakların kullanım yön ve şekli, global ekonomik koşullar ve gelişmeler ile ulusal beklenti ve öncelikler arasındaki ilişkiler dikkatli analiz edilmelidir. Güven ve itibar zayıflığı ve yetersizliği, ekonomik ve finansal istikrarsızlığın hazırlayıcısıdır. Bu çerçevede, ekonomi politikalarına ilişkin planlama ve karar alma süreçlerini uygulamaya koymadan önce ilgili taraflar ile danışma ortamı oluşturulmuştur. Sahip olunan ekonomik ve finansal imkân ve kaynaklar stokunun daima bir değeri vardır. Temel makroekonomik göstergelerin ve dengelerin iyileştirilmesi, değerin artırılması veya güçlendirilmesi için alternatifler bulunmasına imkân sağlayacaktır.

Ekonomik dalgalanmalar, istikrarsızlıklar, reform ve yeniden yapılanma süreçleri, sektörlerin performansını ciddi şekilde etkilemektedir. Birçok sektör, bu süreçte bir dizi problemlerle karşılaşabilmektedir. Yeniden yapılanma ve yeni mimari, ana değişken olan kârlılığı artırıcı reform ve destek süreçlerini ima etmektedir. Ekonomik gelişme ile sosyal gelişme arasındaki ana bağlantının iyileştirilmesi, sosyo-ekonomik gündemin yeniden şekillendirilmesinde ana rol oynamaktadır. Ekonomik gelişme ile sosyal gelişme arasındaki ana bağlantının işgücü piyasaları olması, işgücü piyasalarının da yeni mimarisini zorunlu hâle getirmektedir. Kısaca, Program' da ifade edilen kamu sektörü- finans sektörü-şirketler kesimi-işgücü piyasasının eşanlı ve entegre yeni mimarisinin gereğine işaret etmektedir. Bu, aynı zamanda finansal ve reel istikrarın da eşanlı ve entegre şekilde sağlanmasına vurgu yapmaktadır. "Bu çerçevede güven ve istikrarın korunmasına, ekonomik temellerin güçlendirilmesine, sektörel performansların artırılmasına ve sosyo-ekonomik gündemin yeniden şekillenmesine öncelik verilecektir (DPT; Orta Vadeli Program: 2009-2011, s. 7)."

Programın makroekonomik politika ve hedefler seti, genel çerçeve ile alt bölümlerden oluşmaktadır. Daha önceki programlarda ifade edilenlere ek olarak, tasarrufların ve yatırımların düzey ve oranını yükseltmek, sektör temsilcileriyle birlikte sektörel değişim ve dönüşüm süreci için strateji belgesi oluşturmak ve uygulamaya koymak, Orta Vadeli Program'ın makroekonomik öncelikleri olarak belirlenmiştir.

Değişim ve dönüşüme işaret eden süreç, iki ana dinamik tarafından şekillendirilmektedir: doğrudan krizden gelen dalga ve krizden önce kriz ortamını hazırlayan ortam. Yeni davranış realiteleri ile yeni ekonomik realiteler, şirketler kesiminin, özel sektörün karşılaşacağı yeni konumu şekillendirmektedir. Bu nedenle, yeni ortam daha önceki ortamlardan farklıdır. İyi hazırlanamamış şirketler, yeni süreçte ciddi performans sorunu ile karşılaşmakta, dış çevre koşullarıyla uyumlu yeni mimariye yönelmektedir. "Özel sektör de değişim-dönüşüm süreci içinde bulunmaktadır. Farklılaşan iş yapma biçimlerine, yeniden şekillenmekte olan nispi dengelere uyum kadar, yatırım yanında tasarruflarda da artış sağlanabilmesi, özel sektör açısından da gelirin dolayısıyla büyümenin sürekli ve sürdürülebilir olması özel önem taşımaktadır (DPT; Orta Vadeli Program: 2009-2011, s. 8)."

Ekonomik güvenlik konsepti, ekonomik tercih ve önceliklerin geleneksel paradigması olarak her zaman önceliğini korumaktadır. Ekonomik güvenlik, ekonomik birimlerin sahip olduğu ekonomik değerler setinin, kaynak ve imkânların, hasar görme olasılığının düşürülmesini, kırılganlıklara karşı esnekliğinin artırılmasını ifade etmektedir. Bu yaklaşım, ekonomik güvenlik konseptinin önemli boyutlarına işaret etmektedir: Konsept "kimler için?, hangi değerler için?, hangi tehditlerden?, hangi araçlarla? "hangi mekanizma ile?" sorularına gerçekçi cevaplar bulunarak dizayn edilmektedir. Kaynak güvenliği, kurumsal güvenlik ve stratejik güvenlik, yükselen piyasa ekonomileri için standart ekonomik güvenlik konseptinin makro bileşenlerini oluşturmaktadır.

"Büyüyen bir ekonominin ihtiyaçlarını etkin şekilde belirlemek ve karşılamak için, kurumsal diyalog ve işbirliği mekanizmaları güçlendirilecektir. Özel kesim ile kamu kesiminin aktörleri arasında ekonomik ve finansal yönetişim kalitesi arttırılarak, sinerjik ortam sağlanacaktır. Ekonominin sürekli ve sürdürülebilir büyüme ve kalkınma yetkinliğini ve refleksini oluşturma ve koruma, sosyal içeriği güçlü piyasa ekonomisi yaklaşımına dayalı, iş ve istihdam üretme planlarının en önemli bileşenini oluşturmaktadır. Bu çerçevede, içeriği gelişmelere bağlı olarak, kamu ve özel sektör yönetişimi çerçevesinde şekillendirilecek, mikro ve makro boyutları güçlü, bireysel ve kurumsal odaklı ekonomik güvenlik ve ekonomik savunma konsepti özel önem taşımaktadır (DPT; Orta Vadeli Program: 2009-2011, s. 8)."

"İstanbul bilişim vadisi projesi bu çerçevede özel önem taşımaktadır. Kamu yatırımları, yenilenebilir enerji ve tarımsal altyapıyı güçlendirmeye odaklı başta Güneydoğu Anadolu Projesi olmak üzere, Doğu Anadolu Projesi, Konya Ovası Projesi ve diğer tüm bölgelerdeki bölgesel ekonomik kalkınma ve sosyal gelişme ile bölgelerarası gelişmişlik farklarının azaltılmasında etkili bir araç olarak kullanılacaktır (DPT; Orta Vadeli Program: 2009-2011, s. 14-15)."

"Araç çeşitliliğini de içerecek bir borçlanma politikası uygulanacaktır (DPT; Orta Vadeli Program: 2009-2011, s. 17)."

"Enflasyonla mücadele konusunda kamuoyuyla iletişimde Merkez Bankası ile Hükûmet arasındaki işbirliği daha da güçlendirilecektir (DPT; Orta Vadeli Program: 2009-2011, s. 20-21)."

"Cari açığın sadece kamu sektörünün değil özel sektörün harcama (tüketim, yatırım) ve tasarruflarının fonksiyonu olması, bu makroekonomik dengeye oldukça değişken ve çok sektörlü bir yapı kazandırmaktadır. Küresel ekonomide belirsizliklerin arttığı bir ortamda cari açığın oluşum ve finansman yapısının dinamikleri dikkate alınarak, sürdürülebilirliğinin sağlanması ve giderek artan ölçüde borç yaratmayan kaynaklarla finanse edilmesi önem arz etmektedir. Küresel sermayenin Türkiye'ye yönelmesini sağlayıcı düzenlemeler geliştirilecektir. Cari açığı azaltmak amacıyla enerji ve enerji dışı dış ticaret dengesi yanında, hizmetler ve yatırım gelirleri dengesinin de iyileştirmesine yönelik tedbirler geliştirilecektir (DPT; Orta Vadeli Program: 2009-2011, s. 9-10)."

"İstanbul uluslararası finans merkezi projesi uygulamaya konulacaktır. Sermaye piyasası strateji belgesi hazırlanacaktır (DPT; Orta Vadeli Program: 2009-2011, s. 30)."

Makroekonomik politikaların genel çerçevesi, 2007-2013 dönemini kapsayan Kalkınma Planının 2009-2011 dönemini içeren Orta Vadeli Program'a yönelik yansımalarını içermektedir. Makroekonomik politikaların alt politikalarının dizaynında bazı hususlara özel öncelik verildiği görülmektedir. Yatırım-istihdam-ihracat odaklılık, ana ekseni ifade etmektedir. Kamu altyapı yatırımlarına bütçeden daha fazla kaynak aktarmak yanında, özel sektörün yatırım yapması için elverişli ortam oluşturma ve yeni teşvik sistemi belirleme, kamunun yeni dönemdeki rol ve fonksiyonuna işaret etmektedir. Mali baskınlığın nispeten azaldığı süreçlerde, kamu yatırım harcamalarının ekonomiye olumlu katkısı yüksek olacaktır. Mali disiplini sağlama kadar, maliye politikalarının sürdürülebilirliğine vurgu yapılması, bunların mali kuralın kalıcılığının temel belirleyicisi olarak ele alındığını göstermektedir. Etkinlik, verimlilik ve alternatif maliyetlerin kamu harcama politikalarının merkezine oturtulması, kayıtdışılığa işaret edilmesi, ekonomi yönetimi ve koordinasyonun varlık nedenine farklı bir bakış açısı sağlamaktadır.

GAP gibi bölgesel ekonomik kalkınma ve sosyal gelişme projeleriyle ilgili olan kamu yatırımlarının amacı, ulusal ölçekteki bölgesel ve bölge içi sosyal, kültürel ve ekonomik dengesizlikleri gidererek, her bölgenin tamamlayıcılık, entegrasyon ve işbirliğini güçlendirmek, ekonomimiz içindeki rol ve fonksiyonunu artırmak, bölgesel ve küresel etkinliğini geliştirmektir. Kalkınma ajanslarının amacı da şehir ve/veya şehirlerin oluşturduğu bölge kapsamında kamu ve özel kesimin birlikte hazırlayacağı projelere ve araştırmalara destek vermektir. Bu işlevin ana hedefi ise ekonomik kalkınmaya ve sosyal gelişmeye katkı sunmaktır.

İstanbul'un bölgesel ve küresel finans merkezi olması, istihdamın ve uluslararası fon girişinin artmasına yardımcı olacak ve ekonomik büyümeye kayda değer katkı sağlayacaktır. Tasarrufların yetersizliği nedeniyle, borçlanmada araç çeşitliliği kadar, bireysel ve kurumsal tasarrufların teşvikine ağırlık verilmektedir. Dış denge açısından ise ödemeler dengesine yönelik yaklaşımda dış ticaret dengesine ağırlık verilmektedir. Cari açığın oluşum ve finansman dinamiklerine dayalı tercih ve öncelikler ön plana çıkarılmaktadır.

4.2. Yıllık Program: 2009

Ekonomi yönetimi ve koordinasyonun izleme ve değerlendirme yapması gereken üç önemli politika dokümanı bulunmaktadır. Dokuzuncu Kalkınma Planı: 2007-2013; T.C. 60. Hükûmet Programı ve Avrupa Birliği Müktesebatına Uyum Programı. 2009 Yılı Programı, bu üç dokümanda yer alan öncelik ve tedbirleri eylem planı formatında tek dokümanda toplamaktadır.

2009 Yılı Programı, öncelikle Dokuzuncu Kalkınma Planı ile üç yıllık perspektifle hazırlanan Orta Vadeli Programa (2009-2011) uygun olarak mevcut durum analizini içermektedir. Buna ek olarak, bir yıllık dönem için makroekonomik, sektörel ve bölgesel politikaların belirlendiği, amaç, hedef, strateji ve öncelikler ile bu doğrultuda bütün kamu kesiminin alması gereken tedbirler de programda yer almaktadır. Program, 18.10.2008 tarih ve 27028 sayılı Resmî Gazete'de yayınlanmış, DPT tarafından basılmıştır.

Konuyla ilgili değerlendirmeler ve yaklaşımlar, programın giriş bölümünde şu şekilde yer almıştır. Birçok ekonomi, kriz sürecinde kamunun ekonomik yapı ve ilişkiler sistemindeki ağırlığını ciddi oranda artıran müdahalelere yönelmiştir. Liberal yaklaşımlar, piyasa ekonomisi paradigmaları, ekonomi politik açıdan yoğun eleştiriye tutulmuştur. Bu, yeni dönemde önemli mimari değişimin söz konusu olacağına da işaret etmektedir. "Küresel finansal ve ekonomik gelişmelerin, ulusal ekonomileri farklı alan ve şekillerdeki etkileme hızı ve şiddeti değişmiştir. Bu değişime tepki olarak ülkelerin geliştirdiği politika ve uygulamalar, ekonomilerin sistemik dalgalanma ve şok üretme potansiyelini tetiklemiştir. Uluslararası uygulamalar, dalgalanma ve şoklara yönelik politika tedbirleri ve önceliklerinde eklektik yaklaşımları gündeme getirmiştir. Piyasa ekonomisi felsefesine uygun yaklaşımlarla, piyasa ekonomisi uygulamalarıyla örtüşmeyen karar ve uygulama süreçleri bir arada yer almaya başlamıştır" (DPT, Dokuzuncu Kalkınma Planı (2007-2013), 2009 Yılı Programı, s.1).

Küresel kısıtlamaların (dış ticaret ve sermaye hareketleri gibi) ulusal makroekonomik performansı etkileme düzeyi, küresel sistemle entegrasyon derecesiyle yakın ilişki içindedir. Krizin derinleşeceği ortamda, yayınlanan yeni veriler de gelişmeleri algılama ve pozisyon alma konusunda farklı değerlendirmeler üretmektedir. Bakış açısını ve tahminleri sık sık revize etme kadar, mevcut durumu ve muhtemel trendlere odaklanma da yeni nesil yaklaşım üretmede ön plana çıkmaya başlamaktadır. "2009 Yılı Programının hedef ve göstergelerinin oluşturulmasında da uzun vadeli bakış açısı korunarak, gelişmiş ekonomilerin finans piyasalarından başlayarak üretim sektörlerine de yansıyan küresel dalgalanmanın ülkemiz ekonomisine muhtemel etkileri mümkün olduğunca dikkate alınmıştır. Türkiye ekonomisinin ihtiyaçları ile küresel konjonktürün kısıtlamaları ışığında, enflasyon-büyüme ve istihdam konusunda gerekli tercih ve öncelikler Programda oluşturulmuştur. Ancak, küresel ölçekteki hızlı gelişme ve belirsizlikler, kullanılan bazı veri ve varsayımların güncelliğini sürekli etkilemektedir (DPT, Dokuzuncu Kalkınma Planı (2007-2013), 2009 Yılı Programı, s.1)."

Parasal ve reel aktarım mekanizmalarının ulusal ve küresel ölçekteki karşılıklı ilişkilerinin yoğunluğu, koordinasyon alanları arasında karmaşık bağlantıların söz konusu olduğunu ima etmektedir. Ekonomi yönetimi ve koordinasyonun işlevleri oldukça fazla detaya indirgenebilirse de iki ana blok temel belirleyici özellik taşımaktadır. İlk alan, ekonomik veri ve bilgileri izlemek ve değerlendirmektir. İkinci alan, kurumsallaşma sürecinin oluşum, gelişim ve etkileriyle ilgilidir.

Koordinasyon, ekonomik içerikli çeşitli iş, faaliyet, vazife ve kuruluşlar arasında uyum ve düzen sağlamak, faaliyetler arasında bağımlılığı yönetmektir. "2009 Yılı Programının uygulanması sürecinde idari ve yasal düzenlemelerin gerçekleştirilmesinde; bakanlık, kurum ve kuruluşlar karar alma ve uygulama süreçlerinde Programın amaç ve önceliklerini esas alacaktır. Bakanlıkların, kamu kurum ve kuruluşlarının uygulama süreçlerinin plan ve programlarla senkronizasyonunu kurmaya, küresel krizin etkilerini en aza indirmeye odaklı tedbir ve öncelikleri yeniden şekillendirmeye yönelik olarak, Ekonomi Koordinasyon Kurulunun (EKK) yasal ve fonksiyonel altyapısı güçlendirilmektedir. Ekonomi yönetimi ve koordinasyon süreci ile ilgili kurumsal ekonomi yaklaşımının uygulamaya aktarılmasında 2009 Yılı Programı özel bir önem taşımaktadır. 2009 Yılı Programı tedbirleri yukarıda açıklanan çerçevede; Dokuzuncu Kalkınma Planı, 60. Hükûmet Programı Eylem Planı ve AB Müktesebatının Üstlenilmesine İlişkin Ulusal Program hedeflerini gerçekleştirmeye yönelik olarak 2009 yılında kamu kurum ve kuruluşlarının öngördüğü eylemler ile sektör temsilcileriyle yapılan EKK toplantılarında gündeme getirilen öneriler dikkate alınarak oluşturulmuştur (DPT, Dokuzuncu Kalkınma Planı (2007-2013), 2009 Yılı Programı, s.2)."

Öncelik/Tedbir	Sorumlu Kuruluş	İşbirliği Yapılacak Kuruluşlar	Süre	Yapılacak İşlem ve Açıklama
Öncelik 1. Ekonomiye ilişkin kararlarda işbirliği ve koordinasyon güçlendirilecektir.				
Tedbir 1. Ekonomi Koordinasyon Kurulunun (EKK) yasal ve fonksiyonel yapısı güçlendirilecektir.	DPT	Başbakanlık, EKK üyesi bakanlıklar	Mart Sonu	Ulusal ve uluslararası ekonomik gelişmeleri izlemek ve değerlendirmek; bakanlıklar ile kamu kurum ve kuruluşlarının uygulama süreçlerinin plan ve programlarla senkronizasyonunu güçlendirmek; özel sektör ve kamu kesimi arasındaki ekonomik ve finansal yönetişim kalitesini artırmak; ekonomik güvenlik ve ekonomik savunma konseptini oluşturmak ve uygulamayı koordine etmek görevleri de hazırlanacak yasayla EKK'ya verilecektir.
Tedbir 2. Ekonomik sonuç doğuracak önemli düzenlemeler EKK'nın değerlendirmesine sunulacaktır.	Başbakanlık	Ekonomi Koordinasyon Kurulu	Yıl Boyunca	Hayata geçirilecek makroekonomik ve finansal istikrarı etkileyen önemli düzenlemeler, etki analizleriyle birlikte nihai değerlendirme için yıl başından itibaren EKK'ya sunulacaktır.
Tedbir 3. Öncelikli alanlarda sektörel ve tematik stratejilerin hazırlanması sağlanacaktır.	DPT	İlgili Kamu Kurum ve Kuruluşları	Yıl Boyunca	EKK'nın belirlediği alanlar başta olmak üzere sektör temsilcileri ile birlikte sektörel değişim ve dönüşümün yol haritasını ortaya koyacak strateji belgeleri hazırlanarak uygulamaya konulacaktır.

Kaynak: DPT, 2009 Yılı Programı, s.77-78.

GAP eylem planı ve kalkınma ajansları projeleri yanında İstanbul Finans Merkezi projeleri de temel politika dokümanlarında vurgulanan önemli bir öncelik olmuştur.

Öncelik/Tedbir	Sorumlu Kuruluş	İşbirliği Yapılacak Kuruluşlar	Süre	Yapılacak İşlem ve Açıklama
Öncelik 22. İstanbul uluslararası finans merkezi projesi uygulamaya konulacaktır.				
Tedbir 46. İstanbul uluslararası finans merkezi projesi stratejisi oluşturulacaktır.	DPT	İlgili Bakanlık ve Kamu Kuruluşları, İlgili Birlikler, Sektör Kuruluşları, STK'lar	Eylül Sonu	İstanbul uluslararası finans merkezi projesiyle ilgili olarak bir strateji dokümanı oluşturulacaktır. Ayrıca, 6-7 Ekim 2009 tarihinde İstanbul'da yapılacak Dünya Bankası ve IMF yıllık toplantılarında finans merkezi stratejisinin açıklanması planlanmaktadır.

Kaynak: DPT, 2009 Yılı Programı, s.108.

4.3. Katılım Öncesi Ekonomik Program: 2008

Daha önce de ifade edildiği üzere, Türkiye, 26/27 Kasım 2000 tarihli Ekonomik ve Mali İşler Konseyinin (ECOFIN Council) talebine bağlı olarak, 2001 yılından itibaren Katılım Öncesi Ekonomik Program (KEP) hazırlamakta ve Avrupa Komisyonuna sunmaktadır. 2009-2011 dönemini kapsayan 2008 Yılı KEP'i, Devlet Planlama Teşkilatı Müsteşarlığının koordinasyonunda ilgili bakanlık ve kurumların katkılarıyla hazırlanan sekizinci programdır. 2008 Yılı KEP'i, Yüksek Planlama Kurulunun 2009/7 sayılı kararıyla kabul edilmiştir.

"2008 Yılı Katılım Öncesi Ekonomik Programı, gelişmiş ülkelerdeki finansal piyasalarda başlayan ve zamanla gelişmekte olan ülkelere yayılan, küresel ekonomik aktivite üzerinde olumsuz etkilerini hâlen sürdüren küresel ekonomik krizin yaşandığı, önümüzdeki döneme ilişkin belirsizliğin arttığı ve hâlihazırda orta döneme ilişkin tahminlerde bulunmanın zorlaştığı bir ortamda hazırlanmıştır. Küresel ekonomide belirsizliğe yol açan bu kriz bütün gelişmiş ve gelişmekte olan ekonomiler gibi Türkiye ekonomisini de olumsuz yönde etkilemiş, ekonomik konjonktür 2008 yılının ortalarından itibaren olumsuza dönmüştür. Uluslararası finansal krizin yarattığı belirsizlik ortamı, önemli dış ticaret ortaklarımızda ekonomik durgunluğun giderek artması, buna paralel olarak bu ülkelerin ileriye dönük büyüme beklentilerinin önemli ölçüde aşağı doğru revize edilmesi ve iç ve dış finansman imkânlarındaki daralma, ekonomik konjonktürdeki bozulmanın başlıca nedenleridir. Bu gelişmeler doğrultusunda, Türkiye ekonomisinde 2008 yılının son çeyreğinde yaşanan daralmanın ardından 2009 yılında da daralma sürecinin devam edeceği, 2010 yılından itibaren ise iyileşme sürecine girerek 2011 yılında potansiyel büyüme seviyesine yaklaşacağı öngörülmektedir. (2008 Yılı Katılım Öncesi Ekonomik Program, s.1)"

"Son yıllarda uygulanmakta olan istikrar odaklı makroekonomik politikaların genel çerçevesi, 2008 Yılı Katılım Öncesi Ekonomik Program döneminde de korunacaktır. Bu politikalara ilave olarak, ekonominin ihtiyaçları ve küresel konjonktürün kısıtlamaları çerçevesinde büyüme-enflasyon-istihdam konusundaki tercih ve öncelikler dikkate alınmıştır. Bu kapsamda, KEP döneminde uygulanacak ekonomik politikaların temel amacı; küresel ekonomik krizin büyüme üzerindeki olumsuz etkilerini en aza indirmek, enflasyonla mücadeleye devam etmek, maliye ve gelirler politikalarının makroekonomik istikrara katkı sağlayacak şekilde yürütülmesi sonucunda ekonomik büyümenin sürdürülmesi için uygun ortam yaratmaktır. (2008 Yılı Katılım Öncesi Ekonomik Program, s. 1-2)."

2008 yılı Katılım Öncesi Ekonomik Programı (KEP) önceki KEP'lere göre çok farklı bir uluslararası ekonomik ortamda hazırlanmıştır. Son Ekonomik Gelişmeler bölümünde anlatıldığı üzere, dünyada küresel bir yavaşlama/daralma süreci yaşanmaktadır. Bu doğrultuda 2008 yılı KEP'de, son yıllarda uygulanmakta olan istikrar odaklı makroekonomik politikalara ilave olarak, ekonominin ihtiyaçları ve küresel konjonktürün kısıtlamaları çerçevesinde büyüme-enflasyon-istihdam konusundaki tercih ve öncelikler de dikkate alınmıştır.

"Bu kapsamda, KEP döneminde uygulanacak ekonomik politikaların temel amacı; küresel ekonomik krizin büyüme üzerindeki olumsuz etkilerini en aza indirmek, enflasyonla mücadeleye devam etmek, maliye ve gelirler politikalarının makroekonomik istikrara katkı sağlayacak şekilde yürütülmesi sonucunda orta vadede ekonomik büyümenin sürdürülmesi için uygun ortamı yaratmaktır. Böylece, AB'ye yakınsama sürecinin devam ettirilmesi amaçlanmaktadır (2008 Yılı Katılım Öncesi Ekonomik Program, s. 21)."

Bu programda (2009-2011), küresel finansal ve ekonomik krizin Türkiye'ye etkileri, son veri ve bilgiler ışığında güncellenmiştir. Orta vadeli makroekonomik senaryo kapsamında, temel makro büyüklükler, bütçe büyüklükleri ve borç dinamikleri revize edilmiştir. Ayrıca, yapısal reformlar ile politika tedbir ve öncelikleri de ana başlıklar olarak belirtilmiştir. OECD yaklaşımı esas alınarak belirlenen ve küresel finans krizinin etkilerini azaltmak amacıyla alınan mali önlemlere ve maliyetlere de yer verilmiştir. 2008-2010 dönemi için bunun 54,4 milyar TL'ye ulaşacağı ve GSYH'ye oranının %5,13 olacağı ifade edilmiştir.

Şüphesiz en önemli husus, kriz sürecindeki ilk negatif büyüme oranının KEP ile ortaya konulmuş olmasıdır. KEP ve yeni Orta

Vadeli Program, 2009 yılında ardışık olarak açıklanması gereken temel politika dokümanları özelliğine sahip olmuştur. 2009-2011 dönemi orta vadeli programda büyüme oranı Haziran ayında yayınlanırken, 2009 yılı bütçesi 2008 yılının Ekim ayında TBMM'de görüşülmeye başlanmıştır. Her iki politika dokümanında da büyüme oranı %4 olarak korunmuştur. Böylece, 2007-2013 dönemini kapsayan planda %5 olarak yer alan büyüme oranı, aşağı yönlü 1 puan revize edilmiştir.

MAKRO ÇERÇEVE	2008	2009	2010	2011
Reel Büyüme %	1.1	-3.6	3.3	4.5
Lira/US$ (yılsonu, % değişim)	29.8	9.1	4.6	1.1
Nominal GSYH	950,144	966,315	1,048,114	1,144,567
Nominal GSYH Büyüme %	12.7	1.7	8.5	9.2
GSYH Deflator	11.5	5.5	5.0	4.5

Kaynak: Katılım Önce Program 2008.

İlk olarak uluslararası kuruluşlar (IMF, Dünya Bankası ve OECD gibi) dönemsel olarak yayınladıkları tahminlerde (Ekim, Aralık 2009) Türkiye'nin büyüme oranını pozitif yönde göstermişler veya ilk gösterdikleri oranları değiştirmemişlerdir. İlk negatif değer, Nisan ayı başında Dünya Bankası tarafından verilmiş ve bu oran KEP'teki düzeyin neredeyse yarısı kadar bir daralmayı işaret etmiştir.

	2008 Gerçek.	2009 Tahmin									
Yayıncı kuruluş		Uluslararası Para Fonu (IMF)					Dünya Bankası (WB)		Ekonomik İşbirliği ve Kalkınma Örgütü (OECD)		
		Dünya Ekonomik Görünümü	Dünya Ekonomik Gö-rünümü- Güncelleme	Dünya Ekonomik Görünümü	Dünya Ekonomik Gö-rünümü- Güncelleme	Dünya Ekonomik Gö-rünümü- Güncelleme	Küresel Ekonomik Beklentiler	Küresel Ekonomik Beklentiler	Ekonomik Görünüm	Ekonomik Görünüm	Ekonomik Görünüm-Ara Rapor
Yayın tarihi		2008 Nisan	2008 Temmuz	2008 Ekim	2008 Kasım	2009 Ocak	2008 Aralık	2009 Nisan	2008 Haziran	2008 Aralık	2009 Mart
Gelişmiş Ülkeler	1.0	1.3	1.4	0.5	-0.3	-2.0	---	---	---	---	---
ABD	1.1	0.5	0.8	0.1	-0.7	-1.6	-0.5	-2.4	1.1	-0.9	-4.0
Japonya	-0.7	1.4	1.5	0.5	-0.2	-2.6	-0.1	-5.3	1.5	-0.1	-6.6
İngiltere	0.7	1.6	1.7	-0.1	-1.3	-2.8	---	---	1.4	-1.1	-3.7
Almanya	1.3	1.4	1.0	0.0	-0.8	-2.5	---	---	1.1	-0.8	-5.3
İspanya	1.2	1.8	1.2	-0.2	-0.7	-1.7	---	---	1.1	-0.9	---
İtalya	-1.0	0.3	0.5	-0.2	-0.6	-2.1	---	---	0.9	-1.0	-4.3
Avro Bölgesi	0.8	1.2	1.2	0.2	-0.5	-2.0	-0.6	-2.7	1.4	-0.6	-4.1
AB-27	0.9	1.7	---	0.6	---	---	---	---	---	---	---
Geliş. Olan Ülkeler	6.3	6.6	6.7	6.1	5.1	3.3	---	---	---	---	---
Türkiye	1.1	4.0	---	3.0	---	---	1.7	-2.0	4.5	1.6	---
Brezilya	5.1	4.8	4.0	3.5	3.0	1.8	2.8	0.5	4.5	3.0	-0.3
Meksika	1.3	2.0	2.4	1.8	0.9	-0.3	1.1	-2.0	3.3	0.4	---
Rusya	5.6	6.8	7.3	5.5	3.5	-0.7	3.0	-4.5	6.5	2.3	-5.6
Polonya	4.8	4.9	---	3.8	---	---	4.0	0.5	5.0	3.0	---
Macaristan	7.0	1.8	---	2.3	---	---	---	---	3.1	-0.5	---
Romanya	7.1	5.4	---	4.8	---	---	---	---	---	---	---
Güney Afrika	3.1	3.8	---	3.3	---	---	2.8	0.5	---	3.0	---
Çin	9.0	9.3	9.8	9.3	8.5	6.7	7.5	6.5	9.5	8.0	6.3
Hindistan	7.3	7.9	8.0	6.9	6.3	5.1	5.8	4.0	8.0	7.3	4.3

Kaynak: IMF, WB ve OECD raporlarından yararlanılarak hazırlanmıştır.

Uluslararası Para Fonu, Dünya Bankası ve OECD, küresel ve ulusal ekonomilerin büyüme tahminlerini yıllık olarak yayınlamakta ve dönemsel olarak da bu tahminleri güncellemektedir. Yukarıdaki tablo, bu tahminlere ilişkin veri ve bilgileri göstermektedir. Tabloda da görüleceği üzere, her üç uluslararası organizasyon kriz dönemi tahminlerinde farklı bir performans göstermiştir. OECD Genel Sekreteri Angel Gurria, Eylül 2018'de Paris'teki OECD Merkezinde düzenlenen "Lehman Brothers'in Çöküşünden 10 Yıl Sonra" başlıklı toplantıda, 2008 finansal krizi öncesi küresel ekonominin eskisinden daha iyi olduğunu söylediklerini ve bu konuda yanıldıklarını itiraf etmiştir. OECD Ekonomik Görünüm Raporu'nda, "Mevcut ekonomik durum, birçok bakımdan geçmiş yıllara göre daha iyi" tanımını yaptıklarını hatırlatan Gurria, gidişatı göremediklerini ve yanıldıklarını, mali çevreleri yönlendiren baskın düşüncenin o dönemdeki ekonomik gerçeği yansıtmadığını, dolayısıyla küresel mali konularda sadece bazı seslere kulak vermenin risklerini böylece anladıklarını belirtmiş, herkesin görüşünün dinlenmesi ve her sese kulak kabartılması gerektiğini bu kriz ile öğrendiklerini ifade etmiştir.

TCMB beklenti anketinde 2009 yılı büyüme beklentisi -%3.6 olarak açıklanmıştır. Öte yandan, küresel yatırım bankalarının Nisan ayındaki yıl sonu tahminleri de diğer tabloda yer almaktadır.

"2008 yılının son çeyreğinde küresel bir nitelik kazanan kriz, dünya ekonomisi büyüme tahminlerinin önemli ölçüde aşağıya çekilmesine neden olmuştur. Buna rağmen, uluslararası kuruluşlar tahminlerinin aşağı yönlü risk taşıdığını ve toparlanmanın beklenenden daha geç gerçekleşebileceğini ifade etmektedir. Ayrıca, küresel kriz nedeniyle uluslararası piyasalarda yaşanan aşırı döviz kuru oynaklıklarının devam etme olasılığı bulunmaktadır.

Bu çerçevede, KEP tahminlerinin orta vadede aşağı yönlü risk içerebileceği göz önüne alınmalıdır (2008 Yılı Katılım Öncesi Ekonomik Program, s.31)."

Büyüme Tahmini %	2009
IMF	-1.5
HSBC	1.5
JP Morgan	-2.0
Deutsche Bank	1.2
Goldman Sachs	-1.5
Credit Suisse	-1.0
ABN-AMRO	-1.5
UBS	1.0
UniCredit	1.0
Morgan Stanley	-0.5
Merrill Lynch / BoA	-1.2
The Economist (EIU)	-1.5
ORTALAMA	-0.5

Kaynak: İgili kurumların raporları

TCMB Yıl sonu Büyüme Beklentileri (%)	2009
Oca.01	1.2
Oca.02	0.4
Şub.01	0.0
Şub.02	-0.4
Mar.01	-1.0
Mar.02	-2.0
Nis.01	-2.4
Nis.02	-3.6
May.01	-3.8
May.02	-4.0
Haz.01	-4.2
Haz.02	-4.2
Tem.01	-4.9
Tem.02	-4.9
Ağu.01	-5.0
Ağu.02	-5.1
Eyl.01	-5.2
Eyl.02	-5.5
Eki.01	-5.6
Eki.02	-5.5
Kas.01	-5.7
Kas.02	-5.6
Ara.01	-5.7
Ara.02	-5.7
GERÇEKLEŞME	-4.7

Kaynak: TCMB

Büyümedeki küçülme oranı, alınması gereken tedbir ve düzenlemeleri içerip içermediğine göre de farklı yorumlanabilir. Tüm ülkelerdeki yaklaşım, küçülme oranına bağlı olarak kamu harcamaları ve gelirlerinde yeniden yapılandırmaya gitmektir. Alınması düşünülen tedbirlerin çarpan katsayısı ve ekonomiye yansımaları, büyüme oranını doğrudan ve dolaylı şekilde etkileyen süreçleri de etkilemektedir. II. Bölümde de ifade edilen, planlaması yapılan iki tedbirin uygulamaya konulmasıyla büyüme oranının negatif bölgeden çıkabileceği öngörülmüştür. Bu noktada, söz konusu tüm tedbirlerin ekonomiye kalıcı maliyet yaratmayan geçici tedbirleri içermesiyle, büyüme oranı bir sonraki yılda tahminlerin çok üstünde artış göstermiştir.

	Milyon TL				GSYH %			
	2008	2009	2010	2011	2008	2009	2010	2011
Merkezi Hükûmet Genel Denge (Türkiye Tanımı)	-17,069	-48,321	-39,310	-40,060	-1.80	-5.00	-3.75	-3.50
Genel Devlet Borcu (AB Tanımlı)	378,521	434,873	461,352	504,535	37.7	43.2	39.5	35.9

Kaynak: IMF ve T.C. Hazine Müsteşarlığı

Benzer yaklaşım, birçok ülke tarafından da ortaya konulmuştur. Bunun ekonomi yönetimleri açısından da bir anlamı bulunduğu açıktır. Dönemsellikten dolayı temel politika dokümanları yayınlanması gereken tarihlerde yayınlanmakta ve uygulamaya konulmaktadır. Bir kısmı gerçekleşen veri ve bilgileri, muhtemel beklentilerdeki değişimleri yansıtma özelliğine sahipken, bir kısmı da uygulanması zorunlu doküman özelliği kazanmaktadır. Orta Vadeli Programla uyumlu orta vadeli mali plan ve bütçede ikinci özellik geçerlidir. 2008 yılının sonunda yayınlanan küresel ve ulusal tüm politika dokümanlarında büyüme oranı, genellikle pozitif olarak yer almıştır. Daha sonra yapılan güncellemelerle büyüme ve diğer temel ekonomik büyüklüklere ilişkin tahminler revize edilmiştir. Özellikle bütçe açığı ve kamu stoku gelişmeleri bu açıdan özel bir öneme sahiptir.

Büyüme negatife geçtiğinde, bütçe ve kamu borç stokundaki olası değişikliklerin şu doğrultuda gerçekleşmesi kaçınılmaz hâle gelmektedir. Kamu harcamalarını düşürme yönündeki güncellemelerin genellikle kısa vadedeki esnekliği oldukça düşüktür. Buna karşılık gelirlerdeki dönemsel güncelleme ve düşüşler çok kısa dönem gecikmelerle bütçeye yansımaktadır. Sonuçta, doğal bir süreç olarak bütçe açığı ve borç stoku artışları ortaya çıkmaktadır. Bu durum, bir anlamda kriz ortamında genişletici veya teşvik edici mahiyette geçici maliye ve bütçe politikaları etkisi üretmektedir. Ekonomi yönetimi ve koordinasyon bu tür olası bir gelişmeyi küresel oyuncularla birlikte fark etmiş, zamanlama ve içerik konusunda küresel gelişmelerle uyumlu bir yaklaşım üretmiştir.

2008 Yılı Katılım Öncesi Ekonomik Program'da maliye politikası stratejisi ve orta vadeli amaçlar, enflasyon ve cari açıkla mücadeleye destek verilmesini, finansal piyasalarda mali baskınlığın azaltılarak özel kesime yönelik kredi teminindeki mevcut likidite darboğazının ortaya çıkarabileceği dışlama etkisinin en aza indirilmesini amaçlayan makul düzeyde faiz dışı fazla verme politikası çerçevesinde şekillenmiştir. Bu doğrultuda programda aşağıdaki ifadelere yer verilmiştir:

"Makroekonomik istikrarın korunması için maliye, para ve gelirler politikası uyum içinde sürdürülecek, gerek görüldüğünde, küresel finansal krizin etkilerinin hafifletilmesi amacıyla, daralan talebi canlandırmaya, mevcut stokları eritmeye ve üretimi artırmaya yönelik çalışmalara devam edilecektir (2008 Yılı Katılım Öncesi Ekonomik Program, s.33)."

Ayrıca, harcama politikaları çerçevesinde mali kuralın 2011 yılı bütçe süreci içerisinde bütünüyle uygulamaya girmesi planlanmıştır. (Bölümün ekinde mali kurala ilişkin bilgi notuna yer verilmiştir.) Programda, yapısal ve konjonktürel sorunların çözülmesine yönelik olarak orta vadeli programla ve yıllık programla uyumlu bir dizi reform, politika ve taahhütler yer almaktadır.

Kriz süreçlerinde ekonomi yönetimleri ulusal ve küresel ekonomik görünümü yansıtan veri ve bilgileri izlemekte ve değerlendirilmektedir. Bu yaklaşım, makroekonomik performans ve makroekonomik istikranın mevcut durumunu ve muhtemel geleceğini tespit ederek ve öngörerek politika ve strateji oluşturmak amacıyla kullanılmaktadır. Uluslararası finansal ilişkilerde rating notu ve görünümü, makroekonomik performans ve istikrar açısından önem taşımaktadır. Bu nedenle, ekonomi yönetimlerinin derledikleri ve izledikleri veri ve bilgilerin rating uygulamaları ve metodolojileri çerçevesinde, en azından ilgili kuruluşların ve paydaşların görüşmelerinde kullanılması amacıyla uygun formatta hazırlanması, makroekonomik performansın ölçüm ve analizlerinde kaliteli farklılık üretecektir.

EK I: Ekonomi Koordinasyon Kurulu'nun Mevzuatı ve Görevleri

28 Şubat 2009 tarihli ve 27155 (Mükerrer) sayılı Resmî Gazete'de yayınlanan 5838 Sayılı Bazı Kanunlarda Değişiklik Yapılması Hakkında Kanun ile Ekonomi Koordinasyon Kurulu kurulmuştur. İlgili Kanun'un 27. maddesi bu konuyla ilgilidir. Söz konusu madde ile 10/10/1984 tarihli ve 3056 sayılı Başbakanlık Teşkilatı Hakkında Kanun Hükmünde Kararnamenin Değiştirilerek Kabulü Hakkında Kanun'a ek madde eklenmiştir.

Ek 9. madde "Ekonomi Koordinasyon Kurulu"nu düzenlemektedir. Bu düzenlemeye göre, Ekonomi Koordinasyon Kurulu, Başbakan'ın belirleyeceği bakanlardan oluşmakta ve Kurul üyesi Başbakan Yardımcısı, Kurul'a başkanlık etmektedir.

Ekonomi Koordinasyon Kurulu toplantılarına, konuyla ilgili bakanlar ve kamu görevlileri ile özel sektör, sivil toplum kuruluşları ve üniversitelerin temsilcileri davet edilebilir.

Ekonomi Koordinasyon Kurulu'nun görevleri şunlardır:

a) Ekonomik istikrarla ilgili gelişmeleri izlemek ve değerlendirmek.

b) Para, kredi, finans, maliye, borçlanma, gelirler ve diğer ekonomi politikaları ile plan ve programların tespitinde, uygulanmasında ve güncelleştirilmesinde koordinasyonu sağlamak.

c) Küresel ve ulusal ekonomi ile ilgili gelişmeleri izlemek, değerlendirmek, gerektiğinde araştırmalar yapmak veya yaptırmak.

ç) Ekonomik güvenlik ve ekonomik savunmaya ilişkin ilke ve esasların tespitinde, uygulanmasında ve güncelleştirilmesinde koordinasyonu sağlamak.

d) Gerektiğinde, gelir azaltıcı veya harcama artırıcı önerileri değerlendirmek, uygun görülenler hakkında etki analizlerini yapmak veya yaptırmak.

e) Devlet yardımları politikalarının tespitinde, uygulanmasında ve güncelleştirilmesinde koordinasyonu sağlamak.

f) Kurul kararlarının uygulama süreçlerini izlemek, değerlendirmek; sonuçları ilgili bakanlık, kamu kurum ve kuruluşlarına bildirmek ve Başbakan'a sunmak.

Ekonomi Koordinasyon Kurulunun çalışma usul ve esasları, Kurul'da temsil edilecek kamu ve özel sektör kurum ve kuruluşları ile sekreterya hizmetlerine ilişkin hususlar yönetmelikle belirlenir. Kurul, görev alanına giren konularla ilgili her türlü bilgi ve veriyi, bakanlıklar ve kamu kurum ve kuruluşlarından isteme yetkisine sahiptir.

EK II: Dokümanlarında Yer Alan Hedefler, Gerçekleşmeler ve Uygulamalar

60. Cumhuriyet Hükûmetinde Bakan'ların görev dağılımını belirleyen 2007/22 sayılı genelge, 31 Ağustos 2007 tarih ve 26629 sayılı Resmî Gazete'de yayınlamıştır. Bu genelgede, Devlet Bakanı ve Başbakan Yardımcısına "ekonomik konularda genel koordinasyon" görevi verilmiştir. Başbakan yardımcılığına bağlı kurum ve kuruluşlar, ilgili kurum ve kuruluşlar ve ilişkili kuruluşlar da bu genelgede yer almıştır. Ayrıca 2007/23 sayılı genelge ile de Başbakan Yardımcılığına görev alınan diğer kurullar belirtilmiştir.

- En önemli adım hem gerçekleşme hem de kurumsallaşma örneğinin uygulaması, diğer bir ifadeyle Ekonomi Koordinasyon Kurulu'nun yasal ve fonksiyonel yapısının gerçekleştirilmesidir.
- Ekonomi Koordinasyon Kurulu periyodik toplantılar yaparak hem ekonomi bürokrasisinin gündeminde yer alan hususları hem de özel kesimin önerdiği konuları ele almıştır. Bu konulardaki gelişmeler, toplumla, piyasalarla ve sektör temsilcileriyle basın açıklaması yapılarak paylaşılmış ve Bakanlar Kurulu'na aktarılmıştır.
- Hem gerçekleşme hem de kurumsallaşma örneğini uygulama konusunda atılmış en önemli diğer adım ise İstanbul Finans Merkezi (İFM) Projesidir. İstanbul Finans Merkezi Projesi'ni hazırlama sürecinde iş dünyası, finans kesimi, üniversiteler ve basın sektörü üst düzey temsilcileriyle içerik ve yol haritası belirleme toplantıları yapılmıştır.
- 29.09.2009 tarih ve 2009/31 sayılı Yüksek Planlama Kurulu kararı ile İstanbul Uluslararası Finans Merkezi Strateji Belgesi kabul edilmiştir. İFM Stratejisi ve Eylem Planında, İstanbul'un öncelikle bölgesel, nihai olarak da küresel fi-

nans merkezi olması vizyon olarak belirlenmiştir. Bu vizyonu gerçekleştirmek için hukuk, finansal ürün ve hizmet çeşitliliği, vergilendirme, düzenleyici ve denetleyici çerçeve, altyapı, teknoloji, organizasyon, insan kaynakları ve tanıtım/imaj ana başlıkları altında öncelikler belirlenmiştir. Ayrıca, taslağın ek'inde eylem planına da yer verilmiştir. İFM çalışmalarını sürdürmek üzere oluşturulacak yapıda, üstte siyasi iradeyi temsilen İFM Yüksek Konseyi, bu konseye bağlı olarak çalışacak üst düzey ekonomi bürokratları, özel sektör temsilcileri ve meslek örgütü yöneticilerinden oluşacak İFM Danışma Kurulu'nun ve gerekli teknik çalışmaları yürütmek üzere ise 8 çalışma komitesinin kurulması tasarlanmıştır.

- Başbakan'ın başkanlığında Ekonomi Koordinasyon Kurulu üyesi Bakan'lar, Dışişleri Bakanı, ekonomi konularında uzman üç AK Parti Genel Başkan Yardımcısı, ekonomi konularıyla ilgili bir AK Parti Grup Başkan Vekili ve üç AK Parti Plan ve Bütçe Komisyonu üyesinden oluşan, düzenli olmasa da çoğunlukla aylık toplanan Ekonomi Değerlendirme toplantıları yapılmıştır.

Toplantıların standart gündem başlıkları genel olarak küresel ekonomide son gelişmeler, Türkiye ekonomisinin performansı ve mevcut durumu, gelişmelerin Türkiye ekonomisine muhtemel etkileri, etkilerin yönetimine yönelik inisiyatifler, diğer konular, genel değerlendirme ve sonuç olarak belirlenmiştir. Toplantıların sonunda basın açıklamaları da yapılmıştır.

- Ekonomi yönetimi bürokrasisi üst düzey temsilcileriyle yasal metinlerde yer alan formatta dar kapsamda periyodik değerlendirme toplantıları başlatılmıştır. Ayrıca, genişletilmiş formatta ise Ankara dışında ve Ankara'da periyodik izleme ve değerlendirme toplantıları gerçekleştirilmiştir.

- Sektör temsilcileriyle birlikte sektörel değişim ve dönüşüm süreci için oluşturulan strateji belgesinin ilki "Tekstil, Hazır Giyim, Deri ve Deri Ürünleri Sektörü Değişim, Dönüşüm, Destek Strateji Belgesi" olmuştur. Daha sonra bu yaklaşım diğer sektörlere de uygulanmaya başlanmıştır.
- Özel kesim ile kamu kesiminin aktörleri arasında, ekonomik ve finansal yönetişim kalitesinin artırılması amacıyla, özel kesimin meslek kuruluşları ve büyük ölçekli kuruluşları ile ekonomi yönetiminin üst düzey yetkililerinin yer aldığı periyodik üst düzey toplantılar başlatılmıştır. Bu toplantılarda, orta ve uzun vadeli bakış açısı oluşturmaya odaklı önceliklerin belirlenmesi kadar, kısa vadeli gelişmelerin izlenmesi ve değerlendirilmesi de hedeflenmiştir. Açıklanan tedbirler paketlerinin içeriği ile bazı temel politika dokümanlarının kritik kantitatif ve kalitatif bileşenleri bu çerçevede belirlenmiştir.
- Bölgesel ekonomik kalkınma ve sosyal gelişme projeleri kapsamında, bölgelerde (GAP, Doğu Anadolu ve Konya projeleri) görev yapan kamu yöneticilerinin, yerel meslek kuruluşlarının ve sivil toplum kuruluşlarının temsilcilerinin, bakanlıkların, kamu kurum ve kuruluşlarının üst düzey yöneticilerinin, il milletvekillerinin ve medya temsilcilerinin katılımıyla bölgenin her ilinde gerçekleştirilen ekonomik-sosyal konsey toplantılarında durum tespiti ve detaylı analizler yapılmıştır. Bu toplantılara katılan bürokratlar, bölge milletvekilleri ve medya temsilcileri ile Ankara'da değerlendirme toplantıları gerçekleştirilmiştir. İlk gerçekleşme sonuçları da Mardin'de açıklanmıştır.
- Program Uygulaması, Koordinasyonu ve İzlenmesine Dair Karar'da değişiklik yapılarak, DPT'nin yatırımların vize sürecindeki rol ve fonksiyonu yeniden belirlenmiş, yatırımcı

bakanlık ve kuruluşların karar alma ve uygulama süreçlerindeki etkinlikleri artırılmıştır. Ayrıca DPT, daha önceki Kalkınma Planı ek'inde ifade edilen ve çalışması yapılan Türkiye'nin 2023 yılı hedeflerini güncellemeye, buna yönelik politika ve stratejileri formüle etmeye yönelik planlama hazırlıklarına başlamıştır.

- DPT'nin, devlete, hükûmete, kamu birimlerine ve bürokrasisine, belirlenmiş ve talep edilmiş konularda mevcut durum ve muhtemel gelecekle ilgili düşünce ve görüş bildirme, karar alma ve uygulama süreçlerinde ihtiyaç duyulan veri ve bilgi desteği sağlama rolünü de üstlenmesini sağlayacak yeni strateji belgesi hazırlanmıştır. Böylece, DPT'nin kamunun düşünce kuruluşu olmasının ilk adımı atılmıştır.
- Sekiz kalkınma ajansının (Gaziantep, Mardin, Diyarbakır, Van, Erzurum, Samsun, Konya ve İstanbul) kurulması sürecinde, söz konusu illerde özel ve kamu kesiminin geniş katılımının sağlandığı il ve bölge bazında ekonomik-sosyal konsey toplantıları yapılmış, ilin ve/veya illerin imkân ve kaynakları ile gerekli eylem planlarına yönelik değerlendirmeler ele alınmıştır.
- GAP Eylem Planı Hazırlama Süreci ve Gelişmeleri İzleme ve Değerlendirme Toplantıları yapılmıştır.
- Ülkemizin beşerî sermaye stokunun yapısı ve özelliğini belirlemek amacıyla ulusal istihdam stratejisi güncellenmeye başlanmıştır.
- 2009 Şubat ayında yapılan Ekonomik ve Sosyal Konsey toplantısında, "İstihdamın Artırılması Daimi Özel İhtisas Komisyonu" kurulması kararı alınmıştır. Komisyonun kurulmasına ilişkin Genelge ilgili birimlere görüş için iletilmiştir.
- Cari açığın nedenleri, sonuçları ve alınması gereken tedbirler konusunda kamu ve özel kesim temsilcilerinden oluşan

çalışma grubu kurulmasının hazırlıkları başlatılmıştır.

- Kredi Garanti Fon'unun organizasyonel ve fonksiyonel yapısını yenilemeye yönelik çalışmalar başlatılmış, ilk taslaklar üretilmiştir.
- KOBİ borsası uygulamasına geçiş kararı, yerel borsalar oluşturma uygulaması (TOBB-İMKB) çalışması başlatılmıştır.

C. TÜRKİYE'NİN MAKROEKONOMİK GÖRÜNÜMÜ II: KARARLARIN VE UYGULAMALARIN NEDENLERİ VE SONUÇLARI

Daha önceki bölümlerde de ifade edildiği gibi, ABD'de ortaya çıkan finans sektörü krizi zamanla reel sektör krizine dönüşmüştür. AB'de ise ülke borç krizi hâlini almıştır. Ülkeler arasında yayılması ve yükselen piyasalara bulaşması, mal, hizmet ve finans ilişkileri yoluyla olmaktadır. Diğer bir ifadeyle, cari dengeyi oluşturan kalemler ile finansman kaynakları, bulaşma ve yayılmanın yön ve şeklini yansıtmaktadır.

Ülkelerin bu süreçten etkilenmesi, dışa açıklıklarının derecesine ve yapısına bağlı olarak değişmektedir. Krizden etkilenme derecesi de makroekonomik yapı ve ilişkiler sisteminin güçlülüğüne ve kırılganlık alanlarının özelliklerine bağlıdır. Ülkenin, küresel sistemdeki konumu da bu açıdan özel önem taşımaktadır.

Ülkelerin krizin etkilerini azaltmaya yönelik kararları ve uygulamaları, etkilenen sektörlerinin yapısına göre farklılık göstermektedir. Ayrıca, ülkelerin sahip oldukları imkân ve kaynaklar da müdahalenin içeriğini şekillendirmektedir. Ülkelerin kriz tecrübesi, yönetim ve koordinasyon yetkinliği de krize yönelik tepkilerinin kalitesini etkilemektedir.

IMF ile imzalanmış olan stand-by Mayıs 2008 tarihinde sona ermiştir. IMF'nin Türkiye yetkilileri, söz konusu dönemde ekonomi yönetiminin talep ve beklentilerine genel olarak makul yaklaşmıştır. Genel olarak kalıcı özellik taşımayan geçici tedbirler ve önlemler seti, bu tarihten sonra uygulanmaya başlanmış, ulusal projeler de hızlandırılmıştır.

1. Ulusal Projeler: Güney Doğu Anadolu Projesi, Kalkınma Ajansları, İstanbul Finans Merkezi

Bölgelerin kalkınma ihtiyacı, ülkemizin gündeminde her dönem önemli bir yer tutmuştur. 1936 yılında Atatürk'ün Elektrik İşleri Etüd İdaresi yoluyla su kaynaklarından elektrik enerjisi üretme fikrinden başlayan proje, zaman içinde önemli değişimler ve dönüşümler geçirmiştir. 1977 yılında aşağı Fırat ve Dicle havzaları Güneydoğu Anadolu Projesi (GAP) olarak adlandırılmıştır. 1988 yılında ise DPT, entegre/çok sektörlü sosyo-ekonomik kalkınma projesi olarak GAP master plan çalışması başlatmıştır. 1989 yılında GAP bölge kalkınma idaresi teşkilatı kurulmuştur. 2002 yılında da GAP bölge kalkınma planı hazırlanmış, GAP bölgesi için rekabet gündemi projesi başlatılmıştır. Bu projenin dokümanı 2007 yılında yayınlanmıştır. 2008 yılında ise GAP eylem planı hazırlanmış ve uygulanmaya başlanmıştır.

2007-2013 dönemini kapsayan Dokuzuncu Kalkınma Planı'nda, ekonomik büyümenin ve sosyal kalkınmanın istikrarlı bir yapıda sürdürülmesi ve plan vizyonunun gerçekleşmesinde stratejik gelişme eksenleri arasında yer alan "Bölgesel Gelişmenin Sağlanması" özel bir konuma sahip bulunmaktadır. Bu eksenin detayı, temel politika dokümanları olan kalkınma planında, üç yıllık orta vadeli programlarda ve uygulama dokümanları olan yıllık programlarda yer almaktadır.

Bölgedeki vatandaşların refah, huzur ve mutluluğunun artırılması için Güneydoğu Anadolu Projesi'nin ekonomik kalkınma ve sosyal gelişme ile altyapı yatırımlarını gerçekleştirecek şekilde hızlandırılması gerekmektedir. Bu sürecin bileşenlerini belirlemede, bölge illerinin yerel temsilcilerinin görüş ve önerilerine özel önem verilmiştir.

Bu kapsamda daha önce belirtildiği üzere, bölgede görev yapan kamu yöneticilerinin, yerel meslek kuruluşlarının ve sivil toplum kuruluşlarının temsilcilerinin, bakanlıkların, kamu kurum ve kuruluşlarının üst düzey yöneticilerinin, il milletvekillerinin katılımıyla bölgenin her ilinde ekonomik-sosyal konsey toplantılarında durum tespiti ve detaylı analizler yapılmıştır. Bu toplantılara katılan bürokratlar, bölge milletvekilleri, medya temsilcileri ile Ankara'da değerlendirme toplantıları gerçekleştirilmiştir. Ayrıca, GAP Kalkınma Platformu'yla yapılan toplantılarda da görüş ve öneriler alınmıştır.

Bu veri ve bilgiler ışığında GAP Bölge Kalkınma İdaresi ve DPT Müsteşarlığı koordinasyonunda; ilgili kamu kurum ve kuruluşlarıyla, il ve bölgeden gelen talep ve öneriler ile Rekabet Gündemi çalışmasında ortaya çıkan öncelikler dikkate alınarak GAP Eylem Planı hazırlanmıştır. Hazırlanan Eylem Planı, GAP Yüksek Kurulu'nda görüşülerek nihai hâle getirilmiştir. 2008-2012 dönemini kapsayan plan, Mayıs 2008 tarihinde yayınlanarak yürürlüğe girmiştir.

Eylem Planı kapsamında 4 eksen bulunmaktadır. Bunlar sırasıyla, ekonomik kalkınmanın gerçekleştirilmesi, sosyal gelişmenin sağlanması, altyapının geliştirilmesi ve kurumsal kapasitenin geliştirilmesidir.

Projenin toplam finansman boyutu 26,7 milyar TL'dir. Hâlihazırda bütçeden öngörülen olağan kaynak 7,3 milyar TL'dir. Eylem planı ek finansman ihtiyacı ise 19,4 milyar TL'dir. Özel sektör kaynağı 4,9 milyar TL ve ek kamu kaynağı (İşsizlik fonu ve Özelleştirme geliri) ise 14,5 milyar TL'dir. Aşağıdaki tablo, toplam kaynağın finansman biçimleri ve bunların gelişme eksenlerine göre dağılımını göstermektedir.

Gelişme Ekseni (MİLYON TL)	Eylemler	Toplam Finans. İhtiyacı	Halihazır Olağan Finansman	Ek Finans. İhtiyacı	Merkezi Bütçe Dışı Ek Finansman	Merkezi Bütçeden Ek Finansman	2008 Yılı Ek Finans.	2009-2012 Dönemi Ek Finansman	DİĞER BÖLGELERDE 2008'DE EK FİNANSMAN SAĞLANACAK PROJELER (SEKTÖREL DAĞILIM)	
Ekonomik Kalkınmanın Gerçekleştirilmesi	15	1,344.2	247.4	1,096.8		1,096.8	72.8	1,024.1	SEKTÖRLER	EK ÖDENEK
Sosyal Gelişmenin Sağlanması	29	5,114.8	2,416.6	2,698.2		2,698.2	198.4	2,499.8	EĞİTİM	387
Altyapının Geliştirilmesi	20	20,099.1	4,622.8	15,476.3	4,882.1	10,594.2	696.0	9,898.2	SULAMA	250
Kurumsal Kapasitenin Geliştirilmesi	9	121.1	200.0	120.9		120.9	10.0	110.9	İÇMESUYU	235
Yedek Ödenek	-						22.8	-	ENERJİ	200
TOPLAM	73	26 702,1	7 287,0	19 415,1	4 882,1	14 533,0	1000,0	13 533,0	SAĞLIK	105
									OSB-KSS	50
									DİĞER	73
									TOPLAM	1,300

Kaynak: GAP Eylem Planı Verilerinden Derlenmiştir.

Gelişme eksenleri bağlamındaki eylem sayısı ve bunlara tahsis edilen finansman tutarı, bölgenin mevcut durumu ve ihtiyacı dikkate alınarak belirlenmiştir. Bu ölçek ve kapsamdaki proje, sadece Türkiye'nin değil bölgenin ve dünyanın en önemli projelerinden biri olma özelliğine sahip bulunmaktadır.

Yapılan düzenleme ile kamu kaynağı, işsizlik fonu nema gelirlerinden ve özelleştirme gelirinden sağlanmış ve bütçeleştirilmiştir. Böylece, ilk defa projenin kaynak ihtiyacı hem eylem planlarında yer alan faaliyetler bazında belirlenmiş hem de faaliyetlerin finansman eksikliğinden dolayı yapılamama riski ortadan kaldırılmıştır. Ayrıca, proje tamamlandığında yapılacak varlık satışlarından elde edilecek gelirler ile finansman kaynaklarına fon geri ödemesi yapılması da karara bağlanmıştır.

Türkiye'nin diğer bölgelerindeki ekonomik kalkınma ve sosyal gelişmeyi hızlandırmak amacıyla farklı projelere ilişkin sektörler belirlenmiş ve belirlenen bu alanlara da ek finansman imkânı sağlanmıştır. Yukarıdaki tablo bu konudaki veri ve bilgileri içermektedir.

Her iki proje grubu, Türkiye'nin ülke bazında imkân ve kaynak potansiyelini güçlendirmeye, ekonomik performansını doğrudan ve dolaylı olarak etkileyecek dinamikleri harekete geçirmeye odaklanmıştır.

Kalkınma Ajansları, ulusal düzeyde DPT koordinasyonunda, kendine özgü teknik ve finansman (bütçe) mekanizmasına sahip, kâr amacı gütmeyen, çabuk karar alıp uygulayabilen, merkezi ve yerel idarelerin dışında, kamu, özel sektör ve STK'ları biraraya getiren, tüzel kişiliği haiz, 25/01/2006 tarih 5449 sayılı "Kalkınma Ajanslarının Kuruluşu, Koordinasyonu ve Görevleri Hakkında Kanunla düzenlenmemiş, işlemlerinde özel hukuk hükümlerine tabi, bölgeler (düzey 2 bölgeleri) esas alınarak Bakanlar Kurulu Kararı ile kurulan, teknik kapasitesi yüksek, uygulamacı olmayan, fakat destekleyici, koordinatör ve katalizör olarak faaliyet gösteren kalkınma birimleridir.

Kalkınma Ajansları, kamu kesimi, özel kesim ve sivil toplum kuruluşları arasındaki işbirliğini geliştirmek, kaynakların yerinde ve etkin kullanımını sağlamak ve yerel potansiyeli harekete geçirmek suretiyle, ulusal kalkınma plânı ve programlarda öngörülen ilke ve politikalarla uyumlu olarak bölgesel gelişmeyi hızlandırmak, sürdürülebilirliğini sağlamak, bölgeler arası ve bölge içi gelişmişlik farklarını azaltmak amacıyla kurulmuştur.

Bölgesel ekonomik kalkınma ve sosyal gelişme alanında yaşanan yapısal dönüşümün ve sürdürülebilir kalkınmanın en önemli kurumları arasında yer alacak olan "kalkınma ajansları" Devlet Planlama Teşkilatı (DPT) koordinasyonunda kurulmaya ve faaliyete geçmeye başlamıştır. Kalkınma Ajansları;

- Bölgesel gelişme uygulamalarımız ile bölge planlarımızın etkinliğinin ve başarısının yükseltilmesini; bölgelerin, ülkemizin genel büyümesine, gelişmesine, refahına ve istikrarına katkısının artırılmasını; sosyal uyum ve adaletin güçlendirilmesini ve değişen küresel rekabet şartlarına adaptasyonun hızlandırılmasını sağlayacak,
- Yüksek nitelikli personeli, esnek kaynak ve istihdam yapısı ile kurum, kuruluş ve şahıslara sağladığı idari, mali, teknik desteklerle, başta girişimciler olmak üzere bütün yerel aktörlerin kalkınma çabalarına katılımını teşvik edecek,
- Sağlayacağı proje ve faaliyet destekleriyle, kişi, kurum ve kuruluşların, eş finansmana dayalı ortak proje üretme ve yönetme kültürü ve yeteneğini geliştirecek; sahiplenme ve işbirliği duygusunu güçlendirecek, bölgenin girişimcilik po-

tansiyelini harekete geçirecek ve sürekli olarak yükseltecek,

- Yerel potansiyeli, dinamikleri, özgünlükleri, kaynak ve imkânları ortaya çıkararak harekete geçirecek ve ulusal, uluslararası pazarlarda ekonomik, sosyal, kültürel birer değer hâline dönüştürecek;
- Sonuç olarak hem ulusal hem de bölgesel-yerel düzeyde, başta istihdam ve gelir olmak üzere ekonomik ve sosyal göstergelerin iyileştirilmesine, bölgeler arası ve bölge içi gelişmişlik farklarının azaltılmasına ve dolayısıyla ülkenin genel refahının artırılması ve istikrarının pekiştirilmesine olumlu katkılar sağlayacaktır.

Süreci daha önce başlamış bulunan Kalkınma Ajansları'nın açılma kararı ve uygulamaları, kriz döneminde hızlandırılmıştır. Ajanslar, bölge ve iller bazında bireylerin, şirketlerin, STK'ların proje geliştirme ve uygulamaya yönelik kapasitelerini, yetkinliklerini geliştirmeye odaklanmıştır. Ayrıca, proje destek faaliyetlerinin merkezi düzeyde takibini sağlamak amacıyla bir izleme bilgi sisteminin tasarlanarak uygulamaya konulması, izleme konusunda destek talep eden kuruluşlar için karar destek sistemi olarak kullanılmak üzere uygulamaya konulacak olan izleme bilgi sisteminin yerel ve merkezi düzeyde yaygınlaştırılması hedeflenmiştir.

İstanbul'un Finans Merkezi projesi oldukça uzun bir geçmişe sahip bulunmaktadır. Bu, bir taraftan sahip olduğu tarihsel tecrübe ve bilgi birikiminden, bir taraftan coğrafi konumundan, bir taraftan da son dönemlerin tüm politika metinlerinde yer almasından anlaşılmaktadır. Dokuzuncu Kalkınma Planı (2007–2013)'ün 546. maddesinde "İstanbul'un uluslararası finans merkezi olması sağlanacaktır." ifadesi yer almaktadır.

Türkiye Bankalar Birliği'nin yaptırmış olduğu çalışmada İstanbul'un bölgesel ve küresel finans merkezi olma potansiyelinin ortaya konulmasından sonra, Temmuz 2008 tarihinde İstanbul'da gerçekleştirilen toplantı ile süreç başlatılmıştır. Bu toplantıda üç konu üzerinde durulmuştur:

- İstanbul Mega Kent Raporu
- İstanbul Kalkınma Ajansı
- İstanbul Finans Merkezi

İstanbul Büyükşehir Belediyesi, Devlet Planlama Teşkilatı ve OECD'nin birlikte gerçekleştirdiği "İstanbul Metropoliten Alan Çalışması", İstanbul'un ve Türkiye'nin bölgesel ve küresel ölçekte rekabet gücünün ve potansiyelinin ortaya konulması ve Türkiye'nin AB üyelik perspektifi ve uzun vadede bilgi toplumuna dönüşümünü gerçekleştirmesi hedefi çerçevesinde hazırlanmıştır.

İstanbul Finans Merkezi (İFM) projesini oluşturma sürecinde, İstanbul'da yer alan özel kesim temsilcileri ve kamu kesimi temsilcileriyle projenin içeriği ve eylem planlarının oluşturulması amacıyla oldukça kapsamlı toplantılar düzenlenmiştir. Özel kesimin koordinasyonundan TBB, kamu kesimin koordinasyonundan ise DPT sorumlu birim olarak görevlendirilmiştir. Daha sonra belirlenen eylem planları çerçevesinde, ilgili birimler eylem planlarını oluşturmuştur. Ayrıca, İFM projesi kapsamında İstanbul'daki üniversite rektörleri ile yapılan toplantıda, akademik ve beşerî sermaye kalitesinin artırılması amacıyla süreç içerisinde yapılması gerekenler belirlenmiş ve eylem planlarına dâhil edilmiştir. Ulusal gazetelerin üst düzey yöneticileri ile yapılan toplantıda da İFM'nin önemi, göreceği rol ve fonksiyon ele alınmış, katılımcıların öneri ve teklifleri de eylem planlarına yansıtılmıştır.

Proje ve eylem planı Ekim ayı içinde tamamlanmış, Yüksek Planlama Kurulu kararı Resmî Gazete'de yayınlanmıştır. Proje ve eylem planı dokümanı ise İstanbul'da 2009 yılında yapılan IMF ve Dünya Bankası yıllık toplantısı sürecinde ulusal ve küresel toplumla paylaşılmıştır. Proje, sadece İstanbul'u değil, Türkiye'yi ve hatta komşu ve çevre ülkeleri de yakından ilgilendiren süreci başlatmış olacaktır. Projenin uygulama döneminde, ulusal ve küresel paydaşlarla güçlü bir iletişim ve yönetişim modelinin uygulanması planlanmıştır.

2009 yılında yayınlanan "İstanbul Uluslararası Finans Merkezi Stratejisi ve Eylem Plan"ında, İstanbul'un uluslararası bir finans merkezi olması için;

- Uluslararası standartlarda işleyen bir hukuk altyapısının oluşturulmasına,
- Finansal ürün ve hizmet çeşitliliğinin artırılmasına,
- Vergi sisteminin basitleştirilmesine ve etkinleştirilmesine,
- Düzenleyici ve denetleyici çerçevenin geliştirilmesine,
- Fiziksel ve teknolojik altyapının güçlendirilmesine,
- Nitelikli insan kaynağı ihtiyacını karşılayacak bir eğitim altyapısının sağlanmasına,
- Dünya ölçeğinde tanıtım ve izleme yapacak bir organizasyon yapısının oluşturulmasına

yönelik öncelik ve eylemler belirlenmiştir. Planda, 22 öncelik ve 70 eylem yer almıştır.

2007-2013 yıllarını kapsayan Dokuzuncu Kalkınma Planı'nda, 2009-2011 ve 2010-2012 dönemlerini kapsayan Orta Vadeli Programlarda ve 2009 Yılı Programında bu konudaki tedbirlere yer verilmiştir. Strateji ve Eylem Planı'nın Yüksek Planlama Kurulu tarafından onaylanması da siyasi iradenin bir kez daha teyidi olmuştur.

2. Tedbir Paketleri

Açıklanan paketlerin içeriği, konusuna bağlı olarak, IMF ile ilişkiler, iş dünyasının talep ve beklentileri, üst düzey bürokratların tercih ve öncelikleri dikkate alınarak belirlenmiştir. Özellikle, ekonomi bürokrasisinin üst düzey yöneticileri ve kurumları tarafından hazırlanan, yükselen piyasa ekonomilerinin küresel krize tepkilerini de içeren raporlar, paketlerin ve bir sonraki bölümde yer alan önlemlerin hazırlanmasında dikkate alınmıştır. Belirlenen karar ve uygulamalar, içeriğine bağlı olarak Bakanlar Kurulu kararı hâline getirilmiştir.

IMF ile stand-by kapsamında yapılan son gözden geçirme 10 Mayıs 2008'de yapılmıştır. Gözden geçirmeden önce (3 Mayıs 2008) orta vadeli mali çerçeve açıklanmıştır. Milli gelir hesaplarında revizyon yapıldığından, orta vadeli küresel ekonomik ve finansal görünüm değişmiş olduğundan, istihdam paketinin ve GAP yatırımlarının orta vadeli mali çerçeveye yansıtılması gerektiğinden, yeni bütçe açığı ve faiz dışı fazla hedeflerinin orta vadeli bir perspektifle kamuoyuna sunulmasının uygun olacağı düşünülmüştür.

Bu değişim, GSYH'nin ortalama %0,7'si oranında iken, toplam tutar ortalama 5.25 milyar ABD doları seviyesindedir. Bu, bir anlamda İlk Mini Paket özelliğine sahiptir. Bu çerçevede, bu tutarın kullanılacağı alanlar veya inisiyatifler de şu şekilde belirlenmiştir: GAP'a finansman desteği sağlama, işveren SSK payının düşürülmesinin maliyetini karşılama ve belediyelere kaynak aktarma. Aşağıdaki tablo, revizyon kalemlerini ve boyutunu göstermektedir.

GSYH (%)	2008		
	Program	Revize	Fark
I. Toplam Kamu Faiz Dışı Fazla Oranı	4.2	3.5	-0.7
Merkezi Yönetim Dengesi	3.4	2.7	-0.7
Diğer Kamu	0.8	0.8	0.0
II. Merkezi Yönetim Bütçe Dengesi	-1.9	-1.4	0.5

Kaynak: T.C. Hazine Müsteşarlığı ve IMF

FDF hedefini kademeli olarak düşüren bir OVMÇ, daha gevşek bir maliye politikasına işaret etmektedir. Bugüne kadar bütçe açığının ve kamu borç stokunun GSYH'ye oranlarında sağlanan iyileşme dikkate alındığında, bu gevşeme makul ve uygun görünmektedir. Kamusal mali bilançoda böyle bir alan olması ve kamunun kaldıraç ve çarpan etkisini kullanarak GSYH'yi tetikleyen eylem içinde olması, zor dönemlerde kamu otoritesinden beklenen rol ve fonksiyonu ifade etmektedir. Böyle bir ortamda kamu altyapı harcamalarının (GAP gibi), özel sektörün harcamalarını da tetiklemesi öngörülmüştür.

Küresel finans krizinin etkilerinin azaltılmasına yönelik olarak 2008 yılı uygulamaları şu şekilde ifade edilebilir. Tedbir paketleri Bakanlar Kurulu kararları çerçevesinde düzenlenmiştir.

1.PAKET 2008 II. Yarı	Tutar (milyon)
Karayolları Sermaye Gideri	2,800
GAP ve Diğer Bölgesel Harcama	2,300
Ücret İyileştirme	895
Mahalli İdarelere Gelir Transferi	900
Enflasyon farkı	595
Kuraklık Desteği	535
TCDD Sermaye Gideri	400
Diyanet Sözleşmeli Personel	113
KEY Ödemeleri	2,400
Fındık, Mısır Ödemeleri	400
TOPLAM	11,338
Bütçe (%)	5.0
GSYİH (%)	1.2

Tablo, kamu altyapı yatırımlarına 6.395 milyon TL, talebi doğrudan veya dolaylı destekleyen alanlara 4.943 milyon TL kaynak aktarıldığını göstermektedir.

2008 yılında uygulamaya konulan bir dizi tedbir ve düzenlemeler de yapılmıştır. Bunlar, bir sonraki bölümde, likidite, finansman ve üretimle ilgili önlemler başlığı altında detaylı şekilde tasnif edilmiştir.

2009 yılında ise uygulamaya konulan tedbir ve düzenlemeler şunlar olmuştur.

2.PAKET 2009	Tutar (milyon)
GAP ve Diğer Bölgesel Harcama	3,111
SSK 5 Puan İndirimi	4,777
Mahalli İdarelere Gelir Transferi	3,890
Hazine Garanti ve İkraz Limiti Artışı	1,500
Ücret İyileştirme	2,519
TOPLAM	15,797
Bütçe (%)	7.60
GSYİH (%)	1.60

Tablo, kamu altyapı yatırımlarına 6.800 milyon TL, talebi doğrudan ve dolaylı olarak destekleyen alanlara 3.020 milyon TL, firmaların değişik şekillerde yararlanacağı alanlara ise 5.977 milyon TL tahsis edildiğini göstermektedir.

(Milyon TL)	2008 BÜTÇE	2009 BÜTÇE
Esnaf Kredileri Faiz Sübvansiyonu (Halk Bankası)	211	275
Tarımsal Kredi Faiz Desteği (Ziraat Bankası)	400	475
İhracat Destekleri (DFİF)	350	500
Küçük ve Orta Ölçekli İşletmelere Sağlanan Destekler	110	200
Hazine Teşvik Ödemeleri	300	400

2009 yılında 1 milyar USD'lik ihracat kredisi 6 ay vadeli ve 1.18 faizli olarak KOBİ'lere kullandırılmaya başlanmıştır. 2009 yılında ortalama 4 milyar TL kredi desteğine ulaşılması planlanmıştır

Kaynak: Bakanlar Kurulu Kararları Dikkate Alınarak Hazırlanmıştır.

3. PAKET 2009	Tutar (Milyon TL)
5084 sayılı Yasanın 1 yıl Uzatılması	1,370
Yeni Teşvik Sistemi	765
Tekstil Taşıma Desteği	60
Kısa Çalışma Ödeneği Miktarının yüzde 50 artırılması, sürenin 3 aydan 6 aya uzatılması ve mahsup imkânı verilmesi	1,300
Genç ve Kadın İstihdam teşviğinin süresinin uzatılması ve şartlarının kolaylaştırılması	125
Eximbak'a İlave Hazine Garantisi 1 milyar $	1,700
İnternette Özel İletişim Vergisi %5' e indirilmesi	100
Taşınmazların cins tashih harçlarının maktuya çevrilerek indirilmesi	100
Yaşlı taşıtların Hurdaya Alınması	100
TOPLAM	**5,620**
Bütçe (%)	**2.7**
GSYİH (%)	**0.6**

4. PAKET 2009	**Tutar (Milyon TL)**
Eximbank'ın Sermayesi 500 milyon TL artırılacak	500
KOSGEB'e Bütçeden ilave kaynak tahsisi	75
Destekleme Fiyat İstikrar Fonuna Bütçeden ilave kaynak tahsisi	75
Tüketici kredilerinde Kaynak Kullanımı Destekleme Fonu 5 puan indirildi	400
Otomotiv sektöründe ÖTV indirimi (3 ay)	600
Elektronik ve beyaz eşyada %6,7 olan ÖTV oranının sıfıra indirilmesi (3 ay)	80
150 m2 üstü konutta KDV oranının %18'den %8'e indirilmesi (3 ay)	500
Sanayide kullanılan elektriğe uygulanan gece tarifesinin hafta sonları ve resmî tatil günlerini kapsayacak şekilde yaygınlaştırılması	450
TOPLAM	**2,680**
Bütçe (%)	**1.3**
GSYİH (%)	**0.3**

5. PAKET 2009	Tutar (Milyon TL)
Bina ve bağımsız bölüm şeklindeki işyerlerinin satışında alınan %18'lik KDV'nin, 3 ay süreyle, %8'e indirilmesi	275
Konut, işyeri ve diğer gayrimenkullerin alım-satımında alıcı ve satıcının her birinden ayrı ayrı binde 15 oranında alınan tapu harçlarının, 3 ay süreyle, binde 5'e indirilmesi	200
Her türlü ev ve ofis mobilyalarından alınan %18'lik KDV'nin 3 ay süreyle, %8'e indirilmesi	200
Bilgisayar, bilişim ve büro makinelerinden alınan %18'lik KDV'nin, 3 ay süreyle %8'e indirilmesi	75
KOBİ'lerin kullandığı bazı sanayi ve iş makinelerinden alınan %18'lik KDV'nin 3 ay süreyle %8'e indirilmesi	150
TOPLAM	**900**
Bütçe (%)	**0.4**

Kaynak: Bakanlar Kurulu Kararları Dikkate Alınarak Hazırlanmıştır.

Bu paketle birlikte şu konularda da karar alınmıştır: Ar-Ge teşvikinden, beş yıl süreyle Ar-Ge şirketlerinin yararlanması, muhtasar beyannameler ile sigorta prim bildirgelerinin birleştirilmesi, bir yıllığına çekin üzerindeki tarihte ödenmesinin sağlanması, "Çek hilafım dışında elimden çıkmıştır" uygulamasının kaldırılması, Ekonomi Koordinasyon Kurulu'nun yasal yapıya kavuşturulması, Tarımda; işletme kredilerinde vadenin 18 aydan 24 aya, yatırım kredilerinde ise 5 yıldan 7 yıla yükseltilmesi. Ayrıca, kamu bankalarında kurumsal ve bireysel kredi kampanyaları ile meslek kuruluşlarının ortak işletme kredileri kampanyaları başlatılmıştır.

Yukarıda ifade edilen tarihler arasında, merkezi yönetim bütçesinden krizin etkilerini azaltmaya yönelik alınan tedbir ve öncelikler bir tablo hâlinde şu şekilde ifade edilebilir.

	Tarih	**Maliyeti (Milyon TL)**	**Bütçe (%)**	**GSYH ($)**
İlk Sinyal (Faiz Dışı Fazla Düzenlenmesi)	2008 Mayıs	6,960	3.1	0.7
Paket 1	2008 II. Yarı	11,338	5.0	1.2
Paket 2	2009 Bütçe	15,797	7.6	1.6
Paket 3	Bazı K. Değ.Yap. Hak. Kanun	5,620	2.7	0.6
Paket 4	2009 Bakanlar Kurulu Kararı	2,680	1.3	0.3
Paket 5	2009 Bakanlar Kurulu Kararı-2	900	0.4	0.1
TOPLAM		**36,335**	**17.1**	**3.8**

Kaynak: Bakanlar Kurulu Kararları Dikkate Alınarak Hazırlanmıştır.

OECD, 2008 yılının başlarında belirledikleri formatta yapılan maliye tedbirlerini ülkeler bazında gösteren bir çalışma yayınlamıştır. Benzer çalışma KEP'te de yer almaktadır. Bu sistematik çerçevesinde Türkiye, söz konusu tedbirler açısından küresel sistemde üst sıralarda yer almaktadır. İlk bölümdeki ilgili tabloda da ifade edildiği gibi bu tedbirlerin 2008 yılı GSYH'ye oranı %4,4 seviyesinde gerçekleşmiştir.

Kutu 3. 1: Krize Karşı Alınan Mali Önlemler Ve Maliyeti

	Tahmini Mali Yük (Milyon TL)				
	2008	2009	2010	2008-10	
	-430	8.043	6.409	14.022	GELİR ÖNLEMLERİ
Bireysel Vergiler	-500			-500	5811 sayılı Bazı Varlıkların Milli Ekonomiye Kazandırılması Hakkında Kanun kapsamında elde edilen gelirler.
	70	80	90	240	Hisse senedi kazançlarında yerli yatırımcılara uygulanan stopaj sıfıra düşürülmüştür.
					31/10/2008 tarihi itibarıyla vadesi dolan vergi borçlarına ilişkin yüzde 3 faizle 18 ay taksitlendirme uygulamasına devam edilmektedir.
İşletmeler Üzerindeki Vergiler		451	982	1.433	Yeni teşvik modelinin gereği olarak indirimli Kurumlar Vergisi uygulamasına ve yeni yatırımlar için yatırım yeri olarak Hazine'ye ait gayrimenkullere irtifak hakkı tesisine ilişkin yasal düzenleme yapılmıştır. Tekstil sektöründe faaliyette bulunan işletmelerin, üretim tesislerini Bakanlar Kurulunca belirlenecek illere taşımalarının vergi avantajı yoluyla desteklenmesine yönelik yasal düzenleme yapılmıştır.
		1.100		1.100	Halen 49 ilde uygulanan ve süresi 31/12/2008 tarihinde sona eren 5084 sayılı Teşvik Kanunun uygulama süresi bir yıl uzatılmıştır.
		3.358	3.959	7.317	2008 yılı Ekim ayından itibaren, işveren üzerindeki işgücü maliyetlerini azaltmak amacıyla işveren sigorta priminde (toplamı 21,5 puan) 5 puanlık indirime gidilmiştir, bu miktar Hazine tarafından ödenecektir.
Mal ve Hizmetler Üzerindeki Tüketim Vergileri		100	110	210	İnternette ÖTV oranı yüzde 15'ten yüzde 5'e indirilmiştir.
		600		600	Motorlu taşıtlardan alınan ÖTV'de geçici indirime gidilmiştir.
		80		80	Beyaz eşya ve çeşitli elektronik ev eşyasında özel tüketim vergisi (ÖTV) geçici olarak yüzde 6,7'den yüzde 0'a indirilmiştir.
		500		500	150 m2 üzerindeki konut satışlarında KDV üç ay süreyle yüzde 18'den yüzde 8'e indirilmiştir.
		200		200	Yeni işyeri satışlarında KDV üç ay süreyle yüzde 18'den yüzde 8'e indirilmiştir.
		200		200	Mobilya satışlarında KDV üç ay süreyle yüzde 18'den yüzde 8'e indirilmiştir.
		75		75	Bilgi teknoloji ürünlerinde KDV üç ay süreyle yüzde 18'den yüzde 8'e indirilmiştir.
		150		150	Makine, teçhizat, ekipman alımlarında üç ay süreyle KDV yüzde 18'den yüzde 8'e indirilmiştir.

İstihdam ve Sosyal Güvenlik Ödemelerine Katkılar		208	176	384	İstihdam paketi kapsamında, 2008 yılı mayıs ayından itibaren, genç ve kadın işçiler için sosyal güvenlik ödemeleri azaltılmıştır.
		66	84	150	İstihdam paketi kapsamında özürlü çalışanlar için ödenen sigorta priminde işverenin payı Hazine tarafından karşılanacaktır (istihdam paketinde yer alan tedbir).
Diğer Gelir Tedbirleri		100		100	Yaşlı araçların hurdaya ayrılması durumunda Motorlu Taşıtlar Vergisi ve cezalarının terkini imkânı getirilmiştir.
		400	902	1.302	Bankalar ve finansman şirketlerince ticari amaçla kullanılmamak kaydıyla gerçek kişilere kullandırılan tüketici kredilerinde, Kaynak Kullanımını Destekleme Fonu (KKDF) kesintisi yüzde 15'ten yüzde 10'a indirilmiştir.
		275		275	Tapu işlemlerinde harçlar üç ay süreyle binde 15'ten binde 5'e indirilmiştir.
		100	106	206	Tapu işlem harçlarının sürekli olarak indirilmesi
	7.620	11.085	8.871	27.576	HARCAMA ÖNLEMLERİ
Kamu Tüketim ve Yatırımları	2.800			2.800	Karayolları yatırımları
	2.300	3.111	3.300	8.711	GAP, diğer altyapı projeleri ve sulama sistemleri için hükûmet 2008-2012 döneminde ilave kaynak olarak 19,4 milyar TL kullanacaktır.
	900	2.519	2.690	6.109	Memur maaşlarında yapılan artışlar
Hanehalkına transfer	40	172	113	325	İşsizlik sigortası ödemeleri net yerine gayrisafi olarak hesaplanacaktır ve miktarı böylece yüzde 11 oranında artacaktır.
İşletmelere transfer		646		646	Elektrik enerjisi girdi maliyetinin azaltılması amacıyla, 2009 yılı için sanayide uygulanan indirimli gece tarifesi, hafta sonları ve diğer resmî tatil günlerini kapsayacak şekilde yaygınlaştırılacaktır.
		1.300	229	1.529	Yapılan yasal düzenlemeyle kısa çalışma ödeneği miktarı yüzde 50 artırılmış, süresi 3 aydan 6 aya çıkarılmıştır.
		150		150	DFİF ve KOSGEB için ilave kaynak sağlanmıştır.
		375		375	5084 sayılı Teşvik Kanunun süresi bir yıl uzatılmıştır (enerji desteği)
		123	219	342	Yeni Teşvik Sistemi; firmaların faiz giderlerinin finansmanına destek, şirketlerin fabrikalarını belli kentlere taşımaları için nakit desteği.

Diğer kamuya transferler	1.080	2.189	2.320	5.589	Merkezi hükûmetten mahalli idarelere yapılan transferlerde artış.
Diğer harcamalar	500	500		1.000	Eximbank'ın ödenmiş sermayesi 1milyar TL'den 2 milyar TL'ye yükseltilecektir.
	1.455	11.318	0	12.773	BÜTÇE ÜZERİNDE DOĞRUDAN VEYA HEMEN ETKİSİ OLMAYAN MALİ ÖNLEMLER
Finansal Kuruluşlar İçin Garanti ve Sigorta Programları		1.700		1.700	Hazine'nin Garanti Limiti 1 milyar dolar artırılarak 3 milyar dolardan 4 milyar dolara yükseltilmiştir. Artan 1 milyar dolarlık kısım ağırlıklı olarak ihracat ve KOBİ'lere destek amacıyla kullanılacaktır. Bunun yanı sıra, Eximbank'a başvuran her bir firma için limit 10 milyon dolardan 20 milyon dolara yükseltilmiştir.
		5.100		5.100	İhracat reeskont kredileri limiti 500 milyon dolardan 1 milyar dolara yükseltilmiştir ve bir yılda üç kez kullanılabilecektir. Bununla birlikte, bu tür kredilerin kullanım koşulları yeniden düzenlenmiş ve kolaylaştırılmıştır.
İşletmelere krediler	350	383		733	KOSGEB tarafından KOBİ'lere sıfır faizli kredi imkânı: toplam kredi miktarı 733 milyon TL.
	1.105	1.700		2.805	KOSGEB tarafından ihracatçı KOBİ'lere yüzde sıfır faizli kredi imkânı: 1,650 milyon dolar.
		1.500		1.500	TOBB ile Halk Bankası arasında yapılan anlaşma ile KOBİ'ler düşük faizli kredi kullanabileceklerdir. Bu protokole göre 800 milyon TL nakit ve nakit dışı ile 400 milyon dolar ihracat kredisi kullanılabilecektir.
		935		935	Türkiye Tekstil İşverenleri Sendikası ve Ziraat Bankası arasında yapılan protokolle KOBİ'ler düşük faizli kredi kullanabileceklerdir.
Genel Toplam	8.645	30.446	15.280	54.371	
Bütçeye Etki	7.190	19.128	15.280	41.598	
Bütçe Dışı Etki	1.455	11.318	0	12.773	
GSYH İçindeki Pay	0,91	3,15	1,46	5,52	

Kaynak: Katılım Öncesi Ekonomik Program 2008.

Aşağıdaki tabloda, kamu otoritesinin, ekonomi yönetiminin 2007-2009 döneminde para ve maliye politikaları çerçevesindeki karar ve uygulamalarına ilişkin göstergeler yer almaktadır. Kamu otoritesinin, bu dönemde kaldıraç oranını yükselten tercih ve önceliğe sahip olduğu görülmektedir.

Yıllar	TCMB O/N Faiz Oranı (%)	Bütçe Dengesi (Milyon TL)	Faiz Dışı Bütçe Dengesi (Milyon TL)	MY İç Borç Stoku (Milyon TL)	MY Dış Borç Stoku (Milyon $)	Kamu Bankaları Tüketici Kredileri (Milyon TL)	Kamu Bankaları Toplam Krediler (Milyon TL)
Oca.07	17,50	- 5.958	1.062	277.468	66.983	13.695	50.703
Şub.07	17,50	- 2.121	2.846	281.158	68.170	13.870	51.699
Mar.07	17,50	4.564	8.543	282.669	68.226	14.339	53.293
Nis.07	17,50	- 2.208	871	282.853	67.921	14.668	53.920
May.07	17,50	1.401	6.019	280.265	67.227	15.333	55.141
Haz.07	17,50	- 2.721	506	273.953	67.276	15.667	56.637
Tem.07	17,50	- 5.993	- 225	275.338	67.744	16.021	57.843
Ağu.07	17,50	3.340	7.658	273.929	67.451	16.499	59.694
Eyl.07	17,25	- 3.710	2.082	274.424	68.883	16.994	60.896
Eki.07	16,75	- 220	1.694	278.338	66.599	17.634	62.018
Kas.07	16,25	2.541	4.817	278.994	66.842	18.683	64.890
Ara.07	15,75	- 3.405	- 1.614	280.674	67.121	19.359	67.570
Oca.08	15,50	- 403	3.879	281.568	66.695	19.805	68.316
Şub.08	15,25	372	5.086	284.707	67.765	20.294	70.606

Mar.08	15,25	- 5.509	- 755	286.297	67.819	21.290	74.614
Nis.08	15,25	- 308	3.857	287.789	67.271	21.955	77.455
May.08	15,75	3.740	5.421	281.524	70.646	22.723	78.458
Haz.08	16,25	4.077	5.219	282.315	71.251	23.466	81.489
Tem.08	16,75	- 2.750	4.685	282.273	71.452	24.011	81.375
Ağu.08	16,75	5.732	13.873	282.798	69.697	24.627	83.168
Eyl.08	16,75	- 9.477	- 4.455	284.388	70.889	25.259	87.436
Eki.08	16,75	- 290	1.723	283.196	68.194	25.646	90.443
Kas.08	16,25	- 4.515	924	290.264	67.726	25.644	91.029
Ara.08	15,00	- 8.539	- 6.668	298.388	69.757	25.544	92.232
Oca.09	13,00	- 2.872	910	308.030	68.476	25.444	91.652
Şub.09	11,50	- 8.505	1.353	312.161	67.916	25.508	92.498
Mar.09	10,50	- 8.944	- 4.496	316.435	68.469	26.052	95.950
Nis.09	9,75	- 631	2.407	328.626	69.950	27.267	96.001
May.09	9,25	- 547	4.443	330.089	71.335	27.768	98.215
Haz.09	8,75	- 1.932	- 808	333.234	70.161	28.312	99.971
Tem.09	8,25	- 7.323	- 2.097	339.386	72.398	28.590	99.654
Ağu.09	7,75	- 843	7.215	346.499	73.403	28.754	101.841
Eyl.09	7,25	- 9.016	- 4.030	355.185	74.653	29.481	103.734
Eki.09	6,75	- 3.191	1.540	360.842	74.865	29.976	103.770
Kas.09	6,50	- 3.222	- 1.307	364.672	75.289	30.862	106.495
Ara.09	6,50	- 6.085	- 5.043	365.923	74.054	31.931	110.138

Kaynak: BDDK, TCMB, T.C. Hazine Müsteşarlığı

3. Likidite, Finansman ve Üretime İlişkin Önlemler

Ekonomi yönetimi ile ilgili kurum ve kuruluşlar tarafından hazırlanmış olan önlemler seti aşağıda ifade edilmektedir.

- 19 Kasım 2008 tarihinde sırasıyla yüzde 16,5 ve yüzde 19,75 olan TCMB gecelik borç alma ve borç verme faiz oranları, kademeli olarak indirilerek 16 Ocak 2009 tarihinde yüzde 13 ve yüzde 15,5 seviyelerine düşürülmüştür.
- Bankaların birbirlerinden ABD doları ve Euro üzerinden döviz borç alıp vermelerine olanak sağlanması amacıyla, Merkez Bankası kendi nezdindeki Döviz Depo Piyasasında aracılık faaliyetlerine 9 Ekim 2008 tarihinde yeniden başlamıştır. Ayrıca, bankaların bilanço büyüklükleri dikkate alınarak Döviz ve Efektif Piyasaların işlem yapma limitleri 14 Ekim 2008 tarihinde 5,4 milyar ABD dolarına, 23 Ekim 2008 tarihinde ise 10,8 milyar ABD dolarına yükseltilmiştir.
- Merkez Bankası'nca yapılan döviz alım ihalelerine 16 Ekim 2008 itibarıyla ara verilmiş, sağlıksız fiyat oluşumlarının önlenmesi amacıyla 24 Ekim 2008 tarihinde döviz satım ihalelerine başlanmıştır. Döviz piyasasındaki derinliğe ilişkin kaygıların azalması ile beraber, döviz satım ihalelerine de 30 Ekim 2008 tarihinde son verilmiştir.
- Bankalararası döviz piyasasında döviz likiditesi akışının artırılmasını sağlayarak finansal sistemdeki akışkanlığı ve kredi piyasalarının etkin çalışmasını desteklemek amacıyla, 21 Kasım 2008 tarihinden itibaren geçerli olmak üzere;
    - Bankaların, Döviz ve Efektif Piyasaları ile Döviz Depo Piyasası'nda kendilerine tanınan borçlanma limitleri çerçevesinde ABD doları ve Euro cinsinden Merkez Bankası'n-

dan alabilecekleri döviz depolarının vadesi 1 haftadan 1 aya yükseltilmiş,

- ▷ Söz konusu piyasada yüzde 10 olarak belirlenmiş borç verme faiz oranları ABD doları için yüzde 7'ye ve Euro için yüzde 9'a düşürülmüştür.

- ▶ Yüzde 11 olan yabancı para zorunlu karşılık oranı 2 puan azaltılarak yüzde 9 düzeyine indirilmiştir. Yabancı para zorunlu karşılık oranında yapılan bu indirimle bankacılık sistemine yaklaşık 2,5 milyar ABD doları ek döviz likiditesi sağlanmıştır.

- ▶ Türk lirası mevduatı ve kredileri teşvik etmek amacıyla yabancı para zorunlu karşılıklara faiz ödenmesi uygulamasına son verilmiş, Türk parası zorunlu karşılıkların faiz oranı ise artırılmıştır. Bu çerçevede, Türk parası zorunlu karşılıklara ödenen faiz oranı Merkez Bankası gecelik borçlanma faiz oranının yüzde 75'i seviyesinden 80'i seviyesine çıkarılmıştır.

- ▶ Ekonomimizin ihtiyaç duyduğu finansman kaynaklarını artırmak ve çeşitlendirmek amacıyla yürütülen çalışmalara hız kazandırılmıştır. Bu kapsamda;
  - ▷ Hisse senedi kazançlarında yerli yatırımcılara uygulanan stopaj sıfıra indirilmiştir.
  - ▷ Kamuoyunda Varlık Barışı Yasası olarak bilinen, yurtdışındaki varlıkları yurtiçine getirmeyi teşvik amaçlı vergi indirimleri ve vergi muafiyetlerini içeren kanun yürürlüğe konulmuştur.
  - ▷ Vergi borçlarının on sekiz ay süreyle yüzde 3 faizle taksitlendirilmesi imkânı getirilmiştir.

  - ▷ Mevduat garantisinin kapsamını genişletme ve sınırını artırma konusunda Bakanlar Kurulu'na yetki verilmiştir.
- Kamuoyunda "Karşılık Yönetmeliği" olarak bilinen yönetmelikte yapılan değişiklikle,
  - ▷ Kredi taksit ödemelerinde meydana gelen gecikmenin yakın izlemedeki krediler kapsamına alınmasına ilişkin süre 30 gün olarak belirlenmiştir.
  - ▷ 1 Mart 2010 tarihine kadar; birden çok kredisi bulunan kredi müşterisine ait kredilerden herhangi birinin yapılan sınıflandırma gereği donuk alacak olarak kabul edilmesi nedeniyle aynı grupta sınıflandırılan kredilerden ödemelerinde gecikme olmayanlar bankalarca özel karşılık uygulamasına tabi tutulabilecektir.
  - ▷ Donuk alacak hâline gelen kredi ve diğer alacakların ödemesi gecikmiş olan kısmının tahsili durumunda, diğer krediler ve alacaklar bu kapsamda değerlendirilecek ve donuk alacak sınıflandırılmasına ilişkin koşulların bulunmaması hâlinde, en az 6 ay süreyle "yakın izlemedeki" kredilerin yer aldığı İkinci Grup'ta izlenmek kaydıyla standart nitelikte kredilerin yer aldığı Birinci Grup'ta sınıflandırılabilecektir.
- Hazine'nin, iç piyasada yatırımcı tabanını genişletmek amacıyla önümüzdeki dönemde hasılat payına ve temettü gelirlerine endeksli tahviller gibi yeni finansman araçları kullanması planlanmaktadır. Bu kapsamda 28.01.2009 tarihinde Gelire Endeksli Senet (GES) ihracı gerçekleştirilecektir. Söz konusu senetlerin getirileri, Kamu İktisadi Teşebbüsü statüsündeki Türkiye Petrolleri Anonim Ortaklığı (TPAO), Devlet Malzeme Ofisi (DMO), Devlet Hava Mey-

danları İşletmeleri (DHMİ) ve Kıyı Emniyeti Genel Müdürlüğünden (KIYEM) bütçeye aktarılan hasılat paylarına endeksli olacaktır.

- Mayıs ayında kanunlaştırılan İstihdam Paketi, Ekim ayı başında yürürlüğe girmiştir. Bu paket kapsamında işveren primi beş puan düşürülmüş, gençlerin ve kadınların istihdamına yönelik işveren primlerine beş yıl boyunca devlet desteği getirilmiştir. Ayrıca, işverenin mali olmayan bazı yükümlülüklerinde de iyileşme sağlanmıştır.
- Reel sektörü desteklemek amacıyla KOBİ'lere kredi desteği verilmiştir. Bu kapsamda;
    - Esnaf ve Sanatkâr Destek Kredi Programıyla imalatçı esnaf ve sanatkarlara sıfır faizli kredi desteği verilmiş, yaratılan kredi hacmi 700 milyon TL'ye ulaşmıştır.
    - İhracatçı KOBİ›lerin finansman ihtiyaçlarını karşılamak için 650 milyon Dolar hacimli sıfır faizli ihracat destek kredisi uygulaması başlatılmıştır.
    - Halk Bankası ile TOBB arasında imzalanan protokolle 800 milyon TL'si nakdi ve gayri nakdi kredi, 400 milyon Doları ise ihracat kredisi olmak üzere yaklaşık 1,5 milyar TL'lik yeni bir kredi imkânı KOBİ'lerin kullanımına sunulmuştur.
    - Türkiye Tekstil Sanayii İşverenleri Sendikası ile Ziraat Bankası arasında, sendika üyesi kuruluşlara uygun koşullarda kredi sağlanmasına ilişkin kredi protokolü imzalanmıştır.
    - Halk Bankası, yurtdışı kaynaklardan uzun vadeli fon sağlayarak kullanıma başlamıştır.

- Kamuoyunda sicil affı olarak bilinen "Karşılıksız Çek, Protestolu Senetler ile Kredi ve Kredi Kartları Borçlarına İlişkin Kayıtların Dikkate Alınmaması Hakkında Kanun" Resmî Gazete'de yayınlanarak yürürlüğe girmiştir. Kanuna göre, ilgili borçların yasanın yürürlüğe girmesinden önce ya da girdikten sonra 6 ay içinde ödenmesi veya banka ve özel finans kurumlarınca yeniden yapılandırılması hâlinde, borcun tamamının ödenmesini müteakiben Merkez Bankası'nda tutulan kayıtlar silinecektir.
- Hazine, Eximbank'a garanti ve ikraz yoluyla destek sağlayacaktır. Bu amaçla, Hazine'nin 2009 yılında sağlayabileceği toplam garanti ve ikraz limiti 1 milyar dolar artırılarak 4 milyar dolara çıkarılmıştır. Bu imkânın önemli bir bölümü ihracatın ve KOBİ'lerin finansmanına yönelik olarak kullanılacaktır.
- Eximbank'ın ödenmiş sermayesi, bütçe imkânları göz önüne alınarak, ihracatı daha fazla desteklemesini sağlayacak şekilde artırılacaktır.
- İhracatçılara kullandırılmak üzere belirlenmiş olan ihracat reeskont kredisi limiti 500 milyon ABD doları artırılarak 1 milyar ABD dolarına yükseltilmiştir. Ayrıca, ihracat reeskont kredisi uygulama esas ve şartları yeniden düzenlenerek, bu kredilere kullanım kolaylığı getirilmiştir. Bu amaçla;
    - Akreditifli işlemlerde akreditif bedelinin Merkez Bankası'na temlik edilmesi şartı kaldırılmıştır.
    - Türk Eximbank tarafından uygulanmakta olan sevk öncesi ihracat kredisi kapsamına mal mukabili ihracatın finansmanı da dâhil edilmiştir.

- ▷ İhracatın finansmanında reeskonta getirilecek senetlerde, yurt dışı bankalarca ödeme garantisi verilme şartı kaldırılmış, Türk Eximbank ve diğer ticari bankaların ödeme garantisi yeterli görülmüştür.
- ▸ Başta GAP olmak üzere, bölgesel gelişme ve sosyal kalkınma projeleri için 2008-2012 döneminde 14,5 milyar TL tutarında ek finansman öngörülmüştür.
- ▸ SSK borçları yeniden yapılandırılmıştır.
- ▸ Bankalar için DİBS'lerin yeniden muhasebeleştirilmesi düzenlemesi yapılmıştır.

Bu ve benzeri veri ve bilgiler ilgili ekonomi yönetimi kurum ve kuruluşlarından derlenmiştir.

4. Paketlerin ve Önlemlerin Sonuçları

İstikrarın istikrarsızlığı, gösterge ekonomi politiğin üzerinde durduğu önemli konulardan biridir. Gösterge ekonomi politiği, makroekonomik göstergelerin doğru performans ve/veya istikrar gösteremeyebileceğine vurgu yapmaktadır. Bunun nedeni, makroekonomik göstergelerin manşet veya ortalama değeri yansıtmasıdır. ABD'de ortaya çıkan ve küresel özellik kazanan finans krizi, böyle bir algılama aldanımının olabileceğini göstermiştir. Göstergelerin veri derleme, işleme ve hesaplama yapısında olan bu sorunsallık, alt bileşenlerinin görünümü ve değişiminin göz ardı edilebilmesine neden olabilmektedir. Bu sistemik sorun, ekonomik birimlerin karar alma ve uygulama süreçlerinde karşılaşacakları alternatif maliyetlerini artırmaktadır. Çünkü, göstergelerin önemli fonksiyonlarından biri olan, makroekonomik konjonktürün, makroekonomik görünümün eğilim yönü ve şeklini yansıtma özelliği ortadan kalkmaktadır. Sonuçta, istikrar ve/veya kırılgan dönemlerde yapılması gerekenler gözden kaçabilmekte, söz konusu dönemler israf edilebilmektedir. Aşırılıklar ve/veya irrasyonel davranışlar, talep ve beklentileri, tercih ve öncelikleri etkilemeye başlamaktadır. Göstergelerin sinyal verme özelliği zayıflamakta, normal-anormal-yeni normal sarmalına girilmekte, kırılganlıklar yapısal değişime uğramakta ve kriz kalıcı hâle gelmektedir.

Bu tür olası durumlara karşı, Türkiye'de uygulanan tedbir paketlerinde hassas bir süreç yürütülmüş, likidite, finansman ve üretimle ilgili önlemlerin içeriğinin belirlenmesi ve uygulamaya konulması aşamalarında, özel sektör temsilcileri ile ekonomi yöneticileri arasında bir dizi toplantılar yapılmıştır. Farklı şehirlerde, farklı konularda, farklı düzeylerde iş dünyasından ve sivil toplum kuruluşlarından derlenen veri ve bilgiler, kamu bürokrasisi tarafından kamunun karar alma ve uygulama mekanizmalarına uygun formata dönüştürülmüştür. Daha sonra ise kamu otoritesinin ilgili birimleri tarafından işleme konulmuştur.

Paketlerin ve önlemlerin tasarlanmasındaki ilk aşama planlama olarak belirlenmiştir. Bu aşamada, ulusal ve uluslararası veri ve bilgiler özel ve kamu kesiminde toplanmış, makroekonomik ortamın kırılganlık ve sürdürülebilirlik yapısı değerlendirilmiş, içerik belirlenmiştir. Karar taslağının ilgili birimlerce uygun bulunmasının ardından uygulama aşamasına geçilmiştir. Uygulama aşamasında, bütçe düzenlemeleri, ilgili kurum veya kuruluş kararları, bakanlar kurulu kararları, iletişim kanalları kullanılmıştır. Daha sonraki aşamada, karar ve uygulamaların planlan hedefe/hedeflere etkileri kontrol edilmiştir. Bu aşamada, kamu ve özel sektörün kurum ve kuruluşlarının, yetkililerinin stratejik tepki kapasitesi ve performansı izlenmiştir. Son aşamada ise gerekiyorsa yeni önlemler alınmıştır. Aşamaların tümü, kurumsallaşmış Ekonomi Koordinasyon Kurulu faaliyetleri çerçevesinde icra edilmiştir.

Diğer taraftan, karar alma ve uygulama süreçlerinde, gecikme etkileri, yan etkiler ve alternatif maliyetler de dikkate alınmıştır. Makroekonomik göstergeler, hanehalkı, iş dünyası ve kamu otoritesinin talep ve beklentilerine, tercih ve önceliklerine bağlı olarak, ortak kümülatif eylemlerinin sonucunu yansıttığından, gösterge ekonomi politiği yaklaşımı kullanılmış ve paydaşlar arasında yönetişim kalitesine, etkili ve şeffaf iletişim ve işbirliğine özel önem verilmiştir.

2005 yılından itibaren Türkiye ekonomisinde ortaya çıkmaya başlayan ulusal ekonomik sorunların yansımaları ile 2007 yılının ikinci yarısından sonra hissedilmeye başlanan küresel finans krizinin etkilerinin örtüşmesi, zor bir dönemi oluşturmuştur. Bununla beraber böyle dönemler, ulusal ekonomik kırılganlıkların azaltılması ve kurumsal yapının güçlendirilmesi açısından uygun bir ortam da hazırlamaktadır. Dönemin Katılım Öncesi Ekonomik Programı ile Orta Vadeli Programın entelektüel bakışı, ekonomi politik derinliği ve yaklaşım farklılığı, bu çerçevede önemli bir değişimi ifade etmiştir. Özellikle, özel kesim, kamu sektörü ve üniversitelerin birlikte yer aldığı makroekonomi yönetimi ve koordinasyonunun yasal ve fonksiyonel yapısının güçlendirilmesi, bu açıdan önemli bir örnek teşkil etmiştir.

Aşağıdaki tablolarda yer alan göstergelerin değişim süreci incelendiğinde, uygulanan paketlerin ve önlemlerin etkili olduğu görülmektedir. Mart ve Nisan ayları ve daha sonraki gelişmeler, krize yönelik stratejik tepkinin doğru ve güçlü olduğunu ima etmektedir. Dolayısıyla, çoğunluğu geçici, karşılaşılan sorunların çözümüne odaklı, iyi içeriğe sahip olan krize müdahale yöntemleri (önlemler ve paketler), kısa ve orta vadede beklenen, planlanan sonuçları üretmiştir. Performans ve istikrar göstergelerindeki değişimler ile güven endekslerinde yer alan gelecek beklentilerindeki gelişmeler bu trendi yansıtmaktadır.

2009'un ilk çeyreğinden itibaren daha iyi gelmeye başlayan ekonomik veri ve bilgiler, tartışılması gereken hususun, makroekonomik toparlanmanın ve canlanmanın yapısına odaklanmak olduğuna işaret etmiştir. Tüketici güven endeksi ve reel kesim güven endekslerinde düzelmelerin başlaması, talep yapılarında iyileşmelerin görülmesi, hükûmetin kapsamlı ekonomik tedbirlerinin etkilerinin hissedilmesi, iyimser yaklaşımı güçlendirmiştir. Diğer taraftan, borçlu ekonomik birimlerin yeniden yapılandırmaya ağırlık vermesi, büyümenin zayıf kalması ve işsizliğin artması ise uzun bir süreçte birçok eylemin senkronize koordinasyonunun zorunlu olacağını ima etmiştir. Toparlanma ve canlanmanın izleyeceği patika kadar, ekonomik birimlerin refahı üzerinde daha fazla etki üretecek karar ve uygulama alanlarına yönelmenin özel önem taşıyacağı görülmüştür.

Harcamalar Yöntemiyle Gayri Safi Yurtiçi Hasıla Gelişme Hızları (1998 fiyatlarıyla),	Gayri Safi Yurtiçi Hasıla	Yerleşik Hanehalklarının Tüketimi	Yerleşik ve Yerleşik Olmayan Hanehalklarının Yurtiçi Tüketimi	(Eksi) Yerleşik Olmayan Hanehalklarının Yurtiçi Tüketimi	Yerleşik Hanehalklarının Yurtdışı Tüketimi	Devletin Nihai Tüketim Harcamaları	Maaş, Ücret	Mal ve Hizmet Alımları	Gayri Safi Sabit Sermaye Oluşumu	Kamu Sektörü	Makine- Teçhizat	İnşaat	Özel Sektör	Makine- Teçhizat	İnşaat	Mal ve Hizmet İhracatı	(Eksi) Mal ve Hizmet İthalatı
2007	**4.7**	**4.6**	**3.9**	**-7.1**	**6.9**	**6.5**	**1.1**	**12.6**	**5.4**	**6.3**	**13.0**	**4.5**	**5.3**	**4.7**	**6.2**	**7.3**	**10.7**
1.dönem	8.1	4.0	4.0	6.2	6.5	7.0	0.8	17.8	4.9	3.2	-8.5	4.5	5.1	-0.2	14.4	13.3	8.2
2.dönem	3.8	1.6	1.2	-4.0	9.5	13.5	1.3	28.3	3.6	7.8	10.7	7.4	3.1	0.9	7.5	9.8	5.1
3.dönem	3.2	6.8	5.1	-11.2	-8.7	4.2	1.1	7.7	4.4	12.8	10.0	13.3	3.2	3.8	2.1	4.6	14.0
4.dönem	4.2	6.1	5.1	-10.1	24.7	2.7	1.1	3.9	8.5	1.8	17.6	-6.8	9.8	14.9	2.0	3.3	15.5
2008	**0.7**	**-0.3**	**-0.4**	**-3.5**	**-11.8**	**1.7**	**-0.4**	**3.9**	**-6.2**	**12.7**	**20.1**	**10.6**	**-9.0**	**-7.0**	**-12.4**	**2.7**	**-4.1**
1.dönem	7.0	5.7	5.6	0.3	-1.4	5.5	0.4	13.1	7.3	18.3	28.0	17.4	6.2	14.9	-6.6	13.0	14.0
2.dönem	2.6	0.6	0.2	-10.6	-15.0	-3.4	-0.3	-6.5	-2.0	14.8	34.9	11.5	-4.5	-2.0	-9.1	4.3	2.0
3.dönem	0.9	-0.4	-0.8	-8.0	-26.7	2.6	-2.1	7.8	-8.7	4.9	21.6	1.5	-10.9	-10.0	-12.5	3.8	-3.8
4.dönem	-7.0	-6.7	-5.9	9.4	-2.7	2.8	0.6	4.5	-18.7	15.1	14.8	15.3	-25.0	-27.5	-20.8	-8.2	-24.9
2009	**-4.7**	**-2.3**	**-2.0**	**8.5**	**40.2**	**7.8**	**1.4**	**14.0**	**-19.2**	**-2.2**	**-16.8**	**2.4**	**-22.3**	**-22.6**	**-21.8**	**-5.4**	**-14.4**
1.dönem	-14.5	-10.1	-10.0	-1.3	26.9	5.1	0.9	10.7	-27.6	11.8	25.5	10.4	-32.2	-36.2	-25.2	-11.3	-30.9
2.dönem	-7.7	-1.8	-1.2	14.5	22.0	0.5	1.2	-0.3	-24.4	0.2	-21.6	4.6	-28.7	-28.5	-29.1	-11.0	-20.6
3.dönem	-2.9	-1.9	-1.2	12.6	79.4	5.2	1.7	8.6	-18.5	-5.7	-18.1	-2.7	-21.0	-19.7	-23.3	-5.4	-11.7
4.dönem	6.0	4.7	4.4	3.4	40.5	17.9	1.8	29.2	-4.7	-8.6	-19.6	-1.0	-3.5	-0.1	-8.8	6.4	10.5

Kaynak: TÜİK

Sabit fiyatlarla gayri safi yurtiçi hasıla gelişme hızları-İktisadi faaliyet kollarına ve 1998 temel fiyatlarına göre	Tarım, avcılık ve ormancılık	Balıkçılık	Madencilik ve Taşocakçılığı	İmalat Sanayi	Elektrik, gaz, buhar ve sıcak su üretimi ve dağıtımı	İnşaat	Toptan ve perakende ticaret	Oteller ve Lokantalar	Ulaştırma, depolama ve haberleşme	Mali aracı kuruluşların faaliyetleri	Konut Sahipliği	Gayrimenkul, kiralama ve iş faaliyetleri	Kamu yönetimi ve savunma, zorunlı sosyal güvenlik	Eğitim	Sağlık işleri ve sosyal hizmetler	Diğer sosyal, toplumsal ve kişisel hizmet faaliyetleri	Eviçi personel çalıştıran hanehalkları	Sektörler Toplamı	Dolaylı ölçülen mali aracılık hizmetleri	Vergi-Sübvansiyon	Gayri Safi Yurtiçi Hasıla (Alıcı fiyatlarıyla)
1.dönem	-3.3	5.9	9.7	9.8	7.3	12.7	6.8	8.8	8.5	13.0	2.6	15.1	0.3	8.9	0.7	6.5	13.2	8.2	13.2	10.1	8.1
2.dönem	-5.0	5.9	9.5	4.3	8.4	7.3	2.3	0.6	5.1	8.0	2.4	11.9	1.0	5.1	1.4	3.7	9.8	4.0	6.2	3.4	3.8
3.dönem	-8.8	-6.9	10.7	4.8	6.2	3.9	6.7	0.5	6.7	10.9	2.6	13.6	3.9	1.8	2.6	5.5	12.5	3.4	10.1	5.2	3.2
4.dönem	-6.7	-1.0	2.6	4.1	5.7	0.3	7.3	1.8	8.3	7.8	1.0	14.5	-0.4	3.0	2.3	5.6	12.7	4.3	7.1	5.5	4.2
2007	**-7.0**	**0.7**	**8.1**	**5.6**	**6.8**	**5.7**	**5.7**	**2.1**	**7.1**	**9.8**	**2.1**	**13.9**	**1.2**	**4.8**	**1.7**	**5.4**	**12.2**	**4.8**	**9.0**	**5.9**	**4.7**
1.dönem	7.3	-7.7	8.4	8.5	8.3	-3.1	9.7	0.1	8.1	9.3	1.5	7.3	5.8	2.0	5.8	3.2	6.8	6.9	8.0	9.5	7.0
2.dönem	-0.2	11.8	7.7	3.9	5.9	-5.0	4.1	0.0	4.3	9.6	1.6	9.3	-1.0	1.4	2.9	3.1	7.7	3.5	9.9	-2.0	2.6
3.dönem	6.5	-6.9	3.9	-0.6	4.0	-9.6	-1.7	-6.0	1.6	8.0	2.5	7.5	-3.3	-0.6	2.2	0.2	5.6	1.1	6.7	1.9	0.9
4.dönem	3.9	-10.4	2.7	-12.0	-1.2	-14.1	-16.6	2.9	-7.5	9.4	3.5	3.4	0.3	1.8	2.1	0.5	2.6	-5.5	9.2	-10.8	-7.0
2008	**4.6**	**-5.7**	**5.4**	**-0.1**	**3.7**	**-8.1**	**-1.5**	**-2.0**	**1.5**	**9.1**	**2.3**	**6.7**	**0.3**	**1.2**	**3.3**	**1.8**	**5.6**	**1.3**	**8.4**	**-0.6**	**0.7**
1.dönem	0.8	10.8	-13.0	-22.3	-6.1	-18.6	-26.2	2.7	-16.3	10.8	4.5	-0.4	2.4	0.7	0.8	-2.8	-1.9	-12.1	10.7	-21.9	-14.5
2.dönem	6.5	8.4	-15.3	-11.7	-6.0	-21.1	-15.2	1.5	-10.3	7.5	4.8	1.9	1.8	1.3	2.9	-2.0	0.3	-6.8	6.6	-7.8	-7.7
3.dönem	3.6	6.2	-3.2	-4.5	-4.8	-18.3	-7.2	4.7	-5.0	7.8	3.8	6.4	3.5	3.3	4.5	0.8	4.5	-1.7	9.5	-8.1	-2.9
4.dönem	1.5	13.1	3.5	12.8	1.5	-6.6	10.3	5.5	3.6	8.1	3.4	10.0	3.6	3.1	4.9	-0.4	7.2	6.4	11.5	6.3	6.0
2009	**3.3**	**10.8**	**-6.7**	**-7.2**	**-3.5**	**-16.3**	**-10.4**	**3.9**	**-7.1**	**8.5**	**4.1**	**4.5**	**2.9**	**2.0**	**3.2**	**-1.1**	**2.3**	**-3.5**	**9.7**	**-8.2**	**-4.7**

Kaynak: TÜİK

Tüketici eğilimine ilişkin soru bazında endeksler	Tüketici Güven Endeksi	Satın alma gücü (mevcut dönem)	Satın alma gücü (gelecek dönem)	Genel ekonomik durum (mevcut dönem)	Genel ekonomik durum (gelecek dönem)	İş bulma olanakları (gelecek dönem)	Yarı-dayanıklı tüketim mallarına yönelik harcama yapma düşüncesi (gelecek dönem)	Mevcut dönemin dayanıklı tüketim malı satın almak için uygunluğu	Dayanıklı tüketim malı satın alma ihtimali (gelecek dönem)	Otomobil satın alma ihtimali (gelecek dönem)	Konut satın alma ya da inşa ettirme ihtimali (gelecek dönem)	Konut tamiratına para harcama ihtimali (gelecek dönem)	Tüketimin finansmanı amacıyla borç kullanma ihtimali (gelecek dönem)	Mevcut dönemin tasarruf etmek için uygunluğu	Tasarruf etme ihtimali (gelecek dönem)	Gelecek dönemde fiyatların değişim yönüne ilişkin beklenti
2007 1	91.80	82.67	87.47	84.57	87.16	85.10	102.96	116.63	15.43	6.78	7.01	19.17	29.25	56.58	16.51	71.44
2	92.74	83.39	88.43	84.83	87.89	89.15	102.49	114.87	17.01	6.84	6.93	21.68	30.34	57.20	15.96	74.59
3	92.44	82.10	85.97	84.09	86.98	91.10	102.06	116.06	17.37	7.84	8.21	23.59	28.42	56.19	17.46	72.84
4	93.66	84.78	89.55	86.02	89.36	87.95	103.15	116.68	18.85	8.24	8.83	28.69	32.63	59.03	17.52	73.60
5	94.96	86.85	89.80	87.64	89.14	90.85	103.04	118.13	17.84	8.58	8.60	31.06	34.11	57.89	19.49	74.59
6	94.17	86.96	89.31	85.92	87.72	89.65	104.06	117.21	18.12	9.01	9.55	27.21	32.43	57.09	20.66	76.15
7	95.49	86.60	90.18	89.47	91.98	86.07	105.12	122.64	18.52	8.29	8.54	23.55	35.76	63.26	18.53	76.02
8	98.25	88.53	91.44	94.90	97.61	90.57	109.81	123.08	17.97	8.20	8.11	21.80	32.95	64.44	19.26	74.63
9	97.11	87.68	91.13	94.53	97.69	92.89	111.64	116.15	17.94	7.61	7.19	17.53	30.45	60.92	18.25	72.47
10	96.20	87.20	90.05	91.86	92.89	89.39	108.00	121.47	16.29	7.17	7.79	18.02	31.63	63.31	17.82	73.34
11	92.52	82.11	86.71	85.62	87.36	89.41	107.30	117.01	15.67	7.64	5.92	15.41	31.27	59.05	16.44	64.30
12	93.89	82.66	88.13	87.65	90.12	89.74	107.83	118.81	17.64	6.87	6.31	18.16	30.98	60.27	16.80	68.56

2008 1	92.12	80.78	86.65	84.57	87.42	87.32	103.69	118.41	18.20	7.75	7.65	20.33	32.43	60.78	17.97	64.28
2	87.60	77.68	84.37	77.30	81.83	81.99	103.13	112.14	18.28	8.33	7.77	24.94	31.54	62.06	19.39	60.82
3	81.96	74.47	79.36	71.51	74.93	77.47	100.46	103.58	18.95	7.49	7.74	28.30	31.95	59.83	18.84	56.07
4	76.24	70.38	73.50	60.47	65.83	73.60	97.42	97.88	16.73	7.70	7.71	33.01	33.86	55.68	17.34	47.96
5	75.36	69.64	73.57	59.70	65.80	72.08	96.35	95.71	16.68	7.65	8.41	30.37	32.94	57.50	17.45	46.18
6	75.01	71.08	72.98	60.44	64.73	72.87	95.64	93.41	17.23	8.40	8.69	25.69	32.33	56.00	17.89	45.75
7	77.01	72.03	74.86	63.00	68.20	73.70	98.37	96.26	16.11	8.62	7.95	23.03	32.97	57.58	16.98	49.29
8	79.85	75.51	78.10	69.84	74.91	76.42	99.22	94.31	16.09	8.87	9.08	21.28	33.98	58.22	17.55	51.09
9	80.72	76.17	78.62	71.71	75.55	76.39	101.16	96.87	17.24	9.01	8.34	18.93	33.75	60.20	18.63	53.75
10	74.24	71.96	74.39	64.33	67.77	71.49	95.60	85.59	15.93	9.06	8.09	18.01	31.84	56.42	18.00	51.67
11	68.88	65.50	68.50	57.30	62.95	64.05	92.46	83.40	14.87	9.51	8.80	18.02	32.75	53.17	18.09	52.73
12	69.90	64.90	68.14	56.51	62.19	63.42	88.04	90.84	14.72	8.41	8.57	17.97	34.57	53.99	18.20	61.64
2009 1	71.56	62.72	70.39	54.41	63.87	64.92	87.15	95.89	14.44	7.36	7.35	19.91	32.77	57.36	17.26	65.84
2	74.01	63.34	71.04	57.30	65.38	65.20	86.89	105.08	14.02	6.70	6.99	22.84	33.39	58.19	16.30	71.83
3	74.77	62.77	70.66	55.46	64.59	67.84	87.75	108.00	15.29	7.82	7.54	24.74	33.04	55.76	16.32	71.03
4	80.75	67.89	75.05	62.71	70.81	70.15	87.34	119.86	16.50	8.84	8.29	24.73	32.84	58.56	16.50	72.53
5	83.28	70.24	77.28	67.29	75.64	74.18	91.28	119.05	17.32	8.80	9.04	26.87	34.48	59.72	18.03	74.60
6	85.27	74.20	80.39	71.48	79.44	76.23	94.07	116.09	17.14	9.59	9.32	22.16	34.84	60.93	17.66	75.26
7	82.37	73.32	78.56	70.94	77.13	72.96	93.95	109.88	15.04	8.80	7.77	20.44	32.55	60.42	17.28	69.46
8	81.30	74.29	77.48	72.37	75.79	73.33	97.08	105.61	14.31	8.46	8.03	17.23	31.80	58.59	15.19	68.00
9	81.92	75.16	78.74	72.95	76.28	73.08	97.51	106.35	14.44	7.62	7.07	15.56	32.17	56.69	16.37	69.28
10	80.46	74.02	77.66	72.61	76.23	72.61	95.57	101.77	11.86	6.58	6.87	16.03	32.64	56.11	14.68	70.54
11	78.38	72.56	76.32	69.52	73.48	72.33	95.20	97.21	13.35	8.07	6.65	15.67	33.91	55.17	14.35	65.70
12	78.79	72.49	77.62	68.83	73.01	72.19	93.97	98.64	13.99	7.77	7.99	15.87	36.41	52.89	14.53	66.65

Kaynak: TÜİK

Dönem	Reel Kesim Güven Endeksi	Toplam Sipariş (Mevcut Durum)	Mamul Mal Stoku (Mevcut Durum)	Üretim Hacmi (Gelecek 3 Ay)	Toplam İstihdam (Gelecek 3 Ay)	Toplam Sipariş (Son 3 Ay)	İhracat Sipariş (Gelecek 3 Ay)	Sabit Sermaye Yatırım Harcaması	Genel Gidişat
2007-01	115.5	93.4	92.7	133.9	116.7	120.7	135.4	121.1	110.3
2007-02	113.9	91.4	85.0	148.1	118.6	101.5	134.1	119.2	113.4
2007-03	115.5	91.4	86.4	161.5	116.4	110.5	128.5	122.4	106.7
2007-04	121.0	97.0	80.5	152.4	119.8	133.3	141.0	126.6	117.2
2007-05	111.8	94.6	79.1	140.9	114.2	131.6	115.0	121.8	96.8
2007-06	112.9	91.1	101.1	130.0	111.6	126.6	115.4	116.4	110.7
2007-07	113.9	93.0	91.2	129.9	117.3	132.4	126.2	112.6	108.7
2007-08	114.2	92.8	89.6	128.4	119.9	129.8	114.7	126.9	111.4
2007-09	109.5	94.9	97.5	118.4	116.2	111.3	121.0	109.1	107.8
2007-10	103.9	88.2	86.7	111.6	108.2	102.7	126.5	109.2	97.9
2007-11	103.7	89.3	91.6	120.0	102.5	99.0	120.5	104.9	102.1
2007-12	103.4	90.1	97.4	102.9	99.8	117.5	113.5	108.5	97.6
2008-01	106.7	85.9	90.5	119.6	111.9	112.2	127.1	109.2	97.4
2008-02	106.3	84.5	91.6	143.3	112.1	83.6	141.2	107.1	86.9
2008-03	106.1	93.0	95.6	143.0	107.8	103.7	128.8	107.4	69.7
2008-04	105.1	82.2	92.3	140.8	110.9	106.4	129.7	104.9	73.9
2008-05	104.4	83.3	86.2	130.9	110.2	122.7	124.0	105.8	71.9

2008-06	101.4	82.4	90.1	125.7	108.3	120.4	114.0	103.7	66.5
2008-07	97.9	80.3	86.3	121.5	104.0	113.7	107.1	103.5	66.9
2008-08	97.3	76.5	88.0	117.2	100.8	107.1	108.2	95.3	85.4
2008-09	88.4	69.7	83.6	100.7	89.4	94.3	104.0	95.4	69.7
2008-10	69.6	54.0	84.6	65.0	76.8	78.1	76.2	78.7	43.1
2008-11	54.0	46.4	78.6	53.9	51.9	51.1	62.3	58.9	29.1
2008-12	52.6	38.3	91.0	48.8	56.5	34.6	67.1	50.8	33.5
2009-01	60.1	31.7	91.2	80.2	64.4	35.8	76.7	53.4	47.2
2009-02	65.2	26.9	100.9	95.3	63.4	33.1	90.3	57.7	54.3
2009-03	69.9	28.9	88.6	113.4	75.6	40.1	108.0	47.1	57.7
2009-04	86.7	39.7	110.1	130.6	92.6	63.5	113.6	54.9	88.9
2009-05	99.0	49.9	117.0	132.3	87.6	109.0	122.0	65.2	108.6
2009-06	100.0	55.5	103.5	122.8	96.9	121.1	122.6	62.6	114.7
2009-07	100.4	60.2	116.5	111.9	101.4	129.7	108.4	70.2	105.1
2009-08	98.4	61.9	114.9	105.7	96.7	119.7	101.4	75.3	111.4
2009-09	96.0	61.6	101.7	103.8	99.3	113.0	107.5	71.2	109.8
2009-10	91.1	56.4	112.6	91.7	95.2	91.2	94.1	84.3	103.4
2009-11	90.7	60.0	110.9	85.7	91.7	87.8	96.9	96.4	96.5
2009-12	90.1	59.2	112.5	90.3	91.6	85.6	95.0	86.4	100.3

Kaynak: TCMB

Şu anda hangi faktör(ler) üretiminizi kısıtlamaktadır? (Yüzde pay)	2007-01	2007-04	2007-07	2007-10	2008-01	2008-04	2008-07	2008-10	2009-01	2009-04	2009-07	2009-10
Kısıtlayan Faktör Yoktur	56.2	60.5	39.8	57.6	55.2	57.1	56.7	43.5	31	30.5	34.5	35.6
Talep Yetersizliği	14.4	13	18.8	13.7	14	13.9	16.5	21.3	31.8	33.6	29.6	29.9
İşgücü Yetersizliği	6.4	6.5	10.3	7.2	7.8	7.4	6.5	8.5	8.2	8.7	8.3	8.1
Hammadde Ekipman Yetersizliği	8.8	7.5	11.9	8	9.4	8.5	7.6	9.3	9.7	9.8	10.8	10.3
Mali İmkansızlıklar	8.3	7	10.9	7.5	7.7	7.8	7.5	10.5	12.3	10.7	10.1	9.6
Diğer (Belirtiniz)	5.9	5.5	8.3	6	5.9	5.3	5.2	6.8	7.1	6.7	6.7	6.5

Kaynak: TCMB

İki farklı perspektife dayalı makroekonomik performans yaklaşımı ile makroekonomik istikrar göstergeleri, farklı ekonomik ve sosyal kesimlere, birimlere yönelik politikaların sahip olması gereken içeriklerini ve özelliklerini yansıtmaktadır. Bu nedenle, krizin Türkiye'nin potansiyel büyüme oranı üzerindeki etkilerini (bir anlamda hasar tespitini) gerçekçi şekilde analiz etmek, yeni ekonomik ve finansal mimari oluşturulmasında önemli bir aşama olarak ele alınmıştır. Sağlıklı hasar tespiti, sağlıklı yeni bir programın yapılabilmesinin ve kaliteli farklılık üretecek makroekonomik yapı ve ilişkiler sistemi mimarisinin ön koşuludur. Ekonomik ve finansal yapının istikrarsızlıklara karşı bağışıklık sistemini temsil eden düzenleme mekanizması, kurumlar ve kurallar seti ise kritik bileşenidir.

Zor dönemden sonra makroekonomik istikrar üretebilmenin sağlıklı yolu, kapsamlı ve entegre yeni düzenleme sistemini ve ulusal mimariyi planlayabilme ve uygulayabilme becerisidir. Ulusal ve küresel sektörlerin, paydaşların talep ve beklentilerinin, tercih ve önceliklerinin dengelenme ve karşılanma biçimi, kamu otoritesinin yetkinliğine işaret etmektedir. Bu faktörlerin etkileri iyi politikalarla azaltılabilmekte veya kötü politikalarla artabilmektedir.

Bu bakış açısına ilişkin detaylı değerlendirmeler son bölümde yer almaktadır.

5. Küresel Kuruluşların Kriz Sürecinde Türkiye ile İlgili Değerlendirmeleri

Küresel kriz sürecinde Türkiye ekonomisinin performansı, ekonomi yönetimi ve koordinasyon süreci, küresel kuruluşlar, organizasyonlar tarafından yakından izlenmiş ve değerlendirilmiştir. Raporlarda ve açıklamalarda üzerinde durulan hususlar ana hatlarıyla aşağıdaki içeriğe sahiptir.

5.1. Avrupa Birliği İlerleme Raporları

5 Kasım 2008 tarihli (COM, 2008, 674 sayılı) ilerleme raporunun konuya ilişkin yaklaşımıyla ilgili bölüm Türkiye'nin piyasa ekonomisi yapısını ele almaktadır.

Bu çerçevede ilk olarak raporun 29. sayfasında "İşleyen bir piyasa ekonomisinin varlığı" başlığı altında Ekonomik politikanın temel unsurlarına ilişkin şu ifadeler yer almaktadır: *"Türkiye, Komisyon ve uluslararası mali kuruluşlarla mutabık kalınan ekonomik politikayı büyük ölçüde uygulamış ve IMF ile stand-by anlaşmasını Mayıs 2008 itibarıyla başarıyla tamamlamıştır. Komisyon'a Aralık 2007 ayında sunulan Katılım Öncesi Ekonomik Program, ilave reforma yönelik ihtiyaçları ve taahhütleri yeterince yansıtmaktadır. Yaşanan iç siyasi kriz, zaman zaman reformlara yönelik karar alma sürecini olumsuz etkilemiştir. Kamu kurumları arasındaki sorumlulukların bölünmüşlüğü, yeni hükûmetin programında bir Başbakan Yardımcısı'nın ekonomik politikanın eşgüdümüyle görevlendirilmesiyle kısmen aşılabilmiştir. Ancak, bugüne kadar geçen süre zarfında bütçelemenin eşgüdümü ve orta vadeli ekonomik politika oluşturulması bakımından bu sadece kısmi yarar sağlamıştır. Kararlar bazen münferit şekilde alınıyor görüntüsü vermekte, etki değerlendirmeleri ya hiç yapılmamakta ya da eksik bilgiye dayanılarak yapılmaktadır. Sonuç olarak, ekonomik politikanın temel unsurları üzerindeki oydaşma korunmuş ve eşgüdüm iyileştirilmiştir."*

Raporun 34. sayfasında yer alan "Birlik içinde rekabetçi baskı ve piyasa güçleri ile baş edebilme kapasitesi" başlığı altında ise işleyen bir piyasa ekonomisinin varlığına ilişkin şu ifadeler yer almaktadır: *"Rapor döneminde makroekonomik istikrar geniş anlamda korunmuştur. Finans piyasasındaki çalkantı ve iç siyasi gelişmeler iş ortamına bir miktar belirsizlik getirmiş, ancak aynı zamanda ekonominin şoklara karşı gelişmiş dayanıklılığını şu ana kadar göstermiştir. İlgili makamlar, şirketlerin piyasaya girişleri ve çalışmaları önündeki idari engellerin azaltılması, vergi sisteminin azaltılması ve basitleştirilmesi, vergi idaresinin ve şirket yönetişiminin etkinliğinin geliştirilmesi ve Devlet teşebbüslerinin özelleştirilmesi suretiyle yatırım ortamını iyileştirmişlerdir."*

14 Ekim 2009 tarihli (COM, 2009, 533 sayılı) ilerleme raporunun konuya ilişkin yaklaşımıyla ilgili bölümünde ise Türkiye'nin piyasa ekonomisindeki değişim üzerinde durmaktadır. Bu çerçevede, raporun 33. sayfasında "İşleyen bir piyasa ekonomisinin varlığı" başlığı altında ekonomik politikanın temel unsurlarına ilişkin şu ifadelere yer verilmektedir: *"Hükûmet, Katılım Öncesi Ekonomik Programı (KEP) (2009-2011) ve Orta Vadeli Planı (OVP) (2010-2012) birkaç aylık bir gecikmeden sonra sunmuş, bu nedenle mali politikanın sürdürülmesi belirsiz kalmıştır. Hükûmet tarafından Eylül 2009 ortalarında ilan edilen OVP, hem mevcut küresel kriz şartlarını hem de henüz gerçekleşmemiş olan bazı gelişmeleri dikkate almıştır. 2008'in sonlarında ve 2009'un ilk yarısında kabul edilen çeşitli destek*

paketlerinin etkinliği için, daha güçlü bir mali çıpa, daha güvenilir bir çerçeve ile daha iyi iletişim ve koordinasyon yararlı olabilir. Bu durum, yeniden büyümeye geçildiğinde ve Türkiye mevcut mali destek unsurlarının sonlandırılması amacıyla güvenilir ve zamanlaması doğru bir strateji ortaya koymaya gereksinim duyduğunda, daha fazla önem kazanacaktır. Sonuç olarak, ekonomi politikasının temel unsurları üzerindeki görüş birliği zorlu şartlarda dahi korunmuştur. Bununla birlikte, Hükûmetin ekonomi politikasına duyulan güven, daha iyi bir planlama, koordinasyon ve iletişim sağlanması durumunda artabilir."

Diğer taraftan, raporun 37. sayfalarında ise "Birlik içinde rekabetçi baskı ve piyasa güçleri ile baş edebilme kapasitesi" başlığı altında işleyen bir piyasa ekonomisinin varlığına ilişkin şu ifadeler yer almaktadır: *"Rapor döneminde makroekonomik istikrar test edilmiş ve ciddi ekonomik durgunluğa rağmen büyük oranda korunmuştur. Mali piyasalar üzerindeki baskı ve mali çıpaların eksikliği iş ortamında bazı belirsizliklere neden olmuş, fakat aynı zamanda ekonominin şoklara dayanıklılığının gelişmiş olduğunu göstermiştir. Yatırım ortamı, özellikle tutarlı ve bütüncül bir orta vadeli politika çerçevesinin bulunmaması sebebiyle, küresel ekonomik ve mali krizden olumsuz etkilenmiştir. Sonuç olarak, krizin ortaya çıkması piyasa mekanizmalarının işleyişini tehlikeye sokmamıştır ve Türkiye işleyen bir piyasa ekonomisi olmayı sürdürmektedir."*

İlgili dönemde Türkiye ekonomisine ilişkin AB ilerleme raporlarında yer alan bu ifadeler, çeşitli eksikliklerin bulunmasına rağmen küresel kriz döneminde Türkiye ekonomisinin dayanıklı bir yapı sergilediğine ve uygulamaya konulan tedbirlerin etkin sonuçlar üreterek piyasa mekanizmalarını koruduğuna işaret etmiştir.

5.2. Avrupa Komisyonu

Avrupa Komisyonu tarafından Ekim 2009'da yayınlanan "Growth And Economic Crises in Turkey: Leaving Behind A Turbulent Past?" isimli çalışmada Türkiye ekonomisinin son dört yılı değerlendirilmiştir. Çalışmada, Türkiye'deki ekonomik daralmanın paradaki değer kaybı ve önemli politik tansiyonlardan sonra 2006 yılının ilk yarısında başladığı ve bu gelişmelerin küresel sermaye piyasalarındaki likidite sıkışıklığı ile örtüşen döneme denk geldiği ifade edilmiştir. Süreçte, dış rekabeti olumsuz yönde etkileyen, dış açığı ve dengesizliği genişleten değerli döviz kuru ve oldukça yüksek seviyedeki faizlerin de etkili olduğu belirtilmiştir. Ayrıca Temmuz 2007'de, küresel piyasalardaki türbülans ve yükselen piyasalardaki yatırımlara yönelik risk iştahındaki önemli azalmalar nedeniyle Türk Lirası ve Türk finans piyasalarının önemli baskılarla karşılaştığına vurgu yapılan çalışmada, ekonomik görünümün Kasım 2008'de durağandan negatife revize edilmesine rağmen, Türkiye'nin küresel krizin başladığı tarihten itibaren kredi rating'ini –BB seviyesinde muhafaza ederek yönettiği, mevcut şoklar altında ekonomik performansın Türkiye'nin geçmişte uyguladığı reformların başarısını gösterdiği belirtilmiştir. Bu başarının, geçmişte olduğu gibi IMF anlaşmasına başvurmaksızın, mevcut krizin etkilerini şu ana kadar yönetmesinden kaynaklandığı vurgulanmıştır.

5.3. Uluslararası Para Fonu

IMF Başkanı, Başkan Yardımcısı ve Avrupa Bölgesi Direktörü ve Türkiye Masası Şefi'nin katılımlarıyla 2008'in ikinci yarısından itibaren değişik tarihlerde ve son olarak ise Ekim 2009'da İstanbul'da yapılan IMF-WB yıllık toplantılarında, Türkiye'nin ekonomik performansında büyük bir ilerleme sağlandığı belirtilmiştir.

"Türkiye'nin IMF'nin finansman yardımına ihtiyacı olmadığı" ifade edilmiştir. Ayrıca IMF, stand-by anlaşması için hazır olduğunu vurgulayarak, "Türk yetkililerle, uygun göreceği formatta işbirliği yapmaya hazır olduklarını" açıklamıştır.

Türkiye için yeni bir IMF programının gerekli olmadığına işaret edilerek, IMF ile ilişkiler konusundaki kararı hükûmetin vereceği açıklanmıştır. Türkiye'nin kendi çıpalarını geliştirmeyi başardığı ve 5-6 yıl öncesine göre durumun güçlü göründüğü üzerinde durulmuştur. Daha açık bir ifadeyle, Türkiye ekonomisinin şu anda yardıma ihtiyacı olmadığı, küresel toplantılarda açık şekilde gündeme getirilmiştir. Bu değerlendirmeler, IMF'siz Türkiye ekonomisinin performansının IMF ile anlaşma yapan ülkelerin performanslarından olumsuz yönde farklılaşmadığına işaret etmiştir.

5.4. Rating Kuruluşları

Ekim 2009 tarihinde Moody's, Türkiye'nin Ba3 olan devlet tahvili notunun görünümünü durağandan olumluya çevirdiğini açıklamıştır. Bu değişikliğin ekonominin şoklara karşı artan direncini yansıttığı ve iki yıldır devam eden küresel kriz süresince yardım almadan gösterilen performansın da bunun göstergesini oluşturduğu ifade edilmiştir. Türkiye ekonomisinin, yabancı sermayeye bağımlılık dikkate alındığında, kredi sıkışıklığı ve bunun sonucunda oluşan küresel resesyona mümkün görünenden daha hazırlıklı olduğu vurgulanmıştır. Hükûmetin geçmiş krizlerdeki gibi IMF ya da diğer resmi kaynaklardan dış destek almasına gerek kalmadığı belirtilmiştir. Büyümedeki daralmaya rağmen, bu resesyonun kamu finansmanı, enflasyon ve finansal piyasalar üzerindeki etkisinin hâlâ daha önceki krizlerde olduğu gibi negatif olmadığı ifade edilmiştir. Orta vadeli harcama planına atıfta bulunularak, yapılması gerekenler de ana hatlarıyla açıklanmıştır.

Moody's'in yanı sıra, Ekim 2009 tarihinde S&P'de Türkiye'nin BB- olan ratinginin görünümünü durağandan olumluya çevirdiğini açıklamıştır. Bu değişikliğin, dış finansman riskinin azalması ve geç yayınlanan orta vadeli mali planın açıklanmasını yansıttığı ifade edilmiştir. Rating'in, hükûmetin güçlü ekonomik ve mali yönetiminin geçmişteki başarısını desteklediğini ortaya koyduğu belirtilmiştir. Durağan görünümün, hükûmetin karşılaştığı orta vadeli ekonomik ve mali zor ortamı, ihtiyatlı yönetim yaklaşımı ve ekonomik şoklara karşı artan esneklik ile dengelemiş olduğunu yansıttığı vurgulanmıştır. Ayrıca, muhtemel risklere de atıfta bulunulmuştur.

Fitch, Mayıs 2007'de açıkladığı BB- rating ve durağan görünüm yaklaşımını devam ettirmiş, Ekim 2009 tarihinde ise Türkiye ekonomisinin küresel finans krizi sürecindeki şiddetli streslere karşı dayanıklılığına atıfta bulunarak görünümü pozitife çevirmiştir. Aralık 2009'da ise yabancı para cinsinden uzun vadeli kredi notunun iki derece birden yükseltilmesiyle Türkiye'nin rating'i BB- seviyesinden BB+'ya yükseltilmiştir. Not artırımının, Türkiye'nin global finansal krizin zorlu stres testleri karşısındaki direncini ve enflasyon, dış finansman, politik risk gibi akut baskılardaki bir miktar azalmayı yansıttığı vurgulanmıştır. Global finansal krizin, Türkiye'nin kredi temellerinin ve borç toleransının önceden düşünülenden daha güçlü olduğunu gösterdiği ifade edilmiş, bunun yanı sıra global şokun Türkiye'de yarattığı derin resesyonun ödemeler dengesi krizi veya finansal krizi tetiklemediğine dikkat çekilmiştir. Fitch, önceki şoklardan farklı olarak, Türkiye'nin bu defa bir kur krizi yaratmadan kontra mali ve parasal politikalar uygulayabildiğini, faizlerin tarihte ilk kez tek haneli rakamlara düştüğünü de vurgulamıştır.

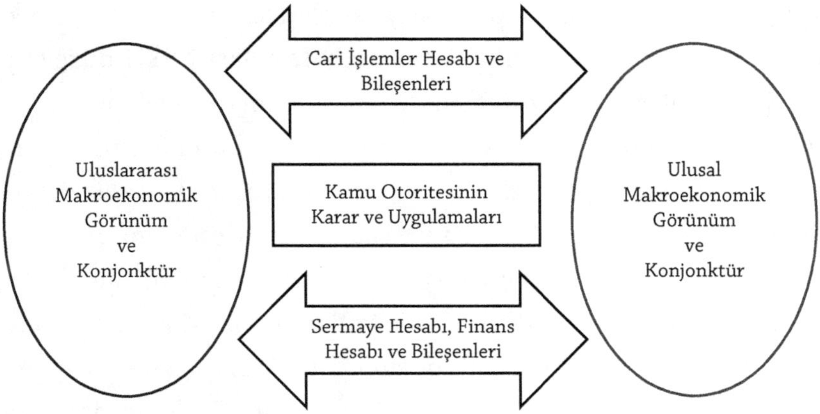

Türk hükûmetinin bu yıl yurtiçi piyasalardan rekor düşük faizle borçlanmasını artırdığını ve 3.75 milyar dolar tutarında Eurobond ihracı gerçekleştirdiğini ifade eden Fitch, Türkiye'nin krizde IMF'den acil bir kurtarmaya veya bankacılık desteğine ihtiyaç duymadığını, dolarizasyonda ciddi bir toparlanmanın veya sermaye kaçışının da söz konusu olmadığını belirtmiştir.

JCR

Rating şirketlerinin mevcut değerlendirmeleri, Türkiye'nin yatırım yapılamaz ülke statüsünde olduğunu ima etmektedir. Zaman içindeki gelişimi ve ülkeler arasındaki farklılıkları yansıtan mukayeseli yaklaşım çerçevesinde gerek GSYH güncellemesi gerek ortaya konulan performans dikkate alındığında ise Türkiye'nin en azından son iki yılda not artırımını hak ettiği sonucuna varılmaktadır.

8 Mart 2008 tarihinde GSYH hesaplama metodolojisinde güncelleme yapılmıştır. 1987 bazlı seriden 1998 bazlı seriye geçilmiştir. Yeni seri, eski seriye göre ekonomik gelişmeleri hem toplamda hem de sektör ayrıntısında daha duyarlı yansıtmaktadır. Yeni seri ile AB normlarına daha uyumlu hâle gelinmiş ve ESA-95'e uyum

sürecinin 2011 yılında tamamlanması planlanmıştır. Türkiye, ilk defa önemli bir eşik olan 500 milyar ABD doları GSYH düzeyini (526,429 milyar USD) 2006 yılı itibarıyla aşmıştır. Böylece, Türkiye ekonomisinin bazı yapısal ve konjonktürel özelliklerinin yeniden değerlendirilmesi fırsatı da oluşmuştur. Güncelleme öncesi ve sonrası dönem dikkate alındığında şu hususlar ön plana çıkmaktadır: Temel bütçe büyüklüklerinin, borç stokunun GSYH içindeki payları düşmüştür. Temel parasal büyüklüklerin (M'ler, rezervler, kredi ve mevduat, bankacılık büyüklüğü) GSYH içindeki payları azalmıştır. Ödemeler bilançosu kalemlerinin GSYH'ye oranları düşmüştür. Güncelleme ile birlikte Türkiye'nin rating'ini artırma olasılığı da gündeme gelmiştir. Ancak, birçok göstergede iyileşme görülmesine ve konjonktür uygun olmasına rağmen rating kuruluşları bu konuda istekli görünmemiştir. Ekim 2009 tarihinde IMF'nin, Türkiye'nin veri kalitesi, veri derleme ve yayınlama süreçlerindeki iyileşmelere olumlu bakması ve krize karşı esnekliğin artmasıyla rating artışı yeniden gündeme getirilmiş, ancak sadece görünüm değişmiştir.

6. Krizin Türkiye'ye Etkileri, Makroekonomik Performans ve İstikrar Göstergelerinin Trendleri

Bir ülkedeki ekonomik veya finansal krizin diğer ülkeleri etkileme mekaniği, uluslararası mal ve hizmet hareketleri ile sermaye akımlarının yapısı ve ilişkiler sisteminin özelliğine bağlıdır. Söz konusu alanlardaki arz ve talep dinamikleri ve belirleyicileri, etkilenmenin içeriğini ve şiddetini belirlemektedir. Bu süreçte, kamu otoritelerinin kararları ve uygulamaları, uluslararası ve ulusal makroekonomik görünümü şekillendirmektedir.

Ülkelerin, krizden reel kanal süreciyle etkilenme durumu, reel sektörün uluslararası makroekonomik konjonktüre duyarlılığına bağlıdır. Reel sektörün küresel mal ve hizmet talebi ve arzının esneklikleri ve elastikiyetleri, karşılaşacağı şoklara karşı stratejik tepki üretme kapasitesini oluşturmaktadır. Bu, sektörün finansal, teknolojik ve insan kaynakları donanımının ve yetkinliğinin önemine işaret etmektedir.

Krizde olan ülkenin veya ülkelerin kamu otoritelerinin ilk amacı, ekonomisinin kırılganlıklarını dikkate alarak korumacı yaklaşım benimsemesidir. Böyle bir yaklaşım, diğer ülkelerin kamu otoritelerini de benzer davranışa yöneltmektedir. Küresel kriz sürecinde korumacılık tercih ve önceliklerinin gündeme geldiği tarihten itibaren, ülkelerin bu tür konjonktüre karşı kırılganlıkları ölçülmekte ve izlenmektedir.

Türkiye'nin büyüme dinamiklerinde ve küresel sistemle ilişkilerinde ön plana çıkan ana hususlar aşağıdaki grafiklerde ve tabloda yer almaktadır.

2007 yılındaki verileri yansıtan grafikte, Türkiye'de büyümenin kaynağının iç talep olduğu görülmektedir. ABD, AB ve Japonya'da büyüme oranı %1 düştüğünde, Türkiye'nin büyüme performansını sırasıyla AB, ABD ve Japonya etkilemektedir. Öte yandan, Türkiye'nin büyüme performansı ile yabancı sermaye girişi arasında doğru yönlü ve güçlü bir ilişki söz konusudur. Son olarak, küresel korumacılığa karşı kırılganlık yapısı özel bir konuma sahiptir.

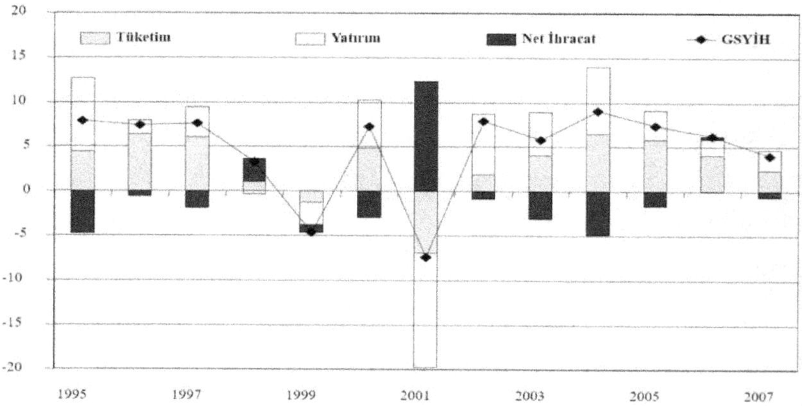

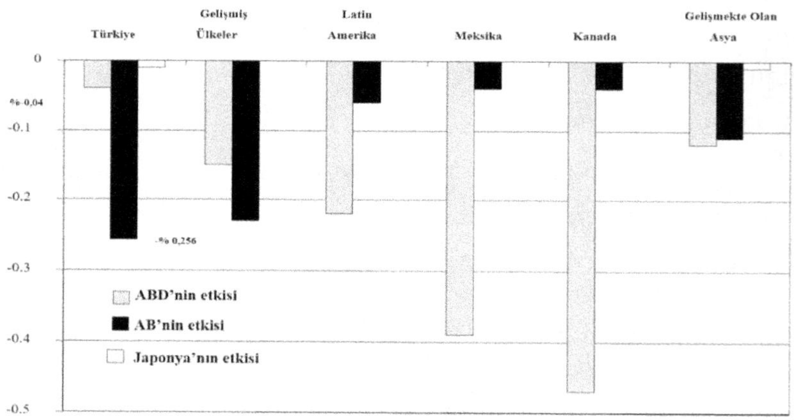

Kaynak: TCMB, Küresel Rekabetçilik Raporu 2008, TÜİK, T.C. Hazine Müşteşarlığı

2008 yılı sonu itibarıyla Türkiye'nin küresel sistem içindeki payı şu şekilde ifade edilebilir: 750 milyar $ GSYH, 10.000 $ KBDG ile dünyanın büyük ekonomilerindendir ve G20 üyesidir. Dünya GSYH'sinde %1,2, dünya ticaretinde %0,9 ve dünya doğrudan yatırımında %1,2'lik paylara sahiptir. Finansal hizmetler sektörü/GSYH'nin dünya ortalaması %421, gelişmekte olan ülkeler ortalaması %253, Türkiye ortalaması ise %150'dir.

Bu görünüm, küresel kriz veya şok durumunda Türkiye'nin makroekonomik performansının etkilenme kanalları konusunda ana çerçeve sunmaktadır. Bununla beraber, küresel krizin Türkiye ekonomisi üzerindeki bir diğer etkisi, örtülü kırılganlıkları açığa çıkarması, sürdürülebilirlik konusunu gündeme getirmesi olmuştur. Yapılması gereken, ertelenmiş sorunlara odaklanmanın önemi ön plana çıkmıştır. Küresel finansal ve ekonomik kriz ile ulusal ekonomik konjonktür dalgasının gecikmeli de olsa üst üste gelmesi, sorunların yapısal ve konjonktürel ayrımında teşhis ve tespit aldanımına yol açan bir etki yaratmıştır.

Tasarruf eksikliği önemli bir yapısal sorundur. Önceki dönemlerde yüksek faiz ödenmesine rağmen, diğer yükselen piyasalara oranla daha az döviz rezervi oluşturulmuştur. Dışa açıklık derecesi eskiye oranla artmış olmasına rağmen, küreselleşme sürecinde bu oranın yön ve şekli diğer yükselen piyasalara göre düşük düzeyde kalmıştır. Enflasyon hedeflemesi, faiz ve kur ilişkisi, ekonomik yapı ve ilişkiler sistemine farklı bir özellik kazandırmıştır. Eski kırılganlıklar kaybolurken yeni kırılganlıklar oluşmuştur.

Aşağıdaki tablolar, makroekonomik performans göstergelerindeki gelişmeyi yansıtmaktadır. Küresel kriz, büyüme oranlarını azaltmış, işsizlik oranlarını artırmıştır. Enflasyon oranları ve faiz oranları düşmüş, döviz kuru artmıştır. Şirketler kesiminde kırılganlıklar artmıştır. Cari işlemler açığının GSYH'ye oranı düşmüş, dış ticaret ve sermaye girişleri azalmıştır. Kamu borç stokunun ve bütçe açığının GSYH'ye oranları ise artmıştır.

Milyon (TL) /($)	BüyümeOranı %	İşsizlik Oranı %	TÜFE Değ. Oranı %	ÜFE Değ. Oranı %	Dolar Kuru	Reel Kur Endeksi	TCMB O/N Faizi	DİBS İhale Bileşik F.O. % (Ağırl. Ort.) Yıl Ortalama	İç Borç Stoku	Toplam Dış Borç Stoku ($)	Kam u Dış Borç Stoku (+TCMB)/($)	Kamu Brüt Borç Stoku	AB Tanımlı Kamu Borcu (%GSYİH)	Bütçe Dengesi (%GSYİH)	Cari İşlemler Dengesi(% GSYİH)
2007	4.7	10.3	8.39	5.94	1.1593	130.9	15.75	18.37	255,310	250,361	89,326	355,519	39.9	-1.6	-5.8
2008	0.7	11.0	10.06	8.11	1.5218	114.7	15.00	19.18	274,827	281,111	92,372	408,232	40.0	-1.8	-5.4
2009	-4.8	14.0	6.53	5.93	1.4873	116.6	6.50	11.56	330,005	269,105	96,644	465,690	46.1	-5.5	-2.0

Kaynak: TCMB, TÜİK ve T.C. Hazine Müsteşarlığı

Kişi başına düşen makroekonomik büyüklüklerde de kriz dönemi değişim oranları olumlu yöne işaret etmektedir. Bununla beraber, borçların yapısı ve özellikleri ile sabit sermaye oluşumunun bileşenleri, örtülü kırılganlıkların olduğunu ima etmektedir.

	KBDG (TL)	KBDG ($)	KBD Kamu Brüt İç (TL)	KBD Kamu Brüt İç ($)	KBD Toplam Dış Borç (TL)	KBD Toplam Dış Borç ($)	KBD Sabit Sermaye Oluşumu (TL)	KBD Sabit Sermaye Oluşumu ($)
2007	12,474	9,574	3,871	2,971	4,613	3,541	3,505	2,690
2008	13,910	10,687	4,136	3,178	5,112	3,927	3,734	2,869
2009	13,770	8,884	4,787	3,089	5,744	3,706	3,081	1,988
2007/2009 Değişim Oranı (%)	10,38	-7,20	23,66	3,97	24,51	4,65	-12,09	-26,09

Kaynak: TÜİK ve T.C. Hazine Müsteşarlığı

Ulusal düzeyde, diğer yükselen piyasalardan farklı şiddette olsa da krizin etkisi beklenenden daha önce ve daha farklı formatta olmuştur. Etkinin boyutunun, genel olarak iki alanda farklı yansımaları olmuştur:

- Küresel sermaye girişinde ılımlı bir duraksama gözlenmiştir. Finansal sektör, bankacılık sektörü nispeten sağlıklı ve güçlü olduğundan, sorunlu aktiflerle ilgili, en azından ilk aşamalarda doğrudan risk oluşmamış, bilanço dışı faaliyetler de sınırlı düzeyde kalmıştır.

- Üretim yapısı, iç ve dış kaynak ve ihracat ve ithalat ilişkisindeki değişmeler nedeniyle olumsuz yönde etkilenmiştir. Dış ve iç piyasalarda talep kaymaları ve tüketim trendine bağlı olarak, özel sektör performansı kötüleşmiş, üretim ve istihdam azalmıştır.

Küresel finans krizi, yukarıda da ifade edildiği gibi Türkiye ekonomisini reel ve finansal kanallardan etkilemiştir. Aşağıdaki tablo, buna ilişkin göstergeleri içermektedir. Büyüme oranı, işsizlik oranı, açılan ve kapanan şirket sayıları, reel sektörün makroekonomik göstergelerini oluşturmaktadır. TÜFE, dolar kuru, İMKB endeksi ise piyasaların makroekonomik göstergelerini ifade etmektedir. Dış ticaret ve cari işlemler dengeleri de dış ekonomik ilişkilerin makroekonomik göstergelerine işaret etmektedir. Göstergeler, küresel krizin Türkiye'nin makroekonomik performansını ve aktivitesini, sektörlerin uluslararası ilişkilerinin yönü ve şekline bağlı olarak etkilediğini ortaya koymaktadır.

Reel kesim güven endeksi ve tüketici güven endeksi, küresel krizin ekonomik birimlerin davranışlarında neden olduğu gelişmeleri yansıtmaktadır. İş dünyasının ve hanehalkının ekonomik faaliyetleri, göstergelerdeki gelişmelerden etkilenmiştir. Ayrıca, göstergeler de söz konusu ekonomik birimlerin davranışlarından etkilenmiştir. Diğer bir ifadeyle, iş dünyasının ve hanehalkının talep ve beklentileri de önemli oranda değişmiştir.

Göstergelerdeki dalgalanma ve/veya düzeltmenin boyutu, Türkiye ekonomisine özgü hususların da söz konusu olduğunu ima etmektedir. Yapısal ve konjonktürel kırılganlıklar, istikrarsızlıklar bir arada ortaya çıkmıştır. Makroekonomik yapı ve ilişkiler sisteminde hasar oluşmuştur. Aşağıdaki tablo, söz konusu değişim ve dönüşümlerin ilk sinyallerini vermektedir.

Yıllar	Büyüme Oranı (%)	İşsizlik Oranı (%)	Açılan Şirket Sayısı	Kapanan Şirket Sayısı	TÜFE (% Yıllık)	Dolar Kuru	İMKB-100 Endeksi	Dış Ticaret Dengesi (Milyon $)	Cari İşlemler Dengesi (Milyon $)	Reel Kesim Güven Endeksi	Tüketici Güven Endeksi
Oca.07		10,50	5.567	1.527	9,93	1,420	41.183	-3174	-3115	115,50	93,69
Şub.07	8,2	9,50	4.652	1.135	10,16	1,390	41.431	-2697	-3078	113,90	94,44
Mar.07		9,40	5.353	745	10,86	1,403	43.661	-3084	-2985	115,50	93,93
Nis.07		9,20	4.729	585	10,72	1,355	44.984	-3409	-3208	121,00	95,55
May.07	3,23	7,60	5.080	706	9,23	1,332	47.081	-4158	-3487	111,80	96,87
Haz.07		7,40	4.277	758	8,60	1,315	47.094	-3882	-2983	112,90	96,53
Tem.07		8,90	4.162	730	6,90	1,276	52.825	-4902	-2680	113,90	97,20
Ağu.07	3,64	7,90	4.407	598	7,39	1,308	50.199	-4599	-1479	114,20	99,75
Eyl.07		8,60	4.312	672	7,12	1,261	54.044	-4022	-2132	109,50	98,88
Eki.07		9,30	4.126	607	7,70	1,197	57.616	-4262	-3211	103,90	97,67
Kas.07	5,55	9,10	4.904	751	8,40	1,185	54.214	-3795	-3338	103,70	93,90
Ara.07		9,70	3.782	1.140	8,39	1,173	55.538	-4847	-5250	103,40	94,72
Oca.08		10,80	6.001	1.640	8,17	1,170	42.698	-4589	-4035	106,70	92,63
Şub.08	7,25	10,70	4.900	834	9,10	1,188	44.777	-3425	-3747	106,30	88,96
Mar.08		10,40	4.850	667	9,15	1,232	39.015	-4099	-4141	106,10	84,34
Nis.08		8,60	4.699	686	9,66	1,297	43.468	-5044	-5013	105,10	79,49
May.08	2,25	7,90	4.273	623	10,74	1,247	39.970	-5381	-4561	104,40	78,63
Haz.08		8,40	4.156	692	10,61	1,228	35.090	-6299	-5259	101,40	78,81

Tem.08		8,90	4.263	799	12,06	1,210	42.201	-6368	-3684	97,90	80,56
Ağu.08	0,99	9,00	3.462	604	11,77	1,173	39.844	-6358	-2654	97,30	83,36
Eyl.08		9,60	3.609	635	11,13	1,230	36.051	-3432	-658	88,40	84,34
Eki.08		10,20	3.026	568	11,99	1,473	27.833	-4032	-2280	69,60	78,93
Kas.08	-6,02	10,70	3.088	640	10,76	1,588	25.715	-1263	-354	54,00	73,87
Ara.08		13,20	2.676	1.190	10,06	1,539	26.864	-2627	-3039	52,60	74,01
Oca.09		14,10	3.854	1.694	9,50	1,589	25.934	-366	-330	60,10	74,43
Şub.09	-14,54	15,00	3.336	795	7,73	1,652	24.027	352	-150	65,20	76,20
Mar.09		14,70	3.525	713	7,89	1,705	25.765	-1217	-1080	69,90	76,86
Nis.09		13,40	3.465	700	6,13	1,604	31.652	-1462	-1384	86,70	82,04
May.09	-6,81	12,60	3.348	625	5,24	1,552	35.003	-2435	-1361	99,00	84,75
Haz.09		11,90	3.941	840	5,73	1,540	36.949	-2897	-1912	100,00	87,54
Tem.09		12,00	3.920	756	5,39	1,514	42.641	-2758	-165	100,40	85,73
Ağu.09	-1,57	12,30	3.331	629	5,33	1,479	46.551	-3861	-169	98,40	85,84
Eyl.09		13,10	3.350	642	5,27	1,485	47.910	-2760	-649	96,00	86,58
Eki.09		11,70	3.678	804	5,08	1,462	47.185	-1300	684	91,10	85,28
Kas.09	2,97	12,00	3.434	675	5,53	1,480	45.350	-2594	-1673	90,70	83,80
Ara.09		13,00	4.057	1.529	6,53	1,500	52.825	-3464	-3171	90,10	83,97

Kaynak: TCMB, TÜİK ve TOBB verilerinden yararlanılarak hazırlanmıştır.

Küresel finans krizinin Türkiye'yi etkilediği 2007-2009 yılları arasında, Türkiye'de önemli ekonomik ve siyasi olaylar ve gelişmeler söz konusu olmuştur. 2007-2009 döneminde küresel krize yönelik stratejik tepki modeli uygulanırken, aynı zamanda ulusal ve uluslararası ekonomik ve finansal aktivitenin devam etmesine, iç ve dış siyasi gelişmelerin etkin şekilde yönetilmesine de odaklanılmıştır. Bunlar, ana başlıklar olarak şu şekilde ifade edilebilir:

- Hrant Dink Cinayeti
- Bolu Dağı Tüneli'nin, İstanbul'dan Ankara'ya doğru tek yönlü açılması
- Bakü-Tiflis-Kars demiryolu projesine ilişkin anlaşmanın imzalanması
- Kamu kuruluşları veya gayrimenkullerinin satılması, özelleştirilmesi, halka açılması
- Özel kuruluşlarda yerli veya yabancılara hisse devri yapılması
- Samsun-Ceyhan petrol Boru Hattı'nın temelinin atılması
- Cumhurbaşkanı seçiminde 367 krizi, Anayasa Mahkemesi'nin seçimi iptali
- Genelkurmay Başkanlığı tarafından yayınlanan e-muhtıra
- Genelkurmay başkanı ve Başbakan'ın Dolmabahçe ofisinde görüşmesi
- Hükûmetin erken seçim kararı ve milletvekili seçimlerinin yapılması
- Ergenekon soruşturması farklı dalga tutuklamaları
- Sayın Abdullah Gül'ün Cumhurbaşkanı seçilmesi
- Sınır ötesi harekât için TBMM'de tezkere onayı
- Dağlıca'da terör saldırısı

- Anayasa değişikliği referandumu
- Irak'a kapsamlı hava harekâtı
- Türk şirketlerinin yurtdışında şirket alımı gerçekleştirmesi
- Yargıtay Başsavcılığı'nın AK Partiye kapatma davası
- Anayasa Mahkemesi'nin kapatma istemini reddi
- AYM başörtü kararı
- Irak, İran, Gürcistan, Ukrayna, Lübnan, Gazze gelişmeleri
- Sayın Başbakanımız Recep Tayyip Erdoğan'ın Davos Ekonomi Forumu'nda "One Minute" çıkışı
- YTL'den 'yeni' ibaresinin kaldırılması, para biriminin yeniden "Türk lirası-TL" olması
- Rusya ile ticarette ruble-lira kullanılması konusunda görüş birliğine varılması
- Muhsin Yazıcıoğlu ve 5 kişinin helikopterin düşmesi sonucunda hayatını kaybetmesi
- Yerel seçimlerin yapılması
- Nabucco Doğalgaz Projesi'nde hükûmetler arası anlaşmanın Ankara'da imzalanması
- İstanbul'un "Finans Merkezi" olmasına ilişkin strateji belgesi ve eylem planı yayımlanması
- Anayasa Mahkemesi'nin DTP'nin kapatılmasına karar vermesi

Ülkelerin ekonomik yapıları ve dinamikleri farklı olduğundan, benzer paketler aynı sonuçları üretmeyebilmektedir. Bu nedenle, özel sektörün ekonomideki ağırlığı dikkate alındığında, kamunun daralan boşluğu doldurmasının rasyonel ekonomik tercih ve yaklaşım olmadığı da dikkate alınarak, Türkiye'nin kendi sorunlarına odaklı özel bir tedbirler ve politikalar seti üretilmiş ve uygulamaya konulmuştur. Özel sektörün son dönemde kazandığı esneklik, reel, beşerî ve finansal gücü sayesinde sorunlar belirli bir maliyetle çözümlenebilme sürecine sokulmuştur.

Şüphesiz tedbirler paketinin etkisi, kapsadığı her kalemin çarpan etkisine bağlı olacaktır. Doğru hedeflenmiş altyapı yatırımları ile transfer harcamalarında çarpan yüksek iken, bireylere ve şirketlere yönelik vergi indirimleri ile teşviklerin çarpan etkisi nispeten daha düşüktür. Türkiye modelinde bu konuya eklektik yaklaşım getirilmiştir.

Para ve maliye politikası tedbirleri, kendi normal yön ve şekillerinde işlevlerini görmektedir. Küresel piyasalarda sükûnet ve güven sağlandığında, ekonomik performansın 2009 yılının ikinci yarısından sonra tekrar artmaya başlayacağı öngörülmüştür. Türkiye ekonomisi, 2008'in son çeyreğinden sonra eksi büyümeye geçmiştir. Bu süreç, 2009 yılında da bir süre devam etmiştir. 2007-2009 kriz dönemi sürecinde GSYH'nin büyüme performansı düşük de olsa pozitif düzeyini korumuştur.

Kriz sürecinde göstergelerin yorumunun da farklılık göstermesi gereklidir. Genel trend, yayınlanan verileri önceki yılın aynı dönemi ile mukayese etmektir. Bu, normal zamanlarda mevsimsellik vb. etkileri dikkate alma bakımdan önemlidir. Kriz döneminde ise öncelikle yayınlanan verileri bir önceki dönemle mukayese etmek daha uygundur. Böyle bir yaklaşım, kriz koşullarındaki değişimi yansıtacaktır. Azalarak mı yoksa artarak mı devam ettiği konusunda önemli ipucu verecektir. Bununla beraber, her iki yöntemi kullanmak, yapısal ve konjonktürel trendleri izlemek ve yorumlamak açısından daha makul yaklaşım özelliği taşımaktadır. Ele alınan son üç yıla ilişkin veriler de bu şekilde değerlendirilmelidir.

EK I: ABD Başkanı B. Obama'nın Ekonomi Ekibini ve CSIS'i Ziyaret

02-09 Mart 2009 tarihlerinde ABD Başkanı Barack Obama'nın ekonomi ekibi, ekonomi koordinasyonundan sorumlu Başbakan Yardımcısı başkanlığında oluşturulmuş bir heyetle Washington'da ziyaret edildi. ABD Hazine Bakanı, ABD Merkez Bankası Başkanı, Başkan Barack Obama'nın ekonomik danışmanlar kurulunun başkanı, IMF Başkanı ve Dünya Bankası Başkanı ile görüşüldü. Ayrıca IIF (Institute of International Finance) de ziyaret edildi. Bu ziyaret, ABD Başkanı Barack Obama göreve geldiğinden bu yana Türkiye'den Washington'ı ziyaret eden ilk üst düzey yetkili ve ekip özelliği de taşımaktaydı. Ziyaretin amacı, yeni Amerikan yönetiminin ekonomi grubuyla tanışmak ve küresel mali kriz ile yükselen piyasalar arasındaki ilişkiyi değerlendirmekti. Görüşmelerde şu konulara ağırlık verildi:

- İkili ekonomik ve finansal ilişkiler,
- Ülkeler bazında bölgesel sorunlar ve öncelikli konular,
- Türkiye'nin kriz sürecindeki makroekonomik performansı,
- Krizin ülkelere yansıması ile alınan/alınması gereken tedbirler,
- IMF ile ilişki sürecinin yönetimi,
- Kriz yönetiminin ulusal ve küresel koordinasyonun içeriği ve bileşenleri,
- Gelecek dönemde küresel finans mimarisinin nasıl şekilleneceği.

Ayrıca, Londra'da yapılacak G20 liderler zirvesinin hazırlıkları ile Türkiye'nin kriz yönetme tecrübesinin G20 zirvesinde paylaşılmasının önemi üzerinde de duruldu. Bununla birlikte, Ekim ayında İstanbul'da yapılacak IMF ve Dünya Bankası'nın yıllık güz toplantılarının hazırlıkları da bu görüşmelerde ele alındı. İstanbul'un 10 yılda bölgesel finans merkezi olmasını amaçlayan strateji dokümanı ve eylem planının Ekim ayındaki bu toplantılarda küresel finans toplumuyla paylaşılması konusu da değerlendirildi.

IIF'de yapılan toplantıya finansal kuruluşların üst düzey yöneticileri ile kamu ve özel kuruluşların temsilcileri katıldı. Bu görüşmelerde, küresel mal ve hizmet hareketleri ile özellikle finansal akımlar değerlendirildi. Türkiye'de finansal hizmetler sektörünün temel göstergeleri bağlamında analizi yapıldı.

ABD ziyaretinde, Washington'daki düşünce kuruluşu Center for Strategic and International Studies'de (CSIS, Stratejik ve Uluslararası Etüdler Merkezi), küresel finansal kriz ve Türk ekonomisinin görünümü konusunda bir konuşma da yapıldı. Toplantıya, ABD ve Türk kamu ve özel sektör yöneticileri ve temsilcileri katıldı. Konferanstaki konuşmada şu konular üzerinde duruldu:

- Küresel finans krizinin doğuşu, gelişimi ve mevcut durumu
- Küresel sisteme, ülkelere yayılma yönü, şekli ve alanı
- Türkiye ekonomisinin geçmiş dönem performansı
- Küresel krize tepki olarak Türkiye'de ekonomi yönetiminin tedbir ve uygulamaları
- Temel politika dokümanlarındaki ekonomik yaklaşımlar
- Tahmin ve beklentilerdeki gelişmeler

Konuşmanın soru-cevap bölümünde, küresel, ulusal ve makro değerlendirmeler yanında mikro ve sektörel düzenlemelere ilişkin veri ve bilgiler de aktarıldı. Ekonomi yönetiminden sorumlu kurumların karar ve uygulamaları ile sektörlere yönelik iyileştirmeler ve strateji belgeleri konusunda da açıklamalarda bulunuldu.

EK II: Planlanan Diğer Tedbir Paketleri ve Öneriler

Küresel Krizin ülke ekonomisine etkilerini azaltmak amacıyla, çalışılmış, hazırlıkları tamamlanmış fakat uygulanması daha sonraki dönemlere kalmış olan diğer tedbir paketlerine bu başlık altında yer verilmiştir.

Küresel krizin etkilerinin azaltılması bağlamında planlanan 6. tedbir paketi reel sektör ile ilgilidir. Bu paketin içeriği, firmalara sürdürülebilir mukayeseli rekabet avantajı kazandırıcı işler, işlemler ve faaliyetler olarak tasarlanmıştır. Paketin üç bileşenli olarak dizaynı öngörülmüştür:

- Sektörel-Bölgesel, proje bazlı yeni teşvik sistemi,
- Ölçek, finansman, stratejik vizyonu dikkate alan şirket yapılandırılması,
- Kredi Garanti Fonu'nun etkinleştirilmesi veya başka bir kuruluşun oluşturulması.

Kredi Garanti Fonu'nun (KGF) işlevselliğinin artırılması ile bir taraftan firmalara kredi desteği sağlanması, diğer taraftan bankaların bilançolarının sağlıklı yapıda kalmasına destek verilmesi üzerinde durulmuştur. Hazine'nin Fon'a belirli bir büyüklükteki kaynakla katkıda bulunması teklif edilmiştir. Fon'a sağlanacak Hazine desteğine ilişkin usul ve esaslar, Fon kaynaklarının kullanım şekli ve Fon'un işleyiş mekanizmasının, Bakanlar Kurulu Kararı ile belirlenmesi fikri ön plana çıkmıştır. Çalışma sürecinde şu prensipler üzerinde durulmuştur;

- Risk paylaşım oranları (Kredi Garanti Fonu'nca kredinin ne kadarına kefalet sağlanacağı, kredi riskinin ne kadarının bankalar tarafından üstlenileceği),

- Yeni bankaların ortak olması ile Kredi Garanti Fonu'nun sermayesinin artırılması,
- Sağlanacak desteğin katma değer, istihdam, üretime destek ve sektörel dengeleri dikkate alması,
- Asgari ve azami vadelerin belirlenmesi,
- Yararlanıcı başına maksimum tutarın tespiti,
- Destekten yararlanmak için gerekli görülen sorunlu kredi ve kamuya borcu olmama konularında hangi tarihin dikkate alınacağı,
- KOBİ'lere yeni kredi kullandırma sürecinde, hangi grup kredi borcu olanların dikkate alınacağı,
- Kaç yıl içinde kullanılacak kredilerin bu destekten yararlanacağı,

Amacı, KOBİ'lere kredi garanti desteği ile KOBİ'lerin finansman imkânlarına daha kolay erişimi, üretim, istihdam ve ihracatta devamlılığın sağlanması, kefalet sisteminin etkin biçimde çalıştırılması olan sistemin mevzuatı ve uygulama formatı belirlenmiştir.

DPT'nin bölgesel verileri yayınlamasından sonra detayları belirlenecek olan yatırımlarda devlet yardımlarının (yeni teşvik sisteminin) hedefleri şu şekilde ifade edilmiştir: Bölgesel gelişmişlik farklılıklarını azaltmak; rekabet gücünü artıracak, teknoloji ve arge içeriği yüksek büyük ölçekli yatırımlara destek olmak; sektörel kümelenmeyi desteklemek; desteklenecek yatırım konularında ekonomik ölçek kriterlerini öne çıkarmak. Yeni mevzuat, üç ana başlık altında toplanmaktadır: Genel teşvik sistemi, bölgesel ve sektörel teşvik sistemi (sosyo-ekonomik gelişmişlik sıralamasına göre dört bölge) ve büyük ölçekli yatırımlar. Yeni sistemde, kurumlar/gelir vergisi indirimi, SSK primi işveren hissesinin hazine tarafından karşılanması, faiz desteği, yatırım yeri tahsisi, KDV istisnası, gümrük vergisi muafiyetinden oluşan teşvik araçları kullanılmaktadır.

İstihdam ve işgücü, genç nüfus yapısına sahip ülkemiz için son derece önemlidir. Demografik fırsat penceresinden daha iyi yararlanmak için bilgi ve beceri kazandırma işlevi kritik konuma sahiptir. Bu konudaki karar ve uygulamaları özetlemek gerekirse son iki yılda sağlanan istihdam destekleri şu başlıklarla ifade edilebilir: İşveren priminin 5 puanlık kısmı hazine tarafından karşılanmaktadır; ilave olarak işe alınan gençlerimiz ile tüm kadınlarımızın işveren primleri, 5 yıl boyunca belirli oranlarda işsizlik sigortası fonu tarafından ödenmektedir; engellilerin işveren primleri hazine tarafından karşılanmaktadır; işsizlik ödeneği %11 oranında artırılmıştır; geçici mali sıkıntı içindeki işyerlerinin, işçilerini çıkarmak yerine istihdam etmeye devam etmeleri hâlinde, işçilerin ücretlerinin belirli bir kısmı 6 aya kadar kamu tarafından üstlenilmektedir.

Yeni yaklaşımla, toplum yararına işler için oluşturulan çalışma programlarına aktarılan kaynak artırılmakta, İŞKUR'un mesleki eğitim faaliyetleri genişletilmekte, kişilere girişimcilik eğitim ve danışmanlığı verilmekte, işbaşı eğitimleri çerçevesindeki stajlar desteklenmekte, işyerlerinde mevcut istihdamın üzerinde yaratılacak ilave istihdam için prim desteği sağlanmakta, özel istihdam bürolarına geçici iş ilişkisi kurma yetkisi verilmekte, aktif işgücü programları güçlendirilmektedir.

Küresel krizin etkilerinin azaltılması bağlamında planlanan 7. tedbir paketi de istihdamla ilgili olarak hazırlanmıştır. Bu paketin içeriği, aktif işgücü programlarının güçlendirilmesi olarak planlanmıştır. Ayrıca, İstihdamın Artırılması Daimî Özel İstihdam

Komisyonu'nun (DOİK) oluşturulması üzerinde de durulmuştur. Söz konusu komisyona ilişkin taslak genelgede aşağıdaki hususlar ifade edilmiştir.

1 Temmuz 2006 tarihli ve 26215 sayılı Resmî Gazete'de yayımlanarak yürürlüğe giren Dokuzuncu Kalkınma Planı'nda (2007-2013), gelişme ekseninde istihdam odaklı sürdürülebilir bir büyüme çerçevesinde, rekabetçi bir ekonomi ve bilgi toplumunun gerektirdiği doğrultuda nitelikli insan kaynaklarının yetiştirilmesi, istihdam imkânlarının geliştirilmesi, işsizliğin azaltılması ve işgücü piyasasının etkinleştirilmesinin sağlanması amaçlanmaktadır.

Ekonomik ve teknolojik değişikliklerin işgücü piyasaları üzerinde önemli yansımaları olmaktadır. Daha yüksek verimliliğe ve sürekli yeniliklere dayalı daha verimli gelişme nedeniyle, yüksek ve sürdürülebilir ekonomik büyümeyi teşvik etmeyi amaçlayan politikalar, üretken iş alanları oluşturma için zorunludur. Bu sürecin, yüksek istihdam performansına imkân sağlayıcı ortamı da beraberinde getirmesi için yeni inisiyatiflerin kullanılmasının önemi gözden uzak tutulmamalıdır.

Ekonomik yapı ve ilişkiler sisteminde gözlemlenen değişim ve dönüşüm süreci, farklılaşan üretken ve mesleki yapıların doğmasına neden olmakta, dolayısıyla ekonomik büyüme ile işgücü piyasaları arasındaki ilişkilere yeni boyutlar kazandırmaktadır. İşgücü arz ve talep dinamikleri arasındaki farklılıklar, işgücü piyasasında heterojenliği artırmaktadır. Bu nedenle, işgücü piyasası kurumlarının ve uygulamalarının uygun şekilde esnek yapıya kavuşturulması, istihdam politikaları, işgücü politikaları ve işgücü piyasası politikalarının çok boyutlu ve entegre bir yapıda kurgulanması ve uygulanması, istihdamın artırılmasına ciddi katkı sağlayacaktır.

İstihdam konusu, dünyada olduğu gibi ülkemizde de önemli ve çok boyutlu bir konudur. İstihdam ve işsizlik, yapısı itibarıyla sürekli değişim göstermekte ve küreselleşen dünyada değişen koşullara uyum sağlayabilmek için yeni politikaların üretilmesi gerekmektedir. Dolayısıyla, istihdam ve işsizlik konularında üretilen politikaların, sürekli olarak değişimlerinin izlenmesi ve yenilenmesi büyük önem arz etmektedir.

Bu çerçevede, Şubat 2009'da yapılan Ekonomik ve Sosyal Konsey toplantısında İstihdamın Artırılması Daimî Özel İhtisas Komisyonu'nun kurulması kararlaştırılmıştır. Komisyon, çok boyutlu ve dinamik bir yapı arz eden istihdam alanındaki gelişmeleri sürekli takip etmek ve bu alandaki politikalara katkı sağlamak üzere ilgili tarafların katılımıyla kurulmuştur.

Komisyonun, özellikle uygulanan ekonomik büyüme ve sosyal koruma politikalarına istihdam boyutunu katacak önerilerde bulunması ve bu kapsamda yaş, cinsiyet, sektör ve bölge bakımından işgücünün farklı kesimlerinde istihdamın artırılmasına yönelik özel tedbirlerin alınması, eğitim-istihdam ilişkisinin güçlendirilmesi, işgücünün mesleki niteliklerinin geliştirilmesi, gençlere yönelik istihdam fırsatlarının zenginleştirilmesi, kadınların işgücü piyasasına entegrasyonunun sağlanması, özel sektör ve üniversiteler arasındaki işbirliğinin artırılması, işe yerleştirme hizmetlerinin daha etkin hâle getirilmesi ve toplumun dezavantajlı kesimlerinin istihdama erişiminin kolaylaştırılması gibi konularda entegre bir yaklaşım içerisinde politika önerileri geliştirmesi beklenmektedir. Komisyon, çalışmalarının sonuçlarını Ekonomi Koordinasyon Kurulu'na sunacaktır.

Özetlemek gerekirse, her iki tedbir paketi de 2009 ve daha sonraki yıllarda ekonominin kapasite ve performansını artırmak amacıyla tasarlanmıştır. Küresel krizin makroekonomik performans ve istikrar üzerindeki olumsuz etkilerinin azaltılması planlanmıştır. Daha sonraki dönemde 6. Pakete ilişkin önemli adımlar atılmış, kurumsal çerçevesi oluşturulmuştur. 7. Paketle ilgili olarak ise birçok karar alınmış, uygulama ve eylemler gerçekleştirilmiştir.

EK III: Nisan 2009'da Londra'da G20 Liderler Zirvesi İçin Hazırlanan Türkiye'nin Önceki Döneme Ait Kriz Yönetimi Tecrübelerini İçeren Dokümanlar

T.C. Hazine Müsteşarlığı 2009/57 sayılı ve 03 Nisan 2009 tarihli basın duyurusu ile 2 Nisan 2009 tarihinde Londra'da düzenlenen G-20 Liderler Zirvesi'nde katılımcılara dağıtılan, "Türkiye'nin Finansal Sektörün Yeniden Yapılandırılması Tecrübelerine" ne ve "Türkiye'nin Mali Disiplin Alanındaki Deneyimi" ne ilişkin iki dokümanı sitesinde yayınlamıştır.

a) Türkiye'nin Finansal Sektörünün Yeniden Yapılandırılması Tecrübelerine ilişkin Raporun Yönetici Özeti

1990'lar boyunca, uluslararası sermaye hareketlerinin hız kazanması ve istikrar programlarının uygulanmasındaki başarısızlıklar nedeniyle Türkiye ekonomisi krizleri daha sık yaşamaya başladı. Devlet bankalarının yarattığı piyasa bozulmaları, parçalanmış bankacılık sektörü ve risk yönetimindeki eksiklikler gibi bankacılık sektöründeki temel yapısal sorunlar, 2001 yılında sistemik bir bankacılık krizinin ortaya çıkmasına katkıda bulundu.

Zayıflayan mali yapıları ve azalan kârlılıkları olan bankaları güçlendirmek amacıyla Mayıs 2001'de "Bankacılık Sektörü Yeniden Yapılandırma Programı" başlatıldı. Bu program, devlet bankalarının yeniden yapılandırılması, Tasarruf Mevduatı Sigorta Fonu'na (TMSF) devredilen bankaların çözülmesi ve özel bankacılık sisteminin rehabilitasyonu ile düzenleme ve denetim çerçevesinin güçlendirilmesini amaçladı.

Devlet bankalarının sermaye yapıları güçlendirilmiş, görev zararları temizlenmiş ve görev zararları ile ilgili yasal düzenlemeler kaldırılmış, profesyonel bir yönetim ekibi atanmış ve bu bankaların kısa vadeli yükümlülükleri ortadan kaldırılmıştır. Devlet bankaları ayrıca şube ve personel sayılarının önemli ölçüde azaltıldığı operasyonel bir yeniden yapılandırma sürecinden geçmiştir.

TMSF bankalarının çözümü, birleşme, satış veya doğrudan tasfiye yoluyla kısa sürede tamamlanmıştır.

Daha sağlıklı bir özel bankacılık sistemi oluşturmak için, özel bankaların döviz açık pozisyonları büyük ölçüde kapatılmıştır. Sermaye yetersizliği bulunan bankalar için bir yeniden sermayelendirme programı da uygulanmıştır. Banka bilançolarının şeffaflığı enflasyon muhasebesi uygulamalarıyla artırılmış ve bozulmuş varlıkların çözümünü hızlandıracak yeni önlemler alınmıştır.

Bankacılık sektörünün düzenlenmesi, denetimi ve gözetiminin güçlendirilmesi ve bankacılık sisteminin daha verimli ve rekabetçi hâle getirilmesi amacıyla yasal ve kurumsal çerçeve uluslararası standartlarla uyumlu hâle getirilmiştir. 2005 yılında kabul edilen 5411 sayılı Bankacılık Kanunu, mevduat sahiplerinin hak ve menfaatlerinin korunması ve kurumsal kapasitenin artırılması yoluyla finansal istikrarı sürdürmeyi amaçlayan yeni bir finansal sektör mimarisi oluşturmayı hedeflemiştir. Bu doğrultuda, Bankacılık Düzenleme ve Denetleme Kurumu'nun (BDDK) denetim yetkisi genişletilmiştir. Denetim sistemi, yerinde ve uzaktan denetimin birleştirilmesi ve yeni yaklaşımlar, metodolojiler ve uygulamaların tanıtılmasıyla güçlendirilmiştir. Düzenleyici süreçler daha katılımcı ve şeffaf hâle getirilmiştir.

Yeni yapı, bankacılık sektöründeki sorunları zamanında tespit etmeye ve bu sorunları geçici çözümler bulmak yerine, etkin, hızlı ve kalıcı bir şekilde çözmeye odaklanmıştır. Türkiye'nin deneyimi, sektörü krize sürükleyen sorunların doğasını ve boyutunu doğru bir şekilde teşhis etmenin ve mevcut ve yapısal tüm sorunların çözümüne yönelik kapsamlı bir yaklaşım geliştirmenin, etkin bir kurumlar arası koordinasyon ile mümkün olduğunu vurgulamaktadır.

Kriz sonrası geçiş döneminde, bankacılık sektöründeki kırılganlıkları ortadan kaldırmayı hedefleyen yapısal reformlar, ekonomik büyümede kritik bir rol oynamış ve krizden çıkış sürecini hızlandırmıştır.

Müdahale edilen bankalarda kontrol hissedarları tarafından yapılan suistimaller, lisanslama sürecinin önemini ortaya koymuştur. Girişimcilerin niteliklerini ve niyetlerini, başvuru yapan firmaların risk yönetim kapasitesi ve kurumsal yönetim ilkelerine uyumları ile piyasa rekabet koşulları da dâhil olmak üzere dikkatlice değerlendirmeyi gerektiren açık bir gereklilik getirilmiştir.

Kriz, bankaların sorunlu hâle gelmeden önce izleneceği erken uyarı sistemlerinin kurulmasını sağlayacak proaktif çözüm stratejilerinin uygulanması gereğini ortaya koymuştur. Bankacılık sektörü krizinin sona erdirilmesi için getirilen geniş kapsamlı garantinin zamanında uygulanması ve kriz sonrasında kaldırılması, piyasa disiplininin yeniden sağlanmasına ve iyileştirilmesine yardımcı olmuştur.

Yeniden yapılandırma operasyonlarının idari ve mali olarak özerk bir kuruluş olan BDDK tarafından yürütülmesi, sürecin etkin bir kurumsal çerçeve içinde yönetilmesine yardımcı olmuştur. Karar alma sürecinde sektör temsilcileri ile koordinasyon içinde, bürokratik engellerle karşılaşmadan hızlı hareket etmek mümkün olmuştur.

Tüm uygulamalarda şeffaflık ve tarafsızlığın sağlanması, Türkiye örneğinin başarısına katkıda bulunmuştur. Diğer önemli başarı faktörleri, bankaların gerçek durumlarının tespit edilmesi ve kamuoyuna açıklanması, sektörler tarafından mali raporların periyodik olarak yayımlanması ve yeniden yapılandırma programı hakkında ilerleme raporlarının yayımlanmasıdır.

Ekonomilerin yükselme dönemlerinde düzenlemelerin sıkılaştırılması, kriz dönemlerinde ise bu gerekliliklerin kademeli olarak gevşetilmesiyle tampon oluşturulmasını sağlamak için çaba gösterilmelidir. Böylece, beklentilerin kötüleştiği dönemlerde kuralların gevşetilmesiyle sorunların hafifletilmesi sağlanmalıdır.

Reel sektör ile bankacılık sektörü arasındaki güçlü bağlar nedeniyle, bu sektörlerden birinde yaşanan herhangi bir sorun, diğerinde de eş zamanlı olarak sorunlara yol açmaktadır. Türkiye örneğinde, krizin çözümüne bankacılık sektöründe yapılan reformlarla başlanması, kısa sürede reel sektörün toparlanmasını ve büyümesini sağlamıştır.

2000 ve 2001 krizlerinin en önemli nedenleri arasında bankacılık sektöründeki kırılganlıklar yer almaktadır. Bu nedenle, krizleri önlemek ve yönetmek için istikrarlı ve sağlam bir bankacılık sektörü olmazsa olmazdır. Bu sebeple, krizden çıkış programı "güçlü bankacılık, güçlü ekonomi" olarak adlandırılmıştır.

Bankacılık sektöründeki bu iyileşmelerin yanı sıra, Türk ekonomisi de dikkate değer bir performans sergilemiştir. Büyüme, enflasyon, sermaye girişleri, özelleştirme ve ihracat gibi birçok alanda güçlü sonuçlar elde edilmiştir. Güçlü bir finansal sektör ve ihtiyatlı mali politikalar, Türk ekonomisinin 2008'in son çeyreğinde derinleşen küresel krize karşı dayanıklılığını sağlamıştır.

Türk ekonomisinin bu hızlı toparlanmasına katkıda bulunan başlıca faktörler, etkili kriz yönetim stratejisi, ekonomik kurumlar arasındaki yüksek uyum, bankacılık sisteminin kararlı bir şekilde yeniden yapılandırılması ve kapsamlı bir istikrar programı çerçevesinde güvenin yeniden tesis edilmesi için alınan önlemler olmuştur.

Türkiye'nin finansal sektör yeniden yapılandırma programından çıkarılan dersler şu şekilde özetlenebilir:

- Siyasi karar alma sürecindeki hız ve koordinasyon en üst düzeyde olmalıdır,
- Ekonomik yönetimin güvenilirliği korunmalı ve kurumlar arası işbirliği ve koordinasyon artırılmalıdır,
- Süreç, bütünsel ve sistematik bir yaklaşımla ele alınmalıdır,
- Tüm uygulamalarda şeffaflık ve tarafsızlık sağlanmalıdır,
- Yeni yapı, bankacılık sektöründeki sorunların zamanında tespit edilmesi ve kalıcı bir şekilde çözülmesine odaklanmalıdır,
- Sistemde sorunlu bankalar varsa, hızlı ve kararlı müdahalelerde bulunulmalıdır,
- Ödeme sistemlerinde aksama ve para piyasalarında sorunlar yaşanmamalıdır,
- Gecikmelerin kamuya yüklediği maliyetleri artıracağından, çözüm süreci tüm çözüm yöntemleri değerlendirilerek zamanında tamamlanmalıdır,
- Krizin tekrarlanmaması için bankaların finansal ve operasyonel yeniden yapılandırılmasına önem verilmelidir,
- Genel denetim ve gözetim faaliyetleri, geniş yetkilerle donatılmış bağımsız bir kuruluş tarafından yürütülmelidir,
- Güvenin yeniden tesis edilmesi amacıyla sınırsız mevduat garantisi geçici olarak uygulanmalı ve kriz sona erdiğinde kaldırılmalıdır,
- Düzenlemelerin uygulama kapasitesinin sağlanması için, bu düzenlemeler birincil mevzuatta kodlanmalıdır,

- Düzenlemeler düzenleyici arbitraja yol açmamalı; etki analizi yapılmalıdır,
- Girişimcilerin nitelikleri ve niyetleri, başvuran firmaların risk yönetim kapasitesi ve kurumsal yönetim ilkelerine uyumu ile piyasadaki rekabet koşulları dikkatle değerlendirilmelidir,
- Uluslararası finansal kuruluşlarla işbirliği artırılmalıdır.

Türkiye, kriz sırasında ve sonrasında kritik yapısal reformlar gerçekleştirerek hem yasal hem de kurumsal yapısını önemli ölçüde geliştirmiştir. Türkiye'nin finansal sektörü şu an mevcut mali krize daha dirençlidir ve olumsuz dış gelişmelerden nispeten daha az etkilenmiştir.

b) Türkiye'nin Mali Düzenleme Deneyimi Rapor Özeti

Sürdürülemez mali politikalar ve para politikalarına aşırı bağımlılık, 1970'lerden bu yana köklü yüksek enflasyon, yüksek reel faiz oranları ve dalgalı büyüme performansı olarak kendini göstermiştir.

1990'ların ikinci yarısındaki ekonomik istikrar çabaları sınırlı başarı sağlamıştır. 2001'deki banka yeniden yapılandırması kamu borcunu artırmıştır. Ancak, 2002 yılı, makroekonomik politika çerçevesinde önemli bir değişikliğin işaretini vermiştir. 2002 sonrası dönemdeki siyasi istikrar, kararlı bir mali konsolidasyon ve iddialı bir yapısal reform gündeminin uygulanması için elverişli bir zemin oluşturmuştur. İhtiyatlı mali politikalar, Türkiye'nin mali disiplinini sağlamasına yardımcı olurken, yapısal reformlar genel olarak ekonominin temel sorunlarını ele almıştır.

İlk adımlar borç yönetimi alanında atılmıştır. Bu bağlamda, borç finansmanı işlevini tek bir otorite altında birleştirmek ve kamu borç yönetiminin kurumsal kapasitesini artırmak amacıyla 2002 yılında Kamu Finansmanı ve Borç Yönetimi Kanunu çıkarılmıştır. Bu yeni yasa, borç finansmanı ve Hazine garantileri üzerindeki sınırları tanımlamış, kamu kurumlarının dış borç düzenlemeleri yapmadan önce Hazine›den izin almalarını zorunlu kılmış ve bir risk hesabı oluşturmuştur. Ayrıca, kanun ilkeleri doğrultusunda, kamu borç yönetiminin uygulama sonuçlarıyla ilgili resmi raporların yayımlanmasıyla hesap verebilirlik artırılmıştır.

2003 yılında çıkarılan Kamu Mali Yönetimi ve Kontrol Kanunu, Türk kamu mali yönetimi sisteminde bir diğer önemli adım olmuştur. Bu yasa, kamu mali yönetiminde şeffaflık ve hesap verebilirlik çerçevesini güçlendirmiş, merkezi yönetim bütçesinin kapsamını genişletmiş ve bütçelemede orta vadeli harcama çerçevesi ile çok yıllı bir kapsam getirmiştir. Ayrıca, çoğu bütçe dışı fon mali kontrole tabi tutulmuş ve "özel gelir ve özel ödenek" hükümleri kaldırılmıştır.

Buna ek olarak, kamu kurumlarının mali yönetim konusundaki kurumsal kapasitelerini geliştirmek amacıyla, bu kanun tüm kurumların iç kontrol ve denetim sistemleri kurmalarını zorunlu kılmış ve stratejik planlar, performans programları ve yıllık raporlar gibi çağdaş araçlar getirmiştir. Ayrıca, bütçede gerekli ödenek ayrılmadan, devlet bankalarına zarar yaratan görevlerin atanması kısıtlanmıştır.

Sosyal güvenlik alanında, hem idari konuları hem de emeklilik parametrelerini kapsayan bir diğer önemli adım atılmıştır. İdari reform, üç sosyal güvenlik kurumunu tek bir çatı altında birleştirmiştir. Bu adım, artırılmış verimlilik sayesinde önemli tasarruflar sağlamıştır. İdari reform, emeklilik standartlarını ve normlarını tüm çalışanlar için birleştiren, evrensel bir sağlık sigortası sistemi getiren ve emeklilik yaşını kademeli olarak artıran bir parametrik reform ile tamamlanmıştır. Bu girişimler sayesinde, sosyal güvenlik açığının orta vadede önemli ölçüde azalacağı ve sistemin uzun vadede dengede olacağı öngörülmektedir.

Yurtiçi piyasalarda şeffaflık, hesap verebilirlik ve rekabetin artırılması amacıyla, 2003 yılında AB müktesebatıyla uyumlu Kamu İhale Kanunu yürürlüğe girmiştir. Bu doğrultuda, uluslararası en iyi uygulamalara uygun olarak, kamu kurumlarının ihale uygulamalarını düzenlemek ve denetlemek üzere Kamu İhale Kurumu kurulmuştur.

Gelir politikası açısından, 2001 yılından bu yana önemli adımlar atılmıştır. Bu bağlamda, temel vergi kanunlarında, uluslararası standartlarla daha uyumlu hâle getirmek ve kayıt dışı ekonomi ile mücadele etmek amacıyla büyük değişiklikler yapılmıştır. Bu kapsamda, 2006 yılında, Kurumlar Vergisi (KV) Kanunu'nun yapısı sadeleştirilmiş ve kurumlar vergisi oranı yüzde 30'dan yüzde 20'ye düşürülmüştür. Ayrıca, Gelir Vergisi (GV) Kanunu'nda yapılan önemli değişikliklerle vergi dilimi sayısı 5'ten 4'e indirilmiş, en düşük ve en yüksek vergi oranları sırasıyla yüzde 15 ve yüzde 35 olarak yeniden belirlenmiştir (önceden sırasıyla yüzde 20 ve yüzde 40 idi).

2005 yılında, gelir toplama süreci işlevsel bir örgütlenme yapısı benimsenerek ve politika oluşturma ile uygulama işlevleri ayrılarak yeniden yapılandırılmıştır. Bu doğrultuda, uygulama ile ilgili sorunları denetleme yetkisi verilmiş ve Maliye Bakanlığı'na bağlı yarı özerk bir kurum olarak yeni Gelir İdaresi kurulmuştur. Politika oluşturma tarafında ise, yeni kurulan Gelir Politikaları Genel Müdürlüğü sorumluluk üstlenmiştir. Tamamlayıcı bir adım olarak, Büyük Mükellefler Ofisi kurulmuştur.

Türkiye'nin mali reform çabaları, yalnızca borçlanma gereksinimlerini azaltmakla kalmayıp, aynı zamanda daha piyasa odaklı bir ekonomi için de zemin hazırlayan dikkate değer bir özelleştirme performansı ile desteklenmiştir. Bu bağlamda, 2003-2009 döneminde özelleştirme gelirleri 43,7 milyar ABD dolarını aşarak, 1985-2002 dönemindeki 8,0 milyar seviyesine kıyasla Türkiye'yi en yüksek özelleştirme gelirlerine sahip ülkelerden biri yapmıştır.

Tüm bu mali reformlar, politika çerçevesinin güvenilirliğini artıran sürdürülebilir bir mali konsolidasyon ile paralel yürütülmüştür. GSYİH'nın yüzde 5'i oranındaki faiz dışı fazla hedefi, etkin bir şekilde mali bir çıpa işlevi görmüştür. Faiz dışı fazla hedefi, mali taahhüdü değerlendirmek için basit ve son derece görünür bir gösterge olarak işlev görmüştür. Bu hedefin yıllar içinde gerçekleştirilmesi, güvenin yeniden tesis edilmesinde, faiz oranlarının düşürülmesinde ve piyasalara erişimin açılmasında önemli bir rol oynamıştır.

Güçlü mali politika uygulamaları, genel devlet sektörü dengelerinde ve borç rakamlarında kendini göstermiştir. Bu, Türkiye'nin iki Maastricht kriterini sağlamasını ve aşmasını sağlamıştır. "Genel devlet açığı / GSYİH" oranı 2005'ten bu yana yüzde 3'ün altında kalmış ve "kamu borç stoku / GSYİH" oranı 2004'ten bu yana yüzde 60 eşiğinin altında olmuştur. 2008 sonu itibarıyla, GSYİH'ya oranla AB tanımlı kamu borcunun yüzde 40 civarında olması beklenmektedir. Ayrıca, borç stokunun GSYİH'ya oranla azalırken, aynı zamanda yapısının iyileştiğini de belirtmek gerekir. Vade uzatılmış ve borcun döviz cinsinden bileşeni hızla azaltılmıştır.

Sarsılmaz mali disiplin sayesinde, kamu sektörünün mali baskınlığı önemli ölçüde azalmış ve Türk ekonomisinin dinamizmini sürdürmede özel sektöre daha büyük bir rol verilmiştir. Türkiye'nin 2002-2007 dönemi performansı, mali sıkılaştırma ve güçlü büyüme performansının bir arada olabileceğini açıkça göstermektedir.

Önümüzdeki yıllarda, Türk mali politikasının odağı, politika kararlarının şeffaflığını, hesap verebilirliğini ve öngörülebilirliğini daha da artırmaya ve mali ihtiyatı korumaya yönelik adımlara daha fazla odaklanacaktır. Bu amaçla, resmi bir mali kural benimsenmesiyle daha kurallara dayalı bir politika çerçevesine geçmeyi planlıyoruz.

BÖLÜM III

KRİZ SONRASI DÖNEM: 2010-2011

> *Kriz sonrası bu dönemde, uluslararası ve ulusal makroekonomik görünümü yansıtan performans göstergeleri karmaşık sinyaller vermiştir...*

A. ULUSLARARASI MAKROEKONOMİK GÖRÜNÜM

Küresel kriz süreci, ekonomi ve finans politikalarının önemli değişim ve dönüşüme uğrayacağı sinyallerini vermiştir. Para politikası, prensip olarak ekonomideki para ve benzeri kıymetlerin miktar ve fiyatında istikrar oluşturmaya odaklanmaktadır. Paranın klasik ve modern fonksiyonlarının karmaşıklaşması, para politikası üretimini ve uygulamalarını zorlaştırmaktadır. Maliye politikası ise kamunun imkân ve kaynaklarının, vergilerin ve harcamaların, tahsis, dağılım ve istikrar amacıyla nasıl kullanılacağına ağırlık vermektedir.

Yeni mimari süreçte ortaya çıkan sinyaller, para ve maliye teori ve politikalarında yeni paradigmanın ilk adımlarına işaret etmektedir. Bu, teknik anlamda monetarizm ve fiskalizmin tartışmasına farklı boyutların ekleneceği anlamına gelmektedir. Kriz sürecinde tüm ekonomiler, aynı anda konjonktürel ve yapısal sorunlarla karşı karşıya kalmıştır. Her iki sorunun çözümü, birbirini genellikle ters yönde etkileyen tedbir ve düzenlemelerin kullanımını zorunlu kılmaktadır. Bu nedenle, kaliteli teşhis ve tahlil süreci olmadan yapılacak müdahaleler, kısa ve orta vadede yan etkilerin oluştuğu ve geliştiği tabloya yol açmaktadır.

Ekonomik ve sosyal sorunları çözecek düzeyde büyüme oranına gereksinim duyan, ulusal tasarrufları yeterli olmayan, dolayısıyla döviz ihtiyacı olan yükselen piyasa ekonomileri açısından sorun olagelen temel alan kamu borç (elbette özel sektör borcu da önemlidir) stoku olmuştur. Güçlü ekonomi politik altyapının oluşturulabilmesi için vergi bürokrasisi, kamu borçlanma mekanizmaları, merkez bankacılığı ile parlamento arasındaki ilişkilerin belirli standartlara yükseltilmesi gereklidir. Bu süreç, sahip olunan imkân ve kaynakların etkin, verimli ve alternatif maliyetlere göre kullanımını mümkün kılacaktır. Böylece, ekonomik ve demokratik kredibilite ve güven de artırılmış olacaktır. Bu da demokrasi, ekonomik performans ve yönetişim arasında uygun dengenin kurulmasına imkân verecektir.

Bu, finansal sisteme olan inancı yeniden tesis edebilmek, yeni krizlerden kaçınabilmek ve zenginliğin büyük ölçüde paylaşıldığı yeni bir çağa temel olacak bir sermaye sistemini yeniden inşa edebilmek için üzerinde durulması ve çözülmesi gereken ciddi meseledir.

Küresel finans ve ekonomi krizi, ülkelerin ekonomik ve finansal sistemlerindeki aksaklıkları veya kırılganlıkları yanında, toplumun diğer sistem ve mekanizmalarında da aksaklıkların olduğu, olabileceği sinyalini vermiştir. Bu nedenle, krize yönelik eylem ve tedbirler setinin, kısa vadeli ve konjonktürel boyutu yanında, orta ve uzun vadeli daha kapsamlı yaklaşımları içermesi gereklidir. Daha önce bahsedilen tedbir ve öncelikler, büyük ölçüde kısa vadeli, sadece sorunun etkilerini azaltıcı yönde dizayn edilmiştir. Orta ve uzun vadeli, geleceğe yönelik tedbir ve öncelikler ise ülkelerin ve ekonomilerin ihtiyaç duydukları yeni mimari veya paradigmayı oluşturmaya işaret etmektedir.

Küresel kriz, makroekonomik performans ile finansal sistemin istikrarının entegre bir yapıda ele alınmasının gerekliliğini ortaya koymaktadır. Bu, ekonomik düşüncede yeni yaklaşım arayışının önemine vurgu yapmaktadır. Diğer bir ifadeyle, yeni makroekonominin teori ve politika çerçevesinin, standart makroekonomik yaklaşımların yanında finansal sektörünü, kredi piyasalarını, aktif fiyatlama sistemlerini de içermesi gereğini ima etmektedir.

Kriz, kapsamlı reform ajandasına vurgu yapılmasını zorunlu hâle getirmiştir. Sorunlu aktiflerin ve şirketlerin çözümlenmesinden sorumlu bir otoritenin oluşturulması özel önem taşımaktadır. Konjonktürel ve yapısal sorunlara karşı duyarlı bir düzenleyici, denetleyici otorite ile desteklenen güçlü politika altyapısının yeniden şekillendirilmesinin gerekli olduğu ortaya çıkmaktadır. Belki de en önemli husus, sistemik riskin tanımı ile bundan sorumlu kuruluşların yapısı ve fonksiyonlarının yeniden ele alınması olacaktır.

Krizin doğduğu ve etkilediği ülkelerin yapıları farklı olduğundan, sorunları çözmede farklı yaklaşımların gündeme gelmesi gerekli bir süreçtir. Bazı ekonomiler finans ve ekonomi mimarisine odaklanmakta, bazı ekonomiler de genişletici ve teşvik edici para ve maliye politikalarına öncelik vermektedir. Bazı ülkeler grubunda da döviz kuru politikaları ve sektör teşviklerinin bileşimi yoluyla geleneksel ihracatı artırma imkânları üzerinde durulmaktadır.

Gelecek döneme ilişkin düzenlemelere yönelik yaklaşımlar genel olarak iki başlık altında ele alınmaktadır. Finansal piyasalardaki dalgalanmayı dengeleyecek konjonktürel mekanizmalar ile ulusal ve küresel ölçekte piyasalara ve kuruluşlara yönelik etkin düzenlemeler. Bunun yanında, küresel likidite ihtiyacını karşılayacak küresel rezerv para konusu, uluslararası kuruluşlarda yükselen piyasaların daha fazla söz sahibi olmaları, küresel kuruluşların finansman imkânlarının koşullara bağlanmaması da ön plana çıkan hususlardır.

Akademik terminoloji çerçevesinde, makroekonomi disiplinin finans disiplini ile daha farklı ve yeni formatta ortak bir çalışma alanı oluşturması özel önem taşımaktadır. Ayrıca, finans disiplininde, piyasaların yapısı ve özellikleri ile işleyişi konusunda teori ve uygulama bazında gerekli paradigma değişimine ağırlık verilmesi de kritik konuma sahip bulunmaktadır.

1. Değişim ve Dönüşüme İlişkin İlk Değerlendirmeler

Kriz ve normalleşme döngüsü, karşılaşılan her dönemde farklılık gösterse de temel bileşenleri çok fazla değişmemektedir. Kriz ortaya çıktığında, üzerinde durulan ana konu kırılganlık alanları ve düzeyleri olmaktadır. Karşılaşılan veya karşılaşılabilecek hasara bağlı olarak, mevcut sistemin sürdürülebilirliği ve sürdürülemezliği gündeme gelmektedir. Sürdürülebilirlik söz konusu ise yeniden yapılandırma işlemi uygulamaya konulurken, sürdürülemezlik durumunda yeni mimari/tasarım üzerinde çalışılmaktadır. Her iki tercih ve öncelikten sonra yeni normal olarak adlandırılan aşamaya geçilmektedir. Zaman içinde, iç ve dış çevre koşullarındaki değişimler ile kurumsallaşma ve denetim uygulamaları, alışılmaya başlanan normalin oluşmasına ortam hazırlamaktadır. Tekrarlanan aşırılıklar ve rasyonel olmayan iş, işlem ve faaliyetler ile davranışlar, yeni krizleri ortaya çıkarmaktadır.

Eski normalden yeni normale geçiş sürecinde iki önemli değişim ve dönüşüm dalgası etkili olmaktadır:

- İş yapma biçimi ve tüketim kalıpları
- Siyasi tercihler ve sosyal öncelikler

Söz konusu iki belirleyiciler grubu, göstergeleri ve davranışları şekillendirdiği gibi bunlardan da etkilenmektedir. Kriz öncesi ortam eski yapı ve ilişkiler sistemi olarak adlandırıldığında, bunu belirleyen eski ekonomik göstergeler ve eski ekonomik davranışlar olmaktadır. Diğer bir ifadeyle, krize gelişi hazırlayan koşullar, ekonomik göstergelerin içerik ve kalitesi ile ekonomik birimlerin davranışlarına bağlı olarak oluşmaktadır. Aşağıdaki şekil sürecinin oluşum ve değişim olasılıklarını göstermektedir.

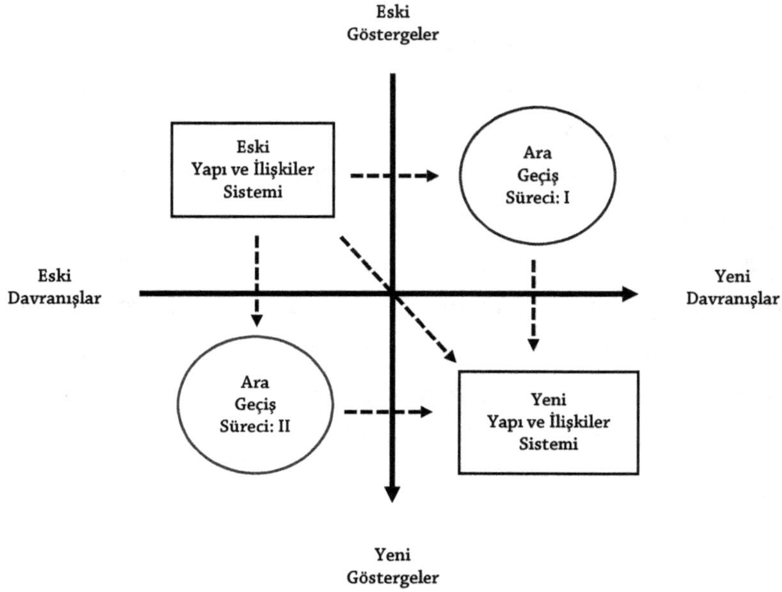

Yeni yapı ve ilişki sistemine geçiş, birkaç ihtimalin oluşmasına bağlı bulunmaktadır. Ekonomik birimler, tercih ve öncelikleri ile davranışlarını hızlı şekilde değiştirmemekte ve uyum süreci uzayabilmektedir. Öte yandan, ekonomik göstergelerin de mevcut duruma ve muhtemel geleceğe ilişkin sinyal gücü farklılaşabilmektedir. Muhtemel ihtimallerin ilk grubu, ara geçiş süreçlerinin oluştuğu ortamlara işaret etmektedir. Bu ortamlar, eski ve yeni yapı ve ilişkiler sisteminin farklı bileşimini yansıtmaktadır. Bu nedenle kırılganlıkların kısmen davam ettiği kabul edilebilir. Yeni realite ise davranış ve göstergeler arasındaki yeni dengeyi tanımlamaktadır.

Yeni normal, yeni dönemde ne olabilir veya neler beklenebilir? sorularını açıklamaya yönelik bir konsepttir. Neyin olabileceği ya da neler beklenebileceği, kriz sürecinde yapılanların ve/veya yapılamayanların içeriğine ve geleceğe yönelik etkilerine bağlıdır. Ayrıca, yapılması gerekip de yapılmayanlara/yapılamayanlara işaret etmek amacıyla kullanılan kriz döneminin israf edilip edilmediği hususu önemli ipuçları sunmaktadır. Kriz döneminde yapılamayanlar istikrara ulaşma sürecinin ve yeni istikrarın kalitesini düşürmektedir. Farklı yön ve içerikte kriz senaryolarının konuşuluyor olması, sürdürülemez, yönetilemez, örtülü ve gizli kırılganlıkların varlığına, bunların süreci etkilemeye devam ettiğine işaret etmektedir.

Bir değişim ve dönüşüm süreci bileşeni olarak her gelişme, yukarıda da kısaca ifade edildiği gibi, bir miktar eskiden kopuşu, bir miktar da gelecekten yansımaları içermektedir. Bu nedenle, normalleşme iki boyutludur.

- Kriz veya türbülans öncesi dönemin etkileri (eski normal),
- Paradigma ve mimarisi farklı ortamın etkileri (yeni normal).

Yeni normal, bu çerçeve ele alındığında iki önemli dalganın net sonucunu yansıttığı ifade edilebilir: Kantitatif ve kalitatif içerikler. İlki, ekonomik ve/veya finansal krizden gelen göstergelerdeki değişikliklerdir. İkincisi ise kriz ortamını hazırlayan sürecin özellikleridir.

Yeni normal, yeni ana prensipleri yansıtan esas yapıya, temel ilkelere ve ilişkilere geçiş olarak da tanımlanmaktadır. Bu, her ekonomik birim için farklı ortam ve koşullara vurgu yapmaktadır. Yeni normalin olası sonuçları, ulusal ve küresel makroekonomik yapı ve ilişkiler sistemini etkileme yön ve şekliyle ilgilidir. Ortam ve koşullardaki farklılaşmalar, ilk veri ve bilgiler ışığında şu başlıklar altında ele alınmıştır:

Küresel Boyut:

- Reel ve finansal küreselleşmenin sonuçları: istihdam, fiyatlar ve GSYH'de ülkeler ve coğrafi bölgeler olarak farklı trendlerin gözlemlenmesi.
- Coğrafi bölgelerin küresel GSYH içindeki paylarının değişimi: söz konusu bölgelerin ve ülkelerin verimlilik ve tasarruf performans farklılıklarının artma olasılığı.

Kamu Boyutu:

- Devletlerin ve/veya ekonomi yönetimlerinin rolü: düzenleme-denetleme sisteminin yenilenmesi, kamu harcamalarının düzey, içerik ve kalitesinin iyileştirilmesi.
- Fiyat istikrarı ve öngörülebilirliğin güçlendirilmesi: ekonomik birimlerin ekonomik rasyonel maliyetleme ve fiyatlama yapabilecekleri ortamı oluşturma.

Hanehalkı Boyutu:

Bireysel alışkanlıklarda, tercih ve önceliklerde değişimler ve/veya kaymalar, benzeşmeler farklı tüketim ve üretim süreçlerini gündeme getirecektir. Bu, ulusal ve küresel yeni makroekonomik ortamı şekillendiren önemli bir belirleyiciyi ima etmektedir.

Şirketler Kesimi Boyutu:

- Rekabet ve verimliliğe yeni bakış: enerji, su ve finans alanındaki kırılganlıkların şirket performansını belirleme kapasitesindeki etkisinin artması.
- İş yapma modellerinin değişimi: müşterilerin davranışlarındaki değişmeleri izleme, şirketin yönetim yetkinliğini artırma.

- AR-GE ve yeniliklerin ticarileşmesi: bireyin, iş dünyasının ve toplumun tercih ve öncelikleri ile bilimsel faaliyetlerin daha yakın işbirliğine yönelmesi.
- İş dünyası-toplum ilişkileri: performansa odaklanmak kadar, imkân ve kaynakların kurumsal sosyal sorumluluk anlayışının toplumla paylaşılması.

Kriz ve sonrasındaki yeni ekonomik ortam, bir bütün olarak değil farklılıklar içeren görünümü ima etmektedir. İş ortamına ilişkin öncelikleri ve beklentileri yansıtan muhtemel gelişmeler iki bölüm hâlinde ele alınmaktadır. Operasyonel düzeyde belirsizlikler, makroekonomik görünümü şekillendirmektedir. Enerji sektörünün dinamikleri (arz, talep ve fiyat), gelir dağılımı bozukluğu ve politik riskler, konsensüslerin kalitesinin azalması ile özel sektör ve kamu sektörü ilişkileri, yeni bölgesel işbirlikleri ile jeopolitik değişim ve dönüşümlerin gündeme gelmesi, bu çerçevede önemli belirleyiciler olarak ön plana çıkmaktadır. Mikro iklim ise piyasa dinamikleri ile iş ortamı ilişkisi tarafından oluşturulmaktadır. Diğer bir ifadeyle, yeni mikro ekosistemin bireysel yetkinlikler ile bilgi teknolojilerinin yapısına ve gelişimine, yeni nesil yenilik üreten mekanizmalara, tüketici piyasalarındaki trendlere bağlı olacağı tahmin edilmektedir.

Yeni yapı ve ilişkiler sistemi, yeni istikrarın inşasına işaret etmektedir. Yeni istikrar, aynı zamanda, kriz sonrası dönemde ekonomik güvenliğe ilişkin konseptleri ima etmektedir. Ekonominin ve ekonomik birimlerin, sahip oldukları ekonomik imkân ve kaynakların, değerlerin, aktif ve varlıkların ve bunları üreten mekanizmaların olumsuz gelişmeler karşısında minimum hasar görme olasılığını gerçekleştirebilme kapasitesi, ekonomik güvenliğe işaret etmektedir. Ekonomik güvenlik, "hangi ekonomik birimlerin?", hangi ekonomik değerleri, donanımları?", "hangi tür tehditlerden?", hangi araçlar ile?" "Hangi mekanizmalar ile?" korunacağına, güçlendirileceğine vurgu yapmaktadır.

Ekonomik birimlerin kırılganlıklara karşı esnekliğinin artırılması, kırılganlıkların azaltılması ve kırılganlıkların sürdürülebilirliği de ulusal ekonomik güvenliğin ana ilgi alanları arasındadır. Bu nedenle, veri ve bilgilerin derlenmesi kadar, değerlendirilmesi de özel önem taşımaktadır.

Yeni istikrar, makroekonomik yaklaşımlarda da farklılıkların dikkate alınması gereğine ağırlık vermektedir. Reel makroekonomi ile parasal makroekonomi farklılığının nedeni, finansal göstergelere dayalı istikrar ile üretim göstergelerine dayalı (dolayısıyla istihdam) istikrar arasındaki ilişkilerin yönü, şekli ve içeriğidir. Reel makroekonomik istikrar, tasarruf ve yatırım artışı ile büyüme politikalarını ön plana çıkarmaktadır. Bu çerçevede ekonominin yeniden yapılandırılması, ekonomik düşüncenin yeni paradigmasının oluşturulmasına ve makroekonominin teorik yapısının ve uygulama modelinin güncellenmesine işaret etmektedir. Bu yaklaşım, kalkınmanın ve büyümenin motorunun makroekonomi olduğunu ima etmektedir.

Küresel finans krizi ve buna yönelik tedbir ve düzenlemeler, mikroekonomik yapı ve ilişkiler sistemlerinin (finans sektörü, işgücü piyasası ve şirketler kesimi gibi) sorunları çözümlenmeden, makroekonomik görünümün iyileştirilemeyeceğini ortaya koymuştur. Finansal hizmetler sektörünün kalitesi ile yenilik ve refah üreten yetkinlik ve rekabet gücü, yeni paradigmanın kritik belirleyicileri olarak ön plana çıkmaktadır.

Kriz öncesi dönemin önemli makroekonomik özelliğinden biri de "istikrarla büyüme" olmuştur. İstikrar, büyülü kavram olarak tüm politikalarda ve uygulamalarda etkili rol oynamıştır. Kriz sonrası dönemin ana karakteristiklerinden birinin ise "büyümeyle istikrar" olacağı birçok ulusal ve küresel toplantılarda, platformlarda gündeme getirilmiştir. Bu yaklaşım, rekabetin yeni kuralları ile ekonominin yeniden yapılandırılması sürecinde etkili olmaya başlamıştır.

Rekabet; mikro düzeyde, ekonomik birimlerin karşılıklı olarak mutlak veya mukayeseli avantaj sağlamaya odaklı davranış biçiminin, karar ve uygulamalarının sistematiğini, yönünü, şeklini ve içeriğini ifade etmektedir. Makro düzeyde ise iyi işleyen piyasa ekonomisi ve rekabet sistemi, kaynakların etkin tahsisini mümkün kılabilmektedir. İşleyiş mekanizmasında aksaklık olduğunda, bu durum kaynak ve kullanım sürecinde israfa ve alternatif maliyetlerde artışlara yol açabilmektedir.

Rekabet konsepti iki boyutludur. Hukuku ve ekonomisi farklı içeriklere sahiptir. Karşılıklı ilişkileri ise ortamı ve iklimi şekillendirmektedir.

Rekabet hukuku, ekonomik birimlerin davranış, karar ve uygulamalarını şekillendiren, uyulması gereken kural ve prensiplere işaret etmektedir. Bu, rekabetin kurumsal özelliğini ima etmekte, yasaların rekabete bakış tarzını yansıtmaktadır. Demokratik piyasa yapısı için bu özellik önem taşımaktadır.

Rekabet ekonomisi ise ekonomik birimlerin ekonomik ve finansal faaliyetlere katılma nedenine bağlı olarak, tercihlerinin ve önceliklerinin yön ve şeklini belirleyen dinamiklere, faktörlere vurgu yapmaktadır. Bu, rekabetin operasyonel özelliğini ifade etmektedir. Rekabet, hukukun kuralları ve ekonominin işleyişi ile ekonomik birimlerin davranışları arasındaki ilişkiden ve dengeden etkilenmektedir.

Rekabetin türleri (mikro, makro, tam veya noksan, haksız rekabet vb.), sektörün ve/veya şirketin, ekonomik birimlerin karşılaşma ihtimali olan ortama işaret etmektedir. Şirketlerin rekabet konumu ve görünümü, kurumsal iletişim, kurumsallaşmış finansman, AR-GE altyapısı ve insan kaynakları profiline bağlıdır. Öte yandan, şirketlerin strateji ve uygulama yetkinliği de rekabet avantajına etkide bulunmaktadır. Tecrübeler, strateji olmaksızın uygulamanın kargaşa üretebileceğini, uygulama olmaksızın stratejinin entelektüel fantezi olabileceğini, yönetim sistemi olmaksızın ise her ikisinin de anlamı olmayabileceğini göstermektedir. Bu yaklaşım, makroekonomik durumun, piyasaların görünümünün ve şirket performansının birlikte ele alınmasının önemine işaret etmektedir.

Gündemde yer alan normalleşme sürecine ilişkin bir başka husus da özel kesim ile kamu sektörünün nispi dengelerinin dağılımı, özel ve kamu kesimi ilişkilerinin değişimidir. Birçok ülkede, kamu kuruluşlarının ölçekleri ve küresel boyutu önemli ölçüde artmıştır. Kriz sürecinde kamu sektörü, ekonomiye mali ve finansal enstrümanlarla ciddi oranlarda müdahalede bulunmuştur. Birçok ekonomide aktiflerin büyük kısmı kamunun mülkiyetine ya da kontrolüne geçmiştir.

Ekonomik birimleri olumsuz gelişmelerden korumak kadar refah seviyelerini artırmak ve bunu sürdürmek de kamu otoritesinin görev ve sorumluluğudur. Özel kesimin de ekonomik ve ticari öncelikleri yanında, kurumsal-sosyal sorumluluğu bulunmaktadır. Bu, yeni nesil "kamu-özel ortaklığı/işbirliği"ne işaret etmekte, yeni nesil yönetişim ve paydaşlık konseptine vurgu yapmaktadır.

Şirketler kesimi, kriz sonrasında yeni normal olarak tanımlanan dönemde yeni yapılanmaya yönelmektedir. Ürün ve hizmet üretme, dağıtma, pazarlama süreçlerinde, şirket içi yönetimde ve halka ilişkilerde yeni rekabet koşullarına uygun konum kazanmaya ve sürdürmeye öncelik vermeye başlamıştır.

Rekabet gücü ile AR-GE faaliyetleri, verimlilik ve yenilik konseptleri arasında yakın ve güçlü ilişkiler bulunmaktadır. Verimlilik, uzun dönemde şirketler kesiminin her alanını etkilemektedir. Verimlilik artışını sağlama zaman alan bir süreçtir. Başarılı sonuçlar elde edebilmek için önemli ölçüde ekonomik ve politik kaynakları bu alana yönlendirme kararlılığını da gerektirmektedir. Güçlü realistik yaklaşımlar ve uygun kurumsallaşma tercihleri, verimlilik politikalarının etkinliğini artırmaktadır. Nedenleri ve sonuçları göz önünde bulundurularak verimlilik, ulusal bir amaç olarak da ele alınmaktadır.

Yeni makroekonomik yapı ve ilişkiler sistemi, geçmiş dönemin karşılaşılan sorunları ile yeni döneme ilişkin alternatif arayışların bir bileşkesi olarak gündeme gelmektedir. Bu süreç, sektörlerin nispi konumunun da değişime uğrayabileceğini ima etmektedir. Makroekonomik performansın göstergelerinin yeniden ele alınmasının nedenini de bu çerçevede değerlendirmek gerekir. Klasik yaklaşım, göstergeleri GSYH'ye bölerek hesaplamaktır. Bireylerin rol ve fonksiyonunun önem kazanmasına, ekonomik faaliyetlerin nihai sonucunun bireysel ve toplumsal refahı artırmak olarak ele alınmasına bağlı olarak, göstergeleri kişi başına ifade etmenin giderek önem kazanacağı ifade edilebilir.

Ekonomik görünümü ve gelişmeleri kişi başına değerlendirme tercihi ve önceliği, kamu politikalarına da zamanla yansıyacaktır. Kamu otoritesi, ayrıca, ekonomik ve finansal istikrardan da sorumlu olduğundan, ekonomi hukuku ve ekonomik davranışlar arasındaki ilişkinin daha dikkatli şekilde ele alınmasının gereğine işaret etmektedir. Küresel kriz, ekonomik istikrar ile gelir dağılımı ve tahsis etkinliği arasındaki ilişkilerde ortaya çıkan önemli kırılganlıkları gündeme getirmiştir. Yeni nesil kamu politikaları, bu ilişkiler setinin yeniden tasarımına ağırlık vermektedir.

Normalleşmeyi, ekonomik politik açıdan da değerlendirmek gerekir. Kural olarak benimsenmiş, yerleşmiş ilkeye, biçime ya da yasaya uygun durumu ifade eden norm kökünden gelen normalleşme, normalleştirme, normalizasyon, olağanlaştırma ve standardize etme anlamına gelmektedir. Norm, yargılama ve değerlendirmenin kendisine göre yapıldığı ölçütü, uyulması gerek kuralı ve önceden belirlenmiş kalıba da işaret etmektedir. Bu çerçevede, normal, tabii, uygun, muntazam durumu ve görünümü ima etmektedir. Ekonomik ve finansal, sosyal ve kültürel, siyasal ve hukuksal vb. alanlardaki davranışlara, talep ve beklentilere, tercih ve önceliklere yön veren parametreler farklı ise bunları benzer hâle getirmek normalleşme olarak tanımlanmaktadır.

Belirleyici olma, kural koyma, tercih ve önceliklerini yayma, paylaşma ve iletme isteği, insanlık tarihi kadar geçmişe sahiptir. Bunlar hem kendisinin hem de başkasının ulusal ve küresel normalleşmeye ilişkin arka planının belirleyicileri olarak ön plana çıkmaktadır. Dönüşümü ve değişimi ima eden normalleşme, bunu planlama ve icra etme ve/veya kabul etme konum ve pozisyonu ile inisiyatif kullanabilme kapasite ve gücüne bağlı olarak değişmektedir.

Bu bağlamda, normalleşme, şirket, birey, toplum ve kamu otoritesi bağlamında, yerleşmiş ve/veya yerleştirilmiş, benimsenmiş ve/veya benimsetilmiş, kural, ilke ve standartlara uygun olma ve davranma ile ilişkili bir içeriğe de sahip bulunmaktadır. Bu nedenle, normalleşme, yapısı gereği, doğal ve/veya zorunlu işbölümü ve uzmanlaşmanın, işbirliği ve rekabetin farklı görünümlerini gündeme getirmekte, mikro ve makro düzeylerde birçok dengesizlik ve eşitsizlik üretebilecek ortamlara imkân vermektedir.

Söz konusu alanlarda karşılaşılan farklı uzunluktaki ve derinlikteki konjonktür dalgaları, normalleşmenin sık sık gündeme geldiğini göstermektedir. Bunun birçok nedeni söz konusudur. Karar alma ve uygulama sürecinde etkisinde kalınan değişik içerikli aldanımlar ve tuzaklar en önemlilerinden biridir. Ayrıca, aynı süreçlerin alternatif maliyetleri de normalleşmenin tekrar eden anormalleşme olabileceği ihtimaline vurgu yapmaktadır.

İstikrarsızlık, dengesizlik ve kriz olarak adlandırılan dönemden çıkarak yeni döneme geçiş için de kullanılan normalleşme, genellikle sıkıntılı olan, dolayısıyla konsensüs gerektiren işleri ve işlemleri içermektedir. Eski normalden ne kadar kopulabileceği ve/veya yeni normalin nispi dengeleri ne kadar değiştireceği, her zaman sorun olagelmiştir.

2. Yeni Normal Konseptinin ve Perspektifinin Temel Bileşenleri

Krizin doğuşu ve gelişimi ile fiili ve potansiyel etkileri, öncelikle ekonomi ve finans alanlarında, daha sonra da diğer konularda yeni perspektifi, dinamizmi ve vizyonu gerekli kılmaktadır. Bunun birçok nedeni bulunmaktadır. Bu kapsamda üzerinde durulması gereken hususlar şunlardır:

- Kriz, türbülans, istikrarsızlık sona ermiş olabilir. Hasar tespit çalışmaları ve analizleri, nerede hata yapıldı? ve gerekli müdahale, destek ve kaynak paketleri ne olmalıdır? sorularının gerçekçi cevabını vermelidir. Doğru cevaplar üretmek için yeni bir vizyon ve yaklaşım gereklidir.

- Kriz, türbülans, istikrarsızlık sadece hız kesmiştir. Yeni bir dalgalanma olasılığı söz konusu olabilir. Ekonomilerin gerçekçi risk ve kırılganlık alanları belirlenmeli, sürdürülebilirlik ihtimalleri hesaplanmalı, gerekli yapılanma ve onarmaya hızla geçilmelidir. Bu süreçte de yeni bir vizyon ve yaklaşım gereklidir.
- Ekonomi yönetimlerinde, irrasyonelliğin ve aşırılığın da etkisiyle, etkin, verimli ve alternatif maliyetlere uygun bir inisiyatif ve anlayış üretilememektedir. Ekonomik yapı ve ilişkiler sistemini hem pozitif hem de normatif anlamda yeniden ele almak gereklidir. Makroekonomiyi bu şekilde algılama ve yönetme için yeni bir vizyon ve yaklaşım gereklidir.
- Ekonomik göstergelerde ve değişkenlerde beklenen/olması gereken piyasa düzeltmesi ile karşılaşılan/gerçekleşen piyasa dalgalanması arasında önemli farklar gözlemlenmektedir. Ülke ve sektör bazında değişik nedenler ön plana çıkmaktadır. Bunun ekonomi politik belirleyicileri konusunda yeni bir model veya vizyon, yaklaşım gereklidir.
- Ulusal, bölgesel ve küresel ölçekte yayınlanan verilerin ve bilgilerin kalitesi, iletişimin içeriği, rekabetin değişen yönü ve şekli, ekonomiyi anlama ve yönetmede algılama yanlışlığının derinleşmesine neden olabilmektedir. Böyle bir ortam, strateji ve taktiklerin yanlış kurgulanmasına ve dolayısıyla yanlış formda uygulanmasına yol açmaktadır. Bu nedenle, yeni bakış açısı ve vizyon önem kazanmaktadır.
- Ülkelerin ve şirketlerin mutlak veya mukayeseli avantaj sağlayan pozisyonunun sürdürülebilirliğine ilişkin yapılan tahmin ve analizlerin kalitesi, hangi koşullarda ve ne şekilde yeni veya farklı krizlere, ciddi boyutlu istikrarsızlıklara girilebileceğine ilişkin önemli ipuçları sunmaktadır. Kriz

veya istikrarsızlık ortamında yapılacak iş, işlem veya faaliyetlere ilişkin detaylı ve tutarlı eylem planları ve kontrol listelerinin güncellenmesi, böyle bir anlayışın oluşturulması, sahip olunan imkân ve kaynakların sürdürülebilirliğinin olmazsa olmaz koşuludur. Bu da yeni bir vizyonu, yaklaşımı zorunlu kılmaktadır.

- Normal ve zor dönemlerde, kamu ve özel kurum ve kuruluşların katılımı ile oluşturulmuş, sürekli güncelleştirilen veri ve bilgilerin derleme ve değerlendirme sistemi, bir amacın ve hedefin belirlenmesini gerekli kılmaktadır. Güçlü mikro ve makro boyutları olan ulusal ekonomik güvenlik ve ulusal ekonomik savunma konseptinin belirlenmesi, güncellenmesi ve koordinasyonu özel bir önem taşımaktadır. Bu çerçevede de yeni bir vizyon ve yaklaşım oluşturma zorunluluk arz etmektedir.

Kriz ortamları, ciddi sıkıntı ve maliyet üreten süreçler olduğu kadar, yeni fırsatlar sunan ortamları da yapısında barındırmaktadır. Kriz sürecinde alınabilecek dersler veya çıkartılabilecek mesajlar, yeni dönemde ekonomik birimler için yeni davranış ve faaliyetler belirlemede önemli rol oynamaktadır. Böyle bir yaklaşım için belirlenmiş önceliklerde ve tercihlerde, hedef, amaç ve stratejilerde oluşan sapmalar konusunda akademik ve uygulama bazında ciddi analiz ve değerlendirmeler yapılmalıdır. Geçmiş dönem performansı ve mevcut durum dikkate alındığında, karşılaşılan tablo şu şekilde özetlenebilir:

Makro sorunlara, diğer bir ifadeyle genel perspektife daha fazla odaklanıldığında, mikro veya nispi sorunlar kısmen ihmal edilmektedir. Öte yandan, özellikle küresel konjonktürün etkisiyle oluşan nispi fiyat dinamiklerinin baskın rolü, ulusal ekonomik yapıları farklı patikaya sokabilmektedir. Ekonomik iş, işlem ve faaliyetlerde gerekli kurumsallaşma eksikliği giderilemediğinde, ekonomik göstergelerde ciddi sapmalar gözlemlenmektedir.

Böyle bir ortamda, nelerin yapılmış olması, hangi karar ve uygulamaların alınmış olması gerektiğini tespit etmek, gelecek perspektifine ışık tutacaktır. En önemli ve her zaman yapılagelmekte olan hata, karar ve uygulamaların alternatif maliyeti olacağının ihmal edilebilmesidir. Bunun doğal bir sonucu olarak, yapısal ve konjonktürel sorunlara uygun yaklaşım geliştirilememektedir. Kolayca müdahale edilebilecek konjonktürel sorunlar, ihmaller sonucunda yapısal sorun hâline dönüşebilmektedir. Bu konuda önemli eksikliklerden biri, küresel ve ulusal ekonomik yapı ve ilişkiler sisteminin mevcut mimarisini ve özelliklerini algılama hatasıdır.

Ne yapmalı, hangi karar ve uygulamalara başlanmalı konusu, elbette, kriz sonrası dönemin en önemli konusudur. Ulusal ve küresel ölçeklerde, algılama aldanımı süreci içinde bulunulmaktadır. Kurallar ve dengeler değişmekte ve değişmeye devam etmektedir. Ekonomik birimler, bireysel ve kurumsal itibar kaybı ile karşı karşıyadır ve yapı farklılaşması ile karşı karşıya bulunduğundan, farklı ekonomik ve politik senkronizasyonlar gündeme gelmektedir.

Farklı içerik ve yönde devam etmekte olan küresel kriz süreci ve yaşanan tecrübeler, önemli bir dizi mesaj vermektedir. Bunlar, şu şekilde ifade edilebilir:

- Detaylarına ulaşılamayan gelişmelere ve konulara yönelik politikalar genellikle yanlış dizayn edilmektedir. Bu süreçte, şeffaflık olgusunun kalitesi önemli rol oynamaktadır.
- Birçok risk izlenmekte ve yönetilebilmektedir. Ancak biri hasar-tespit analizi sürecinde ortaya çıkmaktadır. Bu, ah-

laki rizikodur. Belirleyicileri arasında insan doğasında yer alan irrasyonellik ve aşırılık bulunmaktadır.

- En iyi reform ve atılacak en iyi adım, karşılıklı güven, girişim ortamını güçlendirmektir. Bunun da bilinen en açık yolu, tüm paydaşlar arasında sağlıklı yönetişim sistemi oluşturmaktır.
- İyi kurgulanmamış reformlar, kararlar ve uygulamalar, daha sonraki dönemlerde beklenen ve planlananın tam tersi sonuçlar üretebilmektedir. Bu riski azaltabilmek için, bireysel yetkinlik ile kurumsal kalite yükseltilmelidir.

Zor dönemlerde ekonominin yönetimi ve koordinasyonunun başarısı, bazı faktörlere bağlıdır. Kredibilite ve evrensel kurumsallaşma düzeyi, bu süreçte oldukça önemli rol ve fonksiyon görmektedir. Birçok küresel platformda, bu konuda gündeme getirilen hususlar aşağıdaki başlıklar altında toplanmıştır:

- Kısa vadeli ihtiyaçlar ve uzun vadeli perspektif dengesinin oluşturulması,
- Kamu ve özel sektör arasında etkili yönetişim sisteminin kurulması,
- İşleyen sağlıklı düzenleme, denetim ve yaptırım mekanizmalarının geliştirilmesi.

G20 Liderler Zirvesi platformu, yeni yaklaşım ve perspektif belirlemede farklı çözümler ve öneriler üretmektedir. Bu toplantılara, iş dünyası temsilcileri, siyasi liderler, akademisyenler, sivil toplum kuruluşları temsilcileri ve diğer kamu ve özel kurum ve kuruluşları temsilcileri katılmaktadır. Aşağıda, 2010 ve 2011 yıllarında gerçekleştirilmiş ve söz konusu toplantılarda gündeme gelmiş kriz sonrası döneme ilişkin konuların ana başlıkları ifade edilmektedir.

Haziran 2010 tarihinde Toronto'da düzenlenen G20 toplantısının ana teması güçlü, sürdürülebilir, dengeli büyüme olarak belirlenmiştir. Toplantıda, ekonomik canlanmanın güçlendirilmesinin temel önem arz ettiği vurgulanmış ve canlanmanın sürdürülmesinde, özel talebin güçlendirilmesini sağlayacak şartları oluşturmaya çalışılırken, hâlihazırda uygulanan genişletici politikalara da devam edilmesine karar verilmiştir. Sürdürülebilir bir kamu maliyesinin önemi ve bunu sağlamak için ülke koşullarına göre değişen güvenilir, uygun zamanlı ve büyüme-dostu planların hayata geçirilmesine duyulan ihtiyaç vurgulanmıştır. Sonuç bildirgesinde, Toparlanmayı sürdürmek, istihdam yaratmak ve daha güçlü, sürdürülebilir ve dengeli büyümeyi gerçekleştirmeyi teminen uyumlu adımlar atılması taahhüt edilmiştir. Bu adımlar, ülkelerin durumlarına göre şekillendirilecek ve farklılaşacaktır. Ayrıca, finansal sektör reformu (Basel düzenlemeleri, denetim, çözümleme, gözden geçirme, finansal istikrar komitesinin işlevselliğinin artırılması vb.), uluslararası finansal kuruluşlar ve kalkınma ilişkisinin güçlendirilmesi (IMF kotalarının yeniden belirlenmesi), korumacılıkla mücadele ile ticaret ve yatırımların desteklenmesi de bu toplantıda ele alınmış ve bu yönde çeşitli kararlar alınmıştır.

Kasım 2010 tarihinde düzenlenen Seul'deki G20 toplantılarında, o tarihe kadar alınmış kararların ve gerçekleştirilen uygulamaların karşılıklı değerlendirme süreci üzerinde durulmuştur. Toplantıda, daha önce ifade edilen risklerin devam ettiği vurgulanmıştır. Sonuç bildirgesinde, ortak hedeflere yaklaşmaya yönelik kapsamlı, işbirliğine dayanan ve ülke bazlı politika önlemlerinden oluşan "Seul Eylem Planı" açıklanmıştır. Eylem Planı, şu hususları gerçekleştirmek üzere şekillendirilmiştir: İşbirliği konusundaki sarsılmaz taahhüdü yerine getirmek; somut politika taahhütlerini içeren ulusal eylem planı oluşturmak; Güçlü, sürdürülebilir ve dengeli büyümeyi gerçekleştirmek. Bu çerçevede 5 alanda tedbirler alınması taahhüt edilmiştir: Para ve Döviz Kuru Politikaları, Ticaret ve Kalkınma Politikaları, Maliye Politikaları, Finansal Reformlar ve Yapısal Reformlar. Ayrıca, B20 toplantılarının da bu ve daha sonraki zirvelerde yapılması kararlaştırılmıştır.

Cannes'da Kasım 2011 tarihinde yapılan G20 toplantısının ana gündemi veya mottosu, büyüme ve istihdam için eylem planı olarak açıklanmıştır. Sonuç bildirgesinde, başta gelişmiş ülkeler olmak üzere küresel toparlanmanın, işsizliği kabul edilemez seviyelerde tutarak zayıfladığı vurgulanmıştır. Bu çerçevede, finansal piyasalardaki endişelerin, ağırlıklı olarak Avrupa'daki kamu borç riskleri nedeniyle arttığı belirtilmiştir. Yükselen piyasa ekonomilerinde de büyümenin yavaşlamasına ilişkin belirgin işaretlerin görülmeye başlandığı ifade edilmiştir. Emtia fiyatlarındaki dalgalanmaların büyümeyi riske soktuğuna ve küresel dengesizliklerin sürdüğüne işaret edilmiştir. Ayrıca, iki önemli hususa ilişkin açıklama da yapılmıştır. Ülkelere özgü koşullar dikkate alınmak şartıyla kamu mali dengeleri güçlü ülkeler, otomatik istikrar sağlayıcıların çalışmasına izin verecek ve ekonomik koşulların ciddi bir şekilde kötüleşmesi hâlinde, yurt içi talebi destekleyecek ihtiyari önlemler alacaktır. Yüksek cari fazla veren ülkeler ise döviz kurlarında daha fazla esneklik ile birlikte iç talebi güçlendirecek reformlar yapacaktır.

Davos'ta yapılan Dünya Ekonomik Formu yıllık toplantılarında da yeni yaklaşım ve perspektif belirlemede yardımcı olabilecek kritik konulara değinilmektedir. Bu toplantılara, ulusal ve küresel, özel ve kamu sektörü ile sivil toplum kuruluşlarının ve kurumlarının liderleri ve temsilcileri katılmaktadır. 2010 ve 2011 yıllarında gerçekleştirilmiş söz konusu toplantılarda, küresel konuların yönetimi kapsamında oldukça önemli konular ele alınmıştır.

2010 yılında yapılan toplantı, dünyanın mevcut durumu ve görünümünü iyileştirmek temasıyla organize edilmiştir. Bankacılık reformu, kamu borç stokları, enflasyon kaygıları, parasal ve mali çıkış stratejileri, gündemin önemli konuları arasında yer almıştır. Bu çerçevede, yeniden düşünme, yeniden dizayn etme ve yeniden kurma konseptleri detaylı şekilde tartışılmıştır. Ekonomik ve sosyal refahı güçlendirmenin ortak paydasının iş alanları üretmek olduğu ifade edilmiştir. Önemli bir diğer husus da sürdürülebilir ve uzun dönemli ekonomik büyüme konusudur. Ticaret müzakerelerini yeniden düşünme, kritik altyapıları yeniden yapma, eğitim-öğretimi yeniden dizayn etme, sürdürülebilir ekonomik canlanmanın yol haritasının bileşenleri olarak ele alınmıştır.

Toplantının önemli bir başka konusu da küresel risklerin azaltılması ve sistemik başarısızlıkların ele alınması olmuştur. Küresel risklerin yapısı ile bunları yönetme kapasitesi arasındaki tutarsızlığın, dünyada bu dönemin yapısını ve özelliğini yansıttığı üzerinde durulmuştur. Bunun için altı mesaj katılımcılarla paylaşılmıştır: küresel risklerin karşılıklı ilişki içinde olduğunu ihmal etmeme, veri ve bilgi ile değerlendirme paylaşımının yapılması, teknolojinin güçlendirilmesi, teşvik ve desteklerin doğru şekilde uygulanması, küresel yönetişimin yeniden dizayn edilmesi, küresel çözümlerle yerel uygulamaların uyumlaştırılması.

Yeni dönemde yeni enstrümanların gerekliliği, küresel yönetişim için yeni kurallara ihtiyaç duyulması, efektif kurum ve kuruluşların oluşturulması gereğini ima etmektedir. Bu bağlamda toplantıda, küresel finans sisteminin yeniden inşası, uluslararası kuruluşların demokratik yapısının iyileştirilmesi, paydaşların yönetimde yer aldığı başarılı modellerin çoğaltılması, geleceğin ulusal ve küresel liderlerinin yetiştirilmesi üzerinde durulmuştur.

2011 yılındaki toplantının teması ise yeni realite ve paylaşılması gereken normlar olarak belirlenmiştir. Kriz sonrası finansal görünümün kompleksliği ile küreselleşme sonrası yeni realiteler nedeniyle yeni aktörler ortaya çıkmakta ve küresel gelişmeleri tahmin edilemeyen şekillerde etkilemektedir. Yeni realite olarak tanımlanan bu boyutlar, geleceği olumlu yönde etkilemek için temel değerler ve paylaşılmış normlar olarak tanımlanacak ortak yaklaşımı gerektirmektedir. Yeni realite, yeni küresel risk anlamına gelmektedir. Küreselleşme, demografik kaymalar, hızlanan teknolojik değişim, artan karşılıklı etkileşim, ekonomik belirsizlik, etkili aktörlerin büyümesi ve güç yapılarının kayması, tahmin edilemez kompleksliği de beraberinde getirmektedir.

Sadece optimist ve pozitif yaklaşımların gündeme gelmesi, hazırlık sürecinin iyi değerlendirilmemesine neden olabilmektedir. Toplantılarda, küresel ekonomik görünümde aşağı yönde riskler söz konusu olsa da yüksek borç ve işsizlik olgusunun hâlâ önemini koruduğu ifade edilmiştir. Farklı hızlarda büyüyen ekonomilerin varlığının, küresel ekonomik dengesizlikleri yönetebilmek için çok taraflı işbirliğini zorunlu kıldığı üzerinde durulmuştur.

Toplantılarda üzerinde durulan bir diğer önemli konu ise G20 gündeminin desteklenmesi olmuştur. G20'nin, kriz döneminde küresel olumsuz süreci engellemede önemli enstrüman olduğu ifade edilmiştir. Zaman zaman gündeme getirilen G0 konsepti, liderlik söz konusu olmadığında korumacılık riskini içeren çerçevede küresel yönetişimin kırılganlaştığını ima etmek için kullanılmaya başlanmıştır. Öte yandan, düzenleme ve denetleme, vergi sistemleri, tarifeler arasındaki tutarlılık konusunun şeffaflıkla birlikte önemli belirleyici olduğuna işaret edilmiştir. G20'nin bir uluslararası anlaşma koordine edebileceği de tartışılmıştır. Piyasa düzenlemesi ile girişimcilik esnekliğinin iyi dizayn edilmiş karışımı ekonomik gelişme için özel önem taşımaktadır.

3. Makroekonomik Teori ve Politikalarda İlk Tercih ve Öncelikler

Küresel krizin yapısının değişmeye başlamasıyla, gelişmiş ekonomilerdeki karar alma ve uygulamadan sorumlu kamu otoriteleri, ani değişim ve dönüşümleri engellemeye yönelik tedbirlere odaklanmayı gündemlerinin ilk sırasına almıştır. Uygulamalardan da izlendiği ve görüldüğü gibi bir dizi alternatifler, opsiyonlar yanında engeller de ortaya çıkmıştır. Kriz sonrası ilk dönem tartışmalarının odaklandığı hususlar şu şekilde ifade edilebilir:

- Borç, cazibesini kaybetmekte, nakit önem kazanmaktadır. Bunun doğal sonucu olarak, kaldıraç mekanizmasını kısmen terk etme gündeme gelmiş, geleneksel para politikası araçlarının yeterli olmadığı anlaşılmıştır.
- Ekonomileri canlandırma düşüncesi, mali teşvik ve tedbirlere tekrar popülerlik kazandırmıştır. Bu, kamunun rol ve fonksiyonunun genişlemesi (bütçe açığı ve kamu borç stoku artışı, para arzının genişlemesi vb.) ve kamunun taahhütlerinin artması şeklinde olmuştur.
- İşgücü piyasasındaki düzenlemeler, muafiyetler ve işsizlik yardımları, resesyonun etkisini azaltsa da piyasanın toparlanmasının zaman alacağı tahmin edilmektedir.

Makroekonomik teori ve politika ile bunların uygulamaları arasında tutarlılık ve karşılıklı ilişki gücünün bulunması her zaman tartışma konusu olmuştur. Hem mevcut durumu ve geleceği hem de tasarlanan değişim ve dönüşümün yönü ve şeklini doğru analiz etmek, makroekonomik teori ve politikanın içeriği ve metodolojisi ile yakın ilişki içindedir. Küresel kriz sonrası dönemin analizinde, daha önceki uygulamaların da değerlendirilmesi gereklidir. Öte yandan, uygulama sonuçlarının zaman içinde çıkabileceği de gözden kaçırılmamalıdır.

Krize tepki sürecindeki gelişmeler, tedbirler ve düzenlemeler sürecinde, makroekonomik yaklaşımlar da değişim sürecine girmiştir. Makroekonomi disiplininin, küresel krizi anlamada ve algılamada başarısızlığa düşmüş olduğu tartışılmaya başlanmış, dolayısıyla politika önerilerinde konsensüs sağlanamamıştır.

Finansal krizin üstesinden gelmenin zorluğu ve zaman alması, finans sektörünün yapı ve ilişkiler sisteminden, dizaynından kaynaklanmaktadır. Finans, bankacılık sisteminin küresel krizle ortaya çıkan en önemli kırılganlıklarından birinin, ABD terminolojisi ile "main street" ve "wall street" bakış açılarındaki ve yaklaşımlarındaki farklılıklar olduğu görülmüştür. Makroekonomik disiplinin başarısızlığı, teorik kalibrasyon kadar kullanılan modellerle ilgilidir. Her iki konuda da ekonomik birimlerin davranışına ilişkin varsayımlar özel önem taşımaktadır. Firmaların, bireylerin ve kamu otoritesinin eylemlerinin farklılığı, olguların ve gelişmelerin farklı şekilde algılanmasına neden olmaktadır.

Ekonomik birimlerin beklentileri ve/veya inançları, makroekonomik modellerin, özellikle de oyun teorisi modellerinin ana bileşenini oluşturmaktadır. Finansal ve ekonomik işlem ve faaliyetlere ilişkin teknolojik çerçeve dikkate alınmadan, modellerin ekonomik yapı ve ilişkiler sistemine ilişkin anlamlı bir açıklamasının olmayacağı gözden kaçırılmamalıdır. Bu iki bileşen mutlaka birlikte ele alınmalıdır. Bu tip veri ve bilginin derlenmesi ve değerlendirilmesi genellikle mümkün olamayacağından, çözüm teorik olarak rasyonel beklentiler konseptine dayandırılmıştır. Mevcut durumu ve muhtemel geleceği açıklamada, teori-data veya teori-uygulama zinciri ise kurulamamıştır. Diğer bir ifadeyle, teori ve uygulama eşleşmesini zorlaştıran birçok neden bulunmaktadır.

Ekonomik yapı ve ilişkiler sisteminin işleyişine ilişkin teorik içerikli oldukça fazla doküman olmasına rağmen, data setine dayalı araştırmalar oldukça azdır. Dataların da ortalamaları yansıtması ayrı bir konudur. Temel makroekonomik göstergeler, genel olarak manşet bazında yayınlanmaktadır. Göstergelerin alt bileşenleri dikkatli şekilde analiz edilmediğinde, makroekonomik görünümün gerektiği şekilde algılanamaması söz konusu olacaktır. Ekonomik birimlerin buna dayalı karar ve uygulamalarının da planlanan sonucu üretebilmesi mümkün olamamaktadır.

Küresel finansal kriz ve sonrasındaki süreç, kamu otoritelerini, makroekonomik politikaların içeriğini yeniden düşünmeye yöneltmiştir. Bu bakış açısının nedenleri şu şekilde ifade edilmektedir:

- Lehman Brothers'ın iflası veya krizi, finansal sistemin üretebileceği tehlikelerin göz ardı edilebildiğini ve para politikasının limitlerinin söz konusu olabileceğini göstermiştir.
- Euro bölgesi krizi ise para birliğinin çalışma usul ve esasları (ortak merkez bankasının rol ve fonksiyonu) ile maliye politikasının etkinliğinin birlikte düşünülmesi gereğini ortaya çıkarmıştır.
- Her iki konu, geleneksel olmayan para politikası yaklaşımları, makro ihtiyati tedbirlerin kullanımı, mali teşviklere devam edilip edilmeyeceği, mali konsolidasyonun hızının seçimi gibi farklı seçenekleri gündeme getirmiştir.

Kriz sonrası makroekonomik disiplinin ve politikaların analizinin iki boyutu bulunmaktadır:

- Kriz sonrası süreçte makroekonomik politikaların dizaynı nasıl olmalıdır?
- Devam etmekte olan politika seçeneklerinin (parasal genişlemeden çıkış politikalarının) dizaynı nasıl belirlenmelidir?

Bu iki konu yakın ilişki içinde olsa da akademik olarak ilk husus daha büyük önem taşımaktadır. Makroekonomik politika dizaynında, yapısal reformlar ile finansal düzenleme ve denetleme işlevi genel olarak ayrı tutulmaktadır. Kriz sonrası döneme ilişkin makroekonomik politikalar üç başlık altında ele alınmakta ve muhtemel içerik bu çerçevede şekillenmektedir.

İlk grup para politikası ile ilgilidir. Bu çerçevede şu soruları ön plana çıkmaktadır: merkez bankaları açık şekilde hedef faaliyet belirlemeli midir? Merkez bankalarının finansal istikrar hedefi olmalı mıdır? Merkez bankaları döviz kurunu dikkate almalı mıdır? Merkez bankaları finansal göstergelere sınır koymak ile ilgilenmeli midir? Merkez bankaları kime/kimlere likidite sağlamalıdır?

Diğer grup maliye politikasına işaret etmektedir. Maliye politikası bağlamında ise tartışılan konular şu şekilde ifade edilmektedir: Yüksek kamu borcunun tehlikeleri nelerdir? Mali baskının riskleri ile nasıl başa çıkılır? Kamu borcu hangi orana indirilmelidir? Otomatik istikrar mekanizmalarından daha iyi neler yapılabilir?

Son grup da makro ihtiyati tedbirler ile ilgilidir. Üzerinde durulan ana konu, makro ihtiyati politikalar ile mikro ihtiyati düzenlemelerin kombine edilme sistematiğidir. Sermaye yeterlilik oranı, borç-gelir oranı, spesifik aktif-pasif dengesi, sermaye kontrolleri gibi makro ihtiyati araçların neler olduğu ve nasıl çalıştırılacakları da ayrı bir konu olarak ele alınmaktadır. Bunun doğal bir sonucu olarak da parasal ve makro ihtiyati politikaların nasıl kombine edileceği, vurgu yapılan diğer bir konuyu oluşturmaktadır.

Ekonomik birimlerin davranışları açısından bakıldığında, finansal krizlerin klasik açıklaması veya temel nedeni iki önemli konsepte işaret etmektedir: İrrasyonellik ve aşırılık. Bu iki davranış biçimi, İmkân ve kaynakların üstünde gelir elde etme ve harcama yapma alışkanlığını, buna ortam hazırlayan kuralları ve prensipleri, ilişkileri ima etmektedir.

Ekonomik ve finansal analizlerde, ekonomik birimlerin rasyonel, akılcı davranacağı, tercih ve önceliklerde bulunacağı varsayılmaktadır. Dengenin ve istikrarın, bu şekilde sağlanacağı ön kabulü bulunmaktadır. Bununla beraber, ekonomik birimlerin yanlış gözlem yapabildiği, gelişmelere uyum gösterme ihtiyacı içinde olabildiği, yersiz tutarlılık sergileyebildiği, değerlendirmelerinde hatalı neden-sonuç ilişkisi kurabildiği, aşırı özgüvenli karar ve uygulamalar içinde olabildiği, oldukça geniş olan istikrarsızlık ve/veya kriz literatüründe ve uygulamalarında örnekleriyle görülebilmektedir.

Küresel finans krizi sonrasında yapılan ve geleneksel ekonomik analizden önemli kopuşa işaret eden çalışmalarda, ekonomik birimlerin tercih ve önceliklerine şekil veren düşüncelerini ve duygularını önemseyen yaklaşımlar ön plana çıkmaktadır. Bu trend, ekonomik birimlerin iç güdülerine, aşırılıklarına işaret etmektedir. Ekonomik birimlerin karar alma ve uygulama süreçleri, bir dizi güdü tarafından yönlendirilmektedir. Bireysel ve/veya kurumsal güven ortamının istismar edilmesi, ekonomik ve finansal aktiflerin fiyatlarının belirlenme sürecinde adalet duygusunun aşınması, yolsuzlukların veya sosyal açıdan kabul görmeyen davranışların cazibesine kapılma, ekonomi literatüründe detaylı şekilde açıklanan para aldanımının etkisinde kalma, açıklanan ekonomik veya finansal hikayelerin etkisine kapılma, bunların bir kısmını oluşturmaktadır.

İstikrarsızlık veya kriz, ekonomik birimlerin karar alma ve uygulama süreçlerinin kalitesi kadar, bunlar arasındaki uyum, işbirliği ve koordinasyondan etkilenmektedir. Bu çerçevede, ekonomik yapı ve ilişkiler sisteminin bileşenlerinin, işleyiş sisteminin nasıl tanımlandığı ve teşhis ve tedavi kadar koruyucu önerilerin felsefi arka planı özel önem taşımaktadır.

Hangi tür gelişmenin kriz ya da istikrarsızlık olarak adlandırılacağı, ekonominin bütününün genel durumu (sistemik görünüm) ile bileşenlerinin herhangi birinde veya birkaçında ortaya çıkan normal dışı trendin sinyali (semptomik bulgu) arasındaki ilişkinin analizine bağlıdır. Kriz ya da istikrarsızlıkların nedenlerini net şekilde kompartımanlara, kategorilere ayırmak, büyük resmin sağlıklı değerlendirilmesine engel olabilmektedir. Ekonomilerin yapısal/kronik ve konjonktürel/dönemsel karakter değerlendirmeleri bu kapsamda önem taşımaktadır.

Kriz ve istikrar dönemlerinde nelerin yapılıp nelerin yapılmaması gerektiği ise ekonomi yönetimlerinin yetkinliğe ile ilgilidir. Ekonomik yapının çok bileşenli olması, ulusal ve küresel karar alıcı ve uygulayıcıların tercih ve önceliklerinin, beklentilerinin rolünün önemine vurgu yapmaktadır. İşbirliği, koordinasyon ve rekabete bakış da bu ilişkiler sisteminin dinamiklerine göre ele alınmalıdır.

Ekonomik güvenlik ve savunma sisteminin kalitesi, ekonomik diplomasi ve ekonomik istihbarat, ekonomilerin olumsuz gelişmelere karşı direnme gücünü ifade etmektedir. Öte yandan, kırılganlık ve sürdürülebilirlik arasındaki ilişki, düzeltme ve dalgalanmanın anlam ve içeriği de ekonominin kendini onarıp onaramayacağı konusunda veri ve bilgi sunmaktadır.

EK I: ABD Finansal Kriz Tahkikat Komisyonu Raporu Özeti

Küresel finans krizinin çıkış ülkesinin ABD olması nedeniyle, bu ülkede söz konusu krizin nedenleri üzerine yapılan araştırmalar özel önem taşımaktadır. Bunun yanında, ekonomik birimlerin davranışlarını şekillendiren faktörler de istikrarsızlığın veya krizlerin açıklanmasında farklı bir boyut sunmaktadır. Öte yandan, ekonomik analizlerde sistemik ve/veya semptomik yaklaşım teknikleri de önemli perspektif önermektedir.

ABD Başkanı Barack Obama'nın talimatıyla, 10 üyeden (6 demokrat ve 4 Cumhuriyetçi) oluşan "Finansal Kriz Tahkikat Komisyonu", Ocak 2011'de Birleşik Devletlerdeki Finansal ve Ekonomik Krizin Sebepleri Üzerine Ulusal Komisyonun Nihai Raporunu yayınlamıştır. Raporun sonuç bölümünün kısa özeti şu şekildedir:

- Bu finansal krizin 'kaçınılabilir' olduğu sonucuna varılmıştır.
- Finansal düzenleme ve denetleme alanındaki yaygın başarısızlıkların ve noksanlıkların, ulusal finansal piyasaların istikrarını tahrip ettiği sonucuna ulaşılmıştır.
- Sistematik olarak önemli birçok finansal kuruluştaki dramatik kurumsal yönetişim ve risk yönetimi başarısızlıklarının, bu krizin önemli bir sebebi olduğu sonucu olduğu ortaya çıkmıştır.
- Aşırı borçlanma, riskli yatırımlar ve şeffaflık eksikliğinin bir bileşiminin, finansal sistemin krize giden sürece girmesine neden olmuştur.
- Hükûmetin, krize hazırlıklı olmadığı ve tutarsız tepkisinin finansal piyasalarda belirsizliğe ve paniğe katkıda bulunduğu belirlenmiştir.

- Hesap verebilirlik ve etik açısından sistemik bir çöküş olduğu görülmüştür.
- İpotekli konut kredisi verme standartlarındaki ve bu kredilerin menkul kıymetleştirilmesi sürecindeki kırılganlıkların, bulaşma ve kriz sürecini başlattığı ve bulaştırdığı sonucuna ulaşılmıştır.
- Borsada kote edilmemiş türev ürünlerin, bu krize önemli ölçüde katkıda bulunduğu anlaşılmıştır.
- Kredi derecelendirme kuruluşlarının başarısızlıklarının, finansal çöküş sürecinde önemli belirleyici olduğu sonucuna varılmıştır.

Düşük faiz oranları, sermaye varlığı ve ABD'deki gayrimenkul varlıklarına para yatırmaya istekli uluslararası yatırımcılar, bir kredi balonunun oluşmasında önemli rol oynamıştır.

Komisyon'un kanaati şudur ki; aşırı likidite mutlaka krize yol açmak durumunda değildir, bu akımların verimli yönlere kanalize edilebilmesi şartıyla ekonomik büyüme için bir fırsattır.

Kamu Destekli Kuruluşlar'ın mortgage menkul kıymetleri aslında kriz boyunca değerlerini muhafaza etmişler ve finansal krizin merkezinde yer alan ciddi boyuttaki finansal şirket zararlarına katkıda bulunmamışlardır. Ancak, Wall Street'e ve diğer kredi kuruluşlarına öncülük etmekten ziyade onları takip eden pozisyonunda olmuşlardır.

On yıllardır devlet politikası 'ev sahipliğini' bir dizi teşvikler, yardım programları ve düzenlemeler yoluyla özendirmektedir. Bu politikalar önceki birçok yönetim ve Kongre tarafından uygulamaya konulmuş ve desteklenmiştir. Sonuçta Komisyon, Toplumsal Yeniden-Yatırım Yasası'nın eşik altı kredi kullandırımında ve krizde önemli bir faktör olmadığı yargısına varmıştır. Finansal sistem, birçok yönden, kriz öncesinde bulunduğu duruma göre değişiklik göstermemiştir. Krizin ardından ABD finans sektörü, geçmişte hiç olmadığı kadar yoğunlaşmış ve birkaç büyük /sistemik olarak önemli kuruluşun kontrolüne geçmiştir.

Araştırma sonucunda; kurumsal yönetişimde, düzenleyici gözetim süreçlerinde dramatik aksaklıklar ve finansal sistemde ciddi hatalar bulunmuştur. Ayrıca, yeterince hazır olunmadığından, ön görülemediğinden dolayı felakete sürükleyen bir dizi seçimler ve eylemler de bulunmuştur. Bunlar, finansal sisteme olan inancı yeniden tesis edebilmek, yeni krizlerden kaçınabilmek ve zenginliğin büyük ölçüde paylaşıldığı yeni bir çağa temel olacak bir sermaye sistemini yeniden inşa edebilmek için üzerinde durulması ve çözülmesi gereken ciddi meselelerdir.

EK II: Dönemin Ekonomik ve Finansal Göstergeleri

	BÜYÜME ORANI		ENFLASYON ORANI		İŞSİZLİK ORANI	
	GSYH, Sabit Fiyatlar, % Değişim		TÜFE, % Değişim		Toplam işgücünün Oranı	
Ülke	2010	2011	2010	2011	2010	2011
Arjantin	9,452	8,386	10,461	9,775	7,750	7,150
Avustralya	2,250	2,722	2,891	3,356	5,208	5,067
Brezilya	7,572	3,916	5,039	6,636	6,750	5,967
Kanada	3,374	2,960	1,769	2,890	8,000	7,500
Çin	10,600	9,500	3,300	5,400	4,140	4,090
Fransa	1,966	2,079	1,734	2,290	9,258	9,142
Almanya	3,945	3,718	1,158	2,490	6,958	5,858
Hindistan	10,260	6,638	9,534	9,443	6,137	5,792
Endonezya	6,378	6,170	5,140	5,344	7,140	6,560
İtalya	1,711	0.587	1,639	2,902	8,350	8,358
Japonya	4,711	-0.454	-0.721	-0.288	5,058	4,583
Kore	6,497	3,682	2,939	4,026	3,725	3,408
Meksika	5,110	4,045	4,156	3,406	5,264	5,172
Rusya	4,500	4,300	6,854	8,443	7,300	6,500
S. Arabistan	4,762	9,959	3,801	3,749	5,548	5,772
Güney Afrika	3,040	3,212	4,257	5,000	24,875	24,800
Türkiye	9,157	8,773	8,566	6,472	11,127	9,096
İngiltere	1,911	1,645	3,286	4,484	7,900	8,100
Amerika	2,532	1,602	1,637	3,143	9,608	8,942
Avusturya	1,929	2,808	1,690	3,552	4,817	4,567
Belçika	2,501	1,618	2,332	3,355	8,250	7,217
Bulgaristan	0.655	1,982	3,036	3,389	10,306	11,350
Hırvatistan	-1,702	-0.281	1,047	2,262	11,525	13,250
Kıbrıs	1,391	0.261	2,563	3,480	6,267	7,917
Çek Cumh.	2,295	1,967	1,464	1,929	7,279	6,711
Danimarka	1,622	1,156	2,298	2,757	7,475	7,567
Estonya	2,463	7,583	2,742	5,080	16,707	12,325
Finlandiya	2,992	2,571	1,686	3,324	8,383	7,775

Yunanistan	-5,449	-8,864	4,713	3,330	12,713	17,864
Macaristan	0.789	1,807	4,881	3,920	11,251	11,116
İrlanda	0.399	2,588	-1,572	1,186	13,853	14,625
Letonya	-2,874	4,997	-1,222	4,219	19,500	16,203
Litvanya	1,619	6,115	1,190	4,124	17,814	15,390
Lüksemburg	5,678	2,601	2,798	3,722	5,867	5,700
Malta	3,548	2,100	2,040	2,512	6,867	6,392
Hollanda	1,401	1,664	0.930	2,477	4,993	4,980
Polonya	3,699	4,762	2,583	4,267	9,635	9,632
Portekiz	1,899	-1,827	1,389	3,557	10,770	12,677
Romanya	-0.798	1,056	6,113	5,795	6,957	7,136
Slovakya	4,827	2,704	0.698	4,081	14,483	13,692
Slovenya	1,238	0.649	1,834	1,830	7,267	8,208
İspanya	0.017	-0.620	1,800	3,196	19,850	21,400
İsveç	5,989	2,664	1,908	1,365	8,575	7,767

Kaynak: IMF

	FAİZ ORANI		DÖVİZ KURU	
	Merkez Bankası Politika Faizi		Dönem Ortalaması	
Ülke	**2010**	**2011**	**2010**	**2011**
Arjantin	10.222	11.962	3.9225	4.1383
Avustralya	4.351	4.693	1.0894	0.9692
Brezilya	9.895	11.758	1.7601	1.6750
Kanada	0.587	1.000	1.0301	0.9893
Çin	1.838	2.250	6.7686	6.4619
Fransa	1.000	1.248	1.3259	1.3920
Almanya	1.000	1.248	1.3259	1.3920
Hindistan	5.484	7.489	45.7397	46.6913
Endonezya	6.500	6.599	9082.0468	8768.2343
İtalya	1.000	1.248	1.3259	1.3920
Japonya	0.094	0.078	87.7508	79.7142
Kore	2.152	3.085	1156.4598	1108.2333
Meksika	4.500	4.500	12.6316	12.4427
Rusya	5.263	5.301	30.3583	29.3808
S. Arabistan	2.000	2.000	3.7500	3.7500
Güney Afrika	6.407	5.500	7.3153	7.2597
Türkiye	6.854	6.058	1.4984	1.6710
İngiltere	0.500	0.500	1.5460	1.6032
Amerika	0.125	0.125	1.0000	1.0000
Avusturya	1.000	1.248	1.3259	1.3920
Belçika	1.000	1.248	1.3259	1.3920
Bulgaristan	0.199	0.195	1.4774	1.4065
Hırvatistan	9.000	8.736	5.4980	5.3439
Kıbrıs	1.000	1.000	1.3258	1.3920
Çek Cumh.	0.838	0.750	19.0982	17.6959
Danimarka	0.760	0.998	5.6241	5.3598
Estonya	1.000	1.000	1.3258	1.3920
Finlandiya	1.000	1.248	1.3259	1.3920

Yunanistan	1.000	1.248	1.3259	1.3920
Macaristan	5.475	6.044	207.9375	201.0450
İrlanda	1.000	1.248	1.3259	1.3920
Letonya	3.500	3.500	1.3204	1.3821
Litvanya	1.000	1.000	1.3261	1.3915
Lüksemburg	1.000	1.000	1.3258	1.3920
Malta	1.000	1.000	1.3258	1.3920
Hollanda	1.000	1.248	1.3259	1.3920
Polonya	3.500	4.222	3.0153	2.9629
Portekiz	1.000	1.248	1.3259	1.3920
Romanya	6.506	6.210	3.1779	3.0486
Slovakya	1.000	1.248	1.3259	1.3920
Slovenya	1.000	1.000	1.3258	1.3920
İspanya	1.000	1.248	1.3259	1.3920
İsveç	0.503	1.753	7.2000	6.4907

Kaynak: Oxford Economics

	CARİ DENGE/GSYH		BÜTÇE DENGESİ/ GSYH		KAMU BORÇ STOKU/ GSYH	
Ülke	**2010**	**2011**	**2010**	**2011**	**2010**	**2011**
Arjantin	-0.405	-0.717	0.17	-1.22	39,155	35,763
Avustralya	-3,567	-2,946	-4.20	-3.27	20,497	24,243
Brezilya	-3,498	-2,801	-2.42	-2.45	63,029	61,226
Kanada	-3,513	-2,666	-2.32	-1.44	84,562	85,333
Çin	3,938	1,816	-0.88	-0.38	36,012	35,603
Fransa	-0.836	-1,032	-6.80	-5.10	81,457	84,952
Almanya	5,624	6,087	-3.29	-0.37	80,556	77,928
Hindistan	-2,813	-4,241	-3.88	-6.90	67,458	68,096
Endonezya	0.702	0.189	-0.52	-1.06	24,525	23,106
İtalya	-3,470	-3,074	-4.25	-3.48	115,293	116,400
Japonya	4,019	2,197	-8.30	-8.80	215,821	229,706
Kore	2,636	1,551	1.27	1.38	30,999	31,728
Meksika	-0.475	-1,130	-2.77	-2.44	42,229	43,199
Rusya	4,423	5,107	-2.86	2.14	11,346	11,641
S. Arabistan	12,671	23,686	4.44	11.59	8,448	5,397
Güney Afrika	-1,501	-2,158	-4.57	-3.97	34,358	37,636
Türkiye	-6,194	-9,682	-3.71	-1.39	42,335	39,142
İngiltere	-2,604	-1,671	-9.68	-7.71	76,387	81,826
Amerika	-2,953	-2,967	-11.80	-10.47	94,730	98,997
Avusturya	2,936	1,582	-4.46	-2.56	82,288	82,070
Belçika	1,761	-1,071	-3.92	-4.08	99,454	102,030
Bulgaristan	-1,450	0.083	-3.80	-2.00	14,648	14,827
Hırvatistan	-1,116	-0.806	-4.46	-4.51	52,764	63,712
Kıbrıs	-8,976	-3,088	-4.77	-5.74	56,496	66,041
Çek Cumh.	-3,670	-2,111	-3.96	-3.55	38,155	39,876
Danimarka	5,729	5,742	-2.73	-2.07	42,879	46,409
Estonya	1,798	1,334	0.19	1.16	6,543	5,905
Finlandiya	1,223	-1,801	-2.63	-1.02	47,119	48,504

Yunanistan	-10,105	-9,897	-11.25	-10.29	145,668	170,960
Macaristan	0.281	0.749	-4.54	-5.46	80,898	81,044
İrlanda	0.568	0.791	-32.3	-12.5	86,801	109,304
Letonya	2,317	-2,820	-8.40	-3.35	39,796	37,496
Litvanya	-0.330	-3,844	-6.90	-8.94	36,314	37,296
Lüksemburg	6,930	5,809	-0.54	0.48	19,561	18,623
Malta	-4,658	-2,459	-3.20	-2.58	67,614	69,671
Hollanda	7,378	9,090	-4.23	-3.80	59,006	61,262
Polonya	-5,516	-4,990	-7.5	-4.9	53,602	54,804
Portekiz	-10,150	-6,002	-11.17	-7.40	96,183	111,082
Romanya	-4,586	-4,626	-6.24	-4.22	30,535	33,874
Slovakya	-4,737	-4,984	-6.58	-4.64	40,926	43,444
Slovenya	-0.119	0.184	-5.67	-6.59	37,892	46,119
İspanya	-3,922	-3,166	-9.36	-9.37	60,066	69,156
İsveç	6,011	6,881	-0.03	-0.09	36,842	36,189

Kaynak: IMF

B. TÜRKİYE'NİN MAKROEKONOMİK GÖRÜNÜMÜ

Küresel sistemde ve finans piyasalarındaki belirsizliklerden kaynaklanan riskler devam ederken, ulusal düzeylerde de sürdürülebilir kabul edilse de kırılganlıklar bulunmaktadır. Bu nedenle, küresel makroekonomik görünümle birlikte ulusal yapı ve ilişkiler sisteminin özelliğinin yakından izlenmesi önem taşımaktadır. Küresel sistemde ve ulusal ekonomilerde odak noktası, para ve maliye politikalarının tasarımı ve tepkilerinin izlenmesi olacaktır. Ek tedbirlere ve önlemlere ihtiyaç olup olmayacağı, küresel ve ulusal ekonomilerin makroekonomik performans göstergelerinin izleyeceği yöne ve şekle bağlı olacaktır.

Ekonomilerin beklenen performansı göstermediği dönemlerde, küresel ve ulusal ölçeklerde daha fazla teşvik ve tedbir ihtiyacı ve talebi konusunda baskılar oluşmaktadır. Bu yaklaşım, kısa vadede ekonomiye yardımcı olan süreci başlatmakla birlikte, toparlanmanın ve canlanmanın sürdürülebilirliğinin alternatif maliyetlerini de artırmaktadır. Kısa vadeli talep ve beklentiler ile uzun vadeli sürdürülebilirlik konusundaki tercih ve öncelikler arasındaki bu "trade-off", önümüzdeki dönemin en önemli sorunlarından biri olacaktır.

1. Reel Sektör

Kriz sonrası dönem, makroekonomik göstergelerde önemli bir toparlanmaya işaret etmiştir. Bununla birlikte, 2011 yılında bir önceki yıla göre büyüme oranı ve sanayi üretim endeksinin artış oranı azalırken, kapasite kullanım oranı artmıştır. Enflasyonda maliyetin etkisi ön plana çıkarken, cari ve sabit fiyatlarla GSYH ile enflasyon göstergeleri arasındaki uyumun değiştiği gözlemlenmiştir. TÜFE ve ÜFE olarak her iki enflasyon verisinde de artış yaşanırken, işsizlik oranı azalma eğilimi göstermiştir. Diğer taraftan, kişi başına düşen gelir ise az da olsa yükselmiştir.

	Makroekonomik Göstergeler		DÖNEM	2010	2011
REEL SEKTÖR	GSYİH Cari Fiyatlarla (Milyon TL)		Yıl Sonu	1,098,799	1,297,713
	GSYİH Sabit Fiyatlarla (1998) (Milyon TL)		Yıl Sonu	105,886	115,175
	GSYİH Büyüme Hızı (%)		Yıl Sonu	9.2	8.8
	Kişi Başına GSYİH (USD)		Yıl Sonu	10,022	10,466
	Sanayi Üretim Endeksi (Yıllık % Değişim)		Yıl Ortalaması	12.4	9.7
	İmalat Sanayi Kapasite Kullanım Oranı (%)		Yıl Ortalaması	72.6	75.4
	İşsizlik Oranı (%)		Yıl Sonu	11.9	9.8
	ÜFE Değişim (2003=100) (%)		Yıl Sonu	8.87	13.33
	TÜFE Değişim (2003=100) (%)		Yıl Sonu	6.40	10.45
	Tasarruf (Cari Fiyatla, Milyon TL)	Özel	Yıllık	136,033	139,357
		Kamu	Yıllık	17,616	47,839
	Tasarruf (1998 Fiyatları, Milyon TL)	Özel	Yıllık	15,959	15,985
		Kamu	Yıllık	4,944	7,866
	Yatırım (Cari Fiyatla, Milyon TL)	Özel	Yıllık	178,905	259,655
		Kamu	Yıllık	44,594	53,339
	Yatırım (1998 Fiyatları, Milyon TL)	Özel	Yıllık	21,024	25,478
		Kamu	Yıllık	5,082	5,129

Kaynak: TÜİK ve DPT

İlgili dönemde, özel kesimin sabit fiyatlarla ölçülen tasarruf düzeyi aynı kalırken, kamunun tasarruf düzeyi küçük olsa da artış göstermiştir. Buna karşılık, özel kesimin yatırım düzeyi artarken, kamu yatırımları aynı düzeyini korumuştur. Sabit fiyatlarla tasarrufların GSYH'ye oranı aynı seviyelerde kalmış, yatırımların GSYH'ye oranı ise artış göstermiştir.

Reel sektör göstergeleri, nispi dengelerin ve ilişkilerin değişim sürecine girmekte olduğuna işaret etmektedir. Reel sektörün üretim süreçlerinin gözden geçirilmesi, üretici sektörlerin rekabet güçlerinin iyileştirilmesi ve fiyatlama sisteminin rasyonelleştirilmesi bakımından özel önem taşımaktadır. Ayrıca, tasarruf-yatırım dengesinin görünümü, kaynak üretmenin ve bunları etkin ve verimli kullanmanın gündeme gelebileceğine işaret etmektedir. Sektörün yeniden yapılandırılması, düzenleme ve yönlendirme işlevlerinin kurumsallaştırılarak kalitesinin artırılması, ekonomi politik çerçevede önem kazanacaktır. Bu çerçevede reel sektör üst kurulunun oluşturulması, reel sektörün mikro ve makro çerçevede etkinliğinin artırılmasına katkı sağlayacaktır.

2. Finans Sektörü

Finans sektörüne ilişkin veriler ele alındığında, bankacılık sektöründe menkul kıymet portföyünün nominal olarak azaldığı görülürken, mevduat ve kredilerdeki artış oranlarının yabancı para birimi cinsinden daha yüksek olduğu gözlemlenmiştir. Özellikle, yabancı para mevduatlarındaki artış, TL mevduatlarındaki artışın oldukça üzerinde gerçekleşmiştir. Takipteki alacaklarda ise az da olsa artış söz konusu olmuştur.

Diğer taraftan, mübadele ve likidite ölçütü olarak kullanılan para büyüklüklerinde de önemli oranda artışlar olmuştur. Haftalık repo faiz oranı yükselmiş, brüt döviz rezervleri azalırken, altın rezervleri artmıştır.

	Makroekonomik Göstergeler	DÖNEM	2010	2011
FİNANS SEKTÖRÜ	TCMB Brüt Döviz Rezervleri	Yıl Sonu	80,696	77,756
	TCMB Altın Revervleri	Yıl Sonu	5,264	10,090
	İMKB ULUSAL 100 Endeksi	Yıl Sonu	66,004	51,267
	TCMB 1-Hafta Repo FO (%)	Yıl Sonu	1.50	5.00
	Parasal Göstergeler			
	M2 (Milyon TL)	Yıl Sonu	587,815	655,523
	M3 (Milyon TL)	Yıl Sonu	616,201	693,069
	Emisyon Hacmi (Milyon TL)	Yıl Sonu	44,368	49,408
	Bankacılık Sektörü (Milyon TL)			
	Bankacılık Sektörü Menkul Kıym. Portföyü	104,966	287,883	285,106
	Sektör TL Krediler	31,955	389,340	490,846
	Sektör YP Krediler	26,907	146,034	202,549
	TL Mevduat	77,614	447,559	473,244
	YP Mevduat	74,786	197,032	257,884
	Takipteki Alacaklar	1,601	3,060	3,639

Kaynak: BDDK ve TCMB

Finans sektörü göstergeleri, kamunun bankacılık sektöründe mali baskınlığının veya dışlama etkisinin azaldığını ima etmektedir. Kredilerin artışı bu süreci teyit etmektedir. Hem kredilerde hem de mevduatta "dolarizasyon" görünümü söz konusudur. Döviz rezervlerindeki ve borsadaki değişim yönü, döviz sorunsalını ima etmektedir. Parasal büyüklüklerdeki artışlar, paranın değerini ve satınalma gücünü olumsuz yönde etkileyebilecek dinamiklere vurgu yapmaktadır. Repo faizinin yükselmesi ise paranın el değiştirme maliyetini olumsuz çerçevede etkileyecek görünüme işaret etmektedir. Finansal ürün ve hizmet üreten finans kurumlarının tercih ve önceliklerinin, finansal otoritelerin talep ve beklentilerinin, hanehalkının ve iş dünyasının para birimine yönelik davranışlarının uyumlaştırılması gereği, zaman içinde önemli hâle gelecektir. Sektörün, piyasalar, ürün ve hizmetler, kurumlar bazında derinlik kazanması ve çeşitlenmesi, yeni dönemlerin öncelikli konularından biri olacaktır.

3. Kamu Sektörü

Kamu sektörüne ilişkin veriler, ilgili dönemde mali disipline önem verildiğini göstermektedir. Bütçe açığı azalırken, faiz dışı fazlanın artması, mali disiplini önceleyen politikanın en önemli göstergesini oluşturmaktadır. Ayrıca kamu borç stoklarındaki artışların, nominal düzeyde bile olsa tüm kategorilerde oldukça makul seviyelerde gerçekleştiği görülmüştür.

AB tanımlı borç stokunda nominal olarak artış yaşanmasına karşın, borcun GSYH'ye oranında düşüş yaşanmıştır. Kamu net borç stokunda ise nominal düzeyde bile azalma gerçekleşmiştir. Bununla beraber, DİBS ihale faiz oranı ise yükselmiştir.

Makroekonomik Göstergeler		Dönem	2010	2011
KAMU SEKTÖRÜ	Merkezi Yönetim Bütçe Dengesi (Milyon TL)	Yıl Sonu	-40,081	-17,783
	Mer. Yön. Bütçesi Faiz Dışı Denge (Milyon TL)	Yıl Sonu	8,217	24,448
	Toplam (m.y.) İç Borç Stoku (Milyon TL)	Yıl Sonu	352,841	368,778
	Kamu Dış Borç-TCMB Dâhil (Milyon USD)	Yıl Sonu	100,645	103,614
	Toplam Dış Borç Stoku (Milyon USD)	Yıl Sonu	291,920	304,428
	Merk. Yönet. Dış Borç Stoku (Milyon USD)	Yıl Sonu	78,085	79,185
	Kamu Brüt Borç Stoku (Milyon TL)	Yıl Sonu	497,103	546,442
	Kamu Net Borç Stoku (Milyon TL)	Yıl Sonu	317,783	289,997
	AB Tanımlı Nom. Borç Stoku (Milyon TL)	Yıl Sonu	465,180	507,893
	DİBS İhale Bileşik Faiz Oranı- Ağırl. Ort. (%)	Yıl Sonu	8.00	10.34

Kaynak: T.C. Hazine Müsteşarlığı ve Maliye Bakanlığı

Kamu sektörü göstergeleri, mali çerçevede Maastricht Kriterleri'nde belirtilen eşik değerlerin altında bir performansın söz konusu olduğuna işaret etmektedir. Bu, kamu otoritesinin ekonomiyi doğrudan ve/veya dolaylı şekilde destekleyecek imkâna sahip olduğuna, böyle bir alanın bulunduğuna işaret etmektedir. Özel sektörün kaldıraç düzeyi ve oranlarının düştüğü veya makul sonuçlar üretemediği koşullarda, kamunun kaldıraç mekanizmasını kullanabileceğine vurgu yapmaktadır. İcra edilecek işler, işlemler ve faaliyetler konusunda yeniden yapılanma sürecinin planlanması, kamu otoritesinin yeni rol ve fonksiyonu olarak ön plana çıkacaktır.

4. Dış Ekonomik Sektör

İhracat ve ithalattaki gelişmelerin yön ve şekli, dış ticaret açığını artırmıştır. Dış ticaret açığı, cari açığı oluşturan en önemli kalemdir. İthalatın bileşiminde ara malı (enerji dâhil) ve yatırım malı oranının yüksek oluşu, mal ve hizmet üretiminde yabancı ülkelere farklı bir bağımlılığın olduğunu göstermektedir. Ayrıca, ihracatın ithalatı karşılama oranındaki düşüş de dikkate alındığında, üretim süreçlerinin döviz üretmekten çok döviz tüketen özelliğinin bulunduğu da gözden kaçırılmamalıdır.

İlgili dönemde cari işlemler açığı önemli ölçüde artmıştır. Cari açığın finansmanında kullanılan tüm kalemlerde de artışlar söz konusudur. Yabancı para cinsinden borç doğuran işlemlerin payının yüksekliği, finansmanın kalitesi konusunda ipucu sunmaktadır. Doğrudan yabancı yatırımın bileşimi ise ulusal üretime doğrudan ve/veya dolaylı net katkıyı yansıtmaktadır.

Diğer taraftan, döviz kurlarının her ikisinde de yükseliş yaşanmıştır. Ulusal para biriminin değer kaybetmesi, dövize olan talebin daha yüksek olduğunu gösterirken, şüphesiz bu değişim, diğer ülkelerin para otoritelerinin kararlarından da bağımsız görülmemelidir.

Makroekonomik Göstergeler		DÖNEM	2010	2011
DIŞ EKONOMİK SEKTÖR	İthalat (Milyon USD)	Yıl Sonu	185,544	240,842
	İhracat (Milyon USD)	Yıl Sonu	113,883	134,907
	Dış Ticaret Dengesi (Milyon USD)	Yıl Sonu	-71,661	-105,935
	Karşılama Oranı (%)	Yıl Sonu	61.4	56.0
	Cari İşlemler Dengesi (Milyon USD)	Yıl Sonu	-45,447	-75,092
	Net Doğrudan Yabancı Yatırım (Milyon USD)	Yıl Sonu	7,572	13,698
	Net Portföy Yatırımı (Milyon USD)	Yıl Sonu	16,093	21,986
	Net Turizm Gelirleri (Milyon USD)	Yıl Sonu	17,391	20,171
	İşçi Gelirleri (Milyon USD)	Yıl Sonu	948	1,045
	Net Hata Noksan (Milyon USD)	Yıl Sonu	1,405	9,433
	TCMB EUR Döviz Alış Kuru	Yıl Sonu	2.0551	2.4438
	TCMB USD Döviz Alış Kuru	Yıl Sonu	1.5376	1.8889

Kaynak: TCMB ve TÜİK

Cari açık ve finansmanının kalemleri, Türkiye ekonomisinin diğer ülkelerin finansal imkân ve kaynaklarını kullanmak zorunda olduğunu göstermektedir. Dış ticaretin bileşenleri, açığın genel olarak teknolojik alandan kaynaklandığını ima etmektedir. Döviz kurundaki değişimler, bir yandan reel sektör (cari açığın oluşum nedenleri) dinamiklerine, diğer yandan ise finansal sektör (cari açığın finansman kaynakları) dinamiklerine bağlı olarak şekillenmektedir. Söz konusu veriler, küresel rekabete hazırlanmak için, değişim ve dönüşümün sadece mal ve hizmet piyasalarıyla sınırlandırılmamasının, özellikle de faktör piyasalarında planlanması ve uygulanmasının önemini ima etmektedir.

5. Makroekonomik Performans ve İstikrar Göstergelerinin Trendleri

Makroekonomik performans ve istikrar göstergeleri karışık sinyaller vermektedir. Bir kısmı planlanan, beklenen yönde hareket ederken, bir kısmı da ters yönde değişim sergilemektedir. Bu, ekonomideki nispi dengeler arasındaki ilişkilerin gözden geçirilmesi gereğini ima etmektedir. Ayrıca, makroekonomik karar ve uygulamalar arasında koordinasyon ve yönetişim yetkinliğinin yeniden değerlendirilmesine de işaret etmektedir.

Milyon (TL) /($)	Büyüme Oranı%	İşsizlik Oranı %	TÜFE Değişim Oranı %	ÜFE Değişim Oranı %	Dolar Kuru	Reel Kur Endeksi	TCMB O/N Faizi	DİBS İhale Bileşik F.O. % (Ağırl. Ort.) Yıl Ortalama	İç Borç Stoku	Toplam Dış Borç Stoku ($)	Kamu Dış Borç Stoku (+TCMB) ($)	Kamu Brüt Borç Stoku	AB Tanımlı Kamu Borcu (%GSYİH)	Bütçe Dengesi (%GSYİH)	Cari İşlemler Dengesi (% GSYİH)
2010	8.9	11.9	6.40	8.87	1.5376	125.7	1.50	8.48	352,841	291,969	100,645	497,103	42.3	-3.6	-6.2
2011	8.5	9.8	10.45	13.33	1.8889	109.5	5.00	8.74	368,778	304,361	103,614	546,442	39.1	-1.4	-9.7

Kaynak: TCMB, TÜİK, T.C. Hazine Müsteşarlığı ve Maliye Bakanlığı

Bu çalışmada gündeme getirilen bir diğer makroekonomik performans göstergeleri ise farklı bir görünüm sunmaktadır. KBD borç stoklarındaki değişim oranı, KBD gelir değişim oranlarından daha düşüktür. Buna karşılık, KBD sabit sermaye oluşumlarındaki değişim oranları ise KBD gelir değişim oranlarından daha yüksektir. Bu, makroekonomik çerçevede, gelir üretme sürecinde daha az borçlanma ile daha çok sabit sermaye üretilebildiği anlamına gelmektedir.

	KBDG (TL)	KBDG($)	KBD KAMU BRÜT İÇ (TL)	KBD KAMU BRÜT İÇ ($)	KBD TOPLAM DIŞ BORÇ (TL)	KBD TOPLAM DIŞ BORÇ ($)	KBD SABİT SERMAYE OLUŞUMU (TL)	KBD SABİT SERMAYE OLUŞUMU ($)
2010	15,735	10,470	5,008	3,333	5,949	3,959	3,913	2,604
2011	18,662	11,141	5,187	3,096	6,849	4,089	5,238	3,127
2011/2010 Değişim Oranı (%)	18,60	6,40	3,57	-7,11	15,12	3,28	33,86	20,08

Kaynak: TÜİK ve T.C. Hazine Müsteşarlığı

Bununla beraber, her üç değişkenin alt kırılımları arasında bu tür bir ilişkiden söz edilememektedir. Bu alt bileşenlerin makroekonomik performansa ve istikrara daha kaliteli katkı sağlamasına yönelik öncelikler ön plana çıkacaktır.

İlke olarak istikrarsızlık, bir ülkenin mevcut makroekonomik politikaları sağlam olsa bile, fon sağlayan paydaşların ve borç verenlerin bu politikaların sürdürülemeyeceğine inanmaları durumunda da ortaya çıkabilmektedir. Ekonomik politikalar konusunda bu tür değerlendirmeler oluştuğu/oluşturulduğu zaman, bu şaşırtıcı bir hızla istikrarsızlığa neden olabilmektedir. Buna verilebilecek etkin yanıt, makroekonomik yapı ve ilişkiler sisteminin güçlendirilmesine ve buna destek verecek ulusal tasarıma yönelik karar ve uygulamalar olagelmiştir.

Küresel ekonomik ve finansal sistemle ilişkisinin yapısı ve özelliğine bağlı olarak dışa açık gelişmekte olan ekonomiler, nispeten sağlam ve kırılganlıkları daha az makroekonomik temeller altında bile değişim ve dönüşüm sürecini kolay şekilde yönetememektedir. Bu ekonomiler, irrasyonelliğin neden olduğu iyimserlik ve kötümserlik arasında dalgalanan beklenti/inançlardaki ani değişikliklere ve aşırılıklara karşı son derece hassas bir yapıya sahiptir.

Hem ulusal hem de küresel ölçekte Türkiye ekonomisi, geçmiş dönemlere oranla farklı yapı kazanmıştır. Bazı sorun ve kırılganlıkların ağırlığı ve etkisi azalırken, yeni eşiklere gelinmesine bağlı olarak farklı sorun ve kırılganlık alanları oluşmaya başlamıştır. Buna uygun yapılanma ihtiyacı, yeni dönemin öncelikli gündem maddeleri arasında yer alacaktır.

EK I: Mali Kural Süreci ve Bilgi Notu

Mali disiplin kavramı, bütçe açığı, kamu borç stoku ve faiz dışı fazla konseptlerine işaret etmektedir. AB uygulamaları ve IMF öncelikleri açısından, bunların GSYH'ye oranı özel önem taşımaktadır. Söz konusu göstergeler, uluslararası literatürde, Maastricht Kriterleri ve IMF Standardı olarak da bilinmektedir. Uluslararası toplumun desteklediği ulusal programlarda bu parametreler örtülü mali kural olarak ön plana çıkmaktadır. Özellikle, AB'ye katılım sürecindeki Doğu Avrupa ülkelerinde ve yükselen piyasalardaki ekonomi yönetimlerinin, kamu harcamalarının ve borçlanmalarının düzeyi, içeriği ile bunların finansmanıyla ilgili geleneksel yaklaşımları, böyle bir modellemenin oluşmasını sağlamıştır.

Bir önceki bölümde de bahsedildiği gibi, standart IMF programlarının ana amacı, dış düzeltmeden daha çok, kamu borç stokunun sürdürülebilirliğini sağlamada otoritelerin çabalarının kredibilitesini desteklemektir. Programların doğası ve kurgusu nedeniyle, uygulama sürecinde bir dizi yan etkiyle karşılaşılmaktadır. Bu yan etki, ana kurguyu bozabilecek dinamikler üretebilmektedir. Ayrıca, ekonomi yönetimlerinin kamu harcama politikaları ile borçlanma stratejilerine yönelik tercih ve öncelikleri farklı davranmayı gerekli kılabilmektedir. Özellikle, kriz ve ekonominin yeniden yapılandırma dönemlerinde bu husus özel önem taşımaktadır.

Kamu harcamalarının ve yatırımlarının makroekonomik etkileri ve zamanlaması, her zaman tartışma konusu olmuştur. Rating kuruluşları, yatırım bankaları ve IMF, konuya farklı açılardan bakmaktadır. Kamu yatırımları önemli bir üretim faktörüdür. Etkin yatırımlara yönlendirildiğinde, kısa ve orta vadede büyüme oranının artışına önemli katkı sağlamaktadır. Kamu borç stokunun ve bütçe açığının GSYH'ye oranları makul seviyelerde istikrarlı şekilde oluştuğunda ve ekonominin de ihtiyacı gündeme geldiğinde, zamanlaması uygun demektir.

Kriz, ekonomik toparlanma ve makroekonomik mimari süreçlerinde, ekonomi yönetimlerinin rol ve fonksiyonları farklılaşmaktadır. Kamunun imkân ve kaynaklarını, uygun ortam veya fırsat oluştuğunda kullanmamak, etkinlik, verimlilik ve alternatif maliyetlere aykırı davranmak anlamına gelmektedir. Disiplin ve performansa olumlu katkıları, mali kuralın esas itibarıyla doğru bir yaklaşım olduğuna işaret etmektedir. Bununla beraber, ince ayar gerektiren hassas yönleri de bulunmaktadır.

Mali kural, ekonomik yapı ve ilişkiler sistemi içinde kısmi denge yaklaşımına vurgu yapmaktadır. Genel denge üç bileşenlidir: Bütçe dengesi, cari denge ve tasarruf-yatırım dengesi. Bu alanlarda dengesizlik, açık oluştuğunda, sürdürülebilirlik özel önem taşımaktadır. Söz konusu üç bileşenin entegre ve bütüncül yaklaşım çerçevesinde ele alınması gerekir. Ancak, uluslararası toplumun desteklediği programlar birine odaklanırken, diğerini ihmal etmektedir. Dolayısıyla ekonomi yönetimleri, bu tutarsızlığı gözden kaçırmamalıdır.

Yeni mimari arayışlarının tartışıldığı küresel kriz sonrasında, ekonomi yönetiminin ekonomiyi yönlendirme ve yapılandırma inisiyatifi kritik önem taşımaktadır. Özellikle, mali kural belirleme sürecinde analiz edilmesi gereken hususlar bulunmaktadır. Bu çerçevede önem kazanan konular şu şekilde ifade edilebilir:

- Türkiye ekonomisinin yapısı ve özellikleri, orta ve uzun vadeli hedefleri
- Küresel ekonomide orta ve uzun vadeli trendler
- Devletin, ekonomi yönetiminin rol ve fonksiyonu

- Mali kural sürecinde etkin kamu kuruluşlarının görev ve yetkileri
- Mali kural ile enflasyon hedeflemesinin senkronizasyonu
- Mali kural düzenlemesinin özel içeriği, olumlu ve olumsuz etkileri
- Kural dışında tutulması gereken kamu harcamaları, kamu inisiyatifleri
- Örtülü mali kuraldan açık mali kurala geçişin düzenlenme biçimi

IMF'nin Ekim 2014 tarihli Dünya Ekonomik Görünümü raporunda, kamu yatırımlarının makroekonomik etkileri ve altyapı yatırımlarının zamanı mıdır? başlıklı özel bir değerlendirme yer almaktadır. Para ve maliye politikası bakımından alan bulunduğunda, israfa neden olmadığında, uygun finansman modeli bulunduğunda, yüksek kamu yatırımları üretimi artıracaktır. Kamu yatırımlarının, kısa vadede toplam talebi, uzun vadede toplam arzı artırıcı etkisi bulunmaktadır. Bu çerçevede, borçlanma maliyetlerinin ve talebin düşük olduğu gelişmiş ekonomiler ile altyapı yatırımları sorunu olan yükselen piyasalar ve gelişmekte olan ekonomilerde hem zamanlama hem de ihtiyaç uygunluğa işaret etmektedir.

02 Haziran 2010 tarihinde TBMM Başkanlığına iletilen Bakanlar Kurulu'nun "Mali Kural Kanun Tasarısı" genel gerekçesinde aşağıdaki hususlar ön plana çıkmaktadır.

2008 yılının son çeyreğinde başlayarak 2009 yılında etkisini gösteren küresel finansal kriz ülkelerin kamu açıklarını ve borç stokunu önemli ölçüde artırmıştır. Krize karşı alınan mali önlemlerin neticesi olarak genel devlet borç stoku gelişmekte olan G-20 ülkelerinde yüzde kırkı, gelişmiş G-20 ülkelerinde ise yüzde yüzü aşmıştır. Bu durum pi-

yasalarda ve kamuoyunda mali sürdürülebilirlik hususunda endişe yaratmış ve mali disiplinin temini için mali kural uygulamalarına ilişkin düzenlemelerin önemini artırmıştır.

Mali kural, her şeyden önce bir ülkenin kamu açığını ve borç stokunu sürdürülebilir seviyede tutmalıdır. Hem harcama hem de gelir tarafını dikkate alan ve borç stoku ile doğrudan bağlantısı olan bütçe dengesi kuralları son zamanlarda birçok gelişmiş ve gelişmekte olan ülke tarafından benimsenmiş durumdadır.

Uygulanacak mali kuralın kapsamı ve hesaplama sistemi açısından AB müktesebatı ile uyumlu olacağı belirtilen tasarının en önemli maddesi 5. maddedir. Bu maddenin içeriği ve gerekçesi aşağıda belirtilmektedir:

İçerik: Madde 5

MADDE 5- (1) Herhangi bir yılda genel yönetim açığının gayrisafi yurtiçi hasılaya oranı, bir önceki yıl genel yönetim açığının gayrisafi yurtiçi hasılaya oranına aşağıdaki şekilde belirlenen genel yönetim açık uyarlamasının eklenmesi suretiyle hesaplanan tavanı aşamaz.

a) Genel yönetim açık uyarlaması, açık etkisi ile konjonktürel etkinin toplamından oluşur.

b) Açık etkisi, bir önceki yıl genel yönetim açığının gayrisafi yurtiçi hasılaya oranından, genel yönetim açığının gayrisafi yurtiçi hasılaya oranına ilişkin uzun dönemli hedef olan yüzde birin çıkarılması sonucu bulunan değerin -0,33 ile çarpılması suretiyle hesaplanır.

c) Konjonktürel etki, ilgili yıl reel gayrisafi yurtiçi hasıla artış oranından yüzde beşin çıkarılması sonucu bulunan değerin -0,33 ile çarpılması suretiyle hesaplanır.

(2) Döner sermayeli işletmelerin bütçelerinde gelir ve gider denkliğinin sağlanması esastır.

(3) 233 sayılı Kanun Hükmünde Kararnameye tabi kamu iktisadi teşebbüsleri ve bağlı ortaklıkları ile 4046 sayılı Kanuna tabi olup sermayesinin yarısından fazlası kamuya ait olan işletmeci kuruluşlar, topluluştırılmış bazda borçlanma gereği oluşturamaz.

Gerekçe: Madde 5

Bu madde ile; kamu mali yönetimimizde ve bütçeleme sürecinde uygulanacak olan mali kurallar açıklanmaktadır.

Genel yönetim için getirilen mali kural aşağıdaki formülle gösterilmekte olup, maddenin birinci fıkrasında sözel olarak ifade edilmiştir.

$$a_{(t)} \leq a_{(t-1)} - y(a_{(t-1)} - a^{*}) - k(b_{(t)} - b^{*})$$

Yukarıdaki formülde:

$a_{(t)}$: *Cari yıldaki genel yönetim açığının gayrisafi yurtiçi hasılaya oranını,*

$a_{(t-1)}$: *Bir önceki yılın genel yönetim açığının gayrisafi yurtiçi hasılaya oranını,*

a^{*}: *Yüzde bir olarak belirlenmiş olup borç stokunun makul bir seviyeye düşürülmesi amacıyla, genel yönetim açığının gayrisafi yurtiçi hasılaya oranının orta-uzun vadede ulaşılması hedeflenen değerini,*

$b_{(t)}$: *Cari yıldaki reel gayrisafi yurtiçi hasıla artış oranını,*

b^{*}: *Yüzde beş olarak belirlenmiş olup otomatik dengeleyicilerin çalışmasında esas alınacak eşik reel gayrisafi yurtiçi hasıla büyüme oranını,*

y : *Yakınsama hız katsayısını,*

k : *Döngüsel (konjonktürel) etkiyi yansıtma katsayısını,*

$- y(a_{(t-1)} - a^{*})$: *Açık etkisini,*

$- k(b_{(t)} - b^{*})$: *Konjonktürel etkiyi ifade etmektedir.*

Açık etkisi içinde yer alan (y) katsayısı herhangi bir yılda orta uzun vadeli hedeften (yüzde bir) sapma olduğu zaman söz konusu hedefe hangi hızla yakınsanacağını göstermektedir. Ülkemizde söz konusu parametre 0,33 olarak belirlenmiştir. Bu bağlamda, bu katsayı, hedeften sapılan miktarın yaklaşık yüzde otuzüçünün bir sonraki sene telafi edileceği anlamına gelmektedir.

Konjonktürel etki içinde yer alan (k) katsayısı, ekonominin reel olarak büyüme ve daralma dönemlerinde maliye politikasına esneklik sağlamaktadır. Bu anlamda (k) katsayısı, reel gayrisafi yurtiçi hasıladaki yüzde 5'in üzerindeki her bir puanlık büyüme için ne kadar tasarruf yapılacağını; altındaki her bir puanlık büyüme için ise ne kadar açık verilebileceğini göstermektedir. Bir diğer deyişle mali kuralı karşıt döngüsel bir yapıya dönüştüren söz konusu parametre, iş çevrimlerine ters yönde tepki vererek otomatik dengeleyicilerin çalışma mekanizmasını desteklemektedir. Böylece yüksek büyüme dönemlerinde borç stoku daha hızlı düşürülecek, düşük büyüme veya küçülme dönemlerinde ise ekonominin ihtiyacı olan genişleyici maliye politikalarının uygulanmasına olanak sağlayacaktır. Söz konusu parametrenin bu özelliği tam olarak sağlayabilmesi için seçilen parametrenin genel yönetim faiz dışı harcamalarının gayrisafi yurtiçi hasılaya oranı dikkate alınarak belirlenmesi önemlidir. Ülkemizde bu husus dikkate alınarak söz konusu parametre 0,33 olarak belirlenmiştir.

Ayrıca, döner sermayeler ve 233 sayılı Kanun Hükmünde Kararnameye tabi KİT'ler ve bağlı ortaklıkları ile 4046 sayılı Kanuna tabi olup sermayesinin yarısından fazlası kamuya ait olan işletmeci kuruluşlar için de destekleyici kurallar düzenlenmiştir.

Maddenin ikinci fıkrasında döner sermayeli işletmelerin mali kuralı olarak bütçelerinin gelir ve giderlerinin denk olması hususu tanımlanmaktadır. Böylece döner sermayeli işletmelerin kendi gelirleri ile gider-

lerini karşılaması ve merkezi yönetime mali yük ve risk oluşturmaması hedeflenmektedir.

Maddenin üçüncü fıkrasında 233 sayılı Kanun Hükmünde Kararnameye tabi KİT'ler ve bağlı ortaklıklar ile 4046 sayılı Kanuna tabi olup sermayesinin yarısından fazlası kamuya ait olan işletmeci kuruluşların mali kuralı olarak bu kuruluşların toplulaştırılmış bazda borçlanma gereği oluşturamayacağı hususu düzenlenmektedir. Böylece merkezi yönetim ile sermaye transferi, görev zararı, kredi kullanımı, temettü ve hasılat payı ödemeleri altında mali ilişki içinde bulunan bu işletmelerin mali performansının artırılması amaçlanmaktadır.

IMF, IV. Madde konsültasyonu ile ilgili ilk sonuçlara/bulgulara ilişkin basın açıklamasını 26 Mayıs 2010 tarihinde yayınlamıştır. 20 maddelik bu açıklamanın 8, /ü9,12 ve 13. maddeleri mali kurala ilişkin kapsamlı bir çerçeve çizmektedir. Eylül 2010 tarihinde yayınlanan 10/278 sayılı Türkiye raporunda, 26 Mayıs tarihli görüşmelerin ve değerlendirmelerin detayları yer almaktadır. Bu raporun III. eki Türkiye'nin yeni mali kuralına ayrılmıştır.

Söz konusu ekte, önerilen kural kısmında yer verilen mali kuralın içeriği, uygulama modeli, değişkenlerin ilişkisi ve sabit katsayılar (konjonktürel ve yakınsama katsayıları), ortalama uzun vadeli büyüme oranı, orta vadeli bütçe açığı hedefi detaylı şekilde belirtilmiştir.

EK II: Parlamentoların Değişen Rol ve Fonksiyonu: Küresel Ekonomi Politik Bir Değerlendirme

TBMM tarafından yayınlanan, Meclis Bülteni'nin Mart-Nisan 2011, sayı 170 nüshasında, tarafımdan kaleme alınmış "Parlamentoların Değişen Rol ve Fonksiyonu: Küresel Ekonomi Politik Bir Değerlendirme" başlıklı yazı yayınlanmıştır. Yazının amacı, küresel kriz sonrasındaki dönemde muhtemel trendlerin neler olabileceğine ve farklı süreçlerde, farklı şehirlerin ve siyasal tercihlerin temsil edildiği parlamentolarda vizyon ve perspektif değişiminin önemine değinmektir.

Küresel finansal ve ekonomik kriz, bireyleri, kuruluşları ve devletleri, davranışlarını, tercih ve önceliklerini, beklentilerini önemli ölçüde değiştirmeye zorlamaktadır. Bu, ekonomik neden ve sonuçlarının ötesinde, küresel içerikli ve ölçekli krizin çok boyutlu olduğunu göstermektedir. Birçok kuruluş iflas etmiş ya da ciddi likidite ve sermaye ihtiyacı ile karşılaşmış, beklenti ve güven bozulmuş, ekonomik faaliyet hacmi düşmüş, kamunun taahhüt ve yükümlülükleri büyük oranda artmış, yeni mimari süreçler gündeme gelmiştir. Hükûmetler, kriz sürecinde ve sonrasında devasa tutarlara ulaşan tedbir paketlerini ve farklı politika bileşenlerini uygulamaya koymuştur. Parlamentolar, bu sürecin birçok aşamasında karar ve uygulamaların belirlenmesi ve denetlenmesinde önemli rol ve fonksiyon görmüştür.

Kriz öncesi dönemlerde istikrar, ekonomi politikalarının temel amacı olarak ele alınmıştır. Küresel kriz, makroekonomik istikrarın, her ekonomik birim için zorunlu olarak istikrarı ifade etmeyebileceğini ortaya koymuştur. Sadece makro düzeyde piyasa göstergelerinin dalgalanma boyut ve şiddetini azaltmaya odaklanan istikrar, ciddi paradoks üretmiştir: "İstikrarın istikrarsızlığı".

Ekonomik ve finansal işlem ve operasyonlar, doğası gereği iki tür istikrarsızlık üretmektedir: "örtülü istikrarsızlık" ve "açık istikrarsızlık". Örtülü istikrarsızlık "sürdürülebilir kırılganlık"lara işaret etmektedir. Bu, istikrarsızlığın yönetilebildiğini ima etmektedir. Son uluslararası gelişmeler ve tecrübeler, örtülü istikrarsızlığın "algılama aldanımı" nedeniyle istikrar olarak ele alındığını veya takdim edildiğini gösteren bir dizi örnek sunmaktadır.

Gelişmeleri değerlendiren analizler ve çalışmalar, parasal, finansal ve mali aşırılıklar üreten iki farklı davranış modeli üzerinde durmaktadır: "irrasyonellik" ve "hayvansal güdüler". Yanlış gözlem, uyum gösterme ihtiyacı, yersiz tutarlılık, kanıtları göz ardı etmek, hatalı neden-sonuç ilişkileri kurmak ve aşırı özgüven, irrasyonelliğe yol açmaktadır. Hayvansal güdüler ise güven istismarının olumsuz yansımaları, fiyat belirlemede adalet duygusunun aşınması, yolsuzlukların, anti-sosyal davranışların cazibesi, para aldanımlarının etkisi ve hikâyenin etkisine kapılma gibi hususlara işaret etmektedir. Söz konusu aşırılıklar, karar alma ve uygulama süreçlerinde, "rasyonel davranışlar"dan daha çok, "finansal psikoloji" ve "ekonomi sosyolojisi"nin etkili olduğu göstermektedir.

İçinde bulunduğumuz ortam, olasılığı düşük olsa da en imkânsızından en kaçınılmazına kadar tüm senaryoların gerçekleştiği ve gerçekleşebileceği bir dünyaya işaret etmektedir. Ortamın belirgin karakteristiği, "sürekli değişken"liğidir. Mevcut kurallar, kalıplar, prensipler artık uygulanamaz özellik taşımaktadır. Ekonomik ve finansal göstergelerin "sinyal kalitesi" ile kamu ve özel sektör yöneticilerinin, temsilcilerinin "beyanat yetkinliği"nin sorgulanmaya başlanması, ekonomi politik sürecin yeni paradigmalarının gündeme geldiğini göstermektedir.

Bu koşullar altında karşılaşılan sonuçları, farklı bir yaklaşımla ele almak gerekmektedir. İçinde bulunulan ortam dikkate alındığında, "istikrarın israfı" ile "krizin israfı" konusu özel önem taşımaktadır. Bu iki konsept, söz konusu konjonktür süreçlerinde, yapılması gereken fakat yapılmayanlara, yapılamayanlara, göz yumulanlara vurgu yapmak için uygun terminoloji sunmaktadır. İstikrar döneminde yapılamayanlar, kriz döneminin maliyetini artırmaktadır. Kriz döneminde yapılamayanlar ise istikrarın kalitesini düşürmektedir. Bu nedenle Parlamentolar, bu yeni konseptlere odaklanmaya başlamış, yeniden yapılanma sürecine girmiştir.

Maliye ve para politikalarının senkronizasyonu, "mali çarpan" ve "finansal hızlandıran" dengesi, ekonomik ve finansal işlemlerde uyulacak kural ve prensiplerin yapısı ve aralarındaki uyum, "reel ekonomi" performansının, dolayısıyla söz konusu israfların temel belirleyicisidir. Bu nedenle, demokratik piyasa ekonomilerinde vergileme sistemleri, kamu borçlanma mekanizmaları, merkez bankacılığı ve parlamento arasındaki ilişkilerin yönü, şekli ve içeriği, ekonomi politik açıdan her zaman önem taşımıştır. Bu ilişkiler, ekonomik birimlere borç, yükümlülük ve hak ürettiğinden, ekonomik yapı ve ilişkiler sistemini şekillendirdiğinden ve kural koyduğundan, ana gündem maddelerinden biri olagelmiştir.

Maliye politikaları, esas itibarıyla üç amaçla ilgilenmek durumundadır: tahsis etkinliği, gelir dağılımı, makroekonomik istikrar ve uyum. Farklı maliye politikası paketleri bunların her birini farklı şekilde etkilediğinden, ekonomi politik tercih önem kazanmaktadır. Hangi politika yaklaşımının daha etkin, faydalı olduğu ve olabileceği, içinde bulunulan ortamın özelliklerinden etkilenmektedir. Parlamentolar açısından önemli olan husus, çarpan değeridir. Diğer bir ifadeyle, maliye politikası uygulamasının süreci ne kadar hızlandırdığı ve olumlu yönde etkilediğidir.

Kriz sonrası dönemin kritik sonuçlarından biri de maliye politikasının yön ve şeklinin yanında enflasyon trendinin ne olacağıdır. Bu konuda tartışılan iki yaklaşım bulunmaktadır. İlkinde, fiyat düzeyinin uzun vadede para arzı tarafından belirlendiği vurgulanmaktadır. İkincisinde ise fiyat düzeyi ile maliye politikası arasında ilişki kurulmaktadır. Fiyat düzeyinin maliye teorisi yaklaşımı, maliye politikasının fiyat düzeyini etkilediğini ima etmektedir. Burada, fiyatlar genel düzeyi, borç stoku, faiz dışı denge (dolayısıyla bütçe dengesi) arasındaki ilişkiler ön plana çıkartılmaktadır. Söz konusu çerçeve içinde parasal otoriteler, yatırım ve üretim süreçlerine katkıda bulunmayı beklentilerin yönetimine odaklanarak gerçekleştirmeyi tercih etmektedir.

Küresel gelişmeler ve uluslararası literatür, ekonomik ve finansal kırılganlıkların, demografik değişimlerin, yasal ve hukuki dönüşümlerin, kamu yapısı ve sistemindeki yeniden yapılanmanın farklı dönemlerde oluştuğuna, oluşabileceğine işaret etmektedir. Bu dinamikler aynı zaman diliminde de ortaya çıkabilmektedir. Günümüzde birçok ülkede, söz konusu trendlerin bir kısmı ya da tamamı gündeme gelmekte, fakat farklı yön ve şekilde çalışan süreçler üretmektedir. Söz konusu dalgaların veya konjonktürlerin kesişim dönemlerinde stres düzeyleri arttığından, parlamentoların rol ve fonksiyonları da değişmektedir. Bu nedenle, parlamentoların ulusal ve küresel ölçekte görünüm ve gelişmeleri değerlendiren stratejiye sahip olmaları özel önem taşımaktadır.

Birçok ülke, tarihi, kritik bir kavşak noktasında bulunmaktadır. Ülkelerin geleceğini ve çevresini şekillendirme kabiliyeti iki ana konudaki gücüne bağlı olagelmiştir: "sürdürülebilir büyüme kapasitesi" ve "toplumsal iç uyum kalitesi". Bu iki faktör, ortak bir ekonomi politik çerçevede birlikte ele alınabilmektedir. Bu, özel ve kamu sektörü işbirliği anlayışına dayalı sosyal piyasa ekonomisidir. Söz konusu faktörlerden ilki, yeni nesil ekonomik büyüme modeline işaret ederken, ikincisi, sosyal ve kültürel uyumu korumak amacıyla insan kaynağını stratejik belirleyici olarak ele almaya vurgu yapan yeni kalkınma stratejisini ima etmektedir.

Yeni nesil ekonomik kalkınma ve büyüme modelinin belirlenme sürecinde, parlamentoların söz konusu rol ve fonksiyonları özel önem kazanmaktadır. Parlamentolarda ekonomik ve sosyal politikaların etkinliği, verimliliği ve alternatif maliyetleri ciddi şekilde tartışılmaktadır. Bu süreçte, "ekonomik ve sosyal arzu edilebilirlik" ile "politik uygulanabilirlik" arasındaki denge veya ilişki, yeni dönemin ekonomi politiğini şekillendirmektedir. Geçmiş dönemin ve bugünün kararlarının ürettiği belirsizlik ve karmaşa nedeniyle, parlamentolar farklı içerikli tartışmalar yapmakta, bazen de konunun esasına, özüne inememektedir.

Kriz sonrası yeni yapı ve ilişkiler sisteminin oluşum süreci, bir anlamda yeni istikrarsızlık döneminin bileşenlerine de işaret etmektedir. Küresel gelişmeler, ekonomik, sosyal ve politik yapı ve ilişkiler sistemini etkilemektedir. Bu değişim ve dönüşüm süreci, kamu kuruluşları, politikacılar, bürokrasi, özel sektör kuruluşları ve bireyler üzerinde farklı etkiler üretmektedir. "Yeni normal" ve/veya "yeni gerçek" olarak tanımlanan sürece ulaşıncaya kadar bir dizi değişiklik yaşanacaktır. Bu nedenle geçiş süreci "yeni istikrarsızlık/belirsizlik" dönemi olarak ifade edilmektedir. Şüphesiz, nasıl bir tablo oluşacağını tahmin etmek oldukça zordur. Belirsizlik döneminin kayıp dönem olup olmayacağı, özel kesimle yönetişim biçimine, küresel ve ulusal sistemlerin entegrasyonunun yön ve şekline, izlenecek politikalara bağlı olacaktır. Yeni dönemde, kurumsallaşma düzeyi artacağından ve farklı kurallar sistematiğine geçileceğinden, parlamentonun rolü de farklılaşacaktır. Parlamentolarda şu sorular her zaman sorulmakta, yeni veri ve bilgiler, gelişmeler ışığında yeniden değerlendirilmektedir: Ne oldu, ne oluyor, nasıl oldu, ne olabilir, neler olabilir, ne olmalı ve nasıl olmalı? Bu çerçevede, donanımlarının güçlendirilmesi, veri ve bilgi derleme ve değerlendirme kapasitelerinin iyileştirmesi, parlamentoların farkındalığının ve tepki kalitesinin artırılmasına katkıda bulunacaktır.

Parlamentoların kendine özgü bir dizi görev, yetki ve sorumluluğu olsa da en önemlisi kanun koymak, değiştirmek ve kaldırmak yoluyla kurumsallaşmayı sağlamak ve yürütmeyi denetleme işlevini yerine getirmektir. Kurumsallaşmanın ve denetimin ana amacı ise "bireylerin yetkinliği"ni, "kuruluşların rekabet gücü"nü ve "ulusal egemenliği" güçlendirmektir. Yeni dönemin yapısı ve ilişkiler sistemine yönelik analizler iki eksene işaret etmektedir: güven ve güvenlik; kendine güvenme ve kendini güvenlikte görme. Bu iki eksen, ulusal ekonomik güvenlik ve savunma sisteminin temel bileşenlerini oluşturmaktadır. Ekonomik güvenlik ve savunma, refah ve huzur üreten imkân ve kaynakların, donanımların zarar görme olasılığının azaltılmasını ve/veya güçlendirilmesini sağlayan mekanizmalara işaret etmektedir.

Küresel örnekler ve uygulamalar, parlamentoların temel değerlerinin ve ana karakteristiğinin, temsil, şeffaflık, ulaşılabilirlik, hesap verebilirlik ve etkinlik olduğunu göstermektedir. Demokratik hesap verebilirlik başlığı altında toplanabilecek bu özellikler, bireylerin, vatandaşların, toplumun yararlanacağı, yararlanması gereken, "kamusal hak, hizmet" özelliğine vurgu yapmaktadır.

Parlamentolar, ülkelerin tarihsel ve kültürel mirasını yansıttığında, toplumsal düzeyde karar alma ve uygulama süreçlerinin en önemli bileşenidir. Kalkınmışlık ve gelişmişlik seviyesini yükseltmek için ihtiyaç duyulan imkân ve kaynaklar, parlamentolar tarafından üretilmektedir. Ulusal bağımsızlığı temsil etmelerinin en önemli nedeni de budur. Demokratik süreçler ve uygulamalar ne kadar gelişir ve yaygınlaşırsa, sorunların teşhis ve tedavisinde de o kadar etkin olunmaktadır.

SONUÇ

Makroekonomik performans, sahip olunan imkân ve kaynaklar ile kapasitelerin, etkinlik, verimlilik ve alternatif maliyetlere göre değerlendirilme biçimi ile yakın ilişki içindedir. Değerlendirme süreci, içinde bulunulan konjonktüre bağlı olarak değişmektedir. Kriz, toparlanma ve istikrar ortamlarında farklı planlar, programlar, politikalar ve stratejiler uygulanmaktadır. Diğer bir ifadeyle, her dönemin kendine özgü karar alma ve uygulama süreci bulunmaktadır. Performans trendi, ilgili ülkenin zaman içindeki makroekonomik göstergelerindeki değişimin yönüne ve şekline işaret etmektedir. Ayrıca, uluslararası mukayeseli konum da performansa bağlı olarak değişmektedir. Başarı veya başarısızlık, istikrar ve/veya kriz ortamlarına (zor ve/veya rahat zamanlara) yönelik stratejik tepki içeriğine, uygulanan makroekonomik stratejik planlamaya bağlı olagelmiştir. Sürecin ana belirleyicisi, makroekonomi politik yapı ve ilişkiler sisteminin kalitesidir.

Zor zamanlar, makroekonomik faaliyetin ve/veya performansın ekonomik birimlerin amaçlarını gerçekleştirmelerine imkân vermediği veya zorlaştırdığı dönemleri ifade etmektedir. Düzeltme ve dalgalanma süreçleri, kriz ve istikrar dönemleri, genel olarak konjonktür konseptiyle açıklanmaktadır. Ekonomik birimlerin karar ve uygulamaları ile bunların alternatif maliyetleri, söz konusu görünüme ve trendlere katkıda bulunmaktadır. İrrasyonellik ve aşırılıklarla ifade edilen bu tablo, makroekonomik yapı ve ilişkiler sisteminin doğasında yer alan açık ve/veya örtülü kırılganlıkların önemine ve etkisine işaret etmektedir. Bununla beraber, ekonomi dışı faktörlerde ortaya çıkan gelişmeler de ekonomik zor zamanların oluşmasında kritik önem ve etkiye sahiptir.

ABD'de başlayan, diğer ekonomilere yayılarak küresel sorun hâline gelen 2007-2009 dönemini kapsayan finans krizinin, nedenleri, ortaya çıkışı ve sonuçları uzun süre tartışılmış ve tartışılmaya devam etmektedir. Bunun yanında, 2020 yılında ortaya çıkan küresel Covid-19 salgının nedeni, sonuçları ve yönetim modeli ise yeni gündemin ana konusu olmuştur. Krizlerin anatomilerinde ortak paydalar bulunsa da her krizin kendine özgü karakteristiği de söz konusudur. 21. yüzyıl ekonomilerinin en önemli özelliklerinden biri, finans sektörünün mimarisi ve dolayısıyla finansallaşmanın boyutu ve ürettiği etkilerdir. Krizin, finansal sektör mimarisi ve finansal faaliyetleri örnek alınan ülkelerde çıkması ve etkili olması, ekonomi politik tartışmaların önemli gündem maddelerinden biridir.

Her ekonomide farklı derinlikte ve kapsamda kırılganlıklar bulunmaktadır. Sürdürülebilirlik örtüsü, kriz ve istikrar dönemlerinde alınması gereken tedbir ve düzenlemelerin gözden kaçırılmasına neden olmaktadır. Bu nedenle, konjonktürel sorunlar zamanla yapısal sorun hâline gelmektedir. Ekonomik birimlerin talep ve beklentileri ile kamu otoritelerinin tercih ve önceliklerinin her zaman örtüşememesi, istikrarsızlıkların nedeni olabildiği gibi, istikrarsızlıklardan da etkilenmektedir. Bir diğer husus da ekonomik işlerin, işlemlerin ve faaliyetlerin, sadece ekonomik rasyonalitenin değil, sosyolojik ve psikolojik dürtülerin, siyasal ve güvenlik kaygılarının etkisinde kalmasıdır.

Ülkelerin krize müdahaleleri, krizin hasar ürettiği alanlara göre değişiklik göstermektedir. Süreç, bir dizi ihtimali düşündürmektedir. Toparlanmanın zaman alması, ekonomik birimlerin beklenen davranışı göstermemelerine bağlanmaktadır. Kamu otoritelerinin karar ve uygulamalarının amaca uygun olmadığı da vurgulanmaktadır. Ayrıca, piyasa ekonomisinin işleyişinde anlaşılamayan veya düzeltilemeyen aksaklıkların olduğu da ifade edilmektedir. Piyasa sisteminin öncüleri ve iyi örnekleri olarak bilinen birçok ekonomide, karma ekonomik model yaygın uygulama hâline gelmiştir. Bu görünüm, gelişmekte olan ülkelerde orta gelir tuzağına işaret ederken, gelişmiş ekonomilerde ise düşük oranlı büyüme tuzağını ima etmektedir.

Ülkelerin makroekonomik görünümünün ve gelişmelerinin değerlendirilmesinde, seçilmiş makroekonomik performans göstergeleri kullanılmaktadır. Ekonomik birimlerin davranışları, göstergeleri şekillendirdiği gibi, göstergeler de davranışları etkilemektedir. Ayrıca, göstergelerin kalitesi ile kamu ve özel sektörce yapılan açıklamaların yetkinliği de davranışlara yansımaktadır. Seçilmiş göstergelerin kişi başına düşen değerleri, alternatif makroekonomik görünümü değerlendirme araçları olarak kullanılmaktadır.

Finans krizi ve sonrasındaki gelişmeler, gerçekleşmesi öngörülemez olanın mümkün olabildiğini göstermiştir. Böyle bir süreç, gerçekleşmesi öngörülemez sonuçlar da üretebilmektedir. Bireysel ve toplumsal hayatta, her alan her alanla ilgilidir. Bu nedenle, yeniden yapılandırma ve tasarım süreçlerinde, sadece ekonomik değil, toplumsal diğer ana alanların da entegre ve eş-anlı ele alınması gereklidir. Öte yandan, küreselleşme, ulusal makroekonomik yapı ve ilişkiler sistemlerini karşılıklı bağımlı hâle getirmektedir. İstikrar ve kriz görünümleri, hızlı şekilde oluşmakta ve bulaşmaktadır. Ayrıca, ekonomik imkân ve kaynakları güçlü olanların, kendi talep ve beklentilerini, diğerlerinin tercih ve öncelikleri hâline getirmelerine de ortam oluşturmaktadır. Bu nedenle, esnek ve güçlü makroekonomik yapı, özel önem taşımaktadır.

21. yüzyılda, makroekonomi politik perspektife dayalı ulusal ekonomi analizleri ve küresel makroekonomik değerlendirmeler

giderek önem kazanacaktır. Bu bakış açısı dikkate alınarak, 2002 sonrası ulusal ve küresel gelişmeler makroekonomik çerçevede değerlendirilmiştir.

Küresel finans krizi olarak adlandırılan, ABD'de ortaya çıkan ve daha sonra diğer ülkelere bulaşan sürecin nedenleri ve sonuçları, bir dizi faktöre bağlı olarak açıklanmaktadır. Kriz, büyük ölçüde ABD'nin ve küresel ekonominin reel ve finansal yapısı ve özelliklerinin oluşturduğu ortamla ilgilidir. Ülkelerin makroekonomik performans verilerindeki değişim, kriz öncesi, kriz ve kriz sonrasında söz konusu ortamların özelliklerini yansıtmaktadır. Bu nedenle, her bölümün ilk alt bölümünde ve EK II'de dönemin ekonomik ve finansal göstergeleri yer almaktadır.

Kriz öncesi 2000'li yıllar, küresel ekonomik ve finansal sistemin nispeten istikrarlı olduğu yıllar olarak tanımlanmaktadır. Ancak krizle karşılaşıldığında, böyle bir yapının söz konusu olmadığı ortaya çıkmıştır. Göstergelerin manşet değerlerine, ortalamalarına dayalı olarak yapılan bu analizler, istikrarın istikrarsızlığı tuzağına düşüldüğünü göstermektedir. Dolayısıyla, istikrarlı yıllar olarak adlandırılan dönemlerde yapılması gerekenler gözden kaçmış, ihmal edilmiştir. Diğer bir ifadeyle, istikrarın israfı söz konusu olmuştur. Yükselen piyasa ekonomilerinin bu gelişmelerden etkilenme boyutu ve alanı da yapısal özelliklerine bağlı olarak farklı olmuştur.

Uzunca zamandan sonra ilk defa gelişmiş bir ekonomide, ABD'de ortaya çıkan krizin ilk aşamasındaki algılanma biçimi ve dolayısıyla müdahale yöntemi farklı olmuştur. Açıklanan veri ve bilgilere bağlı olarak, zamanla farklı şekilde tanımlanmaya başlanmış ve farklı tepki yaklaşımları üretilmiştir. Uygulamaya konulan destek ve tedbir paketlerinin içeriği, karşılaşılan hasarı azaltmaya odaklanmıştır. Etkisini artırmak amacıyla boyutu ve içeriği farklılaşan söz konusu paketler, farklı ekonomik ve finansal sorunlar üretegelmiştir. Bu sorunsal, piyasaların işlerliği ile hükûmet destekleri arasındaki ilişkilerin yeniden tartışılmasına yol açmış, günümüzün ulusal ve küresel ana gündem maddelerinden biri hâline gelmiştir. Bu aşamada da krizin israfı söz konusu olmuştur. Krizin küresel özellik kazanmasıyla, G20 gündemleri hem farklılaşmaya başlamış hem de yeni alt gruplar oluşturulmuştur.

Küresel GSYH büyüme oranının negatif değer aldığı 2009 yılının ikinci çeyreğinden itibaren, krizden çıkış sinyalleri gelmeye başlamıştır. Küresel ekonomi ve finans literatürüne giren "yeni normal" kavramı, kriz sonrası dönemi tanımlamak için kullanılmıştır. Günümüzde de devam eden, makroekonomik yapı ve ilişkiler sisteminin yeni tasarımı da bu çerçevede ele alınmıştır. Ekonomi ve finans literatürünün krizi öngörme ve krizden çıkış stratejilerine ilişkin önerilerini tartışma, bu dönemde ve sonrasında, akademide, kamu kesiminde ve özel sektörde en önemli ilgi alanlarından biri olmuştur.

Yükselen piyasa ekonomilerinin kapasite ve performansı, esas itibarıyla, imkân ve kaynaklarının kalitesine ve bunları değerlendirme biçimine bağlıdır. Bunun yanında, 2000'li yılların küresel ekonomik ve finansal ortamından etkilenme yön ve şekli de bu ekonomilerin konumu etkilemiştir. Türkiye ekonomisi için de benzer durum söz konusudur. Kriz öncesi 2000'li yıllar, Türkiye'de son IMF programlarının uygulamada olduğu dönemdir. İlk iki yılda koalisyon hükûmeti, daha sonraki yıllarda ise tek parti hükûmetinin iktidarı söz konusudur. Bu dönemde, 1990'lı yılların sonunda karşılaşılan ekonomik krize yönelik tedbirler ve politikalar uygulamaya konulmuştur. Reel sektör, finans sektörü, kamu sektörü ve dış ekonomik sektör farklı bir yapı kazanmıştır. Ayrıca, farklı makroekonomik performans göstergeleri, farklı trendler izlemiştir. Dönemin makroekonomik görünümü, kapsamlı ve entegre bakış açısıyla, tüm sektörlerin gerekli yapılandırılmasını içermeyen kararların ve uygulamaların, bir dönem sonrasında doğası gereği bir dizi yan etki ürettiğini göstermiştir.

ABD merkezli küresel finans krizi, Türkiye ekonomisini de etkilemiştir. Krizin etkileri, 2007 yılının ikinci yarısından itibaren hissedilmeye başlanmış, 2009 yılının ikinci çeyreğinden itibaren ise toparlanma süreci başlamıştır. Türkiye'nin küresel krize yönelik tepkisi, temel politika dokümanlarındaki mevcut durumun tespiti ve yeni stratejiler çerçevesinde şekillenmiştir. Krizin şiddetinin arttığı 2008 yılının sonunda yayınlanan ve 2009-2011 dönemini kapsayan orta vadeli program, bu çerçevede özel bir konuma sahiptir. Ayrıca, 2000 yılından beri uygulanmakta olan IMF programının 2008 yılında süresi dolduğunda tekrar yenilenmemesi de bu çerçevede değerlendirilebilir. Bazı Avrupa Birliği ülkelerinin IMF ile Program anlaşması yaparak uygulamaya koydukları bu dönemde, Türkiye'nin kendi programlarını uygulama irade ve kapasitesine sahip olması özel önem taşımaktadır. Diğer taraftan, 2008 yılında Ekonomi Koordinasyon Kurulu'nun kuruluşunun ve görevlerinin yasayla belirlenmiş olması da bu dönemin önemli gelişmelerinden birini oluşturmaktadır.

Krize yönelik stratejik tepkiyi yansıtan uygulamalarda üç bileşenli tedbirler paketi tasarlanmıştır. Mali, finansal ve parasal destekler, makroekonomik kapasite ve performansın kırılganlıkları ile göstergelerin sinyalleri dikkate alınarak belirlenmiş ve uygulanmıştır. Uygulamalar ile beklentiler arasındaki ilişkiler izlenerek, likidite, finansman ve üretimle ilgili gerekli yeni önlemler alınmıştır. Bir dizi önemli ulusal ve bölgesel projeler de açıklanmış ve gerekli ilk adımlar atılmıştır. İç paydaşlarla ilişkiler güçlendirilmiş, dış paydaşlarla da daha önceki ve mevcut krizi yönetme tecrübeleri karşılıklı olarak paylaşılmıştır. Sahip olunan imkân ve kaynakların etkin, verimli ve alternatif maliyetlere uygun şekilde kullanılmasına önem verilmiş, krizin maliyetlerinin azaltılmasına ve ekonominin kısa sürede toparlanmasına ortam hazırlanmıştır.

2010 yılı ve sonrasında, kriz döneminde alınan ve kalıcı özelliği bulunmayan tedbir paketlerinin ve projelerin olumlu etkilerine bağlı olarak ekonomi makul bir toparlanma tepkisi vermeye başlamıştır. Kriz sonrasında başlayan makroekonomik yapı ve ilişkiler sistemine ilişkin yeni tasarım önerileri ve tartışmaları ise devam etmektedir. Ayrıca, mali kurala ilişkin düzenleme çalışmaları, bu dönemin önemli ekonomi politik konularından biri olmuştur.

Kaliteli farklılık üretecek makroekonomik bakış açısı, bununla uyumlu stratejik makroekonomik planlama ve tasarım, daha önceki bölümlerde ifade edilen kırılganlıkları azaltmakta, krizlere direnci artırmaktadır. Kriz ve istikrar ortamlarının genellikle israf edilmesi, finansal kaynak yetersizliğinden daha çok planlama ve tasarım yapabilme kapasitesi ve performans eksikliğinden, kontrol ve önlem alma aşamalarına gereken önemi verememekten kaynaklanmaktadır.

Bu yüzyılda karşılaşılan finans krizi ve diğer istikrarsızlık dönemleri ve süreçleri, yeni anormalliklere ve gerçekleşmesi öngörülemez olasılıklara hazırlanmanın gerekli olduğunu göstermiştir. Ülkelerin ve devletlerin bu gelişmelere makul tepki üretebilmeleri iki ana konudaki yetkinliğine bağlı olacaktır: İstikrar/denge dostu büyüme kapasitesi ve performansı ile toplumsal uyum kalitesi. Süreç, yeni nesil farklı alanlarla ilgili istikrarsızlıkların ortaya çıkma ihtimalini güçlendirmektedir. Söz konusu sorunların, dengesizliklerin ve krizlerin çözümüne yönelik yeni tasarım çalışmaları ve konsensüsler, ulusal ve küresel platformlarda ana gündem maddeleri olarak tartışılmaktadır. Ulusal tercih ve öncelikler ile uluslararası talep ve beklentilerin çatışması, muhtemel ihtimallerin doğru ve detaylı analizinin önemini artırmaktadır. Yeni davranışların ve göstergelerin şekillendirmeye başladığı yeni realitenin anlaşılması ve yönetilmesi, mukayeseli avantaj sağlayacaktır. Süreci yönetmede kredibilite (kaliteli farklılık üretebilme, diyalog odaklı iletişim kurabilme ve yetkin ekipler oluşturabilme) belirleyici olacaktır.

Küresel trendler ve gelişmeler, belirli ölçüde Türkiye'yi de etkileyecektir. Öneminin, imkân ve kaynaklarının farkındalığının artmasına bağlı olarak Türkiye'ye ilişkin araştırma ve raporlar gündeme gelecektir. Objektif değerlendirmeler yanında, farklı öncelikli analizlerin varlığı, güçlü bir hazırlık yapmayı zorunlu kılmaktadır. Bu çerçevede, bileşenleri iyi tasarlanmış Türkiye'nin ulusal değişim/dönüşüm programı/planı özel önem taşımaktadır. Bu kitapta ele alınan konuların bir devamı olarak, ulusal makroekonomik yönetim sürecine ilişkin alternatif stratejik perspektif önerisiyle ilgili görüş ve düşüncelerimi paylaşacağım çalışmamı da kısa sürede yayınlamayı planlıyorum.

KAYNAKLAR

Acocelle, N., Di Bartolomeo, G., & Hughes Hallett, A. (2013). *The theory of economic policy in a strategic context*. Cambridge, UK: Cambridge University Press.

Agenor, P-R. (2004). *The economics of adjustment and growth*. Cambridge, MA: Harvard University Press.

Akerlof, G. A. ve Shiller, R. J. (2010). *Hayvansal güdüler* (N. Domaniç ve L. Konyar, Çev.). İstanbul, Türkiye: Scala.

Alesina, A., & Spolaore, E. (2005). *The size of nations*. Cambridge, MA: The MIT Press.

Allen, L. (2001). *The global financial system*. London, UK: Reaktion Books.

Allen, L. (2013). *The global economic crisis: A chronology*. London, UK: Reaktion Books.

Anderson, C. J. (2000). *Economic insecurity in comparative perspective* [First draft]. Binghamton, NY: Department of Political Science Center on Democratic Performance, Binghamton University.

Asal, U. Y. ve Ekren, N. (2020). Reconstruction of the old institutions: Crisis, governance, and the G20. U. Y. Asal & N. Ekren (Eds.), *Comparative approaches to old and new institutional economics* (ss. 41-56). Hershey, PA: IGI Global.

Ataekşi ve Diğerleri. (2009). *Güncel ekonomik sorunlar: Global kriz*. İstanbul, Türkiye: Literatür.

Barnett, T. P. M. (2004). *The Pentagon's new map: War and peace in the twenty-first century*. New York, NY: G.P. Putnam's Sons.

Baumohl, B. (2008). *The secrets of economic indicators*. Upper Saddle River, NJ: Wharton School Publishing.

Baumol, W. J., & Blinder, A. S. (2009). *Economics: Principles and policy*. Mason, OH: South-Western.

Baumol, W. J., & Blinder, A. S. (2009). *Microeconomics: Principles and policy*. Mason, OH: South-Western.

Bayr, R., & Drache, D. (Eds.). (1997). *State against markets: The limits of globalization*. London, UK: Routledge.

Bernanke, B. (2016). *Karar alma cesareti: Yüzyılın en büyük finans krizi ve sonrası* (M. Demirsar ve C. Feyyat, Çev.). İstanbul, Türkiye: Scala.

Bernanke, B. S. (2012). *The Federal Reserve and the financial crisis*. Princeton, NJ: Princeton University Press.

Bhala, S. S. (2012). *Devaluing to prosperity: Misaligned currencies and their growth consequences*. Washington, DC: Peterson Institute for International Economics.

Birleşik Devletler Finansal ve Ekonomik Krizin Sebepleri Üzerine Ulusal Komisyon. (2011, Ocak). *Finansal kriz tahkikat nihai raporu*. Washington, DC: Government Printing Office.

Blackman, C. N. (2006). *The practice of economic management*. Kingston, Jamaica: Ian Randle Publishers.

Blanchard, O., Romer, D., Spence, M., & Stiglitz, J. E. (Eds.). (2012). *In the wake of the crisis: Leading economists reassess economic policy*. Cambridge, MA: The MIT Press.

Blinder, A. S. (2014). *After the music stopped: The financial crisis, the response and the work ahead*. New York, NY: Penguin Books.

Booth, J. (2014). *Emerging markets in an upside down world*. Chichester, UK: Wiley.

Bremmer, I. (2006). *The J curve: A new way to understand why nations rise and fall*. New York, NY: Simon and Schuster.

Bremmer, I. (2010). *The end of the free market*. New York, NY: Portfolio.

Bremmer, I. (2012). *Every nation for itself: Winners and losers in a G-zero world*. New York, NY: Portfolio/Penguin.

Brenner, R. (2006). *The economics of global turbulence*. London, UK: Verso.

Burnside, C. (Ed.). (2005). *Fiscal sustainability in theory and practice*. Washington, DC: The World Bank.

Calomiris, C. W. ve Haber, S. H. (2018). *Kırılgan tasarım: Bankacılık krizleri ve kredi kıtlığının siyasi kökenleri* (Y. E. Kara, Çev.). İstanbul, Türkiye: Koç Üniversitesi Yayınları.

Chang, H-J. (2014). *Economics: The user's guide*. New York, NY: Bloomsbury Press.

Charan, R. (2009). *Zor zamanlarda liderlik* (Ü. Şensoy, Çev.). İstanbul, Türkiye: Optimist.

Chincarini, L. B. (2012). *The crisis of crowding: Quant copycats, ugly models and the new crash normal*. New York, NY: Bloomberg Press.

Cline, W. R. (2005). *The United States as a debtor nation*. Washington, DC: Institute for International Economics and Center for Global Development.

Cline, W. R., & Wolff, G. B. (Eds.). (2012). *Resolving the European debt crisis*. Washington, DC: Peterson Institute for International Economics.

Davies, H. (2010). *The financial crisis: Who is to blame?*. Cambridge, UK: Polity.

De Mesquita, B. B., Smith, A., Siverson, R. M., & Morrow, J. D. (2003). *The logic of political survival*. Cambridge, MA: The MIT Press.

Dean, J. W. (2007). *Broken government*. New York, NY: Viking.

Diamond, J. (2005). *Collapse: How societies choose to fail or succeed*. New York, NY: Viking Penguin.

Done, A. (2012). *Global trend: Facing up to a changing world*. Basingstoke, UK: Palgrave Macmillan.

Drazen, A. (2000). *Political economy in macroeconomics*. Princeton, NJ: Princeton University Press.

Drennan, L. T., & McConnell, A. (2007). *Risk and crisis management in the public sector*. London, UK: Routledge.

Drezner, D. W. (2007). *All politics is global*. Princeton, NJ: Princeton University Press.

Duncan, R. (2005). *The dollar crisis: Causes, consequences and cures*. Singapore: John Wiley & Sons.

Eicher, T., & García-Peñalosa, C. (2009). Institutions and growth in OECD countries. *CESifo-DICE Report, 7*(2).

Eisenbeis, R. A. (2009). Multinational banking and regulatory challenges: Lessons from the US experience with AIG. *CESifo-DICE Report, 7*(2).

Eisner, R. (1994). *The misunderstood economy: What counts and how to count it*. Boston, MA: Harvard Business School Press.

Ekren, N. (2001, Kasım). Globalleşen ekonomi ve güvenlik. *Activeline*, (20).

Ekren, N. (2003, Kasım). Ulusal ekonomik güvenlik. *Activeline*, (44).

Ekren, N. (2023). *21. yüzyılın ilk yıllarında ekonomi politik gündem konuları: Active ve activeline yazıları*. İstanbul, Türkiye: Scala Yayıncılık.

Ekren, N., Aykaç Alp, E. ve Yağmur, M. (2015). Makro iktisadi dinamiklerin bir gösterge ile analizi. *İstanbul Ticaret Üniversitesi Sosyal Bilimler Dergisi, 14*(28), 267-277.

Ekren, N., Aykaç Alp, E., & Yağmur, M. (2017). Macroeconomic performance index: A new approach to calculation of economic wellbeing. *Applied Economics, 50*(38), 4103-4118.

Ekren, N., Fındıkçı Erdoğan, M. ve Bildik, K. H. (2020). Makroekonomik performansın kişi başına düşen göstergelerle alternatif analizi. *İstanbul Ticaret Üniversitesi Sosyal Bilimler Dergisi, 19*(38), 0-0.

Feng, Y. (2003). *Democracy, governance and economic performance*. Cambridge, MA: The MIT Press.

Fisher, S. (2005). *IMF essays from a time of crisis: The international financial system, stabilization and development*. Cambridge, MA: The MIT Press.

Frieden, J. A. (2000). *International political economy*. London, UK: Routledge.

Fumagalli, A. ve Mezzadra, S. (2012). *Küresel ekonomide kriz* (I. E. Howison, Çev.). İstanbul, Türkiye: Otonom Yayıncılık.

Fumagalli, A., & Mezzadra, S. (2010). *Crisis in the global economy: Financial markets, social struggles and new political scenarios*. South Pasadena, CA: Semiotext(e).

Galal, A., & Ul Haque, N. (Eds.). (2006). *Fiscal sustainability in emerging markets*. Cairo, Egypt: The American University in Cairo Press.

Gamble, A. (2014). *Crisis without end?: The unravelling of Western prosperity*. London, UK: Macmillan International and Red Globe Press.

Geithner, T. F. (2014). *Stress test: Reflection on financial crises*. New York, NY: Crown Publisher.

Goldstein, M. (2005, July). *What might the next emerging-market financial crisis look like?* (Working Paper No. 05-7). Washington, DC: Institute for International Economics.

Grauwe, P. de. (2009). Lessons from the banking crisis: A return to narrow banking. *CESifo-DICE Report, 7*(2).

Greenspan, A. (2013). *The map and the territory: Risk, human nature and the future of forecasting*. London, UK: Allan Line/Penguin.

Grieco, J. M., & Ikenberry, G. J. (2003). *State power + world markets: The international political economy*. New York, NY: W.W. Norton & Company.

Griffith-Jones, S., Ocampo, J. A., & Stiglitz, J. E. (Eds.). (2010). *Time for a visible hand: Lessons from the 2008 world financial crisis*. New York, NY: Oxford University Press.

Guruswamy, M., & Abraham, R. J. (2005). *Economic health and factors impinging on South Asian security*. New Delhi, India: Centre for Policy Alternatives.

Guth, W. (Moderatör). (1988). *Economic policy coordination*. Hamburg, Germany: IMF and HWWA-Institut für Wirtschaftsforschung.

Harcourt, B. E. (2011). *The illusion of free markets: Punishment and the myth of natural order*. Cambridge, MA: Harvard University Press.

Held, D. ve McGrew, A. (Haz.). (2008). *Küresel dönüşümler: Büyük küreselleşme tartışması* (A. R. Güngen ve Diğerleri, Çev.). Ankara, Türkiye: Phoenix.

Hiatt, S. (2010). *Bir ekonomik tetikçinin itirafları, küresel krizi ve büyük resim* (C. Taşçıoğlu, Çev.). İstanbul, Türkiye: April Yayıncılık.

Ip, G. (2010). *The little book of economics: How the economy works in the real world*. Hoboken, NJ: Wiley.

Jones, E. L. (2006). *Cultures merging: A historical and economic critique of culture*. Princeton, NJ: Princeton University Press.

Kaplan, R. D. (2012). *The revenge of geography*. New York, NY: Random House Trade Paperbacks.

Khan, M. S., Nsouli, S. M., & Wong, C.-H. (Eds.). (2002). *Macroeconomic management: Programs and policies*. Washington, DC: IMF Institute.

Kindleberger, C. P. ve Aliber, R. Z. (2014). *Finansal krizler tarihi* (Ü. Şensoy, Çev.). İstanbul, Türkiye: İş Bankası Kültür Yayınları.

Köse, M. A., & Prasad, E. S. (2010). *Emerging markets: Resilience and growth amid global turmoil*. Washington, DC: Brookings Institution Press.

Krugmann, P. (2015). *Bunalım ekonomisinin geri dönüşü ve küresel kriz* (N. Domaniç, Çev.). İstanbul, Türkiye: Literatür.

Lapavitsas, C. (2010). *Finansallaşma ve kapitalizmin krizi* (T. Öncel, Çev.). İstanbul, Türkiye: Yordam Yayınları.

Lin, S-Y. (2015). *The global economy in turbulent times*. Hoboken, NJ: Wiley.

Lybeck, J. A. (2011). A global history of the financial crash of 2007–10. Cambridge University Press.

Machinea, J. L., & Rozenwurcel, G. (2005, December). *Macroeconomic coordination in Latin America: Does it have a future?*. Santiago, Chile: United Nations, CEPAL.

Magdoff, F. ve Yates, M. D. (2010). *Ekonomik krizin ABC'si* (A. Kırmızıgül, Çev.). Ankara, Türkiye: Epos Yayınları.

Martin, P., & Rey, H. (2006). Globalization and emerging markets: With or without crash. *The American Economic Review, 96*(5), 1631-1651.

Mason, P. (2015). *Post capitalism: A guide to our future*. London, UK: Allen Lane.

Mayes, D. G. (2009). Optimal structure for financial regulation and supervision. *CESifo-DICE Report*, 7(2).

Minsky, H. P. (2008). *Stabilizing an unstable economy*. New York, NY: McGraw Hill.

Montiel, P. J. (2003). *Macroeconomics in emerging markets*. Cambridge, UK: Cambridge University Press.

North, D. C. (2002). *Kurumsal değişim ve ekonomik performans* (G. Ç. Güven, Çev.). İstanbul, Türkiye: Sabancı Üniversitesi.

North, D. C. (2005). *Understanding the process of economic change*. Princeton, NJ: Princeton University Press.

O'Brien, R., & Williams, M. (2010). *Global political economy*. Basingstoke, UK: Palgrave Macmillan.

Ohmae, K. (2005). *The next global stage: Challenge and opportunities in our borderless world*. Upper Saddle River, NJ: Wharton School Publishing.

Parasız, M. İ. (2009). *Küresel kriz*. Bursa, Türkiye: Ezgi.

Parasız, M. İ. ve Ekren, N. (2013). *Uluslararası iktisat ve yeni yönelimler*. Bursa, Türkiye: Ezgi Kitabevi.

Parasız, M. İ. ve Ekren, N. (2016). *Uluslararası finans ve küresel finans krizi*. Bursa, Türkiye: Ezgi Yayınevi.

Paulson, H. (2010). *On the brink: Inside the race to stop the collapse of the global financial system*. London, UK: Headline business plus.

Piketty, T. (2013). *Yirmi birinci yüzyılda kapital* (H. Koçak, Çev.). İstanbul, Türkiye: Türkiye İş Bankası Kültür Yayınları.

Pollitt, C., & Bouckaert, G. (2011). *Public management reform*. Oxford, UK: Oxford University Press.

Przeworski, A. (2003). *States and markets*. Cambridge, UK: Cambridge University Press.

Rapp, D. (2009). *Bubbles, booms and busts*. New York, NY: Copernicus Books.

Reinhart, C. M. ve Rogoff, K. S. (2010). *Bu defa farklı* (L. Konyar, Çev.). İstanbul, Türkiye: NTV Yayınları.

Rickards, J. (2013). *Kur savaşları: Bir sonraki küresel krizin oluşumu* (N. Alhan ve N. Domaniç, Çev.). İstanbul, Türkiye: Scala.

Rickards, J. (2014). *The death of money: The coming collapse of the international monetary system*. New York, NY: Portfolio/Penguin.

Roubini, N. ve Mihm, S. (2011). *Kriz ekonomisi: Dünya ekonomisinin çöküşü ve geleceği* (I. Tezcan, Çev.). İstanbul, Türkiye: Pegasus.

Sachs, J. D. (2015). *The age of sustainable development*. New York, NY: Columbia University Press.

Santiso, J. (2003). *The political economy of emerging markets*. Basingstoke, UK: Palgrave Macmillan.

Shiller, R. J. (2008). *The subprime solution: How today's global financial crisis happened, and what to do about it*. Princeton, NJ: Princeton University Press.

Shirley, M. M. (2008). *Institutions and developments*. Cheltenham, UK: Edward Elgar.

Siebert, H. (2009). How to draw up a credible international rule system for financial stability. *CESifo-DICE Report, 7*(2).

Simmons, A. (2008). *Hikâyenin gücü* (G. Tamer, Çev.). İstanbul, Türkiye: MediaCat.

Solow, R. M., & Murray, J. (Eds.). (2014). *Economics for the curious: Inside the minds of 12 Nobel laureates*. London, UK: Palgrave Macmillan.

Sorkin, A. R. (2009). *Too big to fail: Inside the battle to save Wall Street*. London, UK: Allen Line/Penguin.

Spulber, N. (1997). *Redefining the state*. Cambridge, UK: Cambridge University Press.

Stein, E., Tommasi, M., Echebarria, K., Lora, E., & Payne, M. (2005). *The politics of policies*. Washington, DC: Inter-American Development Bank, David Rockefeller Center for Latin American Studies, Harvard University.

Stiglitz, J. E. (2012). *The price of inequality*. New York, NY: W.W. Norton & Company.

Stiglitz, J. E. (2015). *The great divide*. London, UK: Allen Lane.

Stiglitz, J. E., Ocampo, J. A., Spiegel, S., Ffrench-Davis, R., & Nayyar, D. (Eds.). (2006). *Stability with growth: Macroeconomics, liberalization, and development*. New York,NY: Oxford University Press.

Sutherland, S. (2009). *İrrasyonel* (G. Ekinci, Çev.). İstanbul, Türkiye: Domingo.

T.C. Başbakanlık, AB Genel Sekreterliği. (2011, Mayıs). *Avrupa Birliği'nde küresel finansal krize karşı alınan önlemler ve birliğin rekabet gücünün arttırılmasına yönelik girişimler: "Euro rekabet paktı"*. Ankara, Türkiye: Author.

Taylor, M. C. (2004). *Confidence and games*. Chicago, IL: The University of Chicago Press.

TCMB. (2020). *Enflasyon raporu, 2020-II ve 2020-III*. Ankara, Türkiye: Author.

The Economist. (2009, May 14). Damage assessment. *The Economist.*

The Financial Crisis Inquiry Commission. (2011, January). *The financial crisis inquiry report*. Washington, DC: Government Printing Office.

Truman, E. M. (Ed.). (2006). *Reforming the IMF for the 21st century* (Special Report 19). Washington, DC: Institute for International Economics.

Turner, A. (2012). *Economics after the crisis: Objectives and means*. Cambridge, MA: The MIT Press.

Uras, Ö. (2019). *Ekonomi yönetimi: Türkiye için koordinasyona dayalı bir model önerisi*. Bursa, Türkiye: Ekin Yayınevi.

Vietor, R. H. K. (2007). *How countries compete*. Boston, MA: Harvard Business School Press.

Weingast, B. R., & Wittman, D. A. (Eds.). (2006). *The Oxford handbook of political economy*. Oxford, UK: Oxford University Press.

Weller, J. (2001). *Economic reforms, growth and employment*. Santiago, Chile: United Nations.

Wolf, M. (2014). *The shifts and the shocks: What we've learned-and have still to learn-from the financial crisis*. London, UK: Allen Lane.

Bookarion

Bookarion

"Authored by Intelligence"